本书为国家自然科学基金面上项目
"代际视角下环中国海华人海商聚落形态变迁及核心要素比较研究（16-19世纪）——以宁波、澳门、新加坡为例"（项目编号：51978616）阶段成果

浙江矾山明矾工业遗址调查研究报告

赵淑红 章鹏华 著

科学出版社
北京

内 容 简 介

《浙江矾山明矾工业遗址调查研究报告》是专注于特定地区、特定遗址类型的学术性专著，基于详尽的田野调查、历史文献耙梳与深度访谈，对以浙江矾山10千米矿脉为中心、广布浙南闽北多地的遗址进行了全面的资源现状调查与历史追溯。

本书通过脉络梳理呈现了矾山六百余年明矾生产进程与区域生产环境的变化，以采炼生产、交通运输、生活繁衍三类遗存为基本架构，探寻了以矿脉为中心的浙闽矾业文化圈的组成与结构，阐述了矾山在中国乃至世界同类遗址中的地位与价值，并对其保护发展给出建议。旨在为日益热烈的矾山明矾工业遗址开发利用提供可借鉴的依据，以实现对当地申报世界文化遗产工作的支撑。同时，希望对我国现有工业遗产体系有丰富与补充作用，能够为各领域研究者提供可深入探寻的案例样本。

本书可供文化遗产、工业遗产保护、考古学、博物馆学等领域的专家、学者及高等院校相关专业师生参考、阅读。

图书在版编目（CIP）数据

浙江矾山明矾工业遗址调查研究报告 / 赵淑红，章鹏华著. —北京：科学出版社，2024.9

ISBN 978-7-03-076082-1

Ⅰ.①浙⋯ Ⅱ.①赵⋯②章⋯ Ⅲ.①明矾石矿床—矿业—文化遗址—研究报告—苍南县 Ⅳ.①K878.5

中国国家版本馆CIP数据核字（2023）第146237号

责任编辑：蔡鸿博 / 责任校对：邹慧卿
责任印制：肖　兴 / 封面设计：金舵手世纪

科学出版社 出版
北京东黄城根北街16号
邮政编码：100717
http://www.sciencep.com

北京中科印刷有限公司印刷
科学出版社发行　各地新华书店经销

*

2024年9月第 一 版　开本：787×1092　1/16
2024年9月第一次印刷　印张：25 1/4
字数：606 000

定价：228.00元
（如有印装质量问题，我社负责调换）

前 言

工业遗产记录了工业发展的历程、承载着人类的工业文明，是当代不可或缺的文化记忆，工业遗产研究、保护与利用已成为政府与社会日益关注的话题。目前所见，工业遗产研究对象以新中国成立后工厂机械化生产最多，偶有清末民国的案例，但长时段工矿遗产较为稀缺。综合审视，可以说拥有全国80%与世界60%矿石储量、自明初起步至21世纪才告停产的浙江矾山是我国工业遗产重要组成，它对揭示人类利用自然进行明矾专门生产的适应智慧与拓展创造有着不可替代的样本意义。

六百余年来矾山从零星采炼点到规模化矾业聚落，再到现代明矾企业矿镇，漫长演进历程在当地留下类型丰富的历史遗存，它们从不同角度共同阐释着矾山这一工矿历史单元独特的遗产价值。首先，开采以来矾山始终以明《天工开物》所载"水浸法"为核心生产工艺，并依时代需求对其持续革新，由于迄今仍保留该工艺从发端到成熟全过程的生产遗存，因此矾山是中国古代明矾采炼技术与组织形式发展变迁的记录者。其次，受海洋局势变化、产业结构调整等大环境所波及，外部人群在推-拉驱动下曾持续大规模迁入矾山，他们围绕明矾采炼形成的人群组织与聚居模式留下众多生活遗存，其所承载的当地因矿成镇的生成机制、变迁过程与空间结果彰显出明矾采炼中人与自然互动的多重维度。最后，在封闭自然地理条件制约下，矾山一直依赖外部交通与市镇进行成品输送与销售，相应在其外围形成以多条挑矾道路为架构、以海陆连接为目的的明矾运销线路系统，依附其上的聚落、桥梁、路亭、碑刻等运销遗存拓展了矾山生产的广度，它们与浙闽自然环境的深度融合创造出极具中国特质的矾业人文景观。因此，本书所指"明矾工业遗址"不只是一个类型概念，更是一个系统构成，它包含与明矾生产相关的三类遗存，各类遗存皆由大量遗迹、遗物等遗址组成，且这些遗址在原始功能与空间关系约束下具有整体与局部的尺度划分。如此复杂的构成也意味着矾山有比其他诸多工业遗产更为厚重的历史文化内涵。

本书以调查、测绘、访谈为工作基础，结合企业档案、民国史料、移民家谱等文献的搜寻与研读，将采炼生产、交通运销、生活繁衍三类遗存作为基本架构，在类型划分基础上进行历史分期、成因剖析与典型遗址现状描述，试图全景呈现矾山在"采炼-运销"运作机制下六百余年历史遗留在类型上的丰富性、时间上的延续性与内涵上的复杂性。在此基础上，探索矾山如何在"自然-人群""生产-生活""内部-外围"等多重关系互动中逐步成长为中国东南一处跨区域的"矾业文化圈"，而这一拥有明显"中心-边缘"结构的文化圈又具有怎样的区域特质。通过文化圈的统合，将散落各处的遗址纳入长时段与多地区架构中进行系统梳理，并与国内外其他明矾历史产地进行比较，以此重估矾山在中国乃至世界同类遗产中的地位与价值。

目前矾山正在积极筹备申报世界文化遗产，2015年，全国政协副主席邵鸿在当地视察时曾说，"作为申报工作的基础，必须尽快开展对矾山全面、深入、细致的科学考察并编撰成书"（《世界矾都》"序言"），作为第一本矾山明矾工业遗址调查研究的成果，本书希望能够对矾山申报世界文化遗产起到支撑作用。然而，矾山明矾生产波及区域广阔、延伸历史久远，加之民间生产不见于史书，故六百余年生产的细节难以在短期内耙梳尽显，这使本书在历史信息呈现的完整性、遗址价值阐释的准确性等方面都难称周全，而此次所有的遗憾与不足都将鞭策我们继续前行。同时，我们也希望将这本书作为引玉之砖，通过它的出版尝试唤起更多研究力量聚焦矾山，就如何对其遗址进行价值挖掘及实施有效保护共同注力探索！

目　录

前言 i

第1章　概述 1
 1.1　浙江矾山史地概略 1
  1.1.1　地理位置与建置沿革 1
  1.1.2　地质成因与矿脉分布 3
  1.1.3　生产过往与遗址留存 4
 1.2　浙江矾山调查回顾 6
  1.2.1　既有调查评述 6
  1.2.2　本次调查简说 8

第2章　浙江矾山明矾生产演进 12
 2.1　历史分期 12
 2.2　家庭副业期 13
  2.2.1　起步萌芽阶段（明初-1661） 13
  2.2.2　逐渐兴起阶段（1662-1743） 15
 2.3　商人运营期 17
  2.3.1　臻于鼎盛阶段（1744-1929） 17
  2.3.2　衰退调整阶段（1930-1948） 22
 2.4　国有生产期 29
  2.4.1　转折改制阶段（1949-1978） 29
  2.4.2　发展平稳阶段（1979-2017） 35

第3章　采炼遗址调查研究 40
 3.1　矿石开采与矿硐空间 40

3.1.1　矿采方式变革 ··· 40
　　3.1.2　矿硐布局与内部形态 ·· 43
3.2　炼制工艺与炼制窑厂 ··· 47
　　3.2.1　"水浸法"工艺演进 ··· 47
　　3.2.2　炼制窑厂迭代升级 ··· 52
　　3.2.3　关键炼制设施进化 ··· 60
典型采炼遗址现状 ··· 69
　　1．鸡笼山矿段采炼遗址 ·· 69
　　2．水尾山矿段采炼遗址 ·· 86
　　3．大岗山矿段采炼遗址 ·· 95
　　4．矾矿主厂区采炼遗址 ·· 106

第4章　运输遗址调查研究 ·· 149

4.1　明矾运销机制与条件 ··· 149
　　4.1.1　运销产生的动力 ·· 149
　　4.1.2　运销依托的环境 ·· 151
4.2　挑矾线路更替与景观 ··· 157
　　4.2.1　挑矾线路历史调整 ·· 157
　　4.2.2　挑矾线路景观特征 ·· 164
典型运销遗址现状 ·· 173
　　1．矾赤线运销遗址 ··· 173
　　2．矾藻线运销遗址 ··· 194
　　3．矾沿线运销遗址 ··· 215
　　4．矾前线运销遗址 ··· 226

第5章　生活遗址调查研究 ·· 243

5.1　矾山生产人群组织 ·· 243
　　5.1.1　传统生产人群构成 ·· 243
　　5.1.2　现代企业劳力配置 ·· 248
5.2　生产人群聚居形式 ·· 249
　　5.2.1　传统矾业聚落 ·· 250
　　5.2.2　近代商住街区 ·· 256
　　5.2.3　现代工矿住区 ·· 260

典型生活遗址现状 272
　　　1. 鸡笼山矿段生活遗址 272
　　　2. 水尾山矿段生活遗址 307
　　　3. 平阳矾矿生活遗址 314

第6章 浙江矾山明矾工业遗址保护 349
6.1 矾山明矾工业遗址体系构成 349
6.1.1 现有遗址基本构成 349
6.1.2 遗址体系构成特征 353
6.2 矾山明矾工业遗址价值定位 355
6.2.1 中国明矾生产史中的矾山 355
6.2.2 世界明矾生产史中的矾山 356
6.2.3 矾山明矾工业遗址价值阐释 357
6.3 矾山明矾工业遗址保护建议 360
6.3.1 典型工业遗址保护利用方式 360
6.3.2 矾山明矾工业遗址保护现状 362
6.3.3 矾山明矾工业遗址发展建议 364

参考文献 366

附录 现有浙江矾山明矾工业遗址调查名录 371

后记 392

第1章 概　　述

1.1　浙江矾山史地概略

浙江矾山现指温州市苍南县下辖矾山镇，与之不同，历史时期的矾山指以今矾山镇为中心、广及南宋等周边村镇在内的大片明矾产区，它以明矾生产为依托，是历经六百余年生成的工矿历史单元。除非特别说明，本书均以历史时期的矾山为调查研究对象。

矾是各种金属硫酸盐，按颜色有白、绿、黄、黑、绛等之分。白矾又称明矾，是含有结晶水的硫酸钾与硫酸铝复盐，又称硫酸钾铝。明矾无色透明，外形为较坚硬的大结晶块，或结晶性碎块，有玻璃光泽，不溶于冷水与盐酸，稍溶于硫酸，完全溶于强碱氢化钠溶液，具有强烈热电效应。作为多元素矿物原料，明矾广泛应用于造纸、制药、鞣革、橡胶、食品加工、化肥等多个工农业生产领域。自然界中的天然明矾数量极少，日常所见主要由明矾石炼制而成。

矾山原名赤垟山，因其土带赤色又称赤蛘、赤阳等，后"以石可制矾，故名其地"[1]而称矾山。矾山因制矾而兴，根据最近的统计数据，世界范围内已发现的明矾石矿床与矿点约有180余处，其中亚洲60余处，中国探明的36处主要分布在浙江、安徽、福建等省，而矾山以高达2.6亿吨的储量[2]位居浙江之最。不仅在浙江，占据全国80%、世界60%的丰厚矿石储量也使矾山成为我国历史上规模最大的明矾生产单位。

1.1.1　地理位置与建置沿革

矾山位于浙江省南部，今苍南县城灵溪西南（图1-1），东与凤阳畲族乡毗邻，南与岱岭畲族乡接壤，西与福建前岐交界，地理坐标为东经120°30′5″、北纬27°3′20″，

图 1-1 苍南矾山地理区位

（来源：标准地图服务系统，审核号：浙S（2023）38号）

平均海拔280-300米。矾山属中亚热带海洋性季风区，四季分明，气候温和，年平均温度约17.6℃，七月最热，二月最冷。

矾山原为浙江平阳辖地。平阳春秋为越地，西晋太康四年（283）始置县，称横阳。五代后梁乾化四年（914）更名平阳，并沿用至今。明清矾山归属平阳县亲仁乡三十一都，民国二十四年（1935）始设矾山镇，民国二十七年（1938）划归昆南区，改设矾山乡，两年后设矾山区。

新中国成立后矾山建置亦不断调整：1950年划区建乡，设平阳县矾山区矾山镇，1956年6月升为县直属镇；1958年11月与南堡合并，称矾南管理区，属矾山人民公社；1959年7月矾南管理区撤销，建南堡管理区，10月矾山恢复直属镇。随矾山建置调整，其境内作为新中国成立后我国最大明矾企业的矾矿归属也持续变更：1950年10月成立"浙江省矾矿办事处"，直属浙江省工业厅；1953年10月"浙江省矾矿办事处"撤销，同年11月成立"平阳明矾矿区"，设矿区人民政府与矿区管理委员会，属温州专署与平阳县共同领导；1954年12月"平阳明矾矿区"改称"矾山矿区"，直属温州专署，相当于县级编制；1956年1月明矾全行业合营，同时组建"浙江省平阳明矾厂矿联合公司"，直属浙江省工业厅领导，由温州专署工业局代管；1959年6月，"浙江省平阳明矾厂矿联合公司"更名"温州化工厂平阳矾矿"，划拨温州化工厂领导；1969年更名为"浙江省平阳矾矿"，脱离温州化工厂，调属平阳县领导；1972年脱离平阳县，重归温州专署领导。从新中国成立到20世纪70年代，矾山生产归口变更频繁，显示国家对这一具有重大意义的明矾产地管控之慎重，而建置沿革的双路径特征也表明矾山作为我国现代明矾工业杰出代表成长过程的艰辛与不易。1998年，"平阳矾矿"更名为"温州矾矿"，并延续至当地全面停产。

1981年6月温州分平阳设苍南，矾山成为苍南县直属镇，2016年区划调整后矾山共辖9个社区（南下、内街、南垟、新街、大埔头、龙舌头、王家洞、水尾、福德湾）及多个行政村。目前矾山为苍南县中心镇之一，也是马站、赤溪、南宋、前岐等周边地区商品集散与交通汇聚的重要结点。

1.1.2　地质成因与矿脉分布

从地质构造看，苍南矾山位于东南沿海西印支褶皱带东部，属中国板块东南构造区。历史上西太平洋造山活化构造带曾发生大规模地壳拉伸与收缩，由此产生一系列地台断块与塌陷，随之产生的火山岩浆侵入活动在一些地区表现强烈，中国东南沿海褶皱系即在上述地壳运动中因火山岩浆侵入而产生众多非金属矿床，如叶腊石、高岭石等，矾山明矾石矿形成亦属此因。

数百年来矾山赖以生存的明矾石矿主要分布于今矾山镇的西、北两侧，据民国著名地质学家叶良辅教授调查，自平阳县城向南绵延百余里范围内均为火山喷出岩，地质岩层在距今矾山镇北约40千米处开始变得复杂，表现为流纹岩渐变为凝灰岩，而后者正是明矾石矿形成的重要地质基础。此外，明矾石形成的另一个重要元素是含硫气液，它可以通过凝灰岩附近酸性侵入岩分泌得到。岩浆侵入时逸出的硫质溶液汽化上升，接触到富含钾铝的岩层就会形成明矾石。硫质溶液与岩石接触深浅不同，形成的明矾石品质相应也不一样。矾山一带火山沉积岩大致呈东北-西南走向的半弧形排列，显示古火山机构特征，矾山明矾石矿大致也呈半弧形分布，延伸长约10千米。弧形矿脉含上下两个矿带，各有三个矿体，单层矿体厚约7-11米，最大厚度40米左右。其中上矿带4、5号矿体发育最完善，其沿矿脉走向断续可达8-10千米，而其他矿体沿走向一般长约300-5500米。矾山明矾石矿所含主要为钾明矾石，其约占总储量的84%。

依矿石品质与分布特征，矾山10千米矿脉大致可分为五个矿段，由北而南依次为萍蓬岭（旧称坪棚岭）、大岗山、水尾山、鸡笼山、马鼻山。水尾山位于整个矿脉中心，含矿性好、规模也最大，鸡笼山矿石储量与矿品其次，大岗山又次之，而萍蓬岭

图1-2 矾山矿脉中央盆地
(来源：李求武摄)

与马鼻山均不构成大规模生产矿床。历史时期，水尾山、鸡笼山与大岗山都曾经历过持续的高强度开发，尤其前两者更是矾山生产最集中的区域，民国初年人们曾认为当地"产矾石之区，惟西南二岭。东北之山，皆无所出"[3]，其中"西南二岭"即是指西岭水尾山与南岭鸡笼山。地质成因决定地貌特征，矾山地区整体呈东北-西南走向的单面山盆地，四周群山海拔在280-300米，东南鹤顶山为区域最高峰，海拔近千米。单面山的北坡较为陡峭，而东南缓坡下则为明矾石矿主要分布地，盆地中央"广袤可十里"[4]的平原是历代矾山人主要聚集生存之所，它记录着矾山生产从山坡向山下演进的历史过程，也呈现出新中国成立后当地"因矿成镇"机制作用的结果。矾山溪是矾山地区的主要水系，它自鹤顶山北麓发源，向西北一路流淌，在今矾山镇西南与南宋溪汇聚后再向南行进，直至汇入福建前岐的照澜溪。10千米弧形矿脉、群山环抱的平原与穿境而过的矾山溪共同构成矾山明矾生产演进的历史舞台（图1-2）。

1.1.3 生产过往与遗址留存

目前人们普遍认为矾山明矾生产始于明初，后历经明清两朝而不衰，并于清末民初在商人推动下达于鼎盛，20世纪初更因欧战影响，曾对国际矾业市场产生重大影响。新中国成立以后，矾山生产经过公私合营而走上国有化道路，逐步实现了从传统手工转为现代机械的时代蜕变。作为矾山当地明矾生产历史的接续者，现代企业"温州矾矿"（初期的平阳矾矿）自成立之初便不断进行工艺改革，持续优化适宜现代需求的明矾产品，直至发展成为我国现代明矾工业的翘楚，为我国乃至世界明矾适用领域做出无法估量的贡献。然而，数十载荣辱过后，由于企业核心生产工艺与新时期国家环保要求始终存在着无法调和的矛盾，故2017年"温州矾矿"全面停产，自此矾山当地延续六百余年的明矾生产历史结束。

自明初起步至21世纪停产，矾山明矾生产几乎从未间断，从零星采炼点到规模化矾业聚落，再到现代明矾企业矿镇，各阶段生产模式的更替显示出矾山强大的生命力，也使它成为了解我国明矾产业从古代向近现代演进历程不可或缺的环节。不仅如此，受出产矿石所限，矾山六百余年来始终以明《天工开物》所载"水浸法"为核心生产工艺，并依时代需求对其持续革新，客观上保留了这一古老工艺不同时代的进化特征，成为其古今流变状态的唯一记录者。正因为具有行业规模大、生产历史久、特殊工艺存续全三重价值，矾山无可辩驳地成为我国现代明矾工业及前工业时代明矾生产最具代表性的产地所在。

六百余来矾山始终以明矾生产为地区发展动力，并形成与之配套的人群社会。独特的生产模式与人群生活投射于空间上，使当地形成有别于他处的人居环境，今天透过10千米矿脉及其周边散布的历史碎片仍可感知到它的与众不同。目前，以今矾山镇为中心的历史产区仍存在着多处与明矾生产和相关人群生活有关的遗址：从功能构成看，有矿采、炼制、运销及附属生活等主要类型，各类型又可划分为若干小类。从空间分布看，既有与矿脉紧密依存的山上聚落，也有距矿脉较远的山下市镇；既有地下纵深开拓的矿硐网络，也有与之匹配的地面炼制场所；既有作为生产核心的采炼区域，又有向外延展的运输线路。从时期归属看，既有历史时期形成的商住街区、行业信仰场所、合院住宅与挑矾道路，也有新中国成立以后建设的厂房、办公楼、医院与礼堂。这些数量巨大、类型多元的遗址是矾山传统民间与现代企业两种生产形式在同一空间内叠加、交错、共融的结果，它们所传递的是矾山人在农耕资源匮乏环境中坚韧生存的毅力与灵活适应的智慧。

作为历史以来最具影响力的明矾产地，矾山近年在我国工业遗产体系中的地位被逐步认知，各层面荣誉接踵而来。2005年3月矾山矾矿被浙江省人民政府列为第五批省级文保单位、2013年2月鸡笼山矿段核心聚落福德湾入选首批中国传统村落、2016年福德湾再次获得联合国教科文组织亚太地区"文化遗产保护荣誉奖"、2018年"温州矾矿"被国家工业与信息化部列入第一批"国家工业遗产名录"。2019年4月"温州矾矿"再次入选中国科协创新战略研究院与中国城市规划学会联合发布的"中国工业遗产保护名录"，同年10月其部分遗址被列入第八批国家文物保护单位。早在停产之前，在对自身生产工艺与环境污染之间矛盾清醒认识后，矾山即开始寻求未来发展之路，申报世界文化遗产即是当时确立的努力方向。2014年"温州矾矿申报世界工业遗产研究促进会"成立，矾山申遗工作进入实质性阶段。2017年全国政协十二届五次会议上由九三学社中央委员会提交"关于推进工业遗产保护的建议"相关提案，建议将矾山明矾工业遗址作为试点纳入世界遗产预备名录，并在条件成熟时单独或与周边相关地区及具相同产业历史脉络的其他地区共同申报世界文化遗产，该提案被全国政协提案委员会正式立案。

1.2 浙江矾山调查回顾

1.2.1 既有调查评述

目前关于矾山最早的调查信息见于1904年《瓯海关十年报告（1902-1911年）》，该报告较详细地记录了当时矾山明矾生产的采炼工序、运销方式与关联人群状态，不过需要注意的是，作者在行文中提及"我无法记录得比帕克（E. H. Parker）先生更详尽，最好的选择就是引用他的记载"[5]，这说明帕克先生对矾山的调查应早于这份报告。经查找确认，帕克先生为当时的英国外交官，中文名为庄延龄，1883-1884年他署理温州领事，期间曾对浙闽经济作物展开信息收集，推测他应该也是在这一时期完成对矾山的调查。在此之前，庄延龄曾于1880-1881年对四川井盐进行调查，全面记录了当地制盐工艺流程，并收录在他的《中国的历史、外交及商业》（*China: her History, Diplomacy*, 1901）一书中，从中我们可以大致了解他对包括矾山明矾生产在内的中国传统产业调查的一般方式。1916年，《实业汇报》刊登郑让于撰写的《矾山记》，这是作者在1911-1915年间对矾山实地踏勘后的成果，该文全面记录了当时矾山生产运营成本及其影响因素等内容，是了解民国初年矾山明矾生产与生活实态的珍贵资料。《实业汇报》创办于1916年，以"振兴民族工业"为办刊宗旨，其在创刊之年即登载与矾山有关的调查成果，这从侧面证实了矾山矾业在当时国人心中不容小觑的地位。除上述调查外，1921年胡佛澄在《时事新报》上发表《平阳矾业的状况》，同年《地质研究会年刊》刊载《调查平阳县矾矿报告书》，两者都属于较早的矾山调查成果。

民国中后期及新中国成立初期关于矾山矿石资源的调查大量展开，它们以矿石储量、矿石构成等为主要调查内容。民国期间代表性调查有：1927年民国浙江省矿产调查委员会宋雪友、屠宝章等人考察矾山，完成《浙江矿业调查报告书》；1929年叶良辅教授探勘矾山，完成《浙江平阳之明矾石》一书，对矾山明矾石矿的经济价值及世界各地明矾石矿进行介绍，在当时产生巨大影响。1934年叶良辅等人再次对矾山调查，采集标本数千斤，完成明矾石分析七十余种，探明矾山矿石储量约两亿多吨。叶良辅的两次调查明确了矾山矿石储量与构成的基本信息，为当地后续资源调查研究奠定了基础。与此同时，当时的浙江省政府设计会与浙江省第三特区行政督察专员许蟠云分别在1931年、1933年展开对矾山的踏勘,他们各自完成《浙江平阳矾矿概况》《平阳县矾矿业之调查》等,与以往单纯的资源调查不同,这些成果同时关注矾山生产技术与社会组织等方面状况,如许蟠云在报告中专门以《平阳矾矿业失败之原因及改革之建议》为题进行警示唤醒,这是关于矾山明矾生产如何合理发展的最早探索。基于前期调查所得,民国多个研究机构与个人展开对矾山明矾石矿的深入分析,例如：1934-1937年中研院化学研究所工业化学组致力于矾山明矾石工业利用研究,参加人员包括德国人贺厚赐（G. Hohorst）以及中方的余柏年、潘履洁、王学海等,他们的成果先后载于《中国化学工程杂志》《化学工业》等刊物上,表达了作者"若能引起社会人士之注意,群起而研究之,则所深盼者也"[6]的愿望；1931-1933年,时任浙江省建设厅平阳北港明矾试验厂总工程师的章涛进行多项明矾石化工实验,完成数篇相关论文；1934年黄海化工研究所张承隆等人完成《平阳矾石之初步试验》；等等。这一阶段关于矾山的调查研究一直持续至20世纪40年代,如1939年蔡孔耀完成《平阳县矾业调查报告》、1940年伍廷琛完成《平阳矾矿调查》等。

新中国成立后为进一步掌握矾山明矾石矿储藏状况,国家及浙江等多部门又对当地展开多轮调查。1949年浙江省地质调查所章人骏等人勘察矾山,完成《浙江平阳矾山街矾石矿》调查报告。1956年华东地质局331地质勘探队踏勘矾山,时长两年零十个月,探明矾山地层性质与矿石储量。1958年10月提交储委会审查矿量为2.6亿吨,并于1959年向国家提交《浙江省平阳县矾山街明矾石地质勘探总结报告》。1962年与1965年,浙江省地质局温州地质大队与浙江省重工业厅第二地质大队在华东地质局勘探基础上先后补勘,并于1972年提交补勘报告。经过长达十数年的勘探,当时人们对矾山明矾石矿的储量及分布都较民国时期有了更精准的把握。

资源调查的同时矾山历史也逐步得到耙梳。1958年郑立于先生完成题为《祖国的矾都》的报告文学作品,记述了矾山明矾生产兴衰全过程,涉及开采、炼制、销售等各个环节,并呈现新中国成立前后采炼技术、工人生活等方面的诸多变化。《祖国的矾都》是对矾山生产历史的首次全面回顾,它揭示了当地在我国明矾工业中的巨大价值,当时引起广泛轰动,矾山"矾都"之誉即由此而来。不过,整体来看,关于矾山历史方面的整理主要还是出现在2000年前后。1992年,矾山当地编撰完成《矾矿志》,这是矾矿的企业志,该书全面介绍了企业各时期的生产工艺、组织架构与产品规模等,是了解新中国成立以后矾山明矾生产的重要资料。2004年,苍南县政协文史委编撰完成《苍南文史资料（第19辑）：矾矿专辑》,该书以专题形式介绍了矾山采矿炼矾、运输销售等状况,同时辑录当地民谣、山歌、工人斗争史话、大事记等内容,为深入研究矾山提供了诸多值得挖掘的研究线索。2016年,张传君等人编撰完成《世界矾都——700年矿山采炼活化石》,该书全面介绍了矾山的矿石储量与品质、开采与炼制历史、矾塑工艺、挑矾古道、矾业民谣等内容。通过多角度宣介，该书试图确立矾山在世界明矾行业中的地位，一定意义上是对半个世纪前郑立于先生"祖国矾都"赞誉的新时期回应。2017年，陈亦人教授完成《浙江温州"矾都"早期的历史辩考》，文章通过地名考释探析矾山生产的起源，是目前关于矾山源头诸多演绎版本之外少有的学术性探索。近年，一些高校的博硕士也开始对矾山展开专题性研究。2020年，冯书静完成《技术史视野中的温州矾矿工业考古研究》博士学位论文，从技术史角度考察矾山采炼遗址，对"水浸法"工艺流程对应的设施进行了梳理考证。同年，黄名楷完成《清代至民国平阳矾矿的开发与竞利》硕士学位论文，通过对清政府、北洋政府与南京国民政府三个政权时期当地矿产开发模式进行比较，展现了矾山在多力角逐下所具有的复杂生产形态。与侧重矿脉本体的资源调查不同，历史耙梳是将矾山视为文化单元，聚焦依托矿脉的明矾生产、矾业人群两者各自属性及彼此之间的因果关联，藉此揭示当地人文内涵的独特与丰富。

伴随申遗准备工作兴起，保护利用矾山明矾工业遗址的探索近年开始升温，成果有《浅析工业文化遗产的"大遗址保护"之路——以温州矾矿遗址为例》（2012）、《浅谈温州矾矿工业文化遗产数字化保护》（2013）、《温州矾矿工业遗产旅游开发研究》（2014）等。这方面探索以2012-2014年北京大学阙维民教授团队的调查最为系统，他们除进行遗址本体信息整理外，还以问卷形式展开社会调查，同时制定遗址保护概念规划，完成《浙江矾山矾矿的遗产价值与保护建议》等系列文章。阙维民教授团队的调查是站在遗产高度上审视矾山，既提升了矾山明矾工业遗址的价值，也扩大了当地的社会知名度。藉此助力，矾山在遗产申报方面投入加大，遗址保护相应成为当地目前最具热度的研究议题。

由早期资源调查到后来的历史耙梳，再到当前的遗址保护，三类调查研究先后出现、次序更替，显示了不同时期人们对矾山的差异化认知，也印证了当地明矾工业遗址具有的多重价值。

1.2.2 本次调查简说

本次调查受苍南县博物馆委托，由浙江工业大学设计与建筑学院完成，目标是对经由六百余年形成、遍布今矾山镇及周边关联地区的明矾工业遗址进行全面普查登记，以此为矾山申遗及未来保护利用等工作提供支撑。本次调查始于2021年4月，持续约一年时间，在此期间调查团队数次奔赴矾山，对当地遗址进行细致耙梳，主要完成实物数据采集登录与文献资料搜集辨析等工作。

据《下塔吉尔宪章》定义，"工业遗产包括工业文化的遗存，具有历史的、技术的、社会的、建筑的或科学的价值。这些遗存包括建筑群与机器、车间、工场和工厂、矿山与处理与提炼遗址、货栈与仓库、能源生产、输送与使用的遗址、交通及所有其基础，以及用于有关工业社会活动（诸如居住、宗教信仰或教育）的遗址"[7]，以此为基准，本次调查聚焦矾山各时期矿石开采、明矾炼制、运输销售等生产环节形成的遗址，覆盖区域、矿段、工区、厂区等各尺度单位内的运销线路、功能群组、厂房设施等各自的本体及其附属，同时调查明矾生产人群聚集生活的聚落住区、住宅祠庙、公共场所等，并关注工艺技术、宗教信仰、山歌民谣、矾塑艺术等因明矾生产而衍生的非物质遗存。调查区域设定以今矾山镇为中心，广及南宋、莒湖等历史产区，同时向赤溪、藻溪、前岐、沿浦、鳌江、霞关等明矾运销关键市镇、港口辐射，希冀全面揭示历史以来矾山"采炼-运销"生产系统的运行过程及其内在协同性。调查时段以矾山生产有明确文献记载的明初为起点，以矾山生产生活特质逐渐减弱的20世纪80年代为终止，调查中努力做到不止包含以矾矿各厂区为代表的现代遗址，更对各历史时期遗址进行全覆盖，尤其关注明清与民国时段遗址的探寻，竭力为矾山生产历史提供完整的实物证据链。就具体对象而言，本次调查除关注各级文保单位、三普调查点及为人熟知的代表性遗址外，更着力于对之前未被关注过的塌陷矿洞、炼制残迹、罕至古道与没于荒草中的生活设施的查找。相较以往，本次调查覆盖区域广、时间跨度长、遗址类型多，调查过程繁复艰难。

本次调查工作主要分以下几个阶段实施：

（1）制定调查计划。预研究阶段首先明确调查对象构成、分布区域及其保存状态，初步了解矾山及周边关联地区的生产脉络。以之为基础，制定以福德湾（历史产区）与"温州矾矿"主厂区（现代产区）为核心、由今矾山镇所在地为起始逐步向赤溪、藻溪、前岐、沿浦等地外扩的调查计划。同时，以现行工业遗产调查方法为参照，制定片区、类型、单体三类调查表格与口述访谈框架。

（2）对"温州矾矿"调查。首先，访谈企业（现温州矾矿发展集团）领导与职工，了解企业各时期生产工艺与组织架构，特别关注其中的转折点与关键活动。其次，对企业档案进行筛查，寻找与明矾生产及职工生活关系密切的线索，为后续精准调查作准备。第三，对企业所属的主厂区、机修车间、电厂区、综化厂区等进行实地调查，以影像记录、图纸测绘、文字描述等为主要手段，分类采集各厂房建筑与设施设备的现存状态。第四，调查各企业所属生活设施，包括各时期生活区、宿舍住宅、公共场所等，以期全面把握与现代生产相匹配的企业生活模式与空间构成。第五，在完成遗址现状信息登录的基础上，对企业退休职工与周边住户进行访谈，明确企业生产与生活场所的变化所在，如组成存废、联动变革等，试图重现企业在建厂之初的规划建设理念与后来调适变迁的基本逻辑。

（3）对10千米矿脉各矿段调查，尤以鸡笼山、水尾山、大岗山三者为侧重。经前期调查预判，认定鸡笼山、水尾山、大岗山是矾山生产历史最重要的空间载体，然而三者开发时间长，历史痕迹与现代建设层叠严重，前后涂抹更替使有关历史信息保存不完整或难以辨析。基于此，调查中除对遗址现状信息采集登记外，更关注对各时期遗址痕迹的剥离，尤其对有记录的历史场所进行场地复原，观察其与现代场所的空间关系，以此审视矾山明矾生产的延续与变化。访谈当地居民，藉由他们的回忆寻找线索，实现对矾山各时期采炼工艺、人群组织、生活实态等的全面把握。调查中特别注意对各矿段生产异同的比较，如资源特质、生产时长、开发模式等，以此求证历史时期矾山明矾生产内在的不均衡，为有关遗址的价值阐释寻求新的视角。

（4）对明矾运销线路遗址调查。运销是矾山生产系统的重要组成，由于它的存在矾山才成为可以灵活吐纳、有生命力的历史单元。调查首先对矾山各时期运销机制进行梳理，走访了解明矾外运的基本程序与依托的空间线路，进而对"温州矾矿"企业档案耙梳，查找新中国成立以后与明矾运销有关的公路修筑与港口建设等信息，以此把握明矾运销各阶段状况及其连缀呈现的变化。在此基础上，对矾赤、矾藻、矾前、矾沿等挑矾线路徒步考察，明晰线路走向、估算线路长度、考察沿线分布的聚落与相关设施，对重要遗址进行信息采集，特别是对道路本体、宗教场所、碑铭石刻、桥梁矴步等拍照、测绘与登记。同时对沿线人群进行访谈，了解明矾运销流程及其对周边地区产生的影响，追溯运销历史场景及可能隐匿的关键遗址线索。

（5）对各项调查数据进行整理，包括研读文献、汇总调查数据，根据调查目的与预设结论对调查结果进行修订补充等，之后进行上述步骤的循环操作。矾山明矾生产是跨越六百余年的连续过程，唯有大区域、长时段、多类型的遗址调查才可能拼合其完整的历史面貌，进而呈现其稀缺价值，然而目前矾山许多早期生产痕迹因时间久远而难觅踪迹。为避免调查缺漏，补充调查环节不局限于现有行政区划，而是从明矾生产必须依赖矿石与水源这一基本规律入手，以自然资源分布为查找线索，结合文献记载，查检前期调查中可能存在的疏忽。不仅如此，在实物信息采集登记的同时，对浙江、温州、平阳等各级档案馆、民国报刊数据库、地方文史机构、民间人士等进行多渠道访谈与史料搜集，通过对历史语境中生产行为与空间场所的互动观察来补充查找可能遗漏的遗址资源。

经此一年，藉由实物登记与历史辨析两条路径的持续滚动，本次调查覆盖矾山明矾工业遗址约350余处，初步建构起当地遗址的基本体系与空间发展的一般脉络，保证了对矾山明矾生产历史全貌与"采炼-运销"系统联动细节的客观呈现，为当地遗址未来的保护利用提供了可倚靠的基础。

注释

［1］ 郑让于. 游记：矾山记［N］. 实业汇报，1916，1（2）：1.

［2］ 章人敬. 叶良辅先生遗著提要之浙江平阳之明矾石（提要）［J］. 地质论评，1951：163-165.

［3］ 郑让于. 游记：矾山记［N］. 实业汇报，1916，1（2）：1.

［4］ 郑让于. 游记：矾山记［N］. 实业汇报，1916，1（2）：1.

［5］ 周斌，毛婷婷译；赵肖为校. 瓯海关十年报告（1902-1911年）［J］. 温州大学学报（社会科学版），2013，5：113.

［6］ 余柏年. 浙江平阳明矾石工业利用之研究［J］. 化学工业，1948，20（3-4）：3-19.

［7］ 转引自阙维民. 国际工业遗产的保护与管理［J］. 北京大学学报（自然科学版），2006，1（3）：1-12.

第 2 章　浙江矾山明矾生产演进

数百年来矾山明矾生产实现了由传统向现代的蜕变转型，在这看似简单的变革背后，实际隐藏着谋利争夺、市场摆布、技术更替等多因素综合作用的曲折轨迹。受盛衰不定的生产所影响，矾山依托鸡笼山、水尾山、大岗山等矿段生长运作的区域性生产空间持续伸缩调整。本章主要对矾山明矾生产历史进程进行耙梳，同时聚焦当地区域性生产空间的历时性变化，以此希冀为后续各项专题调查研究提供时空背景。

2.1　历史分期

既有调查研究普遍以明清、民国、新中国成立后作为矾山生产的断代划分，这虽可呈现一般演进脉络，却不足以揭示矾山作为我国重要明矾产地历史发展的特殊性。

明矾生产是群体性社会活动，由多人协调完成，在自然资源与生产工艺相对稳定的状况下，人群及其组织变化决定了矾山生产的基本走向。基于此，本研究以主导人群变化为依据，将矾山生产大致分为家庭副业、商人运营、国有生产三个时期，并按具体生产状况再对各时期进行细致划分，界定出萌芽、初兴、鼎盛、调整、转型、平稳六个性质不同的阶段（表2-1）。通过"时期-阶段"的时间架构，试图重现矾山历史以来生产模式的更迭与人群关系的改变，并能较为细致地呈现既有文献所描述的"自下游而上游""自外围而腹地""自上而下""因矿成镇"等粗略的空间过程，进而为各遗址时代属性的确立夯实基础。

表 2-1　矾山明矾生产历史分期

时期	时段	阶段说明	生产组织方式	生产体系特征
家庭副业期	萌芽阶段（明初-1661）	以目前所见矾山生产最早记载为起始时间	家庭为单位的小规模手工生产	采炼一体，就近销售
	兴起阶段（1662-1743）	以对矾山民间生产有巨大影响的朱氏族人迁入为起始时间	家族为单位的较大规模手工生产	采炼一体，运销网络初成
商人运营期	鼎盛阶段（1744-1929）	以矾山第一座专门矾窑"九担窑"的设立为起始时间	商人掌控的大规模手工生产	采炼分离，运销网络发展
	调整阶段（1930-1948）	以《中华民国矿业法》颁布为起始时间	官督商办的大规模手工生产	采炼分离，运销网络衰减
国有生产期	转型阶段（1949-1978）	以新中国成立为起始时间	私有转国营的半机械化生产	采炼运销一体统筹
	平稳阶段（1979-2017）	以矾矿企业改革改组为起始时间	国家所有的全机械化生产	采炼运销一体统筹

（来源：自制）

2.2　家庭副业期

矾山明矾生产的初成期，这一时期矾山生产各环节均由当地移民进行主导，规模小，且以就近销售为主。矾山生产缘起于何时未见确切记载，现有源头说显示它具有一定的偶然性，即当地百姓用矿石筑灶烧火，偶得明矾后便专事生产。上述起源目前难考其实，但可以确认的是这一时期矾山生产确实经历了从萌芽到初兴的渐进过程，与此同时当地以浙闽移民为主体的民间社会也逐步形成，在明矾生产与移民迁入的共同作用下，后来依托主要矿段生长的区域性生产空间开始出现雏形。

2.2.1　起步萌芽阶段（明初-1661）

目前所见与矾山生产有关的最早记载见于明初。《大明太宗文皇帝宝训卷》显示，"□□□年三月庚辰，温州府民言，本府岁输白矾数千□□京，阻隔山路，负运实艰，乞附载海运舟输京为便，□工部臣曰，矾欲何用，对曰用以染色布，曰特染布耳，□□民于数千里之外，可罢其岁运，自今制布衣不必染色"[1]，表明永乐年间温州已有明矾出产，主要用于织染。遗憾的是，这段文字缺失了年份与产量两处关键信息，遍查其他相关史料后也未获得具体年份，因此对温州生产的具体时间与规模我们尚无法准确判断。又据《大明太祖高皇帝实录》"辛巳定《征矾法》"条载，"庐州府黄墩、昆山及安庆府桐城县皆产矾,岁入官者二十二万七百斤,每三十斤为一引,共七千三百五十八引,每引官给工本钱一百五十文"[2],太祖朝在对当时重要产矾区实施榷矾规定时并未提及温州,表明后者生产应不具影响。若第一条记载中"数千"之后缺失的文字为"引",那永乐朝温州生产已相当可观,且作为贡品入贡朝廷。明太祖与太宗两帝执政合计约半个世纪,两条资料结合可粗略得出温州在明初这段时间明矾生产有了质的飞跃这一结论。

与矾山生产直接相关的最早记载见于明弘治(1488-1505)《温州府志》,据载"矾,平阳县宋洋山虽有之,素无人采。近民得其法,取石细捣,淘炼而成,清者为明矾,浊者为白矾"[3],与上述史料相比,这条记载明确指出温州明矾出产的具体地点,即"平阳宋洋山"。据台州学院陈亦人教授考证,宋洋山即今矾山镇北约10千米处的南宋一带,它位于弧形矿脉东北,属大岗山矿段。南宋清代属平阳县三十一都,民国二十年(1931)始设宋阳镇,民国三十六年(1947)改为南宋乡,各类文献中有"宋洋""宋阳""宋垟""兰松垟""兰宋阳""南宋垟"等不同叫法。这条记载中,"近民得其法"的表述引人注意,其字面意思为南宋是在弘治年间才掌握明矾生产技术,若事实如此,那明初的温州明矾产于何处?是有比南宋更早的产地,还是史料记载出现偏差?这些疑惑有待进一步考证。不过,可以确认的是南宋是目前有确切文字记载的矾山最早的明矾产地。明隆庆五年(1571)编纂的《平阳县志》是平阳最早的县志,书中"亲仁乡三十一都"条下仅"宋垟"一地,依明代都以下设村的建置特点,推知明中晚期南宋一带应该已出现与明矾生产有关的聚落。此外,"近民得其法"的表述还产生另一重值得探究的问题,那就是由谁将明矾生产技术带至南宋?陈亦人教授推测应是福建漳州移民所为,这有一定可信度。明清两朝海洋动荡,大批福建人内迁浙南,在人口频繁流动中不排除已在进行明矾生产的福建移民带来技术。不过,历史时期浙闽山区人口流动剧烈,即便单姓移民的迁入路径也常迂回支衍,因此想在今天南宋诸多姓氏中判断谁是矾山生产始祖殊为困难。

明代矾山其他地区的生产状况目前未见记载,在此我们可以借助苍南县政府官网的姓氏信息以及矾山当地郑益备先生所标注的《矾山各氏族分布图》(图2-1,以下简称《分布图》)作简单推考。《分布图》显示,矾山最早的移民出现于16世纪末,具体时间为1584-1598年。当时的海洋正是波云诡谲的时代,明清易代的混乱加速了沿海居民的内迁流动,矾山移民的出现应与当时浙闽沿海居民整体移动相合拍。整体来看,16世纪迁入矾山的移民数量较少,这说明不宜稼穑的矾山并非重农移民首选之地。这些早期移民主要分布在萍蓬岭、大岗山、水尾山、鸡笼山等矿段周边,没有表现出向已在生产的大岗山聚拢态势,据此判断他们应该不是因为明矾吸引才迁入定居的。

综合上述信息,可知这一阶段以南宋为代表的大岗山矿段明矾生产已经起步,但并未形成规模性产业。从全国范围看,当时矾山生产也不显著,因为初刊于明崇祯十年

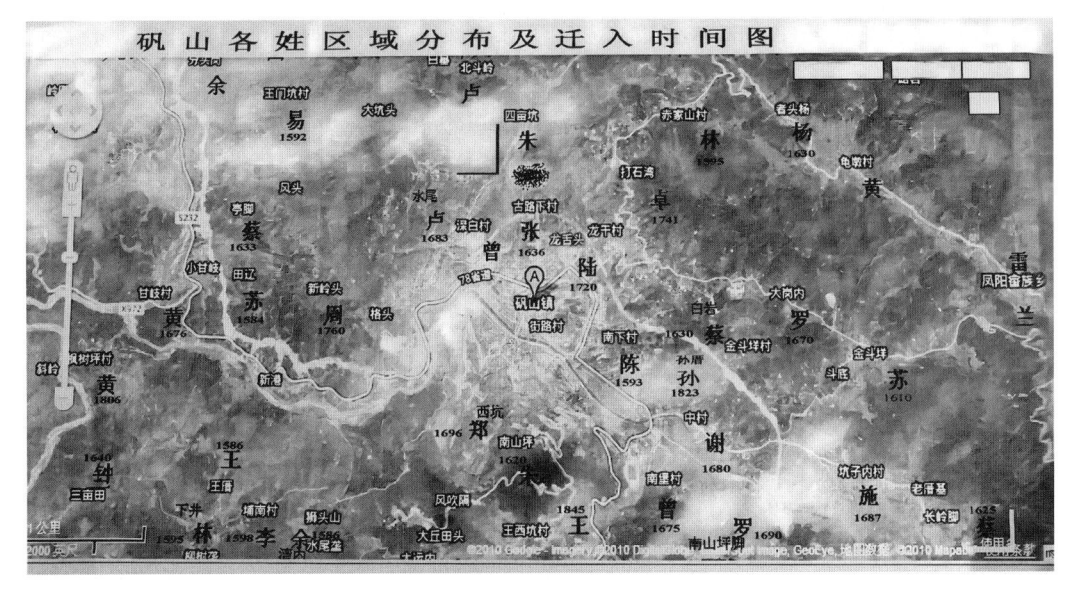

图2-1 《矾山各氏族分布图》

(来源:《西坑郑氏人史纲》,第13页)

(1637)的《天工开物》在述及当时明矾产地时称"最盛者山西晋、南直无为等州"[4],并未提及温州。

2.2.2 逐渐兴起阶段(1662-1743)

入清以后,矾山生产较之前趋于兴盛,这一判断的依据主要来自"赤垟山炼矾,恩准孤贫渡食,矾浆水必汇入海"[5]的记载,据说这是清康熙二年(1663)颁布的诏令,事由是为平息矾山与前岐两地因明矾生产所引起的纠纷。目前这条记载出处不详,若为事实,说明清初矾山生产应该已经达到了相当规模,否则生产排放的矾浆是不足以造成福建境内环境污染的。据说,这份诏令后来被镌刻在鸡笼山矿段福德湾老街白马爷宫外墙的石碑上,但目前石碑上的字迹已消失殆尽。

(1)移民迁入推动

除上述缺乏出处的康熙诏令外,由17世纪移民状况也可推知当时矾山生产的兴盛。《分布图》显示,17世纪迁入矾山的姓氏明显增多,迁入时间从1610年持续至1696年,几乎贯穿整个世纪。明清两朝更替固然是移民大规模迁入的重要原因,但众多姓氏选择不宜耕作的矾山作为迁入地,这或与当地日渐兴起的明矾生产密不可分。从落脚点看,17世纪的移民主要选择在水尾山、鸡笼山、马鼻山等矿段周边定居,大岗山姓氏数量反而没有明显增加。前述已知，弧形矿脉中属水尾山与鸡笼山两矿段的矿石储量最多、品质最佳，移民向这两地蔓延，说明人们当时对矾山矿藏已有一定程度的认知。此外，明矾生产离不开水，将固态矿石加温溶解成明矾液是生产中的重要环节，因此移民与水源的关系也可反应当时矾山的生产状态。将《分布图》与现代地图叠加梳理，可以看出16世纪移民落脚点与水源的距离都相对较远，而17世纪半数以上移民落脚点都与水源靠近，多则500-600米，少则数十米，远小于16世纪动辄数千米的距离，显示着人们对明矾生产资源的依附。对落脚点进一步分析，可以发现17世纪中叶以后迁入的移民与矿石及水源的距离都较之前有所缩减，结合前述康熙诏令颁布的时间，推测17世纪中叶以后矾山明矾生产应是有了一个较大的发展。

（2）生产空间初成

在17世纪迁入的移民中，与明矾生产有关的姓氏以朱、郑两姓为代表，他们的迁入将矾山生产带入到一个崭新的阶段。

朱氏自永嘉度山（今属温州市龙湾区）迁入，关于其迁入时间目前有多种说法。矾山当地《西坑郑氏人史纲》记载，"度山13世朱氏射房光英（1584-1645），27岁迁徙赤垟南山坪"[6]，认为朱氏是于明代迁入矾山的。与之不同，2017年新编的《矾山朱氏源流史》称，"康熙初期，度山朱氏族人分别向温州内地瑞安、平阳山区等地迁移。矾山朱氏先祖朱纂公第十三世至十六世孙，分别先后迁徙平邑赤垟南山坪、内山、王西坑、南芳田、四亩坑、赤垟街等地，族人从事矾业生产，至今三百五十余年"[7]，表明朱氏于康熙年间迁入，而这与《分布图》显示时间大致吻合。综合前述移民落脚点的分析，本研究倾向于朱氏于清前期迁入矾山的说法。郑氏祖籍地为永嘉白水（今属永嘉县瓯北镇），与朱氏本为姻亲，在后者迁入矾山数十年后其始祖郑天铉（1669-1738）于1696年迁入，并在已壮大的朱氏族人扶持下开启了自己的明矾生产之路。

朱郑两姓均选择在鸡笼山矿段福德湾一带落脚。福德湾位于今矾山镇西南，大概范围是南至内山村、北至滨溪西路、东以目鱼山盘山公路为界、西至西坑路一带。朱氏在福德湾有墓脚、宫边、芳田、内山四处落脚点，但四者形成时间并不相同。墓脚位于今福德湾老街南侧，为始迁祖十三世礼乾房光赏落居处，它是朱氏在福德湾最早的定居之所；宫边位于墓脚以东，形成时间与后者大致相同；芳田位于今福德湾老街以东，是十四世书房长庭落居处；内山在今朱程将军故居附近，是十五世礼坤房廷亮落居处。郑氏迁入后，即选择在墓脚与宫边西侧的西坑定居，仅有这一处落脚点。朱、郑两姓的五处落脚点分布相对集中，除内山疏离在南侧鸡笼山尖之外，其余四处均位于鸡笼山北坡的中部。就民国叶良辅教授所绘地质图观察，鸡笼山矿藏具有自南侧山尖向北坡延伸的特点，朱郑两姓选择在北坡中部矿石埋藏较浅处落脚，当时应是考虑了采掘的难易，并兼顾向山下运输明矾的便利。此外，墓脚与宫边分布在福德湾溪两侧，芳田也紧邻福德湾溪，西坑则位于左右西坑溪之间，显示朱、郑落脚点对水源的依赖。

朱郑两姓落居福德湾，标志着鸡笼山矿段明矾生产的序幕正式开启。1683年，卢氏自藻溪（今属苍南县藻溪镇）迁入矾山，作为水尾始迁祖他们开始在当地进行生产活动。经由这些早期移民的迁入推动，矾山生产已经不再是之前只有南宋大岗山的星火之势，而是在多个矿段中如满天星斗般展开了。

2.3 商人运营期

矾山明矾生产的黄金期，这一时期矾山生产主要由商人掌控，不仅规模扩大，同时开始销往外部市场。商人的介入改变了矾山生产的性质，使原本的移民谋生手段质变为受市场左右的商业行为，由此矾山也开始在全国乃至国际矾业市场享有盛誉。后期矾山明矾生产走向衰败，为拯救当地日益"失控"的矾业与民生，官方开始组织力量对当地实施管控改良，但这些措施并未从根本上动摇商人主导的基调。受动荡的生产所左右，这一时期矾山区域性生产空间经历了先大幅拓展、后持续萎缩的激变过程。

2.3.1 臻于鼎盛阶段（1744-1929）

乾隆九年（1744），苏州商人在今矾山镇西约2千米处的下半山建起矾山历史上第一座正式矾窑，因其日产明矾九担（每担约百斤）而称"九担窑"。作为专门生产机构，九担窑的建立标志着矾山生产进入多人群协作的规模化时代。此后百余年，苏州、宁波、本地商人先后从自己的利益出发主导矾山生产，他们通过投入资金扩大规模、再将产品投入市场谋利，彼此或合作或冲突，在当地上演了一幕幕表面替代、底色却根本一致的历史大剧。

（1）商人运营机制

不同于家庭作坊低成本的特点，专门机构的大规模生产在前期就需要投入大量资金，主要用于厂房、窑炉等生产设施建设及矿石与燃料等购买。通览整个历史时期，矾山明矾生产成本呈持续走高的趋势，如1915年"矾窑合柴石工资计之，平均约日需洋五十元，可成矾四十包，是每包成本祇合洋一元二角五分"[8]，到1921年每日每窑最高成本达到64元，"每日所得之矾量，平均约可四千斤，计分四十担"[9]，合计每担约1.6元（表2-2）。对于仅将明矾生产视为辅助谋生手段的早期移民而言，规模化生产所需的高额成本他们无力承担，"商人所以能操纵之原因，则纯由窑户资本之短绌"[10]，正因为此，外地商人才有了介入当地生产的机会。

表2-2　1943-1944年矾山明矾生产成本概况

时间 原料	1943年3月 总值（元）	1943年3月 价格	1944年3月 总值（元）	1944年3月 价格	1944年7月 总值（元）	1944年7月 价格
矿石	1300	125kg/元	3150	未记载	3500	63kg/元
草	360	5.5kg/元	1350	未记载	1500	1.4kg/元
青柴棍	150	6kg/元	720	未记载	665	1.5kg/元
柴头	550	2.5kg/元	1149	未记载	1400	1kg/元
矾篓	64	1.6元/只	400	10元/只	400	10元/只
成本总数	4638.89元		12984.92元		16575.82元	
明矾价格	138元/包		410元/包		357元/包	
总说明	每包60kg，一年间矿石上涨2.4倍、草上涨3.7倍、青柴棍上涨约3倍、柴头上涨1.7倍					

（来源：《矾矿志·炼矾》，第16页）

主导矾山生产时间最长的是宁波商人，他们通过入股办窑与经营运销两种方式左右当地生产。宁波商人的到来加速了矾山移民社会的分化，一些人基于谋利愿望而与外地商人结成利益团体，由此渐变为当地社会中最早的窑主。据《西坑郑氏人史纲》记载，宁波商人与本地窑主的合作经历了一个变化过程，初期商人只以订货采买为主，后来则直接投资生产，至光绪年间两者合作的方式已趋于稳定，"每逢六月十二月由窑主至四明公所与号东商定以后，订定六个月内之货价合同，由甬商先付矾价半个月，每窑户约支千元之谱，至下半个月窑主如交矾与支价相等，始得支取再下半个月矾价，否则停止付价"[11]。虽称合作，但实际上"定价之权，操诸买主，非窑户所能自专。故业此者，亦仅糊口而已。居奇致富，恒为外来客商之事"[12]，宁波商人因掌控生产资本与运销渠道自然获得大部分收益，但对本地窑主来说明矾生产仍只是谋生手段，除规模扩大外其他与之前并无本质差别。百余年间，宁波商人牢牢把控着矾山生产，甚至成为当地明矾的代言人，"光绪年间，平阳明矾，率由甬商承销，本地矾商，不直接向外交易，故当时世人仅知宁波出矾，而实不知产于平阳也"[13]，因经营年久，他们对矾山当地生活影响至深，以至民国后期"矾山街头繁荣，人民生活尚染有宁波人之余风"[14]。

民国成立前后，出于对薄利的长期不满，矾山本地窑主开始冲破宁波商人的控制自行向外运销明矾，如清光绪二十六年（1900）即有"矾山窑东矾商冲破甬商操纵，迳运明矾至上海、宁波"[15]的举动。此后在当地窑主持续抵制下，宁波商人逐步退出矾山生产，至1915年已"气焰稍衰，多改业他去"[16]。目前关于宁波商人与本地窑主争斗的细节未见明确记载，隔着历史的云烟我们亦无法想见当时发生的种种，但短短十数年宁波商人就放弃经营百余年的矾业，速度之快或可印证当时双方冲突的激烈。

宁波商人退去后，代之而起的是以朱修己为代表的本地矾商，1916年朱氏与姜会明、王理孚等人合股创办振华公司，"标志着矾山商人自销明矾的兴起"[17]，他们折价收购其他矾窑，垄断了矾山几乎所有的生产。同年，平阳商人殷汝骊、林赞卿等人创办东瓯明矾实业公司，虽非本地窑主，但他们凭借自身与投资人背后的政治势力仍使公司在当地明矾生产中大放异彩。1918年东瓯明矾实业公司解体，同年林赞卿联合本地矾商朱道儒等人改组成立兴记矾厂，该厂因纳入本地势力而得以立足，后其所产"兴记大明珠"在上海、香港等地市场享誉数十年。

（2）生产规模扩大

宁波商人与本地窑主的冲突折射出这一阶段矾山生产的兴盛，与家庭副业期相比，商人主导下的生产出现了规模扩大、受市场摆布的明显变化。

清咸丰七年（1857），温处海防兵备道俞树风在今矾山镇甘岐村新岭脚勒"奉道宪严禁碑"，其碑文称，"切平邑三十一都山多田少，不宜稼穑。惟山高出产明矾，居民向以煎矾为业，运销觅利，事极辛苦。凡无田产者，藉此为业。恩沐阮抚宪念切民依，历有示禁，不许奸徒勒索窑户，贫民得以安业。且矾系本地土产，须运往别省销售，行商贩至行铺，计矾百勋，提厘捌文。出口赴关报税，每包五十六文。矾归行铺提厘，出口纳税均遵旧章，叩求谕禁，厘捐之外，毋许不肖奸徒再向窑户勒索，则千万家得以安业等情"[18]。由此可知，至晚到清中晚期明矾生产已成为矾山民众普遍的谋生手段。不仅如此，当时矾山已建构起以矿脉为中心、以矾馆行铺为节点的运销网络，其所产明矾开始突破附近集市向省外销售。

清光绪三十年（1904），《瓯海关十年报告（1902-1911年）》载，"明矾采自一座大山底下挖出的石块（先用火焙裂，不用火药炸开，再用大锤砸碎）。此山绕山脚一周也许有10英里，从山谷到山顶可能高于1000英尺，满山蜂窝一样到处都是矿道，向着各个方向挖掘……代理商告诉我，如此纯化得到的明矾在赤溪每担大约能卖1元。他说，他每天煮得20-40担，但年产从未达到10000担。他还说，现有24座相同规模的泥炉在生产：这证实了另一个不相干的人告诉我估计年产为200000担的说法"[19]，前述已知这段文字引自庄延龄的调查，描述的是19世纪末矾山生产状况。当时矾山至少有24座矾窑（即泥炉）在生产，每窑日产量约20-40担，无论矾窑数量还是每窑日产量都较一个世纪前的"九担窑"有了数十倍的增长。此外，文中对矿道的描写不仅展现出当时矾山生产活动之盛，同时也折射出其生产秩序之乱。

宣统元年（1909），平阳县令向浙江巡抚奏报，"查矾山坐落三十一都，共有三座，占地约五方里，山主系平阳人民，闽商向未购买。前数年浙绅某禀办浙东矿产，曾延有德国人雷克到地查验矿质。去年有一日人至矾山履勘，据云日本新出矾矿，该日人来此调查采制方法，经宿即去，是该令所称东西洋人先后至山勘矿，殆即指此"[20]，显示民国前夕曾有德国人与日本人踏勘矾山。这些人抱着不同目的前往调查，他们的出现印证了当时矾山无论是矿石资源还是生产组织都已具有一定的国际影响。

民国四年（1915），郑让于在《矾山记》中写道，"矾窑之始……历二百年，业此者渐众……近数年来，海运既兴，交通较便。窑户中或跡客商之所为，从而效之，获利乃倍蓰于前，勤俭者以此起家，于是业乃骤盛。辛亥之岁，自赤溪由海道经温州。运沪销售者约三万包，翌年至五万包。甲寅至六万包，今年乙卯至十一月，约已运及十一万包。计每月有万包至沪。其属甬商，自以海舶运往镇江、富阳、福建、广东者，尚不在此数。综计今岁制矾总额，已达三十万包矣"[21]，此时距庄延龄调查仅过去三十余年，"获利乃倍蓰于前""业乃骤盛"等表述说明这一阶段矾山生产异常繁荣。在巨大利益吸引下，已退出当地生产的宁波商人仍凭藉兴起的海运，掌控着广及温州、上海、镇江、富阳、福建、广东等地的明矾运销网络。

上述资料显示，这一阶段矾山在商人运营下已从初期偏僻孤立的移民区转变为与外部互动频繁的明矾产地。自"九担窑"开始的一百多年来，商人将矾山生产中的"采炼"与"运销"两大环节捆绑成一个受市场左右的运行系统，通过该系统"资金投入扩大生产-生产扩展运销-运销促进生产"的连锁滚动，当地生产发生持续性变革，到1916年左右已达到历史时期矾山明矾生产史上的最高峰。当时，国内染布业"工厂日见增兴"，使"用以硝染皮布"[22]的明矾销路激增，而欧战爆发又致国际矾业衰落，在"外矾已绝，需要陡增"[23]双重因素的作用下，矾山明矾供不应求，年产"三十万包"的骤盛表现便由此出现。

（3）生产空间拓展

随着生产规模的扩大，上一时期依托鸡笼山、水尾山、大岗山等矿段形成的区域性生产空间被快速填充，表现为新的采炼点不断出现、新旧采炼点连接成大片生产区。同时，之前未开发的边缘矿段开始生产，而得益于运销网络的辐射，矿脉周边其他地方也出现多处采炼点。

宁波商人最初选择在泗洲佛、上半山、下半山、鲤鱼滩、仙人交椅等地建设矾窑，当时福德湾已在朱、郑两姓推动下开始生产，但外地商人仍选址于矿脉较外围的地方设窑，说明人们对水尾山、鸡笼山等地矿藏还缺乏足够认识，不过一百年后这种状况有了根本改变。1915年《矾山记》称，"南岭矾山之窑，为数十有四。西岭水尾山之窑五。西岭之鸡冠岭及仙八儿亦各有窑二所"[24]，显示当时矾山在烧矾窑主要集中于水尾山与鸡笼山两个矿段，矾窑聚集标示出10千米矿脉资源的分布状态，这意味着区域性生产空间此时已不再是初期依附多矿段匀质发展的盲目状态，而是朝着更契合当地矿藏特质的方向生长。同时可以看出，此时的鸡笼山已超越水尾山成为矿脉中最活跃的生产区，说明区域性生产空间内部的生产活动出现差异化发展。

鸡笼山与水尾山的兴盛也带动大岗山的再度崛起。在商人运营的早期，依托大岗山生产的南宋并未表现出比之前更繁荣的迹象，直至鸡笼山与水尾山空间日益拥挤、生产活动不断外溢，南宋才获得进一步发展。这一阶段，散布于南宋的明矾采炼点主要有溪光、矾坑、石门岭等地。溪光是李氏与欧阳氏的聚集地，两姓均于明中晚期自闽南迁入，20世纪初矾势大涨时他们曾在当地大量设窑，仅李姓一族就多达十余家，其中李朝卿盛茂窑、李新传同泰窑规模最大。矾坑位于大岗山的山腰，清同治年间由曾氏迁入形成，成村时间与18世纪中叶后矾山生产大规模发展相契合，说明生产鼎盛又吸引新的移民群体加入。石门岭地势更高，形成时间不确定，村民以李、欧阳等姓为主，推测应是溪光村民后续向山上迁移形成。从溪光、矾坑、石门岭三者空间位置看，南宋明矾生产呈现自山下向山上蔓延迹象，其原因或许是该地初期以溪光溪沿岸地表矿石为主要炼制对象，后随溪滩矿石减少，人们便不断向山上逐脉开采所致。

这一阶段区域性生产空间扩容蔓延的趋势明显。首先，各矿段不断出现新的采炼点，原来的采炼区持续拓展。据《矾山记》载，"益以新扦（筑窑俗呼扦窑），未竣工者计之，凡二十有五"[25]，可知除23座在烧矾窑外，鸡笼山与水尾山当时至少还有25座矾窑在建。《世界矾都——700年矿山采炼活化石》等文献显示，这一阶段水尾山东北的深家坑、古路下等地都有所发展，甚至山上更高、更远处的白墓、大坑头、尖家坑、四亩坑等也出现采炼点。其次，之前未开发的边缘矿段开始生产。萍蓬岭位于矿脉最北端，因矿石储量不丰厚，故20世纪初仍是"以距矾山之窑较远，故尚未启辟"[26]的状态。随着矾山生产的兴盛，"窑户积资思广其业者，多垂涎此地"[27]，1916年东瓯明矾实业公司基于"岭之巅产矾石甚富""地近苔（即藻，作者注）溪，苔溪产柴，之价较矾山为贱"[28]等考虑买下该地开采权开始建窑生产。因为有诸多生产便利，虽然"涧水不多，仅足供二三窑之用"[29]的弊端明显，但萍蓬岭依然成为这一阶段矾山生产的新兴之地。最后，明矾衍生行业聚集点出现。生产规模扩大导致矾山生产内部分工细化，依附主要采炼区的附属行业聚集点出现，如深家坑东北古路下张氏一族以建窑搭厂等明矾生产周边活动为主业，他们在水尾山采炼区外围定居，显示这一阶段区域性生产空间的局部出现层级化趋向。

各主要矿段的采炼区、采炼区外围及边缘矿段的同步发展彰显出这一阶段矿脉的整体繁荣，这一态势又不断向外辐射延伸，推动矿脉周边亦出现多处采炼点。至迟在

20世纪初，矾山区域性生产空间向矿脉周边外溢的现象已经出现，当时文献称"矾窑共有二十七座，现开二十座，内赤溪十二座，蒲门二座，前岐六座"[30]。赤溪即今苍南县赤溪镇，位于矾山之东；蒲门即今苍南县马站镇，位于矾山东南；前岐即今福鼎市前岐镇，位于矾山西南，三地距矿脉路途遥遥，但受矾山影响亦参与到明矾生产中来。与此同时，矾山北部的苔湖也出现生产活动。苔湖位于今平阳县南雁镇，民国二年（1913）"由朱仰西开鍪，并设窑提炼"[31]，但因矿床规模小，故当时并未获得更大的开发。

2.3.2 衰退调整阶段（1930-1948）

达到鼎盛后，矾山及其明矾生产开始以平阳县冠名称为"平阳矾业""平阳矾矿"等，并跃升为当时中国明矾行业的翘楚，"吾国明矾产地，除湖南之浏阳、湘乡、常宁，山东之青州、招远，山西之寿阳，福建南清平和之大仑山及福鼎，河南之彰德，吉林之濛江，以及广东、安徽、云南等处外，首推浙江之平阳县"[32]。然而，在市场规律摆布下，自发形成的矾山生产因缺乏中间调控环节而极易陷入失控状态。1918年欧战结束，国际矾业市场逐步复苏，之前无节制的生产导致矾价暴跌，矾山生产随即陷入低谷。1930年《中华民国矿业法》颁布，矿石资源收归国有，官方力量开始介入矾山，他们改良生产、管治社会，客观上推动了当地生产向更科学、更长远的方向演进。

（1）官方介入过程

官方介入矾山明矾生产始于民国初，大致经历了由宏观管理到实际操控的变化过程。

民国以前矾山生产各环节主要由当地移民与外来商人主导，官方管控缺失。宋元及以前明矾为榷买之物，其采炼与运销皆由官府控制。明代以后明矾逐渐脱离国家专卖行列，甚至在讨论是否需要对明矾生产加以管理时，宣宗皇帝还曾批复说"古之人君，惟欲民富，凡山泽之利，皆弛其禁，若矾可利民，听其自采"[33]。清承袭明制，对明矾生产亦无明确管控，由前述"奉道宪严禁碑"可知，当时官府对矾山生产采取的是"听民采取，输税于官"的无为态度。数百年来，官方力量的长期缺失使矾山逐渐形成由单姓大族控制的地域社会，人们围绕明矾生产自发形成民间秩序，并共同遵守以维系当地生产与社会的平顺发展。

1911年民国建立，政权更迭、制度变化，矿业亦如此。民国三年（1914）张謇组织编定"矿业条例"，同年3月以大总统令颁布为《中华民国矿业条例》。因明矾在当时未被列入矿质种类，故该条例在偏远的矾山没有激起太大的波澜，甚至迟滞民国六年（1917）农商部在责令矾山窑主"补照申领"时，"各窑户仍前观望，并不遵办"[34]。这一阶段东瓯明矾实业公司是矾山唯一拥有官方背景的企业，其主要投资人均活跃于民初的政治舞台，但他们筹设公司只为商业谋利，并不代表官方对矾山生产进行直接干涉（表2-3）。

表2-3　东瓯明矾实业公司初始合伙人概况

主要合伙人	政治身份	祖籍	投资（万元）	备注
殷汝骊	民国财政部次长	苍南金乡	2.5	留学日本，入同盟会
林赞卿	民国财政部录事	苍南钱库鉴桥	0.5	殷汝骊之义兄
谷钟秀	民国农商总长兼全国水利总裁	直隶定县	0.5	留学日本，参与中华民国临时政府筹建
彭允彝	民国众议院委员长	湖南湘潭	0.5	留学日本，入同盟会
张云雷	民国国会议员	温州	0.5	留学日本，入同盟会
郑垂	郑孝胥长子	福建闽侯	0.5	留学日本

（来源：根据苍南文史资料（第19辑）；《矾矿专辑》等资料汇总）

1930年《中华民国矿业法》（简称《矿业法》）颁布，这是中国历史上第一部较完善的矿业法，是民国时期矿业开采遵循的主要法律条文，该法令规定，"中华民国领域内之矿，均为国有，非依本法取得矿业权，不得探采"[35]，其所列矿物种类包含明矾，矾山矿石资源相应收归政府所有。1931年国民政府实业部长孔祥熙发布饬令，限矾山窑主"依照法定手续，一律补呈核办"，以"依法取得矿业权"，同时要求对矾山展开"产地范围""制炼方法"及"每年产额平均市价运销市场等等"[36]调查。前述叶良辅、许蟠云等人踏勘矾山即是基于上面这一大的背景，他们背后代表的分别是民国中研院地质研究所、民国浙江省永嘉行政督察区等官方机构。矿石资源收归国有后，以民国浙江省政府为代表的官方力量开始谋划对矾山的管控，但由于战争等原因使这一阶段管制效果并不显著，矾山生产各环节仍主要掌握在当地以明矾大族为代表的移民手中。

1940年3月，时任平阳县长的张韶舞与平阳昆南区区长的张伯康设立"平阳明矾输出管理处"，为谋取私利，他们"强行令明矾改道经赤溪外运，并在赤溪设卡，征抽矾捐"[37]，这一举动使原本依托"矾山-前岐-沙埕"一线运销明矾谋生的矾商与工人利益受损，后者联名上告当时的中央资源委员会，"平阳明矾输出管理处"随即被取缔。同年9月，中央资源委员会委托当时的浙江省建设厅设立"浙江省明矾管理处"（以下简称"矾管处"），"平阳明矾输出管理处"随即被取缔，此后四年，"矾管处"先后对矾山展开"掌理管制明矾运销，办理矾业贷款及其他有关事项，掌理管制明矾生产改良采炼方法、设计各种工具、提炼副产、改善工人生活及其他有关技术或调查登记事项"[38]等多项工作。作为官方专设机构，"矾管处"对矾山所施行的是不容辩驳的强势操控，这在相当大程度上削弱了当地延续数百年的民间自由生产模式。

（2）生产改良举措

官方对矾山生产的改良集中于20世纪30-40年代，所针对的主要是1916年高峰过后当地生产与社会出现的衰败迹象。当时的浙江省建设厅、中央资源委员会等多部门介入其中，他们上下协同，十数年间对矾山生产各环节进行频繁调整，彰显出国人为拯救这一重要民族工业基地所付出的艰辛与努力。

1931年，时任浙江省第三特区行政督察专员的许蟠云对矾山展开调查，当时矾山矾窑数量相对1916年的高峰期明显缩减，"从其窑数论之，除民国四五年间暴增至四十余窑外，其余各年份均在三十以下、二十以上之间。即在民国二十年间，尚有窑二十四座，而至民国二十一年，则竟落至十七窑。至本年增加一窑为十八窑"[39]。其实，窑数增减本是民间自由生产模式带来的必然，多源数据也证实当时矾山生产基本稳定（表2-4），但高峰的出现使人们忽略了当地生产固有的混乱，误将偶然出现的高位视为常态，并以此为依据断言矾山的衰败。除此之外，矾山衰败印象还与减产导致的当地社会失序有关。矾山移民社会随矾势自由生长，本就不具备应对矾业大幅涨落的机制，面对困难更缺乏自我救济的能力，这一社会特质无疑使当时因矾窑缩减造成的民生艰难更为突出。许氏调查即是在上述背景下展开，其源起于矾业困顿下的民生，完成的却是民国官方对矾山生产最全面的一次审视，当地数百年积聚的沉疴由此被层层揭起，引发世人广泛关注。在许氏确立的"从此窑数年年减落一点观之，可见其营业之日见衰落"[40]的调查基调下，20世纪30年代官方改良矾山的大幕被徐徐拉开。

表2-4　1921-1939年矾山当地矾窑产量概况

时间	当年产量记录	信息出处
1921年	"该处每日所产之矾量，约可九万斤"	《地质研究会年刊》1921年第1期，20页
1929年	"明矾，年产三十余万包"	《工商半月刊》1929年第1卷第9-12期，60页
1930年	"每日共可出矾千余包"	《中央日报》1930年12月5日第927号第五版
1931年	"每年可产明矾三十五万担"	《时报》1931年4月7日0003版
1933年	"年产约三十万担"	《浙江省建设月刊》1933年第7卷第1期，43页
1935年	"年共约产三十余万包"	《地质专报》1935年丙种，516页
1939年	"年共产300960包"	《浙江工业》1939年第9期，15页

注：平阳计量单位中"担"与"包"通用，一担即一包，一包为一百斤。

1933年，许氏分别以《平阳县矾矿业之调查》《平阳矾矿业失败之原因及改革之建议》为题将调查结果公布于当年3月与7月的《浙江省建设月刊》上，文中详述了当时矾山生产存在的各种弊端。首先，没有设定矿权。许氏认为矿权未定是矾山衰败的主要原因，其逻辑在于"因矿权未定……即为矾窑数目之无限制，及窑矿两方之失其调节"[41]，转译过来的意思是因宏观调控缺失，完全从个人谋利角度出发的生产使矾山与市场之间的供需关系失衡。其次，制矾方法不良。许氏认为"制造明矾之方法，大都不合科学及经济之原则"[42]，并罗列矾窑构造不合理、烧炼矾石无节制、管理缺乏科学方法等多项需要改进的内容。最后，运输方法不良。许氏认为当时人工挑运明矾弊端明显，如"运费昂贵""时间迟缓""雇工甚难"，工人舞弊以至"增加额外之剥蚀"[43]等。除这些突出问题外，许氏认为矾山还存在窑主知识低微、商人操纵等诸多亟待解决的方面。针对诸种不足，许氏同时提出先由当时的平阳县政府呈请设定矿权、再招商组织财团承租经营的官督商办解决策略，希望以此实现对矾窑设置、明矾专卖、资金借贷、炼制方法、工人福利等多项与矾山生产及民生相关内容的改良。

许氏调查颇有政府要员巡阅地方的味道，其调查结果自然获得当时浙江地方的高度重视，1934年，后者以"补助平阳明矾议案"上报国民政府，并于同年5月获得政府最高层批复，"案查此次本行营召集各省高级行政人员加以考询，据浙江省第三特区专员许蟠莹（云，原文有误，作者注）建议，请补助平阳明矾矿一案，略称'平阳明矾矿，产明矾甚多，拟设大规模工厂，提起铅质，以供航空及制燃烧弹之用，并请依建国大纲之规定，由中央补助或投资'等情，据此，除函请实业部核办外，合行令仰该省政府妥筹办理。此令！委员长蒋中正"[44]，藉此推动，同年11月由当时的浙江省建设厅发布《整理平阳矾矿之计划》（简称《计划》），正式对矾山实施改良。比对发现，《计划》对许氏提出的矿权不明、商人操纵、运输与制炼方法不良等问题都给予解决措施，但对矿工与窑方不合作、窑主知识低下等未作回应。也是在同一年，当时的实业部开始对矾山矿权进行设定，"在平阳县南乡矾山街鸡笼山、水尾山、大岗山、鸡角岭等山，设定明矾矿采矿权，计矿区面积六百六十六公顷十六公亩四十八公厘"（图2-2），同时指出"关于采石炼矾指导改进四项，尚确切可行：其筑路便利交通，设厂提取精矾两事，亦颇合实用。至所拟统治矾窑，设立矾栈与筹设专卖机关各项，将来应如何实施，有无窒碍及流弊，兹事体大，自应由该厅随时体察地方实际情形，审慎筹划，先行专案呈报，以凭核夺"[45]，可以看到，《计划》中与采炼、运输有关的改良都得到允准，但与销售有关的内容则以"兹事体大"为由婉拒驳回。从许氏提出改良建议，到浙江省建设厅对民生部分的回避，再到实业部对销售问题的拒绝，不难看出以民间自由模式运作的矾山生产一旦进入国家体系即出现各种不适，所谓的改良只能一再妥协、不断放弃。

图2-2 民国矾山矿区图

（来源：《民国时期经济调查资料汇编》（第20册），第73页）

　　1940年9月"矾管处"成立，当时矾山"仅存气息奄奄之大窑四座，直接间接因失业待救济之工人达数万人"[46]，这印证了上一阶段官方改良的失效。作为当时中央资源委员会指定设立的专门机构，"矾管处"任务明确，其多数举措得以实施。1940年12月，为解决一直以来矾山生产中矾窑数目增减随意、供需失衡等问题，"矾管处"在鳌江小学召开"停窑并窑会议"，确立"在烧窑5座不动，单独煎烧窑1座……其他矾窑每2座并1座，共10座"[47]共计16座矾窑维持生产，力图从根本上改变矾山混乱的生产局面。1941年5月，"矾管处"制定《浙江省平阳明矾管理办法》，并以此为指导对矾山展开多项管制，例如：对明矾产品统收统销，避免竞争导致的生产失控；规定运输路线，"应依照指定路线运出平阳县境，违者以私运论"[48]；调整明矾存储与销售方式，便于明矾的存放与随时运销；实行以矾易货，如以矾易砂、易棉纺织品；等等。与此同时，"矾管处"还出台《管理明矾规则草案》《明矾管理办法实施细则》《矾业登记办法》《购销明矾暂行办法》《制矾贷款办法》等多项条文，并在永嘉办事处之外设立矾山、赤溪、藻溪、南宋等工作站，建构起一套整体的明矾运销管理系统。客观上来讲,"矾管处"种种举措确实对矾山持续下滑的生产起到有效遏制,但不稳定的时局、内部人员的中饱私囊都使该机构为继艰难,1944年11月"矾管处"撤销,矾山再度陷入受市场绝对控制的泥沼中。

(3)生产空间调整

矾业滑落使矾山区域性生产空间整体萎缩。1934年叶良辅调查称,"民国七八年时,多至三十余家,现在较为衰落;但仍继续未辍者,矾山尚有老大丘园……新窑子等十三所,水尾尚有五所,兰松阳尚有三所,麂角岭(即鸡角岭,作者注)尚有一所,仙人交椅尚有一所,四洲佛尚有一所,共二十四窑"[49],与《矾山记》中的信息相比,这一阶段鸡笼山与水尾山矾窑数目变化不大,说明矿脉核心地带生产尚算稳定,但边缘矿段与矿脉周边生产衰退明显,如南宋"窑设夏高桥,前有六家,现只存二、三家"[50]。到1940年左右,鸡角岭、仙人交椅、泗洲佛等处的矾窑都已不见踪迹(表2-5)。

表2-5 1931年矾山主要矾窑分布及主理人概况

矿段(区域)	序号	窑名	主人	营业人
鸡笼山	1	路头窑(朱)	林叔华、朱友兰、朱修齐	陈子信、程崇式、陈叔华
	2	新窑仔	苏孟浦、朱道声、朱正声	苏孟浦、朱正声
	3	死人窑(朱)	朱甫庭、朱惠、朱良桥	王小圃、林怡新
	4	兰芳田窑	王韵石、王鸿钧、王祝显	林志香、王韵石、王鸿钧
	5	木鱼山窑	朱甫臣、朱良满	朱甫臣、朱良满
	6	银石铵窑	通易公司	朱道儒
	7	新大坵窑	朱良平、罗达如	朱良平、罗达如
	8	四门碓窑	陈子信、陈进春、陈玉明	陈子信、陈玉明、苏镇西
	9	石宫窑(朱)	朱敏夫	朱敏夫
水尾山	1	茶山宫窑	章寿田、张君丕、谢颜卿	张君丕、张仁廷、曾朴玉
	2	上后垟田窑	卢文印、卢生华、陆国梓	卢文印、卢生华、陆国梓
	3	下后垟田窑	郑葆甫、郑秩甫	郑秩甫、林怡新
	4	水尾新窑	卢兴超、卢兴湘、郑丹甫、卢少园	李怀珍、卢兴超、郑藻甫、李春发
	5	石甏仔窑	陈达生、卢仲兰、杨锡光、卢达三	陈达生、卢仲兰、杨锡光
大岗山	1	兰松阳新窑	李通茂	李通茂、王世德
	2	曲鱼樟窑	李朝卿、李庄臣、李典三	李朝卿、李庄臣、李典三
仙人交椅	1	仙人交椅窑	苏君候、李典三、苏廷	李典三
泗洲佛	1	泗洲佛窑	王宛卿、陈元枝、苏廷造	王品臣、陈元枝、谢静波、郑友杰

(来源:许蟠云《平阳县矾矿业之调查》,第8页)

这一阶段官方改良举措对矾山日益萎缩的区域性生产空间产生一定积极影响，具体表现如下。

第一，设定矿权使原本自由生长的空间在尺度与结构方面发生有序改变。首先，空间尺度缩小。当时实业部将矾山采矿权覆盖范围划定为666公顷，这意味着以矿脉全线为骨架的区域性生产空间仅局部留作生产，矿石资源因此得到合理开发。其次，空间结构变化。矿区边界的设立使原本以"核心-外围"为结构表征的自然空间被以"内-外"为结构的人为空间所取代，内部得到长远规划，而外部则被阻止恣生。再次，稳固空间。基于全新空间尺度与结构，官方进一步将新形成的矿区划定为两个行政层级，即矾山区与矾山镇，其中矾山镇"距县治约一百二十余里……其区域包括矾山街、水尾北山街与兰松阳全区"[51]，这使历经数百年发展成熟的区域性生产空间得以通过行政方式被稳固下来。

第二，调控矾窑数量客观上维系了生产空间核心的稳定。1940年"矾管处"仅保留16座矾窑进行生产，以此缓解当地与市场之间供需失衡的矛盾。1941年16座矾窑相继停歇，同年"矾管处"出台《浙江省平阳明矾管理办法》，规定"矾窑数目及其生产量，明矾管理处得视实际需要调整之，目前以减少产量维持矿工生活为原则"[52]，1943年设立12座大窑，1944年大窑又增至14座，可以看出，在"矾管处"管控的四年内矾山矾窑数量几乎没有明显改变。从空间角度审视，"矾管处"所调控的矾窑大多集中于鸡笼山与水尾山两地，在区域性生产空间周边普遍萎缩的态势下，这些举措客观上维系了空间核心的稳定，使其在当地矾业整体衰败的困局中不至塌陷消亡。

第三，增设实验场为生产空间的演进发展提供了新思路。官方改良举措中设置实验场以改善生产工艺是一项贯彻始终的构想，1933年许蟠云建议"为制炼方法之改进，及试行提取副产品起见，应即特设一窑，聘请专家实验研究之"[53]，1934年当时的浙江省建设厅亦指出"设立炼厂，改制钾肥与精矾，既可以推广矾业，亦可抵制外货，一举两得，诚为改进矾业之急务"[54]，反映出当时官方为拯救矾山困局所秉持的"先实验、成功后再大规模生产"的审慎态度。1944年，设窑实验由"矾管处"落地实施，窑址选择于矾山北部的苔湖，"平阳矾矿，原有二处，一为南港区之赤垟山，一为北港区之苔湖山"[55]，这使原本与矾山并置的苔湖首次被划入矾山生产空间进行统一谋划。苔湖实验矾窑的设立不仅拓展了当时矾山的生产空间，更对其后来的重塑意义重大，因为在主产区之外设置实验场以同步调整生产工艺是矾山延续至新中国成立后的重要举措，在此意义上苔湖实验矾窑为矾山现代新型生产空间的建构提供了借鉴范式。

官方改良虽对减缓矾山生产空间的萎缩具有积极意义，但却作用有限，毕竟从国民政府成立至"矾管处"撤销，其介入矾山时间不足20年，若从真正施以影响的《计划》算起时间还要更短，短期内的举措本就难以实施到位，能投射作用到空间层面就更加迟缓。此外，官方改良目的重在设定矾山矿权、理顺当地生产关系，没有建设当地物质环境的主观意愿，因此在强大的市场面前不断衰退仍是这一阶段矾山区域性生产空间的主要表象。

2.4 国有生产期

矾山明矾生产的成熟期，这一时期矾山矿石资源收归国有，当地生产各环节均由国家统筹安排。从20世纪50年代开始，矾山以新兴企业矾矿为生产主体不断进行工艺革新，经多次万吨扩建而使当地生产能力大幅提升，并以现代企业面貌成长为新中国明矾工业最杰出的代表。在短促的数十年间，矾山区域性生产空间获得与现代生产相配套的格局重塑，完成了从自由随意生长向统一规划建设的华丽转身。

2.4.1 转折改制阶段（1949-1978）

1956年矾山实现明矾全行业公私合营，明矾生产从民间私有的"采炼分离"转变为国家调控的"采炼合一"，由此奠定了当地现代生产最重要的组织基础。20世纪60-70年代，因应国家宏观调控，在上级多部门资金投入下矾山生产逐步实现从传统手工向现代机械的蜕变。

（1）公私合营前后

1949年温州和平解放，1950年10月矾山成立"浙江省明矾办事处"（简称"办事处"）。1951年，由"办事处"牵头，矾山完成民主改革与劳动工具与设备革新。1953年，除天成、工成、永记、永兴、源大、兴记、泰记、南宋新窑等八家生产企业外，矾山其余矾窑被合并为四家新的生产实体，在政府与"办事处"共同扶持下，这些生产实体被并入国家计划经济轨道，其生产任务由"办事处"下达、矿石由采矿组送售、产品由平阳土产公司统一购销。1955年，矾山大小四十余家私营矾窑成立明矾工业联营处，其所产明矾均由国营公司及合作社收购。可以看出，新中国成立初期国家曾对矾山生产进行过诸多探索，不过这些都属权宜之计，无法使矾山从根本上适应当时国民经济的新需求。基于此，1955年7月6日，中共温州地委工作组与矾山矿区党委制订《关于明矾厂矿企业进行社会主义改造的方案（草案）》，在对当地矾窑数量、从业人员、资本状况等摸底调查基础上开始对矾山明矾行业实施公私合营。

合营前矾山共有18家大窑、27家小窑、4处矿石采区、59个明暗洞、220个工作组。人员构成方面，含炼制人员1300余人（含资方、工人、管理人员三类）、采矿人员1700余人（含技工、挑工两类）。当时矾山生产存在的普遍问题是：管理人员过多、工资分配不合理、工人内部不团结、企业生产资金不足等。针对这些问题，矾山公私合营主要分为三步实施：一是加强资方教育，组织资方学习国家第一个五年计划，使资方理解资本主义工商业改造目的。二是进行清产估值，按各类财产划价标准，确定股权。三是妥善安排各类人员，量才使用，实现生产平稳过渡。经过半年努力，1956年1月1日，矾山当地实现明矾全行业合营，同时组建"浙江省平阳明矾厂矿联合公司"，自此这个有近六百年历史的明矾生产单元正式迈入社会主义新时代。

公私合营是矾山明矾生产史上最重要的转折点，它使当地因走上适宜现代化发展的道路而重获新生。在这个转变过程中，一些传统企业因投身现代生产洪流而得以延续向前，成为这一历史转折的见证者，如兴记矾厂。如前所述，兴记矾厂由殷汝骊、林赞卿等人创办于商人主导的鼎盛期，自创立以来始终是矾山矾窑中的佼佼者，除创立时间早、产品有口碑外，其最特别之处在于它有三十余年屹立不倒的生存史，这在素有"无十年不败之家"的矾山传统矾窑中极为罕见。1956年，兴记矾厂作为18家大窑中规模最大者完成公私合营，由民国初到建国后，兴记矾厂的存续变革为探索我国明矾工业如何实现从传统向现代的历史跨越提供了可深入剖析的样本。

（2）生产组织变革

"浙江省平阳明矾厂矿联合公司"的成立改写了矾山生产中"采炼分离"的历史局面。一直以来，"平阳之采矾与制矾，各自独立，不相联络。良以前者属矿业，后者属工业也"[56]，作为两个相对独立的系统，矾山生产中的"采"与"炼"各有运行方式，历史时期两者常冲突挟制，严重制约着当地矾业的发展。公私合营后，"采""炼"两业由国家统一管控，作为利益共同体，它们的关系从纠缠羁绊转变为良性合作，这为矾山生产其他层面的变革提供了可统一操作的基础。基于"采炼合一"的新型生产模式，国家对矾山历史遗留的设备简陋、厂房布局零乱等问题进行持续性投资改善，使当地先后完成矿山技术改造与炼制系统革新，实现了矿采与炼制能力的配套提升。

矿采方面的改革主要包括加强矿脉管理、进行资源勘探、完善矿采场所等内容。1949-1950年间，国家尚无能力进行大面积矿石开发，因此矾山矿采仍以私营为主。当时矾山约有70个私营分散采场，坑口中既有50年以上的老硐，也有20年以上的半暗硐，此外还有乱掘滥挖的地表露天采场，等等。为保护矿石资源，1951年1月，矾山划定出资源保护区，并在保护区之外设置分散矿采点，以此进行资源管理。1953年，分散矿采点取消，相关活动主要集中到岗头尾、鸡笼山、水尾山、溪光四个地区。1955年，矿采区又进一步集中到水尾山与鸡笼山两个矿段，1967年7月，水尾山停采，自此鸡笼山成为矾山唯一的矿石开采地区。在矿采区范围调整的同时，矾山又展开资源勘探，如1956年华东地质局地质勘探队进驻当地，两年间内共钻孔124个，查清了矾山明矾石的储量与分布。此外，这一阶段矾山还进行了旧矿洞的改造与新矿硐的开掘。1953年，鸡笼山雪花硐被打通，这使它成为矾山历史上第一个自然通风矿硐。1956年，矾山组织平硐掘进，共掘出西坑、南垟等五处平硐，当地现代地下矿采网络空间开始发端。1957年，矾山在采炼活动中使用了空压机与风钻机，矿采环节初步实现机械化。1956-1957年仅一年时间，矾山当时近百万建设投资中的一半数额都被用于矿山技术改造，显示出新中国成立初期矾山生产转型建设的侧重。

炼制方面主要是实施了旧厂房改造、新厂区建设、炼制设施更新等举措。最初，矾山将历史遗留的茅草厂房全部改为土木结构厂房，炼制环境得到改善。1956年，为满足现代生产需求，矾山在鸡笼山矿段西北的山脚下建了一座新厂区。1959年，矾山进一步将鸡笼山原有的30余处炼制场所合并为13个，并结合山坡地形重置了8条新的生产线，同时在输浆与洗砂等工序环节实施机械化。煅烧方面，主要围绕煅烧炉这一核心设施进行改革，1952年曾短期试改庐江灶、1953年进行改煤煅烧试验、1955年间断式混料窑实验成功、1960年不停窑连续生产法试验成功、1961年主厂区4座容量100吨的大型立式煅烧炉建成投产。结晶方面，1956年将传统无底结晶池全部改为石砌圆池，同时改扩建与新建了700多个结晶池。除对传统生产工艺优化调整外，这一阶段矾山还进行明矾产品的拓展创新，如1958年建成第一座亚硫酸钠厂，1960年年产300吨的钾肥车间投入生产，以明矾石为加工对象的生产内容日益丰富。

运输方面主要是进行矾山内部各生产单位的机械化连接以及矾山与外部之间公路的开辟。历史时期，受当地起伏地形影响，加之"采""炼"两业分离布局，矾山生产中采掘的矿石均由人力挑至矾窑进行炼制，这种高成本、低效能的运输方式严重制约了当地矾业的发展。1958年，已是矾山明矾生产主体的矾矿决定在运输中革掉"扁担化"，并于同年开建三条铁索运输线。1960年1月，新开掘的南垟平硐与矾矿新建厂区之间长约600米的轻轨铁道通车，当地人工挑运矿石的历史开始改写。同年4月，在矾山已完成的500余项技术革新中仅运输类就多达百余项，包括架设铁索运输线与轻便铁轨、使用重力或动力木机绞车，等等。这些设施在矾山各生产单位之间编织起半机械化运输网，解决了困扰当地数百年的陡坡上下、隔沟壑田坎运输的历史难题。内部运输条件改善的同时，矾山外部运输道路也得到开拓，1956年国家投资兴建矾（山）灵（溪）公路，1957年4月该公路全线通车，这使原本险阻难行的运输山路被4小时汽车公路所取代，当地依靠人力外运明矾的历史终结。

在这个变化频繁、激昂向上的转折阶段，矾山生产规模持续扩大，有效地支持了新中国成立初期国家工农业发展需求，迄今仍保留的《1965年基本建设设计任务书和初步设计》《1966年炼矾扩建一万吨扩大初步设计》等矾矿企业档案向我们展现了那个时代矾山生产大跨步跃进的繁荣局面（图2-3）。

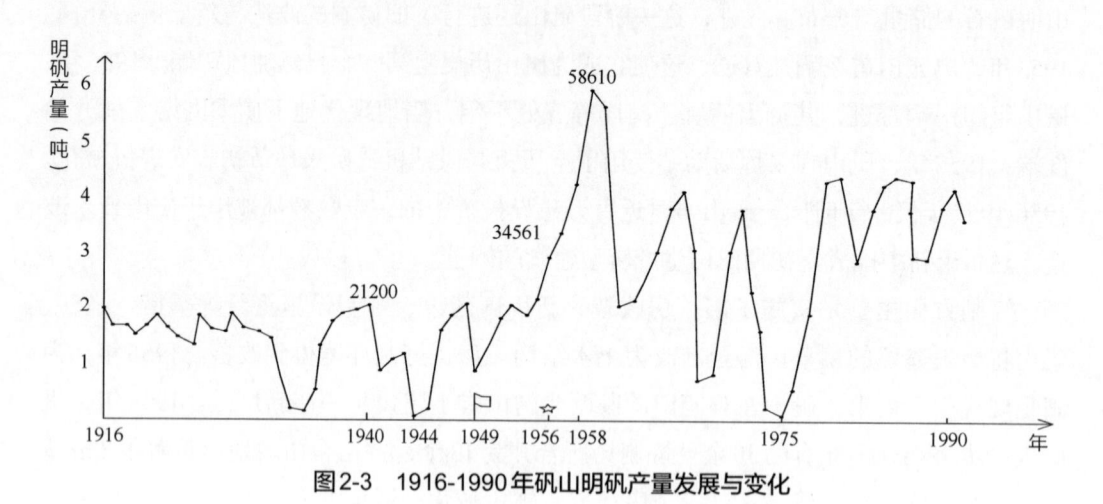

图2-3 1916-1990年矾山明矾产量发展与变化
（来源：根据《矾矿志》插图重绘）

（3）生产空间重塑

全新的生产组织、全面的工序变革使原本以矿脉全线为骨架、以鸡笼山与水尾山为核心、自由生长的区域性生产空间发生根本性格局调整。"采"与"炼"两业整合为一个生产系统后，支撑它们运作的场所设施相应需要协同联动，但历史时期这些场所设施分布随意，无法满足"采炼合一"的新要求。因此，调整原有场所布局、建构适宜两业协同运作的一体化空间成为本阶段矾山环境建设的重要内容，具体表现如下。

从全线到局部：依托鸡笼山重新架构生产空间。1951年1月，矾山确立了矿石资源保护区，其边界为"北起南洋村门前河边，沿溪而下，经狮头、枫树坞，折向南至半山；向东经九龙洞、毛头胫到雪花洞；向北经虎斑洞、企石到滩头；向西北经银石坡窑后到四户内山上，折向北经矾山向南角到溪边，向西与起点相连接"[57]，总面积约30亩，这一划定相较民国时期666公顷的矿区面积而言尺度明显缩减。从空间位置上看，上述保护区大致以鸡笼山矿段为主要覆盖范围，同时设置的鹅脚埠等13个矿采点也大多散布在鸡笼山外围，由此围绕鸡笼山重塑生产空间的意图开始萌芽。此后，分散的矿采点逐步聚拢为矿采区，后者的数量又从1953年的4个缩减至1955年的2个，这种意图就变得更加明显。1958年，苏联专家列别金采夫在考察鸡笼山半山窑、企龙堑等矿硐后，建议矾山应对矿石开采进行全面规划，虽然缺乏直接证据来确认他的建议有否被采纳，但事实发展是1967年水尾山停采后，鸡笼山成为矾山唯一的矿采区。20世纪50年代不断向鸡笼山聚拢生产的举动，清晰显示出矾山试图以该矿段重构生产空间的谋划。

从聚集到放弃：寻找新的生产空间核心。新中国成立初期，作为区域性生产空间核心的鸡笼山福德湾地区依旧保持着相当的生产活力，如1950年福建省福安专员公署在福德湾四门碓开设工成矾厂分厂、同年温州专员公署在福德湾开设"公营天成矾厂"、1951年浙南企业公司在福德湾杉山银石垟开办"公私合营浙南矾厂"等，这些不断涌现的新矾厂持续推动这一古老采炼区向现代化方向迈进。到20世纪50年代末期，福德湾原来分散各处的采炼场所被合并，并依"采炼合一"模式调整为杉山、西坑两个大尺度生产区。然而，长时期的高强度开发导致福德湾一带生产与生活设施混杂，新矾厂的进入使糟糕的环境变得更加不堪，基于如此条件建构与"采炼合一"相匹配的整体空间显然困难重重，而与此同时，依托鸡笼山重塑生产空间的构想又正被当地推动实施。日益混杂的原有环境、不断推进落地的新空间构想，加之持续扩大的机械化生产，这些因素的交织使鸡笼山福德湾地区难以再承担生产空间核心角色，因此寻找新的核心，使之可以肩负新时期生产转型的全部成为这一时期矾山生产空间建构的一个隐含行为。

从山上到山下：围绕新建厂区形成现代生产空间格局。1956年以后鸡笼山西北新建厂区在当地生产中的地位日益突显，它因具备靠近水源、拓展余地大、交通便利等契合现代规模化与机械化生产的优势而被大力发展，以其为核心的矾山现代生产空间相应开始布局。历史时期鸡笼山采炼活动主要集中于山体东南的福德湾一带，除前述提及的该地生产生活环境杂乱、难以建构有序的整体空间等弊端外，其长期以来形成的矿采区也与位于山体西北的新厂区距离过远，"采""炼"两业协同难度大。基于此，1956年以后矾山开始在鸡笼山西北山坡上进行多处平硐开掘，20世纪70年代已经形成自山尖至山脚、以南垟平硐为中枢的全新矿采系统。平硐开掘使鸡笼山西北出现全新的生产布局，表现为"水浸法"各工序沿山坡自上而下一线排布，即"山上开采—山脚煅烧—平地炼制"，由此与"采炼合一"严密契合的新型生产空间诞生。20世纪60-70年代，矾山建设活动主要围绕这一新型生产空间施行，使之逐步发展为当地最重要的生产区，并最终成为后来支撑"温州矾矿"企业生产的主要场所（图2-4）。

从单一到层级：多个现代配套厂区陆续出现。为保障新厂区日益扩大的生产与不断进行的工序变革，矾山依次建设了与之配套的机修车间、电厂、中试工厂等多个辅助厂区。新中国成立初期，矾山即成立了机修车间以应对生产中各机械设施设备的维护修理，这是因为它"位于浙闽山区，较为偏僻、交通不便，距外地城市较远，附近又无协作条件，矿山机械设备的大、中、小修，零星配件，甚至有些设备大修中所需的大件和精密件都要靠自己加工解决"[58]。机修车间最初选址于南垟平硐外百米处的矿体上，后因矿采爆破影响铸工砂模与车工精度而于1971年迁至新厂区的东南，两个厂区毗邻而

图2-4 新中国成立后矾矿主厂区（下）与福德湾（右上）的空间关系
（来源：苍南县博物馆）

设体现了机修车间对新厂区的依附。1959年与1964年，矾山先后分两期建设发电厂，并于1977年再次进行1500kW发电工程建设，以供给当地各厂矿动力用电与生产照明，同时满足机关团体、学校与居民的日常生活。电厂选址于矾山溪上游，即今矾山镇文昌路最东端，该厂区南侧紧靠溪水，显示矾山当初依靠水力发电的选址考量。1978年，矾山建设中试工厂（后改为综化厂）进行生产工艺改良实验，该厂区设于水尾山东南，与新厂区仅一溪之隔。主厂区之外设置实验厂的行为可视为民国期间在苔湖设窑实验的翻版，它呈现出矾山在生产过程中工艺需要同步改良的地区特点。这一阶段，多个配套厂区散布在新建厂区周边，与后者协同生产，这种"一个中心、多个副中心"的大型工矿厂区的出现彰显出矾山生产在转型初期的艰难与现代运行的复杂。

2.4.2 发展平稳阶段（1979-2017）

经新中国成立初期至20世纪70年代的过渡转折，80年代以后矾山生产开始以矾矿企业为主体稳步向前。1977年矾矿恢复党委与矿长制，1980年企业推行经济责任制，1985年实行矿长负责制，下属单位则实行经济承包责任制。特别是1987年以来，改革开放为矾山注入活力，矾矿采取"以经济效益为中心"的生产经营思想，以生产工艺改革与新产品开发并举为发展方针，依靠科技进步打破单一产品格局，建立起产品自销网络。1998年8月11日，经温州市人民政府同意，"平阳矾矿"正式更名为"温州矾矿"。

（1）生产持续繁荣

"温州矾矿"是集采、炼于一体的国有企业，也是全国唯一的明矾石中型矿山，更是世界范围内少数由明矾矿石生产钾明矾的厂家。"温州矾矿"生产的钾明矾适用于钾肥、冶金、基本化学与精细化工等多个工业领域，主要供应造纸厂、制革厂、水厂及化肥厂等企业，其中嘉兴民丰造纸厂与龙游造纸厂均是"温州矾矿"长期固定的消费厂家。在更名之前，矾矿的产品屡获殊荣，如1979年2月其所产钾明矾被评为浙江省与化工部优质产品，1985年6月其所产"明星"牌钾明矾第二次被评为化工部优质产品。更名之后的矾矿赓续之前的辉煌，2006年"明星"牌钾明矾再度被评为温州市知名商标等。除主打产品外，矾矿还通过矿石综合利用生产钾肥、氧化铝、硫酸铝及其他深加工产品。20世纪80年代后矾矿开始转向食品添加剂领域，20世纪90年代企业又继续开发了高压钠灯、聚合铝等新产品，矾山生产由此逐步形成"一业为主，多种经营"的繁荣局面。

（2）空间不断优化

20世纪80年代，矾矿对鸡笼山西北重塑的现代生产空间持续填充扩容。20世纪90年代以后，因应国家环保要求，矾矿又将更多建设关注投入到当地环境保护方面。

拓展鸡笼山平硐系统。因鸡笼山上部开采有年，矿石资源日渐枯竭，故1983年矾矿开始对鸡笼山400米标高以下矿石进行开采，先后制定了190-310米标高采掘规划，并于1987年投产使用。与此同时，对原矿硐进行延伸、连通与辅助系统的提升，如

1986年完成270工程延伸，1996年进行了230排水隧道工程，等等。

升级扩容主厂区炼制空间。20世纪70年代以前，新建厂区经多次扩建而成为矾矿主厂区的炼制空间，到20世纪80年代厂区内共有10座容量100-300吨的煅烧炉、3座风化厂房、数百个结晶池以及上百台炼矾机械。1987年，厂区内年产一万吨细结晶明矾车间建成投产，使结晶周期从16-18天缩短至8小时，极大地提高了生产效率。20世纪90年代以后，矾矿主厂区持续扩大生产规模，炼制空间亦不断升级建设，1990年《综合利用明矾石7000吨钾肥改扩建项目》、1991年《平阳矾矿一万吨/年明矾连续结晶装置可行性报告》等企业档案都充分印证了这一阶段的建设侧重。

针对环境保护的改善建设。20世纪80年代末，"三废"治理成为矾矿建设的重头戏。"水浸法"先天特性使矾山生产不可避免产生矾浆、矾渣等污染物，由此造成对周边环境的污染，清康熙年间当地因排放矾浆而对前岐的环境破坏至民国年间依然存在，"查明矾产于浙之矾山，因矾汁流入福鼎大澜溪，田园尽成不毛，损害甚巨"[59]，新中国成立后这种状况始终未改。20世纪80年代国家对环保问题趋于重视，矾矿相应于1986年4月成立"基本建设指挥部"，统一进行炼矾技术改造与"三废"治理工程。1989年，回收矾浆综合利用分厂与矾渣地表堆积场工程竣工，当地"三废"问题基本得到控制，并于1990年通过国家验收。20世纪90年代以后，矾山在环保治理方面投入更多资金，先后建起1座矾烟回收系统、2座矾浆压滤分离车间、1个综合利用化工厂、1座清液池、1个废砂充填采空区系统、2个废砂堆放场等，这些举措很大程度上解决了矾浆注入溪床以及浆、砂沿溪堆积等污染问题。

虽然尽了最大的努力，但依照国家日益严格的环保标准，矾山生产造成的污染始终未能根治。再者，越来越多的明矾替代品开始在市场出现，矾山作为原料产地的价值不断衰减。更严重的是，2014年7月，国家卫计委等五部门联合发文，禁止面粉制品中添加明矾，这使矾矿在食品添加剂领域发展受创。对矾山来说，新时期的各种规定就像横亘在面前的一道道限高杆，虽然选择了减速慢行，但固有的生产局限注定这部历经沧桑的巨大车辆无法越过重重限制而继续前行。历史走到这一刻，曾经的意气风发只能归于无奈的英雄末路，2017年"温州矾矿"全面停产，矾山延续六百余年的明矾生产史自此终结。

注释

[1]（明）杨士奇等. 大明太宗文皇帝宝训卷（之二）. 中华典藏网，https://www.zhonghuadiancang.com/lishizhuanji/mingtaizongbaoxun/46243.html.

[2]（明）监修官户部尚书夏原吉进表. 大明太祖高皇帝实录（卷五十七）. 中华文库网，https://ctext.

org/ wiki.pl?if=gb&chapter=137016.

[3] （明）汪瓒，蔡芳编纂；胡珠生校注. 弘治温州府志［M］. 上海：上海社会科学院出版社，2006：116.

[4] （明）宋应星撰，董文校. 天工开物［M］. 台北：世界书局，1962：239.

[5] 转引自政协浙江省苍南县委员会文史资料委员会. 苍南文史资料（第19辑）：矾矿专辑［G］，2004，5-6. 此外，世界矾都——700年矿山采炼活化石（第223页）、郑立于文集（第9-10页）、福鼎文史（第31辑）：前岐专辑（第58-60页）等均有引用。

[6] 郑立标等. 西坑郑氏人史纲［R］. 2021：107.

[7] 矾山朱氏源流史. 印于今矾山镇福德湾朱氏宗祠内，2017.

[8] 郑让于. 游记：矾山记［N］. 实业汇报，1916，1（2）：7.

[9] 调查平阳县矾矿报告书［N］. 地质研究会年刊，1921，1：20.

[10] 许蟠云. 平阳矾矿业失败之原因及改革之建议［M］//民国浙江史料辑刊（第二辑·第27册），北京：国家图书馆出版社，2008：35.

[11] 民国实业部国际贸易局. 中国实业志·浙江省（第6编）：矿产［R］. 1933：165.

[12] 郑让于. 游记：矾山记［N］. 实业汇报，1916，1（2）：2.

[13] 许蟠云. 平阳县矾矿业之调查［N］. 浙江省建设月刊，1933，6（10）：7.

[14] 蔡孔耀. 平阳县矾业调查报告［J］. 浙江工业，1939，9：11.

[15] 政协浙江省苍南县委员会文史资料委员会. 苍南文史资料（第19辑）：矾矿专辑［G］. 2004：226.

[16] 郑让于. 游记：矾山记［N］. 实业汇报，1916，1（2）：2.

[17] 政协浙江省苍南县委员会文史资料委员会. 苍南文史资料（第19辑）：矾矿专辑［G］. 2004：15.

[18] （清）奉道宪严禁碑//杨思好. 苍南金石志［M］. 杭州：浙江古籍出版社，2011：249.

[19] 周斌，毛婷婷译；赵肖为校. 瓯海关十年报告（1902-1911年）［J］. 温州大学学报（社会科学版），2013，5：113-114.

[20] 海内外实业：查复平阳矾矿交涉之颠末［N］. 华商联合报，1909，19：124-125.

[21] 郑让于. 游记：矾山记［N］. 实业汇报，1916，1（2）：2.

[22] 中华人民共和国杭州海关. 近代浙江通商口岸经济社会概况——浙海关、瓯海关、杭海关贸易报告集成［M］. 杭州：浙江人民出版社，2002：603.

[23] 许蟠云. 平阳县矾矿业之调查［N］. 浙江省建设月刊，1933，6（10）：7.

[24] 郑让于. 游记：矾山记［N］. 实业汇报，1916，1（2）：2.

[25] 郑让于. 游记：矾山记［N］. 实业汇报，1916，1（2）：2.

[26] 郑让于. 游记：矾山记［N］. 实业汇报，1916，1（2）：8.

[27] 郑让于. 游记：矾山记［N］. 实业汇报，1916，1（2）：8.

[28] 郑让于. 游记：矾山记［N］. 实业汇报，1916，1（2）：8.

[29] 郑让于. 游记：矾山记[N]. 实业汇报, 1916, 1（2）：8.

[30] 海内外实业：查复平阳矾矿交涉之颠末[N]. 华商联合报, 1909, (19)：124-125.

[31] 民国实业部国际贸易局. 中国实业志·浙江省（第6编）：矿产[R], 1933：155-159.

[32] 民国实业部国际贸易局. 中国实业志·浙江省（第6编）：矿产[R], 1933：155-159.

[33] （明）杨士奇等. 大明太宗章皇帝实录卷（之十五）. 中华典藏网, https://www.zhonghuadiancang.com/lishizhuanji/mingxuanzongshilu/93398.html.

[34] 杭州快信[N]. 申报, 1917-11-8（1）.

[35] 矿业法[N]. 矿冶, 1930, 13：123.

[36] 孔祥熙. 令浙江建设厅：饬查明采取矾石者限令依法呈请并饬查复浙省制矾业各情形由[N]. 实业公报, 1931, 32：15.

[37] 政协浙江省苍南县委员会文史资料委员会. 苍南文史资料（第19辑）：矾矿专辑[G]. 2004：8.

[38] 平阳明矾管理处组织章程修正案[Z]//（台湾）国史馆, 数位典藏号：003-010101-0272：17. 转引自黄名楷. 清代至民国平阳矾矿的开发与竞利[D]. 华东师范大学硕士学位论文, 2020：51.

[39] 郑成林. 民国时期经济调查资料汇编（第20册）[M]. 北京：国家图书馆出版社, 2013：114.

[40] 许蟠云. 平阳县矾矿业之调查[N]. 浙江省建设月刊, 1933, 6（10）：16-17.

[41] 许蟠云. 平阳矾矿业失败之原因及改革之建议[M]//民国浙江史料辑刊（第二辑·第27册）, 北京：国家图书馆出版社, 2008：29.

[42] 许蟠云. 平阳矾矿业失败之原因及改革之建议[M]//民国浙江史料辑刊（第二辑·第27册）, 北京：国家图书馆出版社, 2008：29.

[43] 许蟠云. 平阳矾矿业失败之原因及改革之建议[M]//民国浙江史料辑刊（第二辑·第27册）, 北京：国家图书馆出版社, 2008：33.

[44] 军政旬刊[N]. 1934, 21：1427.

[45] 实业部矿字第10345号（中华民国二十三年十一月六日）令[N]. 实业公报, 第205期周刊.

[46] 张韶舞编. 平阳六年[R]. 平阳县档案馆藏：39. 转引自黄名楷. 清代至民国平阳矾矿的开发与竞利[D]. 华东师范大学硕士学位论文, 2020：51.

[47] 政协浙江省苍南县委员会文史资料委员会. 苍南文史资料（第19辑）：矾矿专辑[G]. 2004：9.

[48] 浙江省平阳明矾管理办法[N]. 浙江省政府公报（法规）. 3310：21.

[49] 叶良辅, 李璜, 张更. 浙江平阳之明矾石[G]//国立中央研究院地质研究所集刊, 1930, 10：37-39.

[50] 叶良辅, 李璜, 张更. 浙江平阳之明矾石[G]//国立中央研究院地质研究所集刊, 1930, 10：37-39.

[51] 叶良辅, 李璜, 张更. 浙江平阳之明矾石[G]//国立中央研究院地质研究所集刊, 1930, 10：37-39.

[52] 浙江省平阳明矾管理办法[N].浙江省政府公报（法规）.第3310期：21.

[53] 许蟠云.平阳矾矿业失败之原因及改革之建议[M]//民国浙江史料辑刊（第二辑·第27册）.北京：国家图书馆出版社，2008：43.

[54] 整理平阳矾矿计划[N].浙江省建设月刊.1934，8（5）：7.

[55] 许蟠云.平阳县矾矿业之调查[N].浙江省建设月刊，1933，6（10）：3.

[56] 民国实业部国际贸易局.中国实业志·浙江省（第6编）：矿产[R].1933：158.

[57] 政协浙江省苍南县委员会文史资料委员会.苍南文史资料（第19辑）：矾矿专辑[G].2004：58.

[58] 平阳矾矿1966年炼矾扩建一万吨初步设计[Z].温州矾矿发展集团档案室，档案号：6.01-042，1965：13.

[59] 张人杰，蒋伯诚，朱家骅.咨文：浙江省政府咨财字第五十二号（中华民国十八年三月十一日）：咨福建省政府为平阳统捐局征收兰松洋明矾捐一案由[N].浙江省政府公报，1929，549：26.

第3章 采炼遗址调查研究

本章主要聚焦矾山明矾采炼方式及其作用下的场所设施。从矿石开采到结晶成品，矾山生产需经历一系列流程，依照性质这些流程大致可分为矿采与炼制两个阶段，其中以《天工开物》所载"水浸法"为核心的炼制阶段是矾山明矾生产工艺中最独特的组成。数百年来，矾山对各生产环节不断革新，尤其推动"水浸法"持续优化，相应带来对应场所与设施的更替演进。本章首先阐释矾山采炼的基本原理，进而耙梳矿采与炼制两个阶段各自生产方式的历时演变，在此基础上揭示明矾生产规律与区域环境共同制约下矾山采炼场所及设施的形态特征，最后呈现典型采炼遗址保存状况。

3.1 矿石开采与矿硐空间

3.1.1 矿采方式变革

矿采是明矾生产的首道工序，因特殊形成机理，明矾矿石大多藏于地表之下与山石依附在一起，埋藏深度不同则获取难易也不一样，这决定了矾山各时期矿采方式的延续与变革。

（1）基本矿采方式

初期矾山所炼矿石主要来自矾山溪下游的河滩上，这些矿石多由上游矿段冲刷而来，露于地表，直接获取即可，并不涉及开采问题。随着生产规模扩大，日益减少的露头矿已无法满足炼制需求，人们便开始挖掘浅表矿层，方法是先通过矿石纹路与斑点对矿化标志与矿脉露头形态进行辨析，再用工具敲开矿石即可。

当明矾生产成为矾山人赖以谋生的唯一手段时，有限的地表与浅表矿石均已无法支撑生产，为获取更多矿石人们只能向山体更深处开掘。此外就明矾石分布规律而言，"石之在山者，以内层为佳。山面之石，含矾质少，故工人开采必掘成洞穴"[1]，优质资源的吸引使"凿穴而入"成为矾山生产发展的必然。当地由地表取石转为地下开采的具体时间尚不清楚，或许历史时期两种方式一直兼而有之，因为1932年《实业志》称"鸡笼山一段，因开采有年，故大都已由露天采矿而变为地层采矿"[2]，显示两者当时是同时存在的。"凿穴而入"的开采方式大致可分为四个步骤：破开山体、深入山中、分离矿石、将矿石运至山体外。其中，破开山体（破石）与深入山中（掘进）最为紧要，前者影响对矿石位置的精准定位，后者决定能否接近矿石（大部分时候这也是分离矿石的过程），因此围绕这两个步骤矾山对矿采方式进行了长期而多次的探索。

（2）矿采方式变革

矾山沿用最久的矿采方式是烧爆法，俗称"烧火龙"，即先用火加热矿石以破坏其物理结构，再泼以冷水等液体使之在热胀冷缩作用下开裂，进而击打使矿石脱落。烧爆法是中国古老的矿采方法，据《新唐书》记载，"开元二十九年（741），陕郡太守李齐物凿砥柱为门以通漕，开其山巅为輓路，烧石沃醯（醋）而凿之"[3]，说明该方法至晚在唐代已经出现。明代烧爆法成为矿石开采的主流，陆容在《菽园杂记》称，"旧取矿携尖铁及铁锤，竭力击之，凡数十下仅得一片。今不用锤尖，惟烧爆得矿"[4]，可见当时烧爆法的成熟。矾山烧爆法遵循上述工作原理，同时又有自己的操作特征，具体为：先观察矿岩纹路，接着在矿石或岩壁边用扁平耐火石板与"牛公石"砌成"火龙灶"，后在灶中架柴燃烧4-5小时，最后向矿石或岩壁泼冷水。矾山烧爆过程中最关键环节是做"火门"，"火门"要根据矿岩纹路（矾山土话称为"kuò"，音犷）搭建，其位置选取直接影响矿石开裂程度。烧爆法在矾山沿用数百年，20世纪30年代许蟠云调查称，"开采矿石，在五年前，纯用人工，其法即运用铁锤铁錾，沿石四周挖掘至相当深度，用火烙之，使石呈发裂状，然后用杠挑之使下"[5]，推知至迟在20世纪20年代中期矾山还在使用这一古老的方法。

烧爆法产量低且不安全，"此法极为迟缓，故每日得石甚少。且偶一不慎，石块下堕，被压毙命或重伤者，时有所闻"[6]，故20世纪20年代矾山开始以黑火药破石。许蟠云称"民国十三四年间，始有窑商殷汝骊等引用黑色炸药开石"[7]，说明黑火药是由殷汝骊等人引入，许氏调查距矾山始用黑火药时间不足10年，因此这个记载应是准确的。从关联矾窑看，矾山最先使用黑火药的企业极可能是兴记矾厂。前述已知，兴记矾厂由林赞卿、殷汝骊等人创办，是历史时期矾山罕见的稳定矾窑，许蟠云认为这与创办者的文化素养有关。黑火药易燃烧且相当激烈，"初因工人使用之不得法，毙伤颇重，矿工反对甚力"[8]，在此压力下使用这一效力强但危害大的新事物需要极大的挑战精神，显然兴记矾厂远见卓识的窑主要比其他人更可能具备。目前尚无直接证据来证实黑火药助力了矾山生产，但胡珠生在《温州近代史》中指出当时温州港明矾年出口确因使用黑火药而突破了10万担大关。

新中国成立后火药破石仍是矾山矿采的主要办法，但因爆破威力大、易造成人员伤亡，故当地针对爆破实施效率与安全性等问题进行改革。1958年杉山工区推广覆土爆破法，用于炸石坯、炸盘缝、炸浮石等六个方面，工作效率提高。与此同时，水尾工区采用扩底爆破法，即先打炮眼，用少量炸药作扩底爆炸，待眼底扩大后再用较多炸药爆破。此外，溪光工区创造了双眼操作爆破法，并发展了多眼操作集中爆破法。20世纪60年代矾山开始实施机械化矿采，即先用风钻打眼，后装炸药爆破，再经人工二次破碎以达到生产规定块度。除炮眼开凿方式变革外，破石所用火药也从黑火药进化为硝铵火药，之后陆续改为黄色炸药、雷管及导火线引爆方式，矿采安全性不断提高。

烧爆法与火药爆破虽都对掘进有所助力，但后者亦有自己的演进方式。历史时期矾山矿采一直以人力进行，进化表现不明显。新中国成立后，伴随压风凿岩机、空压机、风钻等机械化手段实施，矾山掘进效率大幅提升。此外，"凿穴而入"存在先天崩塌危险，出于安全性考虑对采空区支护考量也成为掘进变革的主要对象。清至民国矾山采用"无留柱窿道法"，主要以立木柱等方式支撑矿体以维护安全，1956年左右矿硐内部开始配备顶坑木、安全石墩等支护设施。20世纪60年代矾山开始采用"不规则留柱空场采矿法"，即在掘进过程中不规则保留柱状矿体（一般是低品位矿石）作安全支撑，与之前相比，这种支护方式既利于上层矿石重力传递，也尽可能保证矿体与采空区的整体稳定。20世纪70年代以后，矾山还曾试用"全面采矿法"与"倒台阶局部留矿采矿法"等进行掘进。

掘进深度增大也使排水与通风等成为矿采考虑内容。掘进过程中岩层中的水会渗入巷道，既增加矿采阻力，也可能导致山体不稳。1956年苏联专家曾建议矾山考虑矿硐排水，说明历史时期当地矿采是缺乏排水规划的，此后矾山进行多种矿硐排水尝试，直至溪光工区利用吸管进行长距离排水成功才解决这一难题。通风是掘进改革的另一方面，开采过程伴随大量粉尘产生，工人吸入易得尘肺病，因此通风防尘被列为新中国成立后矾山矿采改革的重点。当时许多历史矿硐都进行了通风改造，如1953年雪花硐经改造成为矾山历史上第一个自然通风硐。不过自然通风仅适于浅表掘进，而对埋深较大的矿硐作用并不显著，因此20世纪80年代开始井下通风成为矾山技改的主要方向，1980年《270扇风机通风道》、1990年《地面扇风机房及变电所土建工程》、2002年《温州矾矿鸡笼山矿段通风、提升系统技术改造项目实施方案》等企业档案显示出矾山对井下通风改革的持续性。

3.1.2 矿硐布局与内部形态

（1）整体布局

各时期"凿穴而入"的矿采方式为矾山留下数不清的矿硐，它们密集分布在鸡笼山、水尾山与大岗山等矿段，显示人们对10千米矿脉的开发强度。因矿藏位置各有不同，各矿段矿硐分布状态与内部形态也存在较大差异。

鸡笼山生产发端于17世纪中叶，20世纪60年代末被划定为唯一采区后曾得到全方位开发，2017年矾山全面停产后该矿段生产活动才告终结，作为开发时间最长与最彻底的矿段，鸡笼山上的矿硐分布也最为密集。据矾山郑立标先生提供的资料显示，历史时期鸡笼山至少有18个主矿硐（表3-1），俗称"南山十八硐"，并有对应歌谣流传，"度山贡外细花窟，鹅尾鞍中及红粉，湖后门硐和生只，店仔脚下出黑溜，湖脚硐及风硐鼻，南山宫后贡头尾，细花硐及虎班窟，滩头原是名水硐，银石后门蕃茄窟，鸡笼尖边竹狗硐，西坑后面石龙仔，半山窑上鸡母硐，路边又是石硐子，企龙硐内建窑仔，牛皮滩在南洋边、现今平硐开采它"[9]。另据矾山孔令雄先生回忆，1957年以前鸡笼山主要矿硐有鹅角垵、贡头尾、坦头、贡头下、番茄母硐、雪花窟硐、竹狗硐、风吹隔、石龙仔、企龙堑硐等。比较看出，郑、孔两人提供的矿硐名字有所出入，这说明"南山十八硐"应该只是概称，"全山究有采场几处，当地人民不能记忆，无法调查"[10]才是鸡笼山矿硐真实的分布状态。

表3-1　历史时期鸡笼山18个主要矿硐及硐主概况

序号	硐名	硐主	序号	硐名	硐主
1	度山细花窟	朱良力	10	虎班窟	朱善果
2	中心硐	朱善施	11	滩头	朱善响
3	红粉硐	朱良力	12	蕃茄窟	朱善敖
4	湖后门硐	朱氏	13	竹狗硐	陈飘兵
5	仔脚硐	朱为全	14	石龙仔	郑氏
6	湖脚硐	肖可锦	15	鸡母硐	陈焕镇
7	风硐鼻	朱善敖	16	石硐子	陈飘艺
8	贡头尾	石桂明	17	企龙堑硐	张贤照
9	细花硐	朱善本	18	牛皮滩	卢氏

（来源：根据郑立标先生提供的资料整理）

通过上述歌谣提及的位置，结合孔令雄先生所绘《1957年以前矿硐及矾厂分布大意图》判断，历史时期鸡笼山矿硐主要集中于今矾都路以南、海拔500-460米标高，自东南向西北略呈带状分布，这与当地矿藏特点密不可分。据相关数据显示[11]，1963年以前鸡笼山所开采的主要是5-1与5-2两个矿层，两者在500-460米标高间覆盖岩层较浅，而460米往下两矿层开始隐入山体，覆盖岩层逐渐增厚。在开采手段落后的历史时期，矿藏深浅直接决定矿采的难易，自然也就制约了矿硐开挖的位置。对鸡笼山矿硐进一步区分，可以发现今福德湾老街以东矿硐数量多于老街以西，显示老街两侧开采强度并不相同，东侧高强度开发应与历史时期朱氏在此聚族生产关联紧密。自17世纪中叶迁居至此，朱氏始终以福德湾老街东侧的南山坪为根基进行生产，久而久之便在此地形成了大规模采区。这些矿硐不仅支撑了朱氏壮大为矾山最显赫的明矾族群，也为后来兴记矾厂、大同窑、天成矾厂等一系列传统大窑、工窑、现代厂区的建设生产创造了条件，可以说福德湾老街东侧是数百年来10千米矿脉中唯一持续保持生产活力的地区（图3-1）。

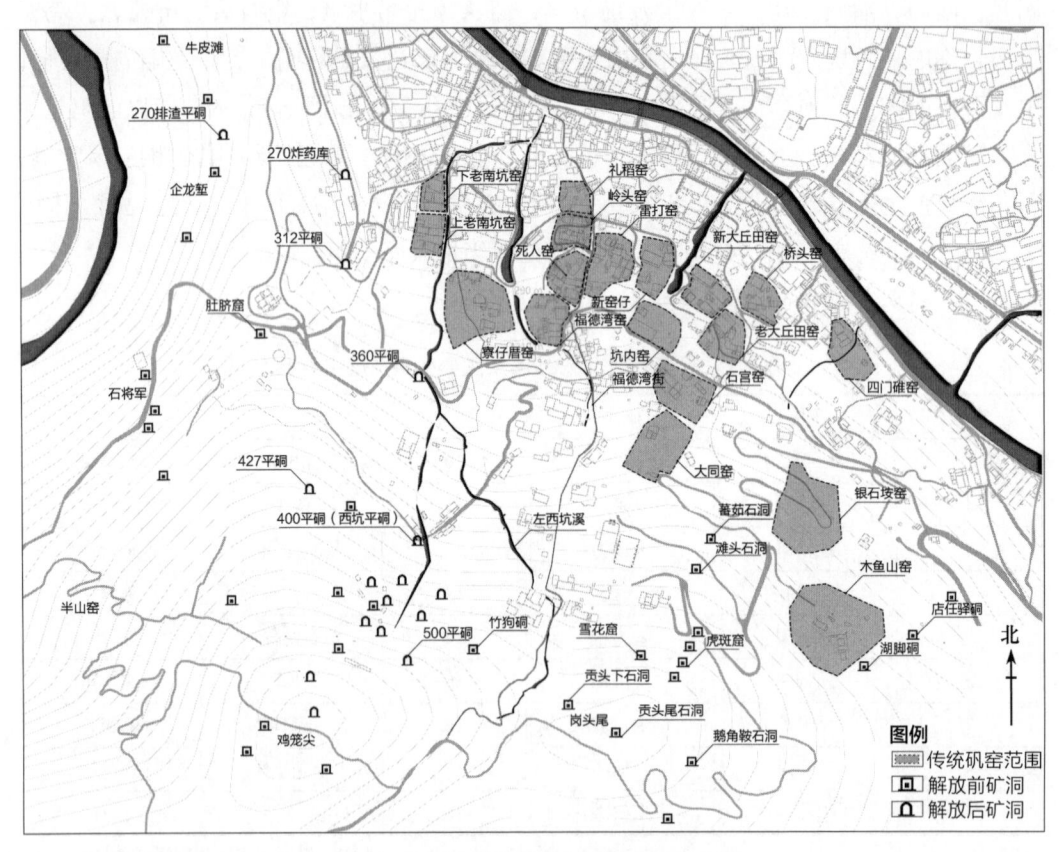

图3-1 鸡笼山主要矿硐与矾窑分布示意图

（来源：根据档案资料自绘）

新中国成立后矾山又开掘了许多现代矿硐,"现有之鸡笼矿区,南垟平硐和水尾矿区深垟平硐均系采用平硐加上下山开拓的,通过63年度的基建工作完成之后,两个平硐均可以形成开拓系统,为今后及生产基建创造了有利条件"[12],说明在20世纪60年代初矾山已在鸡笼山与水尾山两矿段开掘出至少两套平硐系统。1967年水尾山停采后矿采活动主要集中于鸡笼山,20世纪70年代后者已出现五处平硐。新开掘的平硐主要分布于鸡笼山西北,即F203与F216断层之间,因为"F203断层以东,矿体贮存较好,但地表(312米)以上,都被前人采空"[13],而F203断层以东即是朱、郑两姓长期聚族生产的福德湾地区。平硐主要选择在地表以上开掘,并依其所处海拔进行附名,除前述提到的南垟平硐又称312平硐外,还有360平硐(360米)、400平硐(400米,又称西坑平硐)、427平硐(427米)、500平硐(500米)等。此后,鸡笼山以这些平硐为骨架持续拓展延伸,最终形成今日所能见到的地下庞大的矿硐网络空间。

水尾山开发强度仅次于鸡笼山,其山体巨大、矿藏丰富,因此矿硐分布没有像鸡笼山那样集中,而是广泛存在于山顶之下、山腰及山脚各处。据郑亦备先生所绘《西山采矿炼矾分布图》显示,新中国成立初期,今水尾社区西侧分布的矿硐主要有土地公硐、辣钩硐、火药铺硐、石硼儿硐、水硐、鸡山硐、龙仔硐等,此外山上西南新岭脚、东北大坑头一带也有大量矿硐分布。后经统一规划,水尾山开掘了深垟、水尾等平硐,它们分别位于今综化厂旧址的西北与西南。

大岗山是矿脉中开发时间最早的矿段,因当地矿藏海拔高,故矿硐主要集中在石门岭、松柏脚、大贡头至埔坪大龙尾、王门坑一带山顶上,绵延数千米形成蔚为壮观的人文景观。新中国成立后,矾矿曾在南宋设溪光工区,大岗山相应也有新硐开掘。20世纪70年代国营采区停产,大岗山私人矿硐随之增多,20世纪80年代国家明令禁止后私人开采才告结束。

(2)内部形态

历史时期矾山矿石皆由私人把控,开采各自为政,矿硐并无统一规划,"自岭至麓,自居宅窑基外,触目皆采石之硐口"[14],矿硐内部亦缺乏合理建设,空间呈自由开挖的原始状态,透过民国文献散见记载可对其状况有大致了解。

1915年《矾山记》载,"深者里许,工人出入,皆悬煤油灯于杖端,每日洞中不下千人云"[15]。

1932年《实业志》载,"坑道无规则,屈折上下竟有长达里许者。宽自五六尺至一丈余不等,高亦如之。坑内时或打眼,用黑药放炮。平常则用锤击錾而取为多。坑内用煤油灯,故烟煤满布,殊碍卫生。坑口一高一低,天然通风,幸空气尚佳。工人三五成群,一切应用采炼,均由工人自备,挑工则由坑工雇佣"[16]。

1931年《平阳县矾矿业之调查》载，"此次曾经亲身视察者，有水尾及上下龙子三硐，水尾一硐闻已开采三年，而其面积不过深约五丈余，宽约三丈，高约一丈七八尺，此亦可见开采之难；下龙子硐，闻长有二三里，确否无有证实，坑道情形，殊无规则，上下曲折，碎石满地，步履殊觉费力，硐口之大，宽自五六尺至一丈余不等，高亦如之。硐内用煤油灯，黑烟满布，殊于卫生有碍，坑内空气，既不通风，未见充足"[17]。

由上述描述可知20世纪初矾山矿硐内部形态的基本特征：第一，巷道迂回曲折，矿硐深度由开掘时长决定，久者1里左右，有时可达2-3里，短者仅数丈。第二，巷道宽窄不一，没有一定规则，宽者5尺至1丈不等，有时可达3丈，高度则一般1丈多，与硐口大致相当。第三，巷道黑暗无光，主要以煤油灯照明，卫生状况差。整体来看，当时矿硐内部深邃蜿蜒，矿石运输大多只能肩扛，平坦地方才可肩挑。"深者里许"的矿硐应该主要出现在鸡笼山，因为《实业志》记载"水尾山一段，似均属露天开凿"[18]，据此推断水尾山当时还没有发展出深邃矿硐。大岗山矿石属表层矿藏，许多时候只在山腰挖几十米就可得到品质极高的矿石，故该矿段矿硐大都不深。现场调查显示，大岗山矿硐的硐口一般较开敞，宽度有时可达7-8米，为防坍塌一般有立柱支撑，且硐口普遍高于硐内，故矿硐空间呈斜坡走势，废弃硐底因此常年有积水。

前述已知，新中国成立后矾山有计划开掘的主要是平硐系统，其开掘方式为：在矿体顶板方向，自山体外先开硐口，再直深进入，巷道与矿体走向垂直相交，称"穿脉"；见矿层后沿矿体向两边分阶段掘进支巷，称"沿脉"；左右沿脉再分区向上下延伸开掘，形成多条与"穿脉"方向大致相同的巷道。因此，每一平硐实际是至少包含三个尺度层级、兼顾多个方向的巷道系统。受矿体走向制约，平硐走向长度一般为150-250米，倾斜长度为80-120米，大部分时候是以地质构造来确定边界。目前鸡笼山共有上下10层平硐，最高处530米，最低处190米，每层平硐间隔数十米，上下平硐间有提升矿石的机械设施，同时也有工人与车辆通行的道路。

矿采中后期矿硐内部空间变得复杂，主要原因如下：第一，不断回采使采空区面积逐渐增大，上下采区有时甚至贯通，为防止坍塌，采空区一般留置截面边长约为5米的矿柱作为支撑体穿插在巨大空腔内，由此增加了采空区的空间层次。第二，为运输矿石方便，上下采区一般有多条竖井、斜井连通，矿石经由这些孔道可倚靠自身重量实现上下输送。因矿层分布不规则，故连通井道位置不统一，其彼此空间关系错综复杂。第三，机械化手段的实施使矿硐内逐渐形成通风、供电、通讯、排水及矿山安全避险等辅助系统，它们的介入使矿硐构成更加繁复，"新鲜风流（夏季）由312斜井口（标高312米）经各级斜井进入各个中段用风地点，污风经中段回风天井、上中段回风巷，再从230排水平硐和280平硐排出地表"[19]，可见仅一套排风系统就由平硐、斜井、回风天井、回风巷等多个空间要素组成。纵横交错的地下矿硐网络主要出现在鸡笼山，水尾山在新中国成立后开采时间较短，故水尾、深垟两处平硐内部空间发育并不是很完善。

3.2 炼制工艺与炼制窑厂

3.2.1 "水浸法"工艺演进

（1）基本工序

明矾炼制方法有多种，如还原热解法、酸氨法等，矾山所用"水浸法"只是其中之一。"水浸法"最早见于明《天工开物》，据载"凡白矾，掘土取磊块石，层叠煤炭饼煅炼，如烧石灰样。火候已足，冷定入水。煎水极沸时，盘中有溅溢，如物飞出，俗名蝴蝶矾者，则矾成矣。煎浓之后，入水缸内澄，其上隆结曰吊矾，洁白异常。其沉下者曰缸矾。轻虚如棉絮者曰柳絮矾。烧汁至尽，白如雪者，谓之巴石。方药家煅过用者曰枯矾云"[20]，可知该方法最初由煅烧、溶解、结晶三道工序组成，三者次第相连，体现了明矾炼制的基本规律。受当地矿石品性所限，矾山数百年来始终沿用"水浸法"，并在生产中对最初三道工序持续加以改良，更以之为基础衍生出多道工序环节，从而推动了该方法从最初简陋状态逐步蜕变为当地特有的生产工艺。

煅烧是"水浸法"的首道工序，又称焙烧或脱水。明矾在成矿过程中会与其他物质结合成不溶性矿石，只有经高温煅烧破坏其矿化结构，使之脱去结晶水转化为无水明矾石才能进行后续生产。《天工开物》所载煅烧工序主要包含两个步骤，即将矿石与燃料逐层垒叠，然后进行煅烧，但矾山传统煅烧工序又衍生出更多细节，概括来说主要有叠石（将矿石与燃料按一定比例投入煅烧炉内）、煅烧（不间断向煅烧炉内添加燃料）、扒石（将煅烧过的矿石从煅烧炉内扒出）等三个环节。

溶解是"水浸法"的第二道工序，也称溶出。溶解的作用是将明矾石中可溶性的硫酸钾与硫酸铝溶于水，并加温使之产生化学反应，故也称加温溶解。《天工开物》所载溶解工序被概述为将煅烧过的熟石放入水中煎煮即可，但矾山传统溶解工序则是由多人协作的繁复过程，具体表现为：多名工人对池中溶液进行搅拌，加速池中明矾石溶解，另有工人将池中矾渣捞出放入旁边铁锅，并将锅中矾渣洗涤后再投入池中溶解，其他工人则将清洗剩余的残渣置于废砂栏里。经多人协作，待池中明矾石全部溶解后，温度降至60-70℃时即可引导溶液经石槽流入容器进行下道工序。

结晶是"水浸法"的最后一道工序，它主要是利用钾明矾溶解度随温度变化而变化的特点实现。具体为：将饱和状态的明矾液置于容器中，随温度下降溶液由饱和变为过饱和，由此不断析出晶体而得到纯净明矾。《天工开物》对结晶工序并无详述，但因其直接关乎成品质量，故矾山对此道工序操作较为严格。例如，灌注溶液前需在容器底部与四周刷石灰乳，为保证结晶纯度而在溶液顶部覆盖冷明矾液等。结晶现象一般3-4小时后就会出现，大约16-18天完成。结晶后容器底部泥浆混合物称为矾末，池壁含较多不溶物的称为矾脚，其余皆为明矾成品，按品质有大明珠、田片等多个等级划分。

数百年来，矾山"水浸法"大致经历了早期衍生、中期调整、后期革新三个演进阶段。

（2）早期衍生

"水浸法"初期演进主要表现为增加浸出与风化两道工序。浸出位于煅烧之后，具体操作是将煅烧后的熟石放入稀矾液或清水中，搅拌令其自然沉淀，静放数日后排出浸出液，接着注入清水或稀矾液继续浸出，反复数次可得到含矾量不断递减的浸出液。浸出与溶解工序看似相似，实际化学反应不同，前者是矿石与水反应得到浸出液，后者是以加温方式提高浸出液的饱和度，并将其净化为结晶液。风化紧随浸出之后，是将浸出后的矾渣与空气及水充分接触，通过放热反应使矿石中的硫酸钾与硫酸铝结合松散而形成矾砂（细颗粒明矾），矾砂加入浸出液后形成一定浓度矾液，结晶后仍可出产不同品质的明矾。本质上，浸出与风化都是最大程度的利用矿石资源。

浸出与风化工序出现时间不详，《西坑郑氏人史纲》显示，17世纪末郑氏迁入时"他们熟悉了炼矾的四道工序"[21]，这里的"他们"指先于郑氏迁入的朱氏，说明清初矾山"水浸法"已衍生为四道工序。19世纪末庄延龄调查称，"经过如此焙烧、软化之后，把明矾石投入埋在地中的缸或凹坑里熟化几分钟，然后置于浅槽砸成小块。接着将这些小块放在另一口埋在地中的缸里用水浸泡3天3夜，这些冒着烟气的'石灰'浆然后转到窑后面一座底部或顶端装着一片小铁盘或铁板的巨大泥炉里，就用软化明矾石的那火煎煮，泥炉中部环绕着烟道火"[22]，显示当时煅烧过的熟石需先用水浸泡后再进行溶解，浸泡即是浸出做法，以此可以确认至晚于19世纪末矾山"水浸法"已存在浸出工序。不过，庄氏对浸出后的矾渣未作交代，当时是否存在风化工序还无法确定。

1921年胡佛澄详述了矾山对浸出后矿石的处理，"至于那些已经过第一次浸过的矾石，还可以用的。所以他们再把那等碎矾石起出，露天堆在一起。让它受了长期的风霜雨水的侵蚀，而后再用同样的手续做法，还可以得次等的明矾"[23]，说明当时风化工序已经成熟。但在比之更早的《矾山记》中，作者花大量笔墨描述浸出的繁复，却未明确提及风化工序，而是仅以"周历八桶，始倾积堆场"[24]一句带过，由此推测20

世纪初风化的作用或许还没有被充分认识到。1940年伍廷琛将矾山炼制工艺分为7个步骤,"(4)经一日夜之久,提出溶液,加入清水,滤去渣滓;(5)倾入窑顶大锅内煎之,蒸发溶液,俟其浓度增大……此外,(4)段所滤出之渣滓,即所谓矾砂者,须倾堆一处,时泼水于其上,使其自起化学作用。经七十天后,加入于新自窑内取出烧烙过性,再经捣碎之矾石内,同烧水中。经如上(4)至(5)之步骤,而成结晶明矾"[25],其中第(4)步将浸出后的矾渣留置、浇水后再次利用即是风化工序,在此笔者特别用"此外"注明(4)、(5)步骤的反复实施,说明风化工序当时已是矾山"水浸法"的重要组成。

(3)中期调整

20世纪30年代以前增加工序或许是人们对矿石物尽其用的最好办法,可即便如此,粗放的生产仍不免造成资源的大量浪费。1921年胡佛澄称"那些第一次滤过的矾石,所含明矾的成分,还是很多的,大半多被雨水冲去了。所以看那条小溪的水,都是白色的,并且沉淀下来的碎矾石,几乎满溪多是,这岂不是很可惜吗"[26],十年后许蟠云称"吾人此次经过矾山附近小溪,见沿河数十里,尽成绿水,溪底满积细软而带白色之矾浆,鱼类一无存者,此实数百年来损失之结晶"[27],两者前后所描述的因炼制不彻底造成的污染现象并无二致,说明矾山"水浸法"始终存在矿石浪费的先天不足。

对于粗陋的炼制方法,矾山社会内部既无改变的意识,也无改变的能力,直至官方介入"水浸法"才有了从根本上变革的可能。1931年许蟠云调查指出,"矾质之提取,按现时通用之土法,究竟能得百分之几,从无精确之调查,惟其不能提取净尽,则可断言"[28],所谓"不能提取精进"是因为当时"水浸法"是以纯净明矾为生产取向,而对矿石中与明矾炼制关联不大的钾铝氧化物未加关注,由此造成有用矿石的浪费。许氏调查之前,当时的浙江矿产调查所就曾指出,矾山"每吨矾石用土法提炼所得明矾不及十分之二,则其渣滓中当含有钾铝之氧化物甚多;若加以硫酸提制,则每吨当可取得明矾、硫酸铝各约一千磅。故土法提炼实有改良之必要"[29],显示该机构早已留意矾山矿石其他成分的价值。1934年《整理平阳矾矿计划》强调,"按天然明矾原质为硫酸钾、硫酸铝及结晶水分,计明矾百分,含硫酸钾约十八分又四,含硫酸铝约三十六分,其余则为水分"[30],其以详实数据证再次证明矾山矿石中其他有用成分是不应被忽略的存在,并指出当时矾山炼制与市场需求之间存在的巨大矛盾,"凡用明矾作肥料者,只用其中所含之硫酸钾,凡用以澄水造纸或媒染者,只用其中所含之硫酸铝。用此则废彼,用彼则废此,既不便利,又不经济"[31]。经过这一系列关注,后来官方针对矾山"利用国产明矾,设立炼厂,改制钾肥与精矾"[32]的改良计划便顺理成章。

1943年"矾管处"在苕湖设窑实验，展开"改良制矾全过程-提取钾盐、三氧化二铝等副产品（拟用碱法）-电解三氧化二铝制铝（拟用水力发电）"三步走探索，这实际是当时官方以改良"水浸法"为契机所构建的一整套明矾工业发展计划。该计划除推动"水浸法"科学化发展外，更关注明矾之外副产品炼制所能带来的明矾工业振兴与明矾石应用于国防的长远前景。与民间调整相比，官方对"水浸法"的改良是基于对矾山矿石特性科学认知后的理性思考，更是当权者在面对"工业界有以硫酸铅及外货取而代之之趋势，明矾之前途岌岌可危"[33]压力时以图"复兴浙江矿业"的觉醒，显示出当时官方对矾山"水浸法"改良思考的高度与广度。目前尚未见到这一时期官方对"水浸法"改良的具体细节，但从苕湖建窑有关设备记录仍可洞察其试图借助机械化手段探索矾山矿石综合利用的基本路径。就此而言，自民国中后期开始矾山"水浸法"就不应再被视为一项传统工艺，而是脱离最初的普适状态开始朝更契合当地矿石特质、更具行业专门性的现代化方向迈进。

（4）后期改革

民国官方改良"水浸法"的成效有限，除时局影响外还在于矾山自身缺乏变革的动力。当时窑主沿袭"土法制矾数百年"，普遍不思进取，加之矾业动荡、矾窑不停易主也难以关照工艺层面的除旧革新。因此，至新中国成立前时人仍感慨矾山"土人直接赖此为生，亟于改组，易酿民变，此为值得注意之问题也"[34]，这种状况直到新中国成立后才有所改变。

20世纪50年代，矾山"水浸法"已在五道工序基础上衍生为包含大小12道工序的炼制方法（表3-2），不过当时炼制过程长达90-120天，劳动强度高且条件恶劣，其中最致命的仍是"水浸法"的低回收率。1953年时任化工部专家的卢作霆指出，"现行的炼制法'水浸法'，这个方法矾石中的氢氧化铝[$Al(OH)_3$]是无法回收的，充其量只能将明矾[$K_2SO_4 \cdot Al_2(SO_4)_3$]浸出，这也就是此法本身的缺点"，同时他详细剖析矾山传统炼制方法各环节弊端，发出"在条件许可时当急速改变制炼法，使地下资源能予以充分利用，这是极其必要的"[35]的呼声，并给出多达8条改良建议。这些建议中与"水浸法"直接相关的有省略浸出与风化工序、以蒸汽溶解替代热溶解等，它们都在十年之后陆续得到实施。与此同时，矾山炼制工艺改革展开，其中代表性的是1953年天成矾厂精炼分厂迁至矾山的举措。当时天成矾厂精炼分厂在鳌江利用矾脚生产细粒明矾，面对"矾山大小厂均用土法炼制大明珠和田片，一般均保守性很重，以为制炼明矾只有采用现在的土法，再没有更高明的方法了"的窘境，鉴于该厂有望"打破了他们旧的、保守的思想，奠下了今后提高品质及创造新的操作法的基础"[36]，故有关部门将其迁往矾山，希冀这一"以炼细明珠，独创一家"[37]的特殊企业能够肩负起提高当地明矾回收率、试制新产品的变革使命。然而，1955年天成矾厂精炼分厂关停。

表3-2　20世纪50年代初矾山"水浸法"工序组成及对应的空间设施

基本工序	衍生工序	工序作用	对应空间设施（操作细节）
煅烧	选矿	将矿石分区分为富矿与贫矿	选矿场（富矿供给大厂，贫矿供给小厂）
	煅烧	将原矿进行高温煅烧使其改性	独孔半连续式大炉（12500千克/48小时） 间断式小炉（7000千克/8-10小时）
浸出	浸水	将煅烧后的熟矿石入冷水	圆形水池（利用熟石残热来预热溶解溶剂，使矿石热胀冷缩易于打碎）
	打碎	将浸过水的矾石打碎	圆形大坑（人工击打成直径6-9厘米石块）
	浸出	将打碎的矿石浸入桶中浸取矾汁	木质浸出桶（矾汁分多次抽取，分别用于制炼大明珠、田片及用于循环浸取）
风化	选砂	使浸泡过的矾石自行分裂	空地（过程约10天，区分坏石、细粉与矾砂）
	风化	将矾砂浇清水或洗液使之碎裂成砂状	风化场（过程约50-60天）
溶解	溶解	将历次获取的矾汁分别加热溶解	溶解池（工人搅拌使之持续溶解）
	分离	将不能或未能溶解的渣滓与溶液分离	铁质矾碗（捞出残渣清洗后丢弃，洗液可再利用）
结晶	结晶	将溶液注入结晶池后冷却结晶	结晶池（明珠桶小而深，12天完成；田片池浅而大，6天完成）
	净制	将结晶池底杂质用刀割去	结晶池（削净者为成品，削下者为矾脚）
	出售	将净制后的成品包装运输销售	明矾仓库（以100千克为单位分装）

（来源：卢作霖《平阳明矾工业的现状及其展望》，1953年）

20世纪60年代初，矾山"明矾生产还是十分落后的，特别是表现在工艺流程和生产方式方面，如风化周转期将近100天左右，从矿石到产明矾要125天左右"[38]。1963年左右，矾山将浸出与风化两道工序合并，两者合而为一即是删减低效率的浸出工序，将煅烧后的熟石直接运入风化厂房，以此缩短炼制周期，降低生产成本。除工序合并外，向机械化方向发展也是60年代矾山炼制改革的重要举措。20世纪70年代，更多炼制工艺改革出现，1978年稀硫酸浸出法（简称稀酸法、酸浸法）研制成功，传统炼制中矿石所含硫酸铝会部分分解，为补充这些损失，酸浸法即利用稀硫酸来提取熟石中的氧化铝，同时在浸出液中加入硫酸以抑制水解反应。1982-1983年补加硫酸铝法（简称补加法）研制成功，传统炼制会产生过剩的硫酸钾，补加法是在风化的矾渣中补加硫酸铝，加热溶出以提高明矾产量。1989年压滤结晶法研制成功，传统炼制会排放大量矾浆造成污染，因此，对结晶工序进行机械化固液分离，将加温后的明矾液进行压滤，使废料排出以减少污染。此外还出现了压滤静止结晶法，等等。

由上可知，矾山"水浸法"本身就构成了一部生动的演变史，从最初增加明矾产量，至民国提高矿石利用率与拓展明矾适用领域，再到建国后缩短生产周期与降低劳动强度，直至最后对环境污染的解决，其变革背后实际是矾山各时期所应对的自身生产与外部环境的不同要求。在矿石品质无法更改的现实制约下，矾山以工序增减、辅料添加与机械化手段实施等方式艰难推进"水浸法"演进转型，成就了后者从历史迈入现代的独特与珍贵。

3.2.2 炼制窑厂迭代升级

历史以来矾山明矾炼制场所大致经历了传统矾窑、合并车间、现代厂区三种类型，三者前后更替，彼此形式各不相同，但在"水浸法"制约下却具备相同的空间基因。

（1）依山就势的传统矾窑

传统矾窑泛指新中国成立以前矾山专门进行明矾炼制的场所，它一般以煅烧炉为空间核心，后者在当地被称为"窑"，故以"矾窑"对其进行指代。

据《西坑郑氏人史纲》记载，1708年郑氏在迁入矾山十余年后才建起第一座七间砖木平房，称"老厝正房"，后"祖宗一直在老厝住所的右边，炼矾生产64年"[39]，表明当时明矾炼制活动主要依附移民生活场所进行，并未形成独立的功能区。1760年左右，郑氏第三代子孙开始"物色乱石堆末端的一个陡坡上，挖整地皮，按山势建泥砖煨石炉、三合土锅炉、黄土结晶池。有生产遮盖的厂棚，有办公制账、吃饭休息的场所"，统称'寮仔厝'"[40]，这是目前所见到的有明确文字记载的矾山第一座正式矾窑。透过文字可以看出，当时"寮仔厝"依山就势布局，包含多座固定建筑，这些建筑大致分为生产、办公与后勤等几个功能区。"寮仔厝"脱离郑氏老厝专门选址建设，这说明当时矾山炼制场所与移民生活场所开始分离。

1774年"九担窑"建立是矾山矾窑进化的重要标志，它的意义主要表现在两个方面：其一，说明矾山炼制场所逐步专业化。"九担窑"是商业利益驱动的产物，它的生产无论规模还是品质都必须迎合市场所需，相应设施构成、厂房布局、流线组织等方面都比移民自建矾窑更为规范专业。同时，矾窑中配有专门进行生产的工人，他们与以血缘为纽带聚族生产的早期移民相比身份属性有本质不同。其二，说明炼制场所已独立设置。大规模的专门生产致使炼制场所构成复杂，如工序衍生需要增加设备设施、产品储存需要库房、工人驻厂需要食宿等，复杂的空间构成意味着炼制场所需要占据更大的土地面积，也意味着它无法再寄生于移民生活场所，只能独立建设。

历史时期有关矾山矾窑空间信息的记载极少，1915年的《矾山记》是目前所见这一方面最完整的记录，现将其整体摘录如下："全家结构可分为四部，曰账房、曰堆场、曰窑厂、曰桶间，全窑外廓周以竹篱。入棚门有茅屋三楹，是为账房，乃收买柴石发给工资之所。司事者，有管账、掌秤、勘石三人。账房之前有广场，乃屯积柴石，准置渣滓之所，是为堆场。场前有小坡，坡下即窑厂，窑为茅顶篾墙之广厅，跨坡丈许，以坡为出入之孔道，厅广约四丈。窑即依坡而筑，高一丈，阔准之。外叠石而内嵌砖。中有窑门，宽约二尺半，高亦如之，作正方形，距地不及三尺。窑左有小池，径三尺余，深约二尺，贮水用以浸泡初出窑之矾石者。池左有圆坑，深不及尺半，而广约一丈，为敲碎矾石之所。环坑列大桶九，皆埋入地中，仅露桶口，为浸取矾汁之所。上坡而右为窑顶，埋有大铁镬一。镬口直径约四尺，乃用以煎滤矾汁者。上坡而左又有广厅二，是为桶间，亦茅顶篾墙之厅也。长可三丈，宽约二丈，各埋大圆桶于地为两行，亦仅露桶口。桶口直径约三尺余，其数凡九，是为澄定初次提取之矾汁、使结晶成块之所，谓之大桶间。内间之厅广亦相垺，埋桶十。其款式如大桶间，而略小，是为澄定第二次提取之矾汁者，谓之小桶间。桶间门左有蓄水之池，乃运竹管导山水而成者"[41]（图3-2）。

这段文字呈现了20世纪初矾山矾窑的基本空间特征：整体依山就势布局，这与移民早期自建矾窑相似；矾窑内部大致分账房、堆场、窑厂、桶间四个功能区，四者位于不同台地上；矾窑外部有临时围墙，空间边界分明。具体来看，账房与堆场位于矾窑最上层，这一层有通往外部的大门，方便柴、石、明矾等货物的内外运输。窑厂位于堆场前的山坡下，它是矾窑的生产核心，主要由一座临时性大统间建筑构成。建筑内部关键设施是煅烧炉，其顶部置有铁锅，浸出后的矾液可在这里煎煮溶解，煅烧炉周围则环有浸出水池。桶间是矾窑最后的一部分，由大小两座建筑组成，两者均为临时性建筑，前后并排布置。以文中表述的"上坡而右"为煅烧炉顶作为参照，推测"上坡而左"的桶间应该位于账房与窑厂之间的台地上。综合来看，当时矾窑空间由"水浸法"各工序对应的厂房设施构成，它们按照工序流程将风化放在上层，煅烧与浸出置于下层，溶解与结晶则放在中间，三层台地之间通过坡道相连通（表3-3）。

20世纪30年代初许蟠云在调查中也曾提及当时矾山矾窑的一些信息，他称每座矾窑占地面积约为五亩，空间构成则与《矾山记》的描述大致相当，只是柴场与石场不再合用，而是分成两个。除生产部分扩大外，矾窑内部生活空间也明显增加，主要包含若干办公住宿建筑以满足矾窑工人使用。1992年的《矾矿志》对新中国成立前的矾窑也有描述，"高大草寮一座，作煅烧炉厂房，煅烧和溶解工序在这里进行；草棚屋数间，是结晶池、浸出桶之家，称大桶间；两层或平房砖木结构的青瓦房5、6间，是经理、账房、司秤等职员起居、工作地点，及仓库、厨房等场所；露天柴、草场1个、风化砂场1个、石场1个，全厂占地面积约40-50公亩，四周用木栅或毛石墙圈

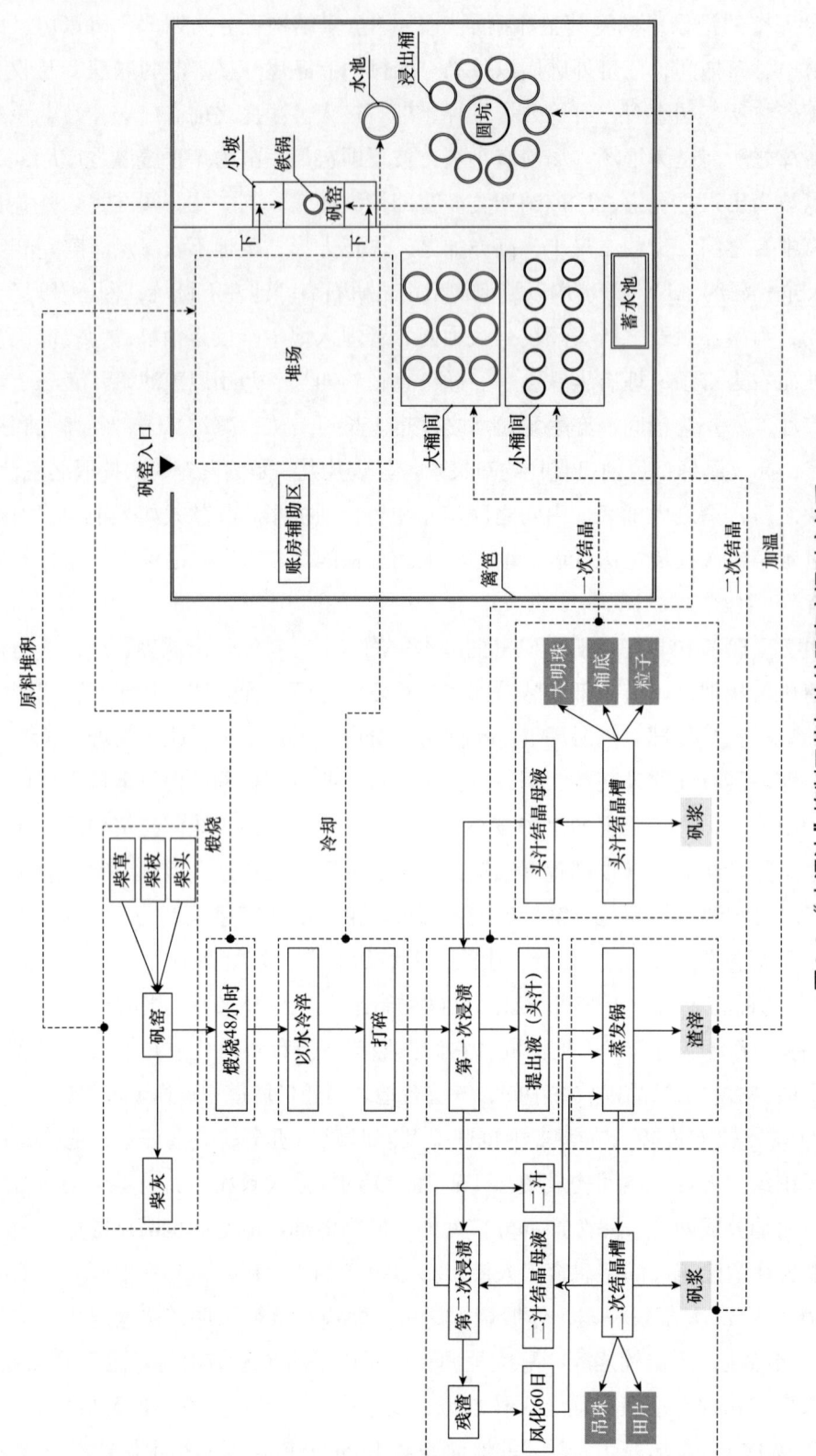

图3-2 "水浸法"炼制工艺与传统矾窑空间对应关系
（来源：自绘）

表3-3 20世纪初矾山单个独立矾窑基本空间构成

功能区	空间构成	主要功能	空间位置	尺寸与样式
账房	茅屋	资金往来管理等	上层平地	面阔三间
堆场	广场	堆储柴石与渣滓等	上层平地	尺寸不详
窑厂	广厅	煅烧浸出之所	跨坡而建	茅顶篾墙，面阔约四丈
窑厂	煅烧炉	煅烧矿石	依坡而建	高宽各约一丈，外垒石内嵌砖，中部有方形窑门，炉顶有铁锅用于溶解矾石
窑厂	小池	浸泡煅烧过的熟石	下层平地	直径约三尺，深约二尺
窑厂	圆坑	破碎矾石与浸出之处	下层平地	坑深不及尺半，直径一丈，环坑列9个大桶
桶间	大桶间	利用初次浸出矾汁结晶之处	中间平地	茅顶篾墙广厅，长三丈，宽约一丈，有两行各9个大圆桶
桶间	小桶间	利用二次浸矾汁结晶之处	中间平地	茅顶篾墙的广厅，长度不详，宽约一丈，有两行各5个圆桶
桶间	蓄水池	厂区所用水源	中间平地	竹管导山水而成

（来源：根据《矾山记》记录信息整理）

定"[42]，与许氏调查相比，文中可见后期矾窑面积又有增加。不仅如此，或因分工细化的缘故，后期矾窑内部空间构成更为繁复，仅堆场就有柴草、风化、石料各一处，而生活部分则扩展为5-6间青瓦房，为缩减用地建筑采用两层，矾窑空间轮廓相应发生改变。

（2）新旧整合的合并车间

20世纪50-60年代，矾山传统矾窑开始逐步向现代厂区过渡，这个过程就变革方式而言大致可划分为改造与合并两个新旧更替的阶段，是矾山空间发展史上时间短促但意义非凡的一段历程。

20世纪50年代初，矾山许多矾窑被改造成新的窑厂，通过天成矾厂精炼分厂个案我们可以对当时的改造细节有所了解。1952年天成矾厂精炼分厂迁至矾山时利用的是民国大同窑的旧址，"本厂计划迁往矾山，以矾石为原料直接制炼细明矾，同时这次是利用旧厂址改建，能节省建设基金"[43]，在百废待兴的建国初期，利用旧矾窑进行生产显然更能节约建造成本。新的生产与旧的环境必定存在不协调的地方，故矾厂设立中不可避免要对原有矾窑进行改造。天成矾厂精炼分厂当时肩负着扩大矾山生产及改革当地工艺的使命，需要较大生产空间及设施设备提升，大同窑虽然"厂址宽阔"，但原有空间布局"不适合生产条件，故需加以整理与改建"[44]。基于此天成矾厂精炼分厂考虑"原有两座结晶房还是新的，不过低矮一点，只需加以改建，那座旧式的炉灶与茅草厂必须拆了,其中砖石竹木等材料,仍可使用。还有破旧矮房三间,修理起来可作厨房"[45],依此改造构想,大同窑原本环境面貌后续自然会发生改变。

由文献整理可知,20世纪50年代初矾山大量传统矾窑被改造为新的厂区,节约建造成本固然是这一现象出现的主要原因,但改造如此普遍还是受到明矾生产规律所制约。明矾炼制对象为矿石,靠近矿硐是新厂区建设的首选,而原有矾窑对矿硐周围空间地占据使新厂区只能叠压在其之上。不仅如此,明矾炼制过程还需要大量燃料与水,炼制结束还会产生明矾成品与废弃矾渣等,因此决定矾窑能否顺利生产的除数亩空间之内的各类厂房设施外,还有矾窑与外部物资交换的畅达。经过长期磨合,原有矾窑与外部早已形成运转自如的物流交换系统,若将其舍弃而择址另建,则意味着不仅要建设炼制需要的各类厂房设施,还要构建一套以矾窑为核心的周边系统,在新中国成立初期后者显然并不是朝夕可以实现的事情。因为上述种种,改造旧矾窑以适应新生产就成为当时最合理的选择。

1956年公私合营后,传统矾窑在"采""炼"两业协同运作要求下再度经历变革。不同于50年代初以单个矾窑为单位的改造模式,此次变革是以矿段为单位将数个矾窑合并为大型炼制车间。以鸡笼山为例,其传统矾窑主要分布于山体北坡,大致以今矾都路为界分南北两排。南侧矾窑规模普遍较大,靠近矿脉,中间原有通往马站、赤溪的道路贯通,是50年代初改造利用的主要对象。北侧矾窑规模略小,靠近矾山溪,与矿硐及外部道路都相距较远。公私合营后,原本各自独立的两排矾窑以今福德湾老街为界被整合为杉山、西坑两个车间,两者合称第一车间。山上矿硐随车间划分也被重组分配,各自形成由山顶至山脚的"采炼一体"空间格局。依照相同改造模式,水尾山与大岗山也被整合为水尾、溪光两个炼制区,它们分别被称为第二与第四车间(表3-4)。

表3-4　1957年矾山国营采炼空间基本架构

所属矿段	车间		存续时间	空间构成	
鸡笼山	第一车间	杉山	1957-1964	采	鹅角垟矿硐、贡头尾矿硐、坦头矿硐、贡头下矿硐、番茄母硐、雪花硐
				炼	木鱼窑、银石垟、四门碓、石宫窑、大丘园、坑子内
		西坑	1957-1971	采	竹狗硐、风吹隔(雪花窟)、石龙仔、企龙垫
				炼	宝兴、新窑仔、雷打窑、苦竹庵、死人窑、寮仔厝、岭头窑、礼宙窑、人头玩
	第三车间	新建	1956-至今	采	以南洋312平硐为主体
				炼	以今繁荣路以南主厂区为主体

续表

所属矿段	车间		存续时间	空间构成	
水尾山	第二车间	水尾	20世纪50年代-1964	采	土地公硐、辣钩硐、火药铺硐、石硐儿硐、水硐、鸡山硐、龙仔硐（东北有大坑头采矿点）、深坪平硐
				炼	洋岗仔窑、兴工窑、胜利窑、同成窑、和平窑、后丘田窑、坑门窑、顶窑仔
大岗山	第四车间	溪光	20世纪50年代-1964	采	以大岗山矿段石门岭一带矿硐为主
				炼	荣大窑、大成窑、顺大窑、草记窑、泰兴窑、恒太窑、源茂窑、同泰窑、协源太窑、李振兴窑、兴记窑、成茂窑、广义窑、恒大窑、新协大窑、郑成记窑、源成窑

（来源：根据资料汇聚整理）

合并车间所根基的毕竟是传统矾窑，新型生产与原有环境之间的矛盾难以避免，因此到20世纪60年代淘汰合并车间的呼声开始出现。"第一、二、四车间为什么淘汰呢？其主要原因是该三个车间均系私营企业在1956年改造过来，他们过去只考虑到唯利是图，就矿建厂于山坡之矿床上，厂房设备简陋，布局零星散乱极不合理，原燃料进厂和产品运输极不方便，更大的缺陷是矾渣无处排除，堆放山腰一遇大雨，水带渣冲击老街一排民房，影响到居民的住宅和生命财产的安全。另方面矿山将来大量开采，炼矾变手工为机械化生产，均无发展的余地。另外厂房草竹结构，经不起台风的侵袭……因此，根据逐年增加扩建的同时适当地将一、二、四车间逐年淘汰"[46]，可以看到，之前不曾出现过的"布局散乱""矾渣排放""厂房安全""能否机械化生产"等都成为这一时期评判炼制场所优劣的关键，原本因"就矿建厂"而优势明显的合并车间在这些指标衡量下弊端日益显现。与此相反，鸡笼山西北被称为三车间的新建厂区则在淘汰合并车间的呼声中开始发挥越来越重要的生产作用。

（3）持续扩容的现代厂区

新建厂区即后来的"温州矾矿"主厂区，其遗址范围大约西以矾灵公路为界、北接矾山镇繁荣路、东至今矾都科学文化园奇石馆、南至312平硐，占地面积为64500平方米（图3-3）。前述已知，新建厂区始建于1956年矾山公私合营期间，是20世纪50年代当地四个国营炼制车间中唯一的新建车间，故许多早期文献称其为"新建厂区"，今天的矾山人则惯以"三车间"指称。从三车间蜕变为"温州矾矿"主厂区，是新建厂区对自身生产环境不断调适扩容实现的，总体而言这个过程大致经历了三个主要阶段。

第一阶段从新中国成立到1963年左右，这一时期三车间与其他车间共存，整个厂区环境未经统一规划，固定建筑较少。就当时地图可以看出，厂区内的风化区仅是两

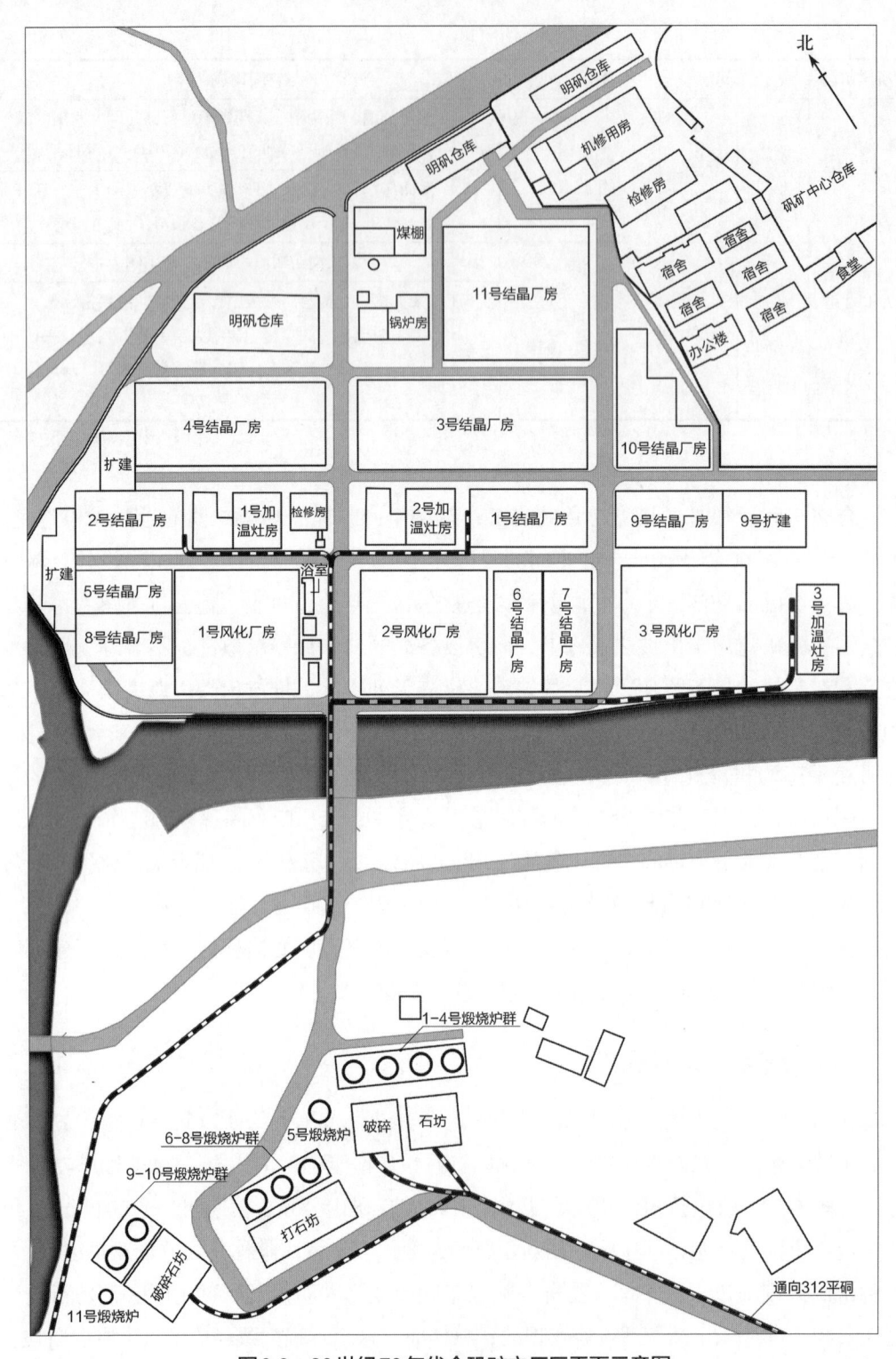

图 3-3　20世纪70年代今矾矿主厂区平面示意图

（来源：根据档案资料自绘）

个巨大的砂堆,没有固定厂房;结晶区只有一座小规模的结晶房,其余均为临时性结晶草棚;厂区内重要生产设施均沿矾山溪布置,显示厂区生产对溪水的依赖。除此之外,厂区内还布置有仓库、水池、废沙坑、修配间、办公楼、宿舍等建筑设施,不过它们的规模与方向都杂乱无章。这一时期三车间的厂区环境没有表现出与其他车间明显不同的地方,最大区别仅在于它位于平地上,"第三车间地处平原,其主要的优点是该车间周围还有发展扩建的余地……对原料进程和产品出厂均较便利,同时处理废砂比以上三个车间条件有利"[47],正是这一点构成了它后来能够转型为现代厂区的重要基础。

第二阶段从1963年至20世纪70年代初,这一时期矾山其他国营生产车间都被取消,三车间作为唯一保留下来的炼制车间获得巨大发展。1963年开始矾山生产能力逐步提升,企业档案显示当时国家将矾山作为我国钾肥与明矾生产基地,希望当地在年产2.1万吨基础上于1963年达到2.5万吨、1964-1967年达到3.8万吨、1967年达到5万吨。需注意的是,当时矾山的生产任务由四个车间共同承担,而1967年的目标则是在其他车间被淘汰后三车间要独立达到的生产能力。因应于此,1964年三车间开始进行统一的厂区规划,建设了多座现代厂房来取代原来临时草棚,同时设置3条车行道用于工区之间连通、明矾成品外运等。1966年依照国家新的经济发展需求,矾山继续对三车间进行万吨扩建改造,厂区环境又有了进一步的改变。经过上述两次大规模改扩建,三车间原来近万米的旧草房全部被改为砖木混合建筑,结晶房从原来的4座扩建为9座,煅烧区新增3座大容量高炉,整个厂区空间基本被两套各自南北延展、彼此东西对称的明矾炼制系统所填满。

第三阶段从1972年左右至20世纪80年代,在上一阶段基础上三车间厂区环境得到进一步扩建,最终形成包含三套炼制系统的新格局。1972年,三车间计划在原年产3.5万吨的基础上再扩建1万吨,并以此为目标在厂区内进行第三套生产线的建设,然而此时厂区空间均已填满,西、南、北三边因临水或临路已也无拓展可能,唯有东侧靠近生活区一带尚有扩建余地。由当时图纸可知,三车间试图向东拓展以形成第三套炼制系统,建设内容包括2座结晶房、1座专门仓库、1条连通厂区与矿部的运输道路以及在煅烧区增设2座高炉,等等。或因征地受阻,后来的实施状况与图纸规划不一致,如一些厂房并未建成,建成部分也都沿厂区东北边界见缝插针布置,第三套炼制系统由此呈现与前两套迥然不同的布局特征。20世纪80年代以后矾山将主要精力集中在生产工艺改革方面,三车间厂区环境虽因工艺变化而有所调整,但全局性建设未再大规模实施。

经多轮建设,由三车间蜕变而来的"温州矾矿"主厂区空间布局大致如下:整个厂区以矾山溪为界分为南北两部分,南部为煅烧区,北部为炼制区,两区之间通过桥梁连通。煅烧区背倚鸡笼山,由11座煅烧炉及选矿厂房、破碎机房等附属建筑组成,其东南是以312平硐为主体构成的矿采区,两区之间铺设有运输矿石的轨道,体现当地炼制场所"就矿建厂"的一贯原则。煅烧区主路向北延伸，过矾山溪即可到达炼制区。炼制区厂房设施较多，整个区域以南北主路为界大致分为东西两部分，其中东侧经由次级南北道路再被分为两个小区，整个炼制区由此形成了西、中、东三个生产区，它们各自容纳着一套炼制系统。三套炼制系统具有相似的空间布局：南侧均为临溪而建的风化厂房，它们尺度巨大，沿矾山溪一字排开；各风化厂房近旁都是与之配套的加温灶房，两者构成所在炼制系统的生产核心；各炼制系统中数量最多的都是结晶房，它们环绕加温灶房布局，形式规模各异。三套炼制系统的北侧布置着数座明矾仓库，以及办公楼、锅炉房、煤棚等设施，它们作为生产辅助区与厂区外北侧的过境道路联系紧密。结合煅烧区一起考察，可以看到三车间由南而北依次布置的是煅烧、风化、溶解、结晶、运输销售等功能区域，这与"水浸法"工艺流程严密契合。

3.2.3 关键炼制设施进化

（1）从垒石煅烧到直立高炉

煅烧工序直接影响明矾生产的规模与品质，因此该工序所用煅烧炉是矾山生产的关键设施。除"窑"这一称呼外，矾山煅烧炉也被称为脱水炉、煨石炉、灶，等等。历史时期，一座矾窑至少包含一座煅烧炉，作为生产核心，它统领整个炼制场所空间布局，同时又因高大体量成为矾窑的视觉焦点。六百余年来，矾山煅烧炉紧随"水浸法"变革而同步演进更替，依外观炉型与内在燃烧机制大致可分为三代，每一代都具有鲜明的时代特征，代际间又显现出明矾生产制约下的承传连续性（图3-4）。

图3-4 新中国成立初期矾矿结晶房与单孔方形炉

（来源：苍南县博物馆与温州矾矿发展集团）

第一代：单孔圆穹炉

单孔圆穹炉外观为圆形，前置操作孔用于进出矿石。《天工开物》显示，明代明矾炼制是将矿石与燃料层叠起来直接燃烧，方法与烧制石灰相似，并无专门的煅烧炉灶。随炼制场所的独立建设，以砖石垒砌的专门煅烧炉开始在矾山出现，它因外形似乌龟趴于地上而被称为龟趴灶。煅烧时，一般是将矿石与柴草混叠在龟趴灶腹腔中，通过下部操作孔烧火，穹顶上部进行排烟。至晚到20世纪20年代，矾山仍在沿用单孔圆穹炉，胡佛澄称："他们所造的矾窑和普通烧瓦的瓦窑相仿佛，系圆穹形，直径约有一丈多宽，高约两丈，窑腹部略大，上部逐渐尖拢来。顶上面安一口径大五尺许的铁锅，做煎矾用的。周围窑墙，都用土砖砌成，两旁开了两个烟囱，前面窑门，阔约三尺，高七尺许，窑底平坦，比外面约高三尺"[48]。同时期的《地质研究会年刊》也称："设大窑一座上小下大，其形如寺钟，以砖石筑成。窑上置一大铁锅以为煎汁之用。"[49]由这两段文字可知，当时的龟趴灶相对早期形制发生了一些新变化。具体为：首先，外观仍为圆穹形，与早期龟趴灶有承传关系，但高度大于直径，表明这一时期的煅烧炉已不再是初期趴在地上的低矮状态；其次，炉顶原排烟孔位置现在架有溶解铁锅，煅烧与溶解两道工序的设施合而为一；第三，煅烧炉腹腔空间变得复杂，矿石分列于炉腔两侧，中间留有烧火空隙，柴石分离；第四，原炉顶排烟改为由两侧烟囱排烟，故炉子烟道经过重新组织。整体来看，20世纪20年代的煅烧炉与《天工开物》所载"砖瓦济水转锈窑"的外观较为相似。

第二代：单孔方形炉

20世纪30年代矾山煅烧炉外观进化为方形，并一直延续至20世纪50年代。1932年《实业志》记载，"（炉）高一丈四尺，深如之，阔二丈六尺，以石筑成，厚六七尺，上置大锅，以为蒸发之用。前有洞口，六尺见方，装卸矿石及燃料处也。矿石叠置两旁成壁状，矿石与窑壁之间，先放大块木头，以助烧烙而增高热度之用……左右两方之矾石隔日轮流装卸，各方每次约需矾石三万余斤，烧二十四小时"[50]，可以看出，当时煅烧炉在形状、尺度、材料等方面都与龟趴灶差异明显。首先，煅烧炉外观由圆穹形改为长方形。这一时期煅烧炉外观为扁长方体，高度从第一代的两丈降为一丈四尺，但面宽则从一丈多扩展到二丈六尺，炉子本身体积增加。其次，煅烧炉腹腔容积扩大。这一时期的煅烧炉单次可装卸矿石六万余斤，远超第一代仅万斤的容量规模。煅烧时矿石分两侧排列成壁状，其与炉壁间堆放有大块木头助燃。第三，煅烧炉已经可以连续煅烧，两壁矿石隔日轮流装卸。第四，煅烧炉砌筑材料不再是土砖而是石头，炉壁宽厚而使热量不易散失。

20世纪50年代末，矾山煅烧炉形式依然没有大的改变，仅按规模大致分大窑与窑仔两种，以适应不同生产需求的窑厂。其中大窑形式为，"结构大致分两部分：下部为叠置矾石和燃料的燃料室，上部是利用下部燃烧的热量，溶解矾砂的溶解池。整个外形为长方体形（似古式砖瓦窑），长约8米，宽、高皆4米，四周用大石块砌成，厚约

1米……窑上部用砖砌成拱形，居中置大锅一口，就是溶解矾砂的溶解池。窑侧有斜坡道，使窑上下相通"[51]，比较可知当时的大窑与之前煅烧炉在形式是有延续性的：外观依然为长方形，长宽高基本无变化；炉体由石块垒砌，墙厚约一米；炉顶仍为溶解设施，煅烧与溶解两道工序结合紧密。不过，这一时期大窑形式应该更加成熟，表现出因应工序特点而进化发展的趋势，如在炉侧搭设上下坡道以方便煅烧与溶解工序的联系、在炉周搭架子用于烘干柴草燃料等。

第三代：直立圆柱炉

20世纪50年代以后，针对煅烧燃料短缺、生产规模扩大、机械化手段实施等短板与发展等问题，矾山又对煅烧炉展开一系列密集改革。燃料短缺是新中国成立初期困扰矾山生产的突出问题，由于"制矾之材，惟柴与石"，故历史时期矾山每日生产消耗的燃料数量极大，到20世纪50年代当地周边的柴草都被割绝，生产已经难以为继。面对这一状况，矾山曾于短期内借鉴安徽庐江的煅烧方式，拆除老窑改建"庐江灶"，但因两地矿石品性不同而告失败。除燃料短缺外，矾山在煅烧环节还存在矿石所含硫酸铝过热分解、回收率低等问题，1957年，针对这些问题，当地对煅烧炉加以改进，后试验间断混料炉成功。改进后的煅烧炉是回转炉与直立炉的结合，煅烧过程以煤为主要燃料，这使矾山生产终于摆脱对柴草燃料的过分依赖，自此大量传统老窑被改造拆除。经过此轮改革，矾山煅烧炉外观从长方体变为圆柱体，炉腔结构相应改变，炉身高度增加也极大地推动了当地的生产规模。虽然间断混料炉很多方面优于传统大窑，但其缺点在于"间断"，即停火出料后仍需重新引火煅烧，造成工序的繁复与燃料的消耗，于是1960年矾山进一步研制连续煅烧炉成功。改进后的连续炉每天都可以在投料口加料、出料口出料而无须停炉操作，这不但节省了引火燃料，同时也提高了生产效率。1965年左右，矾山已兴建起7座直立高炉，其中4座的内径达到3米、有效高度达8.5米，到1972年，"扩建立式混料脱水炉二座，每座规格内径4.2米，有效高度13.5米，容积187立方米"[52]，以此推知当地始终在不断地推进煅烧炉容量的变革。

作为关键生产设施，矾山煅烧炉的演进也带来矾山炼制场所空间布局与其他生产设施的同步变化。首先，直立高炉不宜在坡地建造，溪光、水尾、杉山、西坑等合并车间均难以采用，这使20世纪60年代以后矾山生产不得不向三车间逐步集中，后者由此实现转型发展。其次，直立高炉的腹腔容量远大于传统大窑，煅烧规模扩大连带其他炼制设施调整，如1961年三车间百吨煅烧炉建成后厂区原风化砂堆也改为现代厂房与之适配。最后，直立高炉的采用使原本位于炉顶的溶解设施难与之再结合，后者逐步分离独立。溶解工序后来经历了先以万能灶供应热水、再以锅炉替代的演进过程，其对应的场所设施亦不断调整改变（图3-5）。

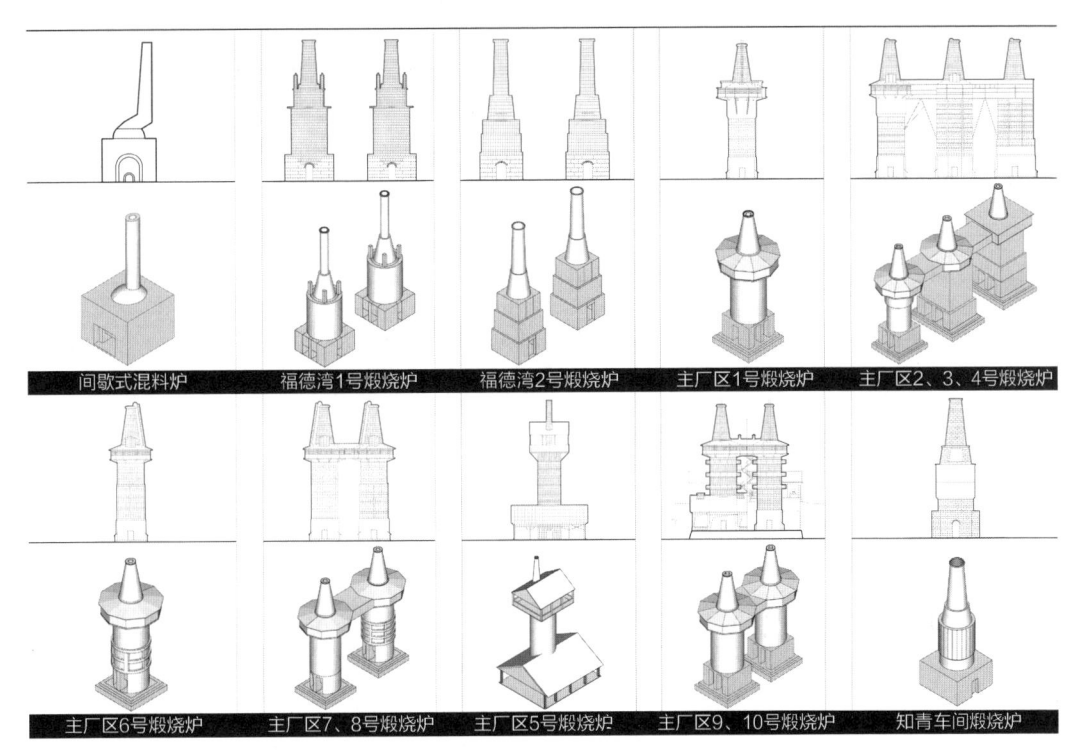

图3-5 新中国成立以后矾山煅烧炉主要炉型示意图

（来源：根据调查资料自绘）

（2）从无底木桶到结晶厂房

结晶池用于结晶工序，其数量多寡是衡量炼制能力的重要指标，因此是矾山另一类关键生产设施。结晶池一般置于室内，容纳结晶池的建筑被称为结晶房，它是矾山各时期炼制场所的主要厂房类型。数百年来，矾山结晶池从无底木桶逐步进化为石板深池，结晶房也经历了草竹、混凝土、砖木混合等结构形式的变化，两者共同构成矾山结晶设施演进的整体面貌（表3-5）。

表3-5 20世纪60-70年代矾矿三车间建成结晶房基本信息

序号	档案编号	始建时间	厂房面积（平方米）	结构形式	天窗形式	结晶池（个）	现状
1	1号结晶房	1961年	960	砖木混合	无天窗	32	现为2号压滤房
2	2号结晶房	1963年	983	砖木混合	无天窗	32	现为4号结晶房
3	3号结晶房	1963年	2957	钢筋混凝土	六边形	92	现为压滤结晶车间
4	4号结晶房	1964年	2462	钢筋混凝土	六边形	76	现为3号结晶房

续表

序号	档案编号	始建时间	厂房面积（平方米）	结构形式	天窗形式	结晶池（个）	现状
5	5号结晶房	1963年	713	砖木混合	无天窗	26	无编号
6	6号结晶房	1965年	887	砖木混合	老虎窗	42	无编号
7	7号结晶房	1965年	818	砖木混合	老虎窗	24	无编号
8	8号结晶房	1966年	887	砖木混合	无天窗	26	无编号
9	9号结晶房	1966年	740	钢筋混凝土	长方形	24	现为5号结晶房
10	9号结晶房扩建	1972年	494	砖木混合	无天窗	16	现为6号结晶房
11	10号结晶房	1972年	1944	砖木混合	无天窗	40	现为1号结晶房
12	11号结晶房	1972年	2424	砖木混合	无天窗	88	无编号

（来源：根据档案资料汇总）

无底木桶与草木厂房

历史时期矾山结晶池以木桶为主，由"桶口直径约三尺余"，它们一般被埋入土坑中，仅留桶口露出地面，又据"其款式如大桶间，而略小"[53]可知，当时矾山结晶桶至少有大小两种尺寸。矾山结晶池最大特色是无底，"其所用以结晶之矾桶并无底板，仅以无底之桶身，插入土中，装盛矾水"，许蟠云认为这是"窑主历代相传之办法，并无科学原理上之作用"[54]，同时指出无底木桶为矾山特有，因为同期也进行明矾生产的安徽庐江所用结晶设施为有底瓷缸。

历史时期容纳结晶桶的是称为结晶桶间的临时建筑，由《矾山记》描述可知，当时大小结晶桶间均以茅草覆顶、竹篾墙围合，敞厅形式，内部无隔断。明矾结晶是一个自然过程，即明矾饱和液因温度下降为过饱和液后明矾以晶体形式析出，散热相应成为结晶过程最重要的影响因素，因此当时的结晶桶间以开敞形式为主，四周甚至无墙围合，以此获得良好通风。

石砌深池与混合厂房

新中国成立初期矾山至少沿用有大明珠与田片两类结晶池：大明珠结晶池上口直径约2.2米、下底2.5米、深1.5米，桶底用泥土夯实成凹形，池上备有竹编盖子；田片结晶池为长方形地坑，宽2.8米、长3.3米、高0.8米。与历史时期有关记载相比，新中国成立初期结晶池尺度略有变化，附属设施增加，如"结晶池用青石板筑成，上面加盖，使明矾结晶更加洁净，这也是新中国成立后新改进的"[55]。

公私合营后矾山即开始大力推进结晶池改革，主要是将无底木桶改为石板拼砌的圆池，"结晶池应注意施工质量，吸取过去建造经验，保证不渗不漏"[56]，表明"渗漏"是当时结晶池需改进的首要问题，到20世纪60年代初，石板结晶池已在矾山炼制场所中普遍使用。1963年以后矾山对石板结晶池再次优化,改良后的结晶池直径约4米,有效高度1.8米,结构高度2.2米,高度差主要来自池底厚达20厘米的钢筋混凝土防漏层。除铺设于池底外,防漏层同时向四周上翻形成池壁,结晶池由此成为了一个整体容器,这极大地改善了原来的渗漏问题。改造后的石板结晶池广泛应用于20世纪60年代的矾山生产,如三车间在建设4号结晶房时曾考虑"已建了3号结晶厂房之结晶池,现在的使用情况良好,故仍套用该设计图纸"[57],8号结晶房在设计时也称"结晶池与原同",这些都说明此类结晶池被不断套用推广。不过,看似定型的石板结晶池仍在微调完善,如到20世纪70年代初,"结晶池仍采用石板壁、底壁捣黄泥防酸漏水层,实践证明历年使用可靠,在工艺未改革现仍继续采用"[58],显示当时结晶池防漏层已从原来的钢筋混凝土浇筑改为黄泥捣实,并且这种做法已经过多年的实践。

结晶池演进的同时,其所容身的结晶房也从简陋的草木临时建筑进化为砖木混合的固定厂房。20世纪60年代中期,三车间仍存在大量临时性结晶房,由于缺乏完善的设计,其内部结晶池"标高低于洪水位1.47公尺。遇到多雨或台风季节,水淹池内,对产品质量影响很大"[59]。针对临时性建筑存在的种种弊端,矾山在对结晶池改进的同时也对结晶房空间及结构不断加以完善,"其(即4号结晶房,作者注)结构形式为将3号结晶厂房之结构整体保留、局部修改,取消屋面上分散的通风孔,变为在屋面上每间升起的横向天窗,以改进已建3号结晶厂房夏季温度稍高的缺点"[60],因此适应工序是当时结晶房形式调整的重要驱动。20世纪70年代初,三车间结晶房主要有两种结构形式,一种是比较简易的砖木混合结构,另一种是钢筋混凝土结构,后者因所用钢筋不耐腐蚀而被逐步放弃。20世纪80年代以后,矾山逐步采用半机械化结晶,如1988年建设压滤静止结晶车间等,这持续推动了结晶设施及其厂房的改良。整体来看,结晶房是矾山在数百年生产实践中摸索形成的原创厂房类型,属当地所特有,作为建造技艺与生产工艺相互适配的产物,它展示出矾山人的智慧与创造力,就此意义而言,以三车间为代表的结晶房无论形制特征还是演进脉络都值得深入调查研究。

注释

[1] 郑让于. 游记:矾山记[N]. 实业汇报,1916,1(2):4.

[2] 民国实业部国际贸易局. 中国实业志·浙江省(第6编):矿产[R]. 1933:158.

[3] (宋)欧阳修,宋祁. 新唐书·食货志三[M]. 中华文库网https://www.zhonghuashu.com/wiki/新唐书/卷053.

[4] (明)陆容. 菽园杂记(卷十四)[M]. 北京:中华书局,1985:25.

[5] 民国浙江省永嘉行政督察区. 平阳矾业调查[M]//民国时期经济调查资料汇编(第20册),北

京：国家图书馆出版社，2013：107.

[6] 民国浙江省永嘉行政督察区. 平阳矾业调查［M］//民国时期经济调查资料汇编（第20册），北京：国家图书馆出版社，2013：107.

[7] 民国浙江省永嘉行政督察区. 平阳矾业调查［M］//民国时期经济调查资料汇编（第20册），北京：国家图书馆出版社，2013：107.

[8] 民国浙江省永嘉行政督察区. 平阳矾业调查［M］//民国时期经济调查资料汇编（第20册），北京：国家图书馆出版社，2013：107.

[9] 此段歌谣由矾山郑氏族人郑立标先生提供.

[10] 许蟠云. 平阳县矾矿业之调查［N］. 浙江省建设月刊，1933，6（10）：12.

[11] 金筱田，苏汝民. 平阳矾矿采空区处理述评［J］. 化工矿山技术，1992：54.

[12] 温州化工厂平阳矾矿1964年基本建设初步设计［Z］. 温州矾矿发展集团档案室，档案号：6.01-048，1963，（9）：8.

[13] 政协浙江省苍南县委员会文史资料委员会. 苍南文史资料（第19辑）：矾矿专辑［G］. 2004：64.

[14] 郑让于. 游记：矾山记［N］. 实业汇报，1916，1（2）：4.

[15] 郑让于. 游记：矾山记［N］. 实业汇报，1916，1（2）：4.

[16] 民国实业部国际贸易局. 中国实业志·浙江省（第6编）：矿产［R］. 1933：158-159.

[17] 许蟠云. 平阳县矾矿业之调查［N］. 浙江省建设月刊，1933，6（10）：12.

[18] 民国实业部国际贸易局. 中国实业志·浙江省（第6编）：矿产［R］. 1933：159.

[19] 卢建军. 温州矾矿开采中后期通风系统安全分析与对策［J］. 金属矿山，2009，（04）：137.

[20] （明）宋应星撰，董文校. 天工开物［M］. 台北：世界书局，1962：10.

[21] 郑立标等，西坑郑氏人史纲［R］. 2021：107.

[22] 周斌，毛婷婷译；赵肖为校. 瓯海关十年报告（1902-1911年）［J］. 温州大学学报（社会科学版），2013，5：114.

[23] 胡佛澄. 平阳矾业的状况［N］. 时事新报，1921-1-27（3）.

[24] 郑让于. 游记：矾山记［N］. 实业汇报，1916，1（2）：6.

[25] 伍廷琛. 平阳矾山矾矿调查［N］. 浙江建设，1940，2：132.

[26] 胡佛澄. 平阳矾业的状况［N］. 时事新报，1921-1-27（3）.

[27] 许蟠云. 平阳矾矿业失败之原因及改革之建议［M］//民国浙江史料辑刊（第二辑·第27册），北京：国家图书馆出版社，2008：30-31.

[28] 许蟠云. 平阳矾矿业失败之原因及改革之建议［M］//民国浙江史料辑刊（第二辑·第27册），北京：国家图书馆出版社，2008：30-31.

[29] 民国浙江省矿产调查所. 浙江省十九年度矿业建设实施方案［M］//民国浙江史料辑刊（第二辑·第16册），2008：337.

[30] 民国浙江省建设厅. 整理平阳矾矿计划［N］. 浙江省建设月刊，1934，8（5）：7.

[31] 民国浙江省建设厅. 整理平阳矾矿计划[N]. 浙江省建设月刊, 1934, 8 (5): 7.
[32] 民国浙江省建设厅. 整理平阳矾矿计划[N]. 浙江省建设月刊, 1934, 8 (5): 7.
[33] 民国浙江省地方志编纂委员会. 重修浙江通志稿[M]. 1948: 2010-2012.
[34] 民国浙江省地方志编纂委员会. 重修浙江通志稿[M]. 1948: 2010-2012.
[35] 卢作霆. 平阳明矾工业的现状及其展望[J]. 化学世界, 1953, (6): 22-26.
[36] 天成矾厂迁厂矾山扩大生产计划补充说明[Z]. 平阳县档案馆, 档案号: 10-4-157, 1952-4: 16-19.
[37] 天成矾厂迁厂矾山扩大生产计划补充说明[Z]. 平阳县档案馆, 档案号: 10-4-157, 1952-4: 16-19.
[38] 温州化工厂平阳矾矿1964年基本建设初步设计[Z]. 温州矾矿发展集团档案室, 档案号: 6.01-048号, 1963, 9: 5.
[39] 郑立标等. 西坑郑氏人史纲[R]. 2021: 109.
[40] 郑立标等. 西坑郑氏人史纲[R]. 2021: 109.
[41] 郑让于. 游记: 矾山记[N]. 实业汇报, 1916, 1 (2): 3.
[42] 浙江省平阳矾矿. 平阳矾矿志（内部资料）[R]. 温州矾矿发展集团档案室, 1992: 12.
[43] 天成矾厂迁厂迁厂矾山扩大生产计划[Z]. 平阳县档案馆, 档案号: 10-4-157, 1952-4: 页码未注明.
[44] 天成矾厂迁厂迁厂矾山扩大生产计划[Z]. 平阳县档案馆, 档案号: 10-4-157, 1952-4: 页码未注明.
[45] 天成矾厂迁厂矾山扩大生产计划补充说明[Z]. 平阳县档案馆, 档案号: 10-4-157, 1952-4: 16-19.
[46] 平阳矾矿基本建设设计任务书[Z]. 温州矾矿发展集团档案室, 档案号: 6.01-048, 1963-6: 14.
[47] 温州化工厂平阳矾矿第三炼矾车间改、扩建工程初步设计说明书[Z]. 温州矾矿发展集团档案室, 档案号: 6.01-048, 1963-3: 4.
[48] 胡佛澄. 平阳矾业的状况[N]. 时事新报, 1921-1-27 (3).
[49] 调查平阳县矾矿报告书[N]. 地质研究会年刊, 1921, (1): 149-152.
[50] 民国实业部国际贸易局. 中国实业志·浙江省（第6编）: 矿产[R]. 1933: 159.
[51] 浙江省平阳矾矿. 平阳矾矿志（内部资料）[R]. 温州矾矿发展集团档案室, 1992: 6.
[52] 温州化工厂平阳矾矿1972年扩建扩大初步设计[Z]. 温州矾矿发展集团档案室, 档案号: 6.01-050, 1972-7: 10-14.
[53] 郑让于. 游记: 矾山记[N]. 实业汇报, 1916, 1 (2): 3.
[54] 许蟠云. 平阳矾矿业失败之原因及改革之建议[M]//民国浙江史料辑刊（第二辑·第27册）, 北京: 国家图书馆出版社, 2008: 30-31.
[55] 郑立于. 祖国的矾都（第二版）[M]. 杭州: 浙江人民出版社, 1959: 31.

[56] 地方国营平阳矾矿1956年基本建设设计及上级审核意见 [Z]. 温州矾矿发展集团档案室, 档案号: 6.01-011, 1956-5: 页码未注明.

[57] 温州化工厂平阳矾矿1965年度基本建设初步设计 [Z]. 温州矾矿发展集团档案室, 档案号: 6.01-038, 1964-9: 19-31.

[58] 温州化工厂平阳矾矿1972年扩建扩大初步设计 [Z]. 温州矾矿发展集团档案室, 档案号: 6.01-050, 1972-7: 10-14.

[59] 温州化工厂平阳矾矿1965年度基本建设初步设计 [Z]. 温州矾矿发展集团档案室, 档案号: 6.01-038, 1964-9: 19-31.

[60] 温州化工厂平阳矾矿1965年度基本建设初步设计 [Z]. 温州矾矿发展集团档案室, 档案号: 6.01-038, 1964-9: 19-31.

典型采炼遗址现状

1. 鸡笼山矿段采炼遗址

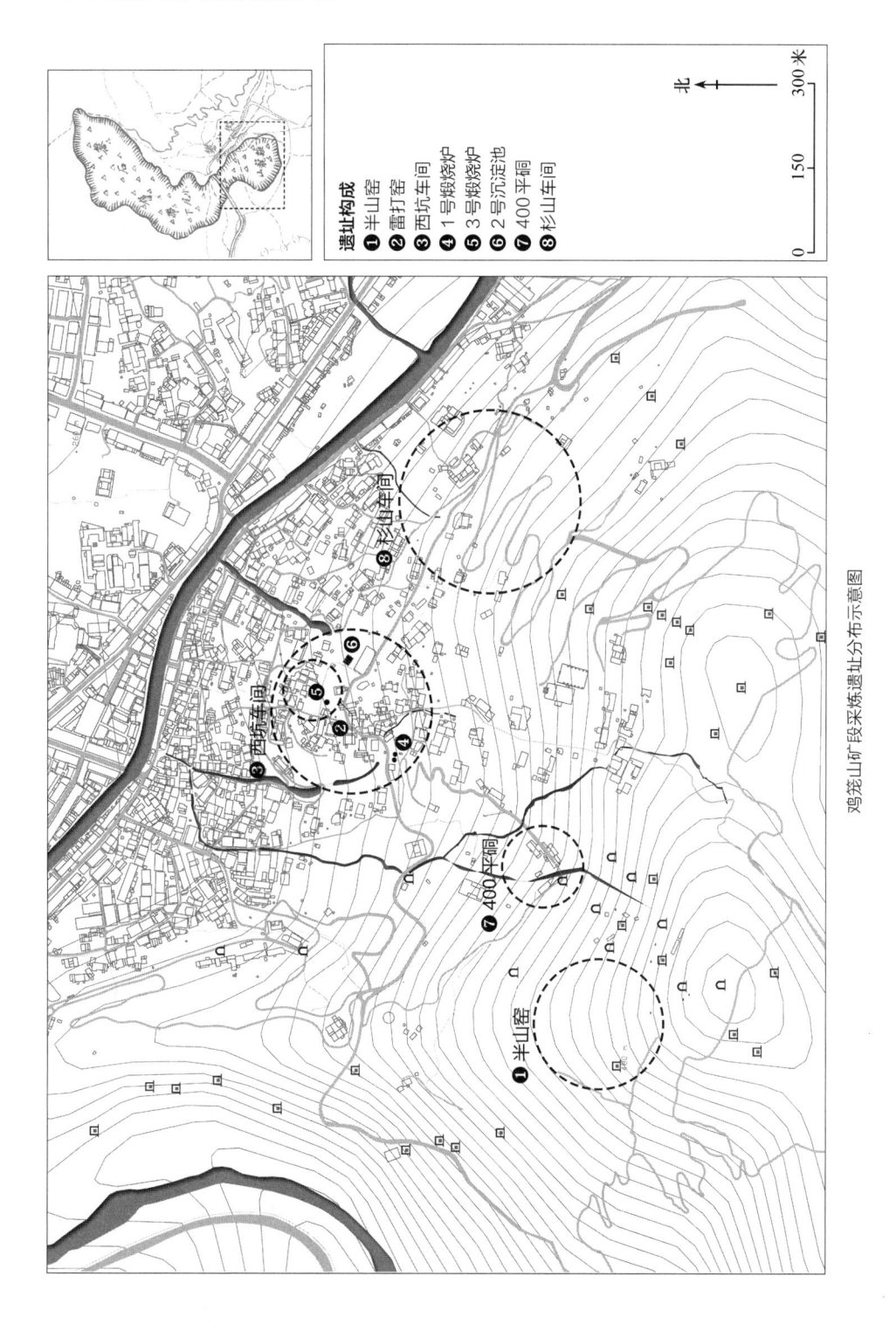

遗址构成
① 半山窑
② 雷打窑
③ 西坑车间
④ 1号煅烧炉
⑤ 3号煅烧炉
⑥ 2号沉淀池
⑦ 400平车硐
⑧ 杉山车间

鸡笼山矿段采炼遗址分布示意图

（1）鸡笼山矿段半山窑

基本信息	遗址名称	鸡笼山矿段半山窑		
	具体位置	温州市苍南县矾山镇半山窑（东经120°23′40″，北纬27°20′8″）		
	始建年代	20世纪50年代	占地面积	约64100平方米
	目前用途	闲置场地	是否文保	否
遗址描述	历史时期半山窑即为矾山重要明矾采炼场所，新中国成立后又有生产延续。据《矾矿志》记载，1953年矾山在国家划定的矿石保留区外同时设置13处矿采点，半山窑即为其中之一。 半山窑位于鸡笼山矿段西南山坡上，山下为312平硐及矾矿主厂区，遗址由数处矿硐与不同时期炼制场所组成。以南北走向的山脊线为界，遗址区矿硐主要分布在山坡的东侧，依等高线呈南北向无序排布，硐口周围一般有矿渣堆积。山坡西侧亦有少量矿硐，硐口石壁有黑色火烧痕迹，应是传统"烧火龙"矿采方式遗留。除矿硐外，山体西南与南部分别保留有半山窑集体矾厂与峰明矾厂两处近现代炼制遗存，两者中间有古代明矾生产痕迹。目前，半山窑遗址范围内矿硐均已废弃，集体矾厂局部被改为食品加工厂。 半山窑遗址内矿硐数量较多，硐口火烧痕迹明显，是矾山"烧火龙"矿采方式主要记录者。此外，遗址内多处炼制遗存对了解历史以来鸡笼山矿段明矾生产变化有重要意义。			

相关图纸

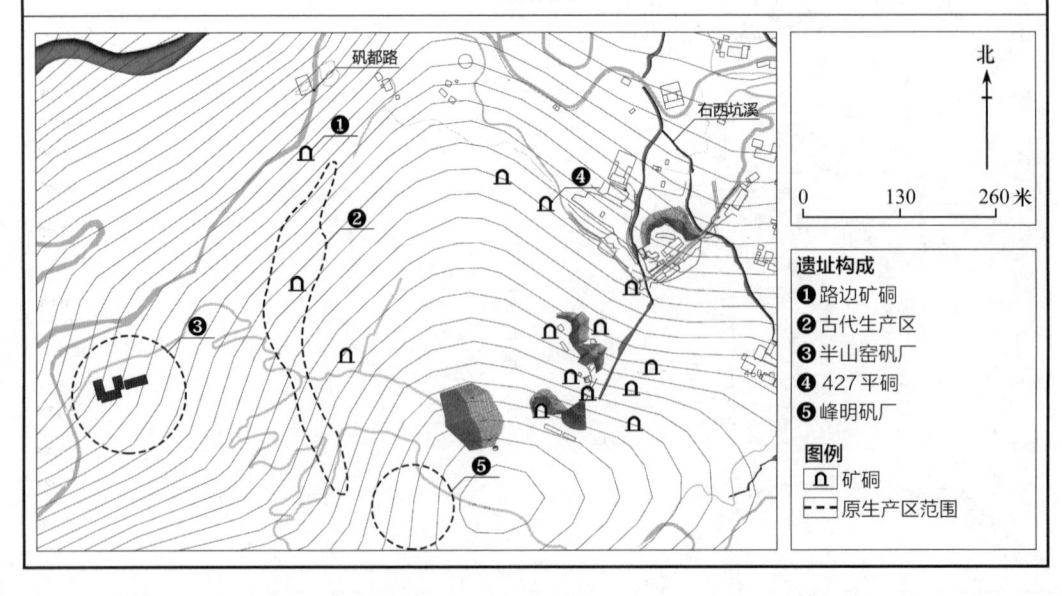

遗址构成
❶ 路边矿硐
❷ 古代生产区
❸ 半山窑矾厂
❹ 427平硐
❺ 峰明矾厂

图例
⋂ 矿硐
--- 原生产区范围

第 3 章 采炼遗址调查研究 71

鸡笼山矿段半山窑现状

半山窑全貌

山顶建筑遗存与山坡矿硐

矿硐硐口细节

半山窑内现代厂房与原有建筑遗存

（2）鸡笼山矿段雷打窑

基本信息	遗址名称	鸡笼山矿段雷打窑		
	具体位置	温州市苍南县矾山镇福德垵126号（东经120°24″，北纬27°20″）		
	始建年代	约清代	占地面积	约5400平方米
	目前用途	现代居住用地	是否文保	否
遗址描述	雷打窑始建于清，原名德兴窑，民国初由朱良答经营，1956年该窑转为国有，与周边其他矾窑合并为国营西坑车间。20世纪60年代左右，矾矿大力发展主厂区生产，西坑车间逐步取消，雷打窑由此也退出矾山生产的历史舞台。 雷打窑位于鸡笼山矿段中部，属福德湾核心地带，西邻福德湾老街，北靠矾都路，周围分布有死人窑、新窑仔、坑内窑等传统矾窑遗存。遗址坐南朝北，依山势自上而下呈阶梯状布局。目前遗址内地面建筑仅余南侧3号煅烧炉与附属打铁铺，北侧坡地原生产场所现皆为空旷废地，有周边居民种植的蔬菜与丢弃的垃圾，仅地面灰色矾渣显示场地原有生产属性。 雷打窑遗址范围显示了矾山传统矾窑的规模，现有遗存仍可看出原矾窑依山就势、自高而低进行工序布局的空间特征，3号煅烧炉与打铁铺则记录着此窑在新中国成立后的转型过程。因此，雷打窑遗址对研究鸡笼山矿段传统矾窑形制及其变迁有重要意义。			
相关图纸				

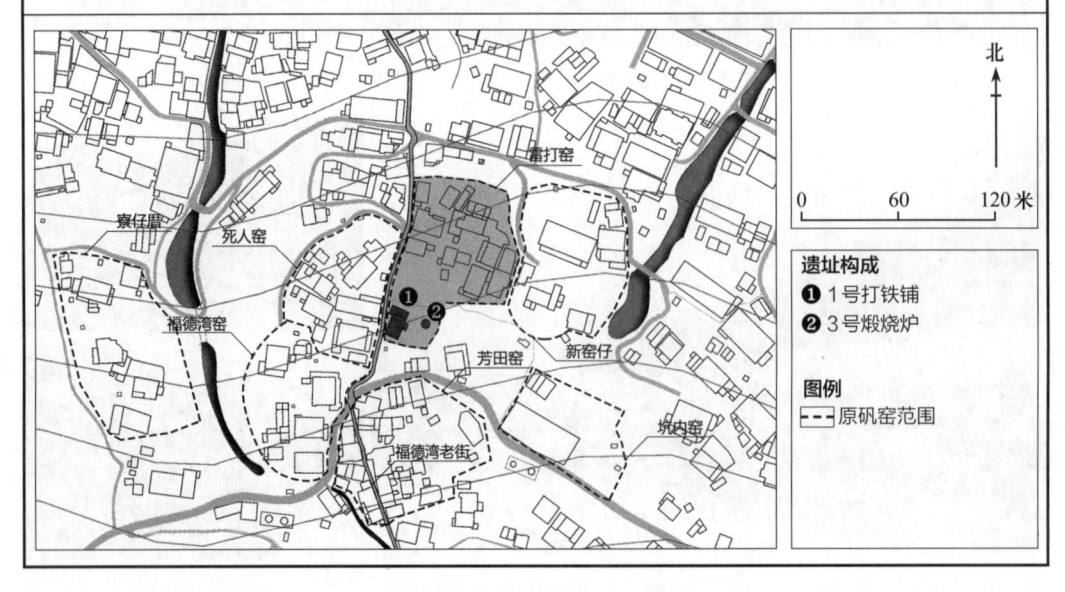

遗址构成
❶ 1号打铁铺
❷ 3号煅烧炉

图例
--- 原矾窑范围

鸡笼山矿段雷打窑现状

雷打窑全貌

煅烧炉西侧　　　　　基座与出料口　　　　　原打铁铺

原风化池旧址　　　　　地面矾渣　　　　　原结晶池旧址

（3）鸡笼山矿段西坑车间

基本信息	遗址名称	鸡笼山矿段西坑车间		
	具体位置	温州市苍南县矾山镇福德湾矾都路沿线（东经120°24′8″，北纬27°20′19″）		
	始建年代	20世纪50年代	占地面积	约33000平方米
	目前用途	居民自建住宅区	是否文保	全国重点文物保护单位
遗址描述	1956年在私营矾窑基础上整合而成，20世纪60年代左右因厂房设备简陋、布局不合理、安全隐患较大等弊端而被逐步淘汰。 　　西坑车间遗址位于鸡笼山矿段中部，属福德湾核心地带，分布于今矾都路南北两侧。成立初期，西坑车间有4条生产线与1个附属产区。当时生产线主要分布于车间北部，其中3条位于福德湾老街以东，1条在老街以西。各生产线保留传统矾窑特征，均依山势布局。附属生产区位于车间南部，横跨福德湾老街，包含锅炉房、堆料场、水池、变电房等设施，可同时供给多条生产线。目前遗址范围内尚存煅烧炉、风化结晶池、堆料场等设施，它们多数被确立为文保单位，并结合其他旅游资源被打造成观光景点。遗憾的是，这些遗址夹杂在现代民房与商业街区中，原车间布局与流线组织均难以察觉。 　　西坑车间是新中国成立初期矾山合并车间的代表，多条生产线与辅助生产区的存在表明当时车间构成的复杂，也彰显出新中国成立初期合并而成的炼制场所在传统矾窑基础上的改进发展。			

相关图纸

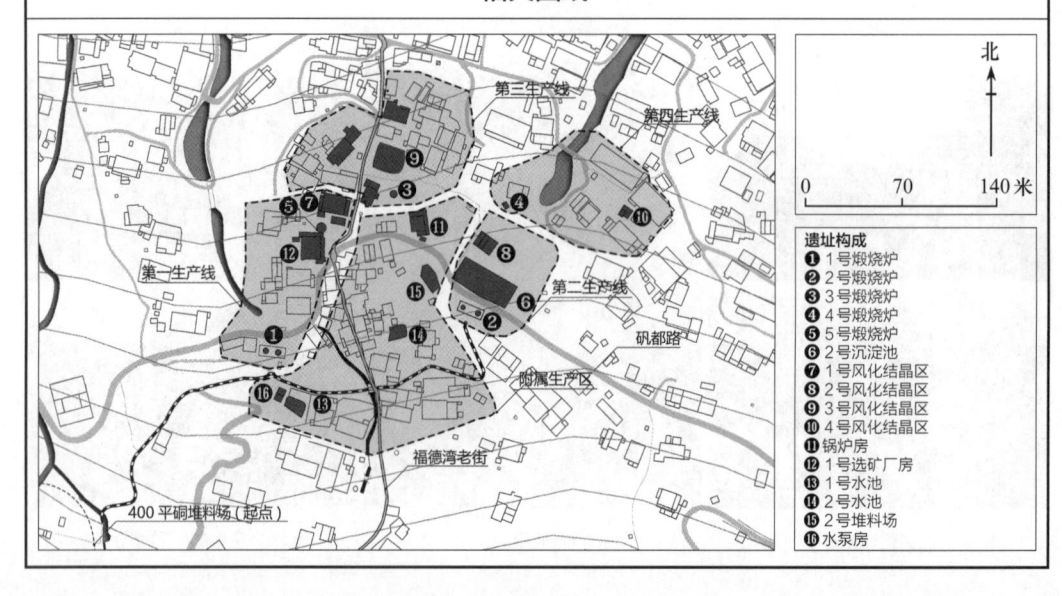

遗址构成
- ① 1号煅烧炉
- ② 2号煅烧炉
- ③ 3号煅烧炉
- ④ 4号煅烧炉
- ⑤ 5号煅烧炉
- ⑥ 2号沉淀池
- ⑦ 1号风化结晶区
- ⑧ 2号风化结晶区
- ⑨ 3号风化结晶区
- ⑩ 4号风化结晶区
- ⑪ 锅炉房
- ⑫ 1号选矿厂房
- ⑬ 1号水池
- ⑭ 2号水池
- ⑮ 2号堆料场
- ⑯ 水泵房

鸡笼山矿段西坑车间现状

西坑车间全貌

1号煅烧炉 　　2号煅烧炉 　　4号煅烧炉

原运输铁轨 　　原锅炉房与蓄水池 　　原2号沉淀池

（4）鸡笼山矿段西坑车间1号煅烧炉

基本信息	遗址名称	鸡笼山矿段西坑车间1号煅烧炉		
	具体位置	温州市苍南县矾山镇福德湾矾都路沿线（东经120°24′8″，北纬27°20′19″）		
	始建年代	民国时期	占地面积	240平方米
	目前用途	旅游展示设施	是否文保	全国重点文物保护单位

遗址描述

　　1号煅烧炉原为私营矾窑生产设施，1956年合营改制后划归西坑车间，并进行重建。20世纪60年代，1号煅烧炉随西坑车间停产而遭废弃。

　　1号煅烧炉遗址位于鸡笼山矿段中部，属福德湾核心地区，北邻矾都路。遗址主要由两个形制相同的高炉组成，炉高约16米，含炉基、炉身、投料室、烟囱四个部分。炉基截面呈正方形，尺寸约4.5米×4.5米，下部由花岗岩砌筑，上部为青砖。炉基北侧设出煤口，东、西两侧各设有拱形出石口。炉身近似圆柱形，外部以青砖砌筑。炉身上部为投料口，周边投料室已不存，但用于支撑的砖柱与辅助硬木还局部保留。投料口上部是烟囱，为下大上小的圆锥形，亦由青砖砌筑。煅烧炉内表面砌耐火砖，因煅烧工序特质而呈现明显分层：下部砖面呈黑红色、中部为灰红色、顶部则燃烧痕迹不明显。目前，两座煅烧炉主体结构保存均较完整，但炉体开裂现象严重，周边杂草较多。

　　1号煅烧炉是矾山目前保存较完整的早期煅烧设施之一，也是矾山生产从旧式大窑炉向现代连续炉变革的中间环节，因此，它对研究矾山煅烧工序特质及其演进具有重要价值。

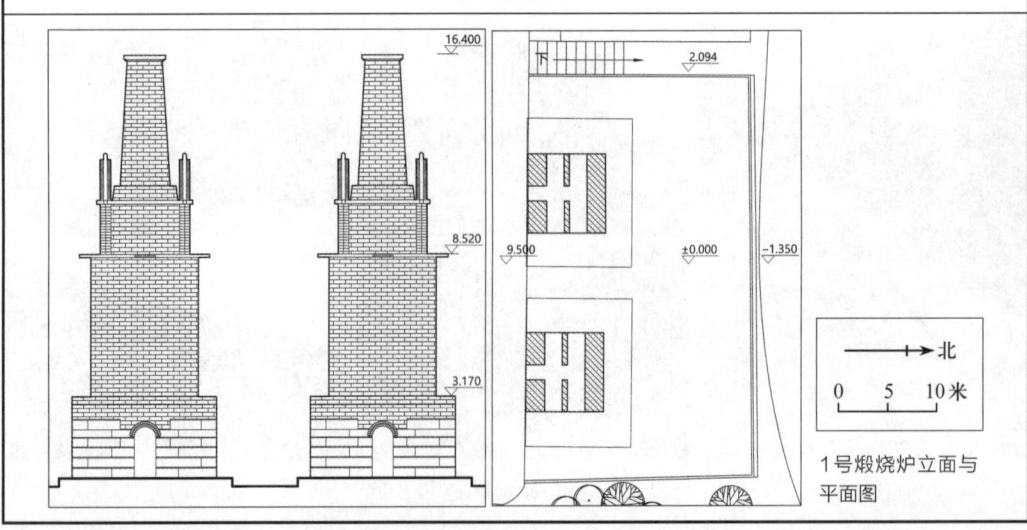

相关图纸

1号煅烧炉立面与平面图

鸡笼山矿段西坑车间1号煅烧炉现状

1号煅烧炉全貌

北立面

炉体内部

炉基细部

进料口与出料口细部

（5）鸡笼山矿段西坑车间3号煅烧炉

基本信息	遗址名称	鸡笼山矿段西坑车间3号煅烧炉		
	具体位置	温州市苍南县矾山镇福德湾福德垵126号（东经120°24′5″，北纬27°20′21″）		
	始建年代	民国时期	占地面积	36平方米
	目前用途	闲置设施	是否文保	全国重点文物保护单位
遗址描述	3号煅烧炉原为雷打窑生产设施，1956年公私合营后划归西坑车间所有，并进行重建。 　　3号煅烧炉遗址位于鸡笼山矿段中部，属福德湾核心地区，西临福德湾老街，南靠矾都路。不同于西坑车间1号与2号煅烧炉的双炉结构，3号煅烧炉为单炉结构，目前仅余基座与炉身局部，访谈得知炉顶部分当初为防倒塌而被人为炸毁，从残存状况看该煅烧炉应是福德湾现存煅烧炉中体量大的一座。煅烧炉残高约11.9米，炉底基座由花岗岩砌筑，截面正方形，单边尺寸约6米，高度约4米。基座东西两侧各有一出料拱门，北侧拱门用于排渣。基座上部为圆柱形炉身，青砖砌筑，内部炉壁贴耐火砖。炉身上部投料室不存，仅留金属支架，可辨识投料室大致位置与尺度。目前3号煅烧炉基座部分保存较好，未有开裂现象，出料口与出煤口处堆放有周边居民的生活杂物，环境较为杂乱。 　　3号煅烧炉是西坑车间重要生产设施，是矾山旧式大窑炉向现代连续炉演进的重要环节；该炉位于雷打窑遗址范围内，相应承载着新中国成立初期矾山利用原有矾窑进行现代化改造的历史信息。			
相关图纸				

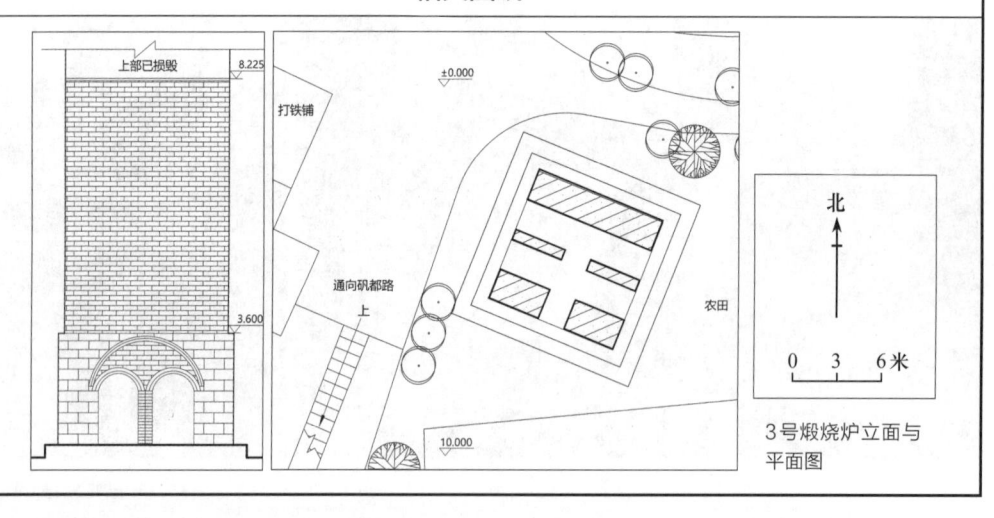

3号煅烧炉立面与平面图

鸡笼山矿段西坑车间 3 号煅烧炉现状

3 号煅烧炉全貌与周边环境

西立面

煅烧炉与打铁铺

煅烧炉基座细部

（6）鸡笼山矿段西坑车间2号沉淀池

基本信息	遗址名称	鸡笼山矿段西坑车间2号沉淀池		
	具体位置	温州市苍南县矾山镇福德湾矾都路北侧（东经120°24′8″，北纬27°20′19″）		
	始建年代	民国时期	占地规模	810平方米
	目前用途	旅游展示设施	是否文保	全国重点文物保护单位

遗址描述

　　2号沉淀池原为坑内窑设施，新中国成立后划归西坑车间所有，后随车间撤销而停用。

　　2号沉淀池遗址位于鸡笼山矿段中部，属福德湾核心地区，西临福德湾老街、北邻矾都路。厂房依山修建，坐南朝北，单层砖木结构，平面矩形。因建于南北断坎上，厂房东、南、西三面均以山体崖壁围合空间，仅北面朝山坡开敞，四个立面形式相应有较大差异。南面部分，厂房以崖壁顶部的石桩与短木柱支撑上部屋架，立面尺度低矮。北立面有8根砖木柱，其下以青砖砌筑基础，上部则以木柱承托屋架，立面尺度巨大。东西立面顺山势呈阶梯变化。内部支撑柱上架设多榀高大木桁架，其上下弦杆与斜杆均为木质，部分竖杆为钢筋，两种材料交替组合使屋架显得复杂。室内靠近崖壁处地面均开有管沟，中间地面亦有一道南北向管沟，似为生产工序遗痕。目前整个厂房保存完整，无明显破损，但内部环境破败。

　　2号沉淀池是矾山目前保留最完整的坡地风化沉淀设施，记录了新中国成立初期矾山风化厂房基本形制与内部工序的运作，是洞察该时期当地明矾生产场所布局、厂房建造技术的实物。

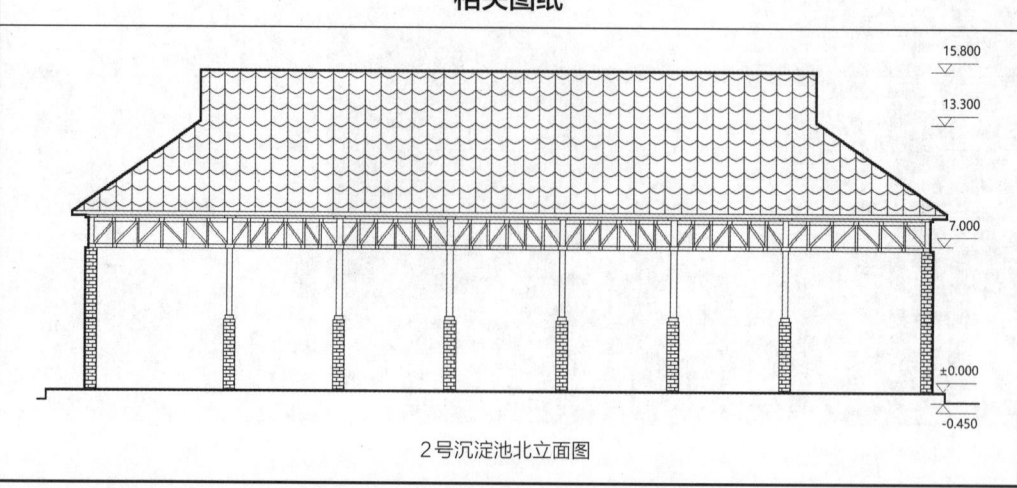

相关图纸

2号沉淀池北立面图

鸡笼山矿段西坑车间2号沉淀池现状

厂房全貌与周边环境

北立面

东、西立面

内部环境

屋顶桁架细部

屋架与山体交接细部

（7）鸡笼山矿段西坑车间400平硐

基本信息	遗址名称	鸡笼山矿段西坑车间400平硐		
	具体位置	温州市苍南县矾山镇福德湾福德垟126号（东经120°24′5″，北纬27°20′21″）		
	始建年代	20世纪50年代	占地面积	约2430平方米
	目前用途	闲置设施	是否文保	全国重点文物保护单位

遗址描述

　　400平硐原为西坑车间配套矿硐，故又称西坑平硐，车间停产后其所出矿石下发至南垟312平硐用于补充矾矿主厂区生产。

　　400平硐遗址位于鸡笼山矿段中部，福德湾地区核心地带，左右西坑溪之间，原郑氏聚落的南部，主要由矿硐及其附属设施组成。矿硐位于遗址区西南，硐口高约2.4米，硐内已用废渣填埋。矿硐北侧，原运输道路两旁分布有各类附属设施。路西主要为压风机房，路东则依次布置变电房、调度室、打铁铺等，它们分别承担为矿采工作面提供电能、管理工人出入矿硐及出矿登记、制造与修理矿采工具等功能。遗址区北侧原有配套的堆料场，其与400平硐硐口高差约35米，体现当时生产布局遵循的物料运输省力原则。堆料场北侧有运输轨道，可通达2号煅烧炉。目前，除压风机房、变电室、打铁铺及宿舍保存略好外，遗址其余部分均残破坍塌，堆料场与运输轨道则被整合进现代旅游设施中。

　　400平硐是新中国成立初期矾山统一规划建设的矿采区，它与配套的堆料场、运输轨道、炼矾车间等生产空间及设施关系明确，体现了当时矾山明矾生产场所建设的基本理念。

相关图纸

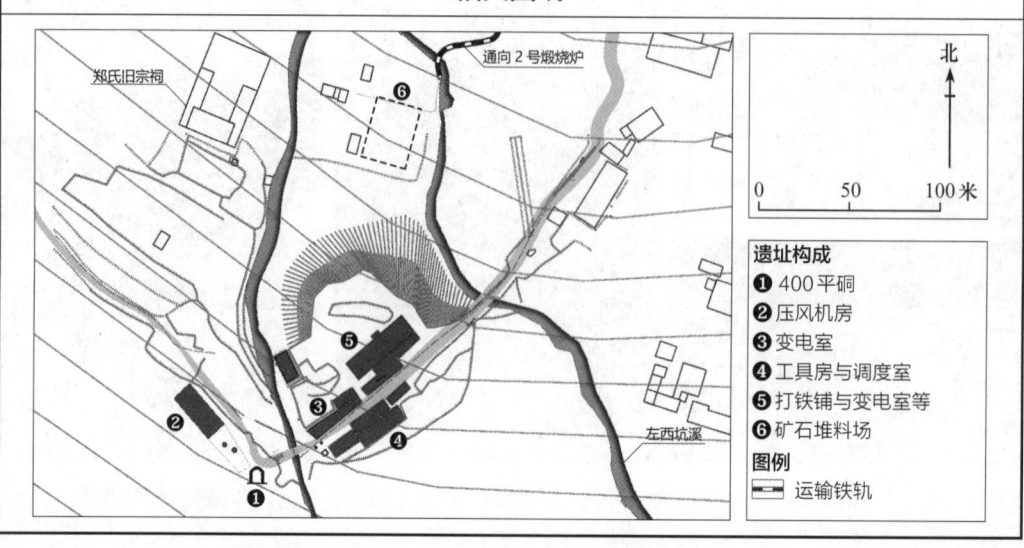

遗址构成
❶ 400平硐
❷ 压风机房
❸ 变电室
❹ 工具房与调度室
❺ 打铁铺与变电室等
❻ 矿石堆料场

图例
▬▬ 运输铁轨

鸡笼山矿段西坑车间400平硐遗址现状

400平硐及其附属设施全貌

400平硐硐口

原运输道路

原压风机房

原调度室与变电房

原打铁铺和工具室

（8）鸡笼山矿段杉山车间

基本信息	遗址名称	鸡笼山矿段杉山车间		
	具体位置	温州市苍南县矾山镇福德湾东侧公路沿线（东经120°24′15″，北纬27°20′10″）		
	始建年代	20世纪50年代	占地面积	约110000平方米
	目前用途	居民自建住宅区	是否文保	否
遗址描述	1956年矾山在私营矾窑基础上整合形成多个国营炼矾车间，杉山车间即为其一，它主要由木鱼山、银石垵、四门碓、石宫、坑内、石宫脚、芳田等窑合并而成，20世纪60年代因火灾被毁。 　　杉山车间遗址位于鸡笼山矿段东侧，属福德湾核心地带，西临福德湾老街，目前原车间厂房建筑均已不存，遗址区内现修建有通往福德湾景区的盘山公路，公路旁散布的矾渣仍可看出旧日的生产痕迹。调查得知，构成杉山车间的各矾窑顺等高线由南而北分布，它们北邻矾山溪，主要集中在今窑主爷宫附近，石宫脚窑即为其一。该窑遗址位于南北向坡地上，现北侧建有民房，南侧荒草杂生，中间有石头小径，地面有灰白色矾渣。杉山车间遗址南侧山上是与其配套的矿采区，含雪花窟、贡头尾、贡头下、虎斑、鹅脚垵、蕃茄等矿硐，目前这些矿硐均被植被覆盖，难寻踪迹。 　　历史以来福德湾东部始终是鸡笼山矿段的生产核心，矾山历史上有名望的族群、人物、矾窑、工厂都与这一地区联系紧密。杉山车间承继矾山明矾生产史中这一最绚丽的部分，并最早开启了当地生产现代化进程，因此它既是矾山传统生产的根脉，亦是当地现代生产的种子。			
	相关图纸			

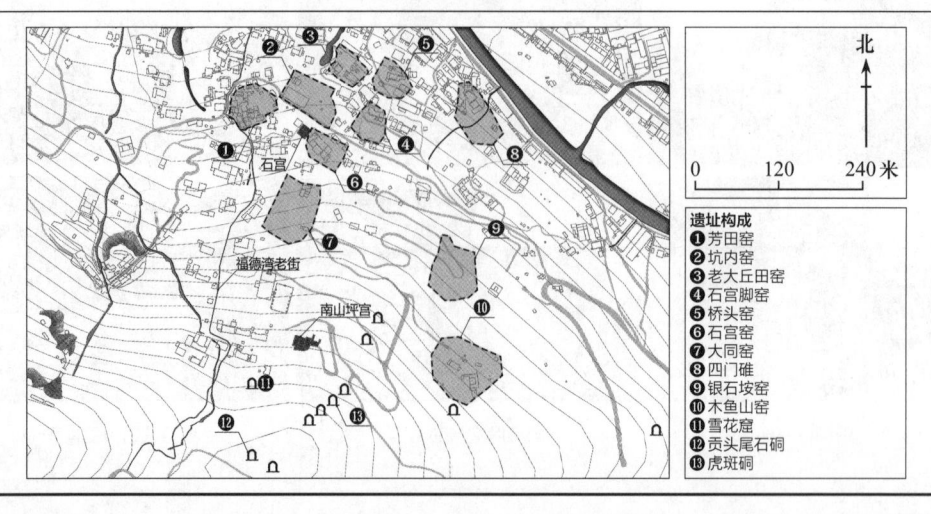

遗址构成
❶ 芳田窑
❷ 坑内窑
❸ 老大丘田窑
❹ 石宫脚窑
❺ 桥头窑
❻ 石宫窑
❼ 大同窑
❽ 四门碓
❾ 银石垵窑
❿ 木鱼山窑
⓫ 雪花窟
⓬ 贡头尾石硐
⓭ 虎斑硐

鸡笼山矿段杉山车间现状

杉山车间全貌

公路沿线的矾渣

原石宫窑区域

原石宫脚窑建筑墙基

原石宫脚窑地面矾渣

原石宫脚窑道路

2. 水尾山矿段采炼遗址

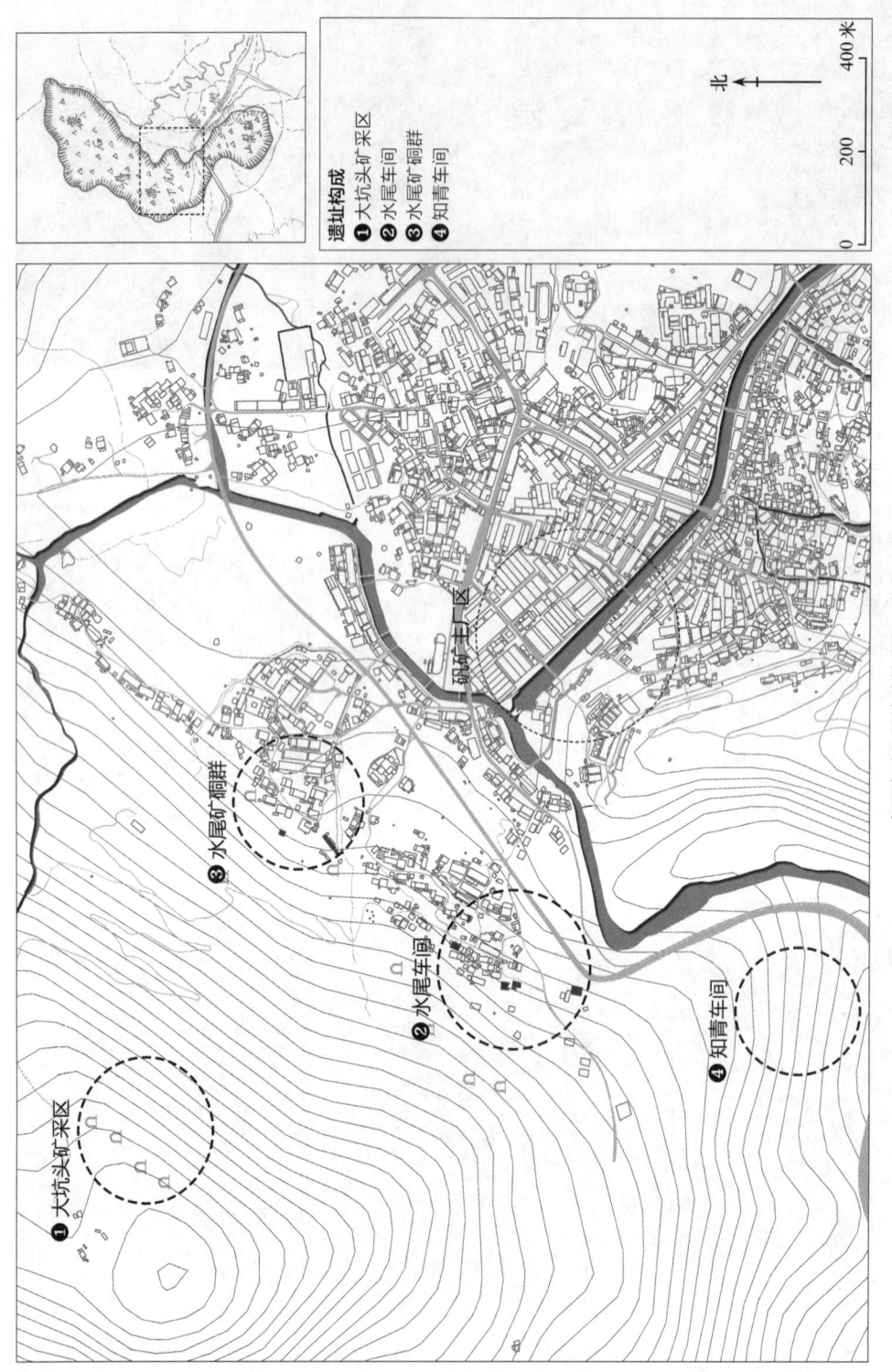

遗址构成
❶ 大坑头矿采区
❷ 水尾矿车间
❸ 水尾矿硐群
❹ 知青车间

水尾山矿段采炼遗址分布示意图

（1）水尾山矿段大坑头矿采区

基本信息	遗址名称	水尾山矿段大坑头矿采区		
	具体位置	温州市苍南县矾山镇水尾山大坑头（东经120°23′23″，北纬27°21′2″）		
	始建年代	20世纪50-60年代	占地面积	约450000平方米
	目前用途	闲置设施	是否文保	否
遗址描述	1956年公私合营后大坑头矿采区划归国有，20世纪60年代卫星图显示，当时大坑头矿采区含有数处矿硐，它们自东北向西南一线排布，各矿硐外都设有运输索道与选矿厂房。20世纪60年代末为保护水尾山矿石资源，大坑头矿采区被撤销。 大坑头矿采区遗址位于水尾山矿段西北、海拔400-500米之间山坡上，其东南山脚是与其配套的水尾车间。目前，原矿采区所属矿硐主要散布于山顶、山坡及山道旁。山坡上的矿硐布局散乱，硐口周围一般有大小不一的堆料场，顺山势呈阶梯状分布。山道旁矿硐尺度不大，硐口高约1.5米左右，外部有"烧火龙"与人工开凿痕迹，内部巷道普遍较短，其具体长度因硐内环境复杂而无法推知。目前大坑头矿采区遗址保存状况一般，各矿硐皆属废弃状态，硐内或堆放杂物、或局部坍塌，硐周则杂草丛生。 大坑头矿采区是新中国成立初期矾山重要矿采区之一，它与水尾车间位置关系反映了当时水尾山矿段生产场所的布局特征。			
相关图纸				

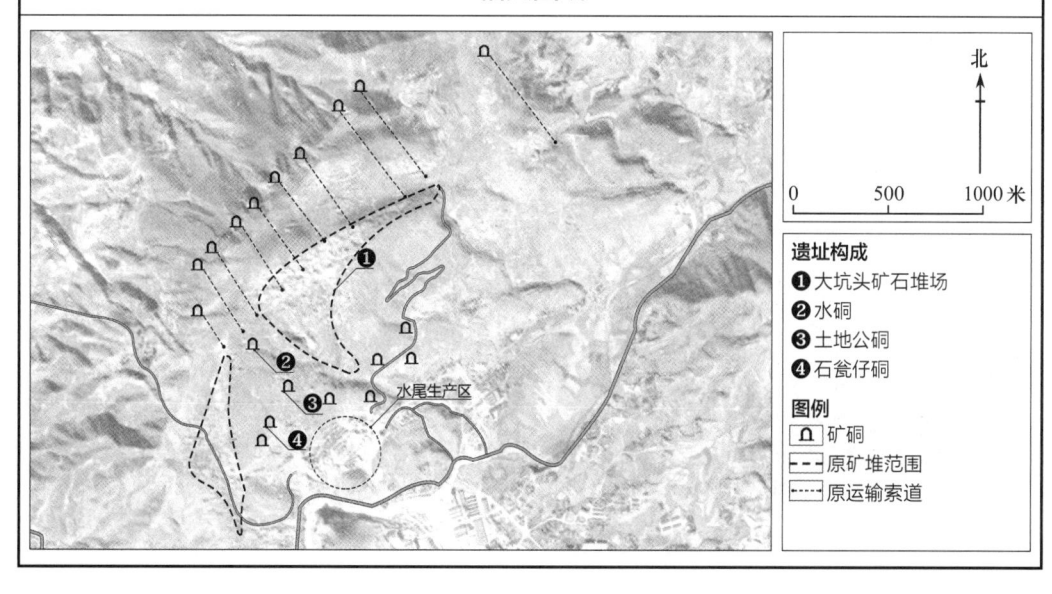

水尾山矿段大坑头矿采区现状

大坑头矿采区全貌

山顶堆料场

山坡矾渣

各矿硐概况

（2）水尾山矿段水尾车间

基本信息	遗址名称	水尾山矿段水尾车间		
	具体位置	温州市苍南县矾山镇西山路186、143号（东经120°23′23″，北纬27°21′2″）		
	始建年代	20世纪50-60年代	占地面积	约20300平方米
	目前用途	部分闲置、部分改为民房。	是否文保	否
遗址描述	1956年矾山将水尾山西南山脚数个私营矾窑合并重组为水尾车间，20世纪60年代水尾车间撤销，其原有生产活动被整合至矾矿主厂区。 　　水尾车间遗址位于水尾山矿段西南，由炼制设施及一些附属建筑组成，它们主要沿水尾老街布置。炼制设施主要包含煅烧炉与结晶池等残迹，煅烧炉仅留部分炉基，周边已改建为单层民房，结晶池位置现为农田，被植物覆盖，难以辨析原有面貌。附属建筑主要包含办公楼与仓库，采矿工区办公楼保存较好，为两层砖石建筑，墙厚约半米，与其紧邻的炼矾车间办公楼保存状况较差，仅余部分墙基，内部空间被居民用于堆放杂物，并兼作养鸡场，仓库已改建，外墙贴有瓷砖，内部状况不详。 　　水尾车间是新中国成立初期水尾山生产的重要见证，承载着该矿段由传统矾窑向现代车间转型的诸多细节。不仅如此，水尾车间与鸡笼山合并车间互为参照，呈现出新中国成立初期矾山明矾生产的整体状况。			

相关图纸

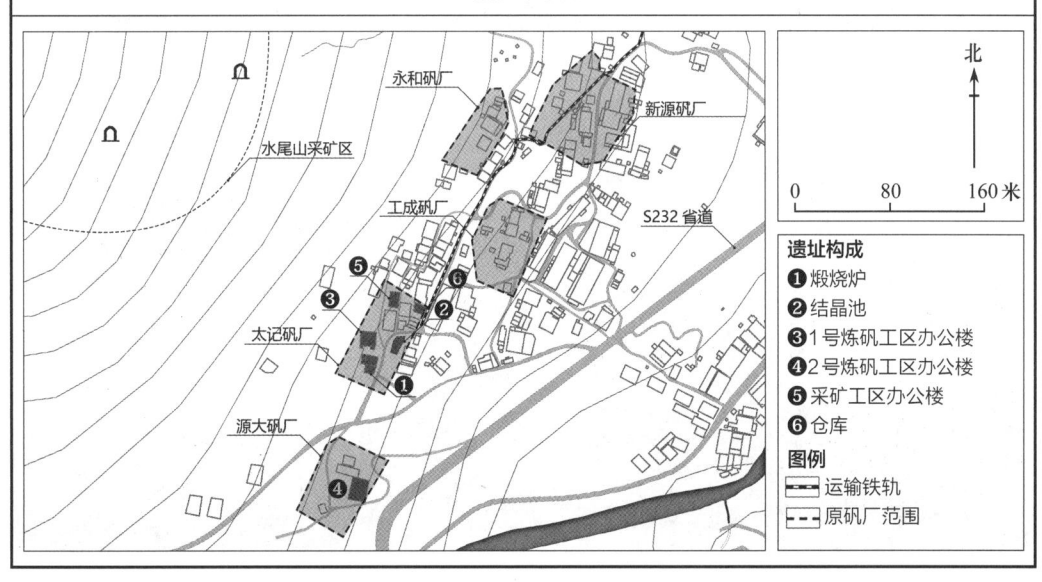

遗址构成
① 煅烧炉
② 结晶池
③ 1号炼矾工区办公楼
④ 2号炼矾工区办公楼
⑤ 采矿工区办公楼
⑥ 仓库

图例
━━━ 运输铁轨
--- 原矾厂范围

水尾山矿段水尾车间现状

水尾车间全貌

原煅烧炉旧址

原结晶池与1号炼矾工区办公楼旧址

原采矿工区办公楼

原2号炼矾工区办公楼与仓库旧址

（3）水尾山矿段水尾矿硐群

<table>
<tr><td rowspan="4">基本信息</td><td>遗址名称</td><td colspan="3">水尾山矿段水尾矿硐群</td></tr>
<tr><td>具体位置</td><td colspan="3">温州市苍南县矾山镇西山路综化厂东侧（东经120°24′1″，北纬27°20′48″）</td></tr>
<tr><td>始建年代</td><td>20世纪50-60年代</td><td>占地面积</td><td>不详</td></tr>
<tr><td>目前用途</td><td>部分闲置、部分改为休闲场所</td><td>是否文保</td><td>否</td></tr>
<tr><td>遗址描述</td><td colspan="4">　　1956年矾山在水尾深垟一带进行平巷掘进，形成深垟矿硐，后又开掘水尾矿硐，以补给主厂区生产。1967年水尾山停采，这些矿硐遂停产废弃。
　　水尾矿硐群遗址位于水尾山矿段西南，水尾车间东北，主要由深垟、水尾、半山等矿硐组成，此外还有保安室、变电所等附属设施。深垟矿硐位于遗址区东北，硐口高约3、宽约4米，内部巷道仅一层，长约百米。目前硐口外被改造为居民休闲场所，上覆金属雨棚，下有桌椅等活动设施。水尾矿硐位于西南，硐口已用铝合金门封堵，无法进入。硐口外原保安室、变电所等后被挪用作涂料厂房，目前部分由私人居住，部分坍塌毁坏。硐口上部山坡上有铁轨印记，是当时该矿硐与水尾车间配套生产的实证。半山矿硐位于水尾矿硐西侧的山坡上，处衰败状态。
　　水尾矿硐群与水尾车间构成完整的明矾生产系统，是新中国成立初期水尾山一带国营生产场所的重要组成。同时，水尾矿硐群也是矾山最早开掘的平巷之一，其巷道组织与开采痕迹可佐证20世纪50年代矾山矿采掘进的技术水平。</td></tr>
<tr><td colspan="5" align="center">相关图纸</td></tr>
</table>

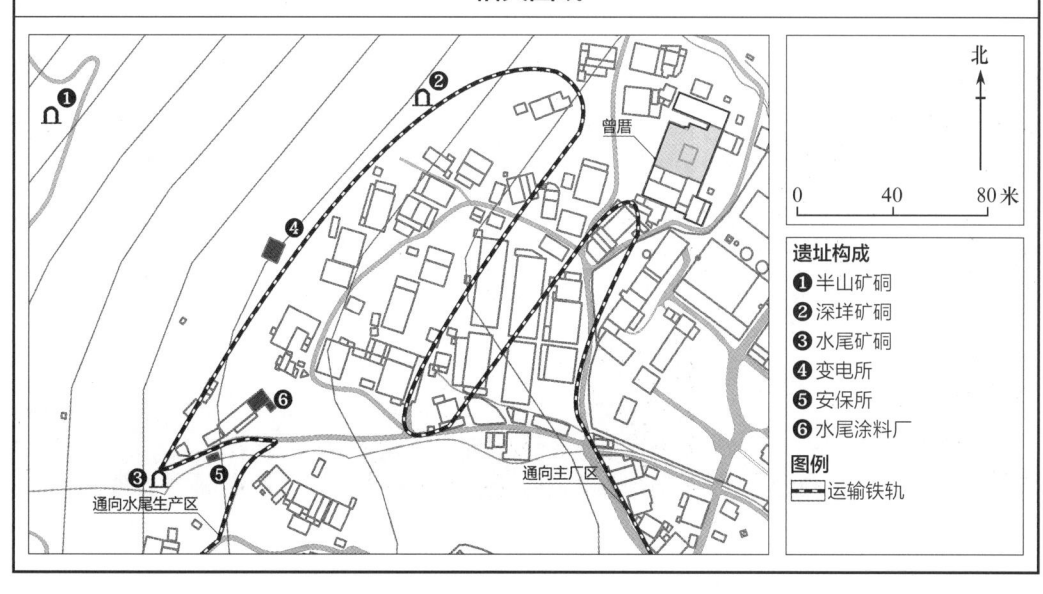

水尾山矿段水尾矿硐群现状

深垟矿硐外部环境

深垟矿硐入口与内部巷道

水尾矿硐外部环境

水尾矿硐入口及内部巷道

原水尾矿洞保安室

原水尾涂料厂厂房

原水尾变电所

（4）水尾山矿段知青车间

<table>
<tr><td rowspan="4">基本信息</td><td>遗址名称</td><td colspan="3">水尾山矿段知青车间</td></tr>
<tr><td>具体位置</td><td colspan="3">温州市苍南县矾山镇矾都加油站西南山坡（东经120°24′9″，北纬27°20′8″）</td></tr>
<tr><td>始建年代</td><td>20世纪70年代</td><td>占地面积</td><td>约3700平方米</td></tr>
<tr><td>目前用途</td><td>待开发用地</td><td>是否文保</td><td>否</td></tr>
<tr><td>遗址描述</td><td colspan="4">
20世纪70年代矾矿与当地知青茶场联合创办知青车间，主要解决矾山劳动力过剩及部分职工家属就业难等问题，该车间成立后被纳入矾矿统一运营。

知青车间遗址位于水尾山矿段西南，毗邻鸡笼山，东侧山坡下为232省道。资料显示，知青车间依山而建，由三层台地组成，台地间有阶梯小路连通。各工序自上而下布局：上层为煅烧区，含选矿厂房、堆料场、煅烧炉与烟囱等；中间为风化溶解区，含露天风化池、风化沙堆与溶解房等；下层为结晶区，由3幢结晶厂房及附属设施组成。目前，遗址范围内仅留存2座煅烧炉与1个烟囱。煅烧炉为双炉结构，形制与福德湾1、2号煅烧炉相似，但体量较大，通体由青砖砌筑。烟囱在煅烧炉西侧，保存较为完整。目前，煅烧炉与烟囱所占据的遗址区北侧长满荒草，南侧坡下则为新平整的空地。

知青车间展现了20世纪70年代矾山集体矾厂的面貌，反映出当时矾山人仍以明矾生产为主要生计手段的区域特征。此外，该车间煅烧炉延续了新中国成立初期矾山的双炉结构，是当地此种煅烧设施演进的例证。
</td></tr>
<tr><td colspan="5" align="center">**相关图纸**</td></tr>
</table>

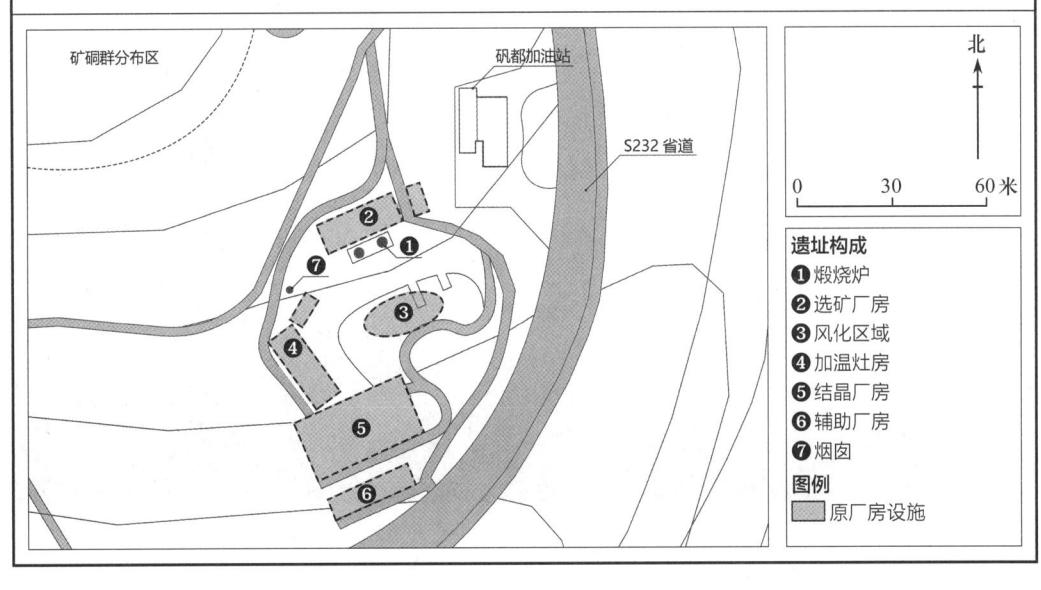

水尾山矿段知青车间现状

知青车间全貌

原煅烧炉与烟囱

煅烧炉炉身细部

煅烧炉与周边环境

煅烧炉投料口与出料口细部

3. 大岗山矿段采炼遗址

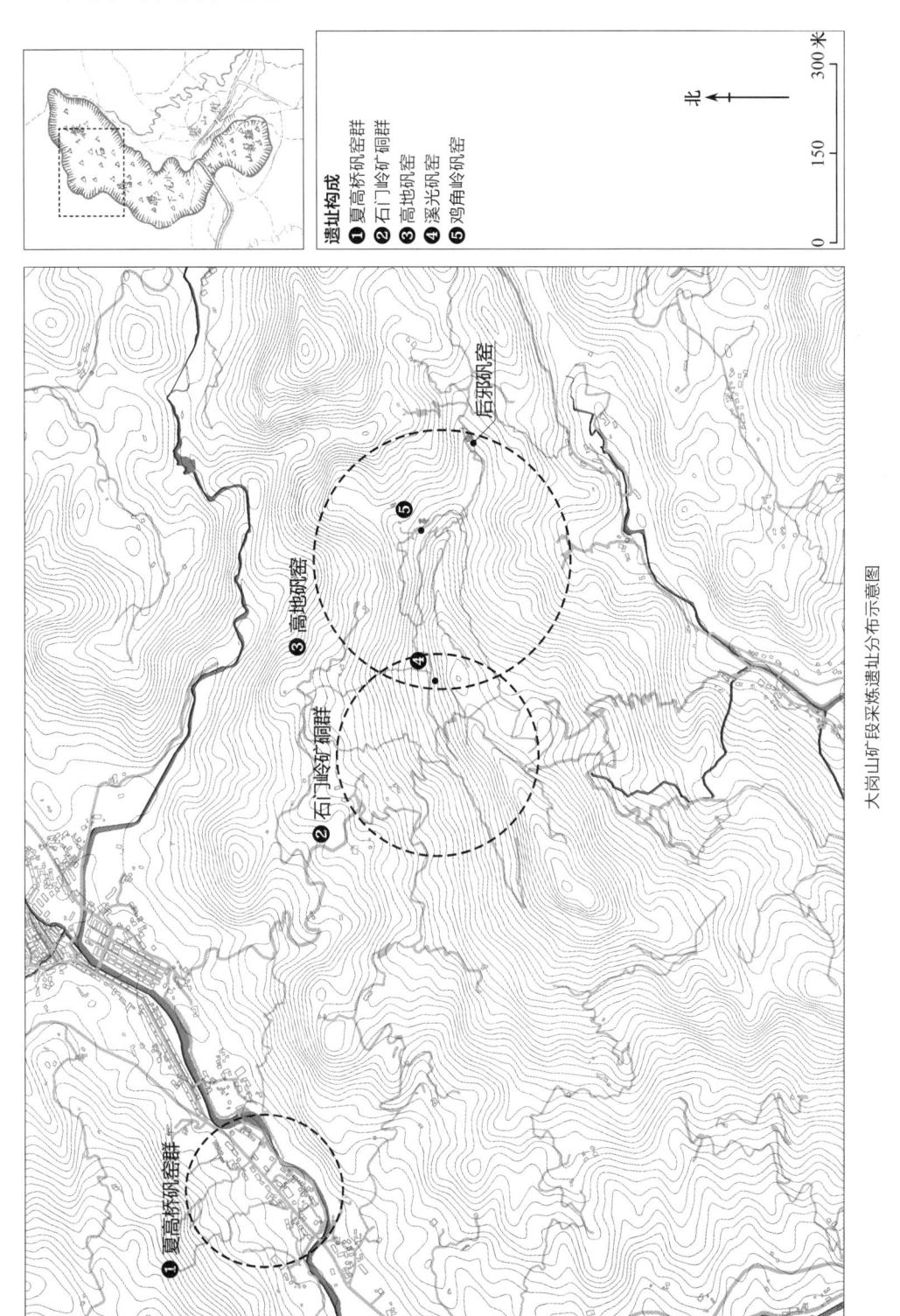

遗址构成
① 夏高桥矿窑群
② 石门岭矿冶铜群
③ 高地矿窑
④ 溪光矿窑
⑤ 鸡角岭矿窑

大岗山矿段采炼遗址分布示意图

（1）大岗山矿段夏高桥矾窑群

基本信息	遗址名称	大岗山矿段夏高桥矾窑群		
	具体位置	温州市苍南县南宋镇溪光村6-17号（东经120°22′46″，北纬27°22′44″）		
	始建年代	清末民初	占地面积	约23000平方米
	目前用途	闲置以及改造自建民房	是否文保	否
遗址描述	清至民国夏高桥曾设有多座私人矾窑，1956年公私合营后这些矾窑被整合为溪光车间。 　　夏高桥矾窑群遗址位于大岗山矿段西南山脚，今南宋溪光村，西侧毗邻矾灵公路，东南有宋埠溪流淌。跨过溪流，顺山路可达大岗山海拔较高的矿采区。历史时期，大岗山上开采的矿石均由工人挑至山脚的夏高桥矾窑区炼制，两者间有溪流阻隔，运输极为不便。目前夏高桥传统矾窑均已消失，遗址区西侧杂草丛生，植物覆盖下仅一处打铁铺墙基残存，此外还有少量运输道路痕迹依稀可辨。遗址区东侧均为居民自建房，居住或生产，已完全不见旧时生产痕迹。 　　大岗山是矾山最早进行明矾生产的矿段，而夏高桥是该矿段最重要的炼制场所，它的存在显示出大岗山自明代至民国明矾生产的延续性。更重要的是，自然环境限制下大岗山始终未形成其他矿段那样"采"与"炼"紧密结合的集中产区，而是呈现硐窑分离的布局模式，夏高桥矾窑群遗址正是这种独特布局的重要组成。			
相关图纸				

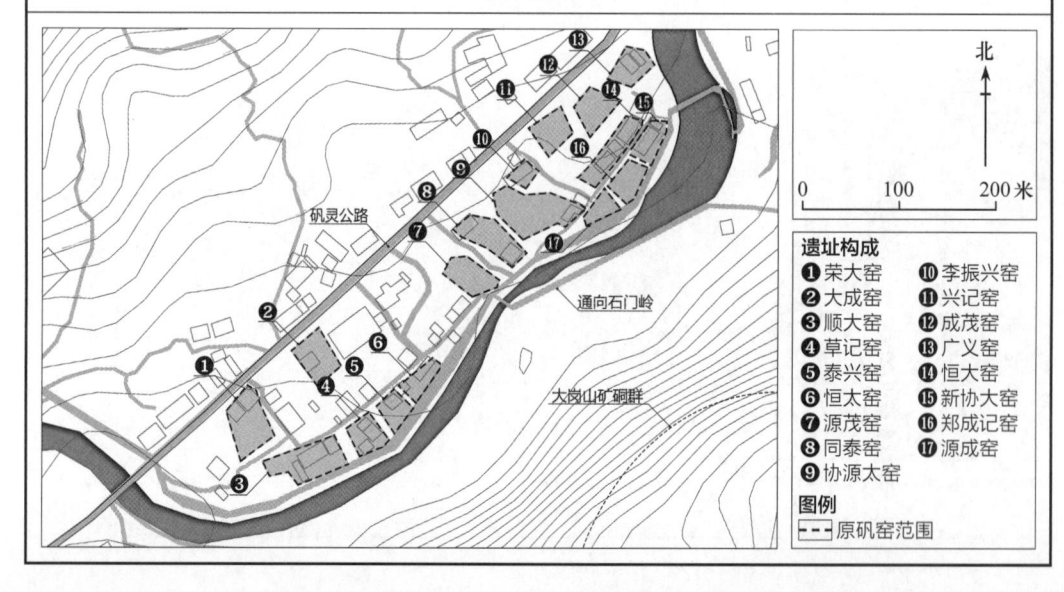

遗址构成：
① 荣大窑　⑩ 李振兴窑
② 大成窑　⑪ 兴记窑
③ 顺大窑　⑫ 成茂窑
④ 草记窑　⑬ 广义窑
⑤ 泰兴窑　⑭ 恒大窑
⑥ 恒太窑　⑮ 新协大窑
⑦ 源茂窑　⑯ 郑成记窑
⑧ 同泰窑　⑰ 源成窑
⑨ 协源太窑

图例
--- 原矾窑范围

大岗山矿段夏高桥矾窑群现状

夏高桥矾窑群全貌

同泰窑全貌　　　　　　　　　　　　　　同泰窑局部

同泰窑局部　　　　　　　　　　　　　　同泰窑附近桥梁

（2）大岗山矿段石门岭矿硐群

基本信息	遗址名称	大岗山矿段石门岭矿硐群		
	具体位置	温州市苍南县南宋镇石门岭村（东经120°23′12″，北纬27°21′29″）		
	始建年代	清末民初	占地面积	约22000平方米
	目前用途	闲置设施	是否文保	否
遗址描述	清至民国大岗山矿石开采主要集中于石门岭附近，因为这里矿石露点较多，便于简陋开掘方式的操作。20世纪60年代，大岗山矿段仍主要沿用"烧火龙"方式顺矿脉露天开采。 石门岭矿硐群遗址位于大岗山矿段西南，海拔约700米处，属矿脉地势较高处。历史时期，大岗山上鸡角岭、矾坑、石门岭、松柏脚、王门坑、白墓等地均有矿硐，其中石门岭矿硐群最具代表性。该矿硐群由大小数十处矿硐组成，自西南向东北呈带状分布，这些矿硐均开采较浅，未形成鸡笼山那样深邃的巷道。目前，石门岭矿硐群遗址内矿硐均已废弃，硐底积水严重，硐壁开凿痕迹清晰可见，周围环境杂草丛生，人迹罕至。 历史以来石门岭矿硐群始终是矾山核心矿采区之一，它与南宋一带矾窑曾构成完整的生产系统。不同时期矿硐所保留的矿采痕迹记录了大岗山矿采技术的变革与演进，运输道路走向与堆料场分布也反映出该采区的历史面貌及其与对应炼制场所的空间关系。			
	相关图纸			

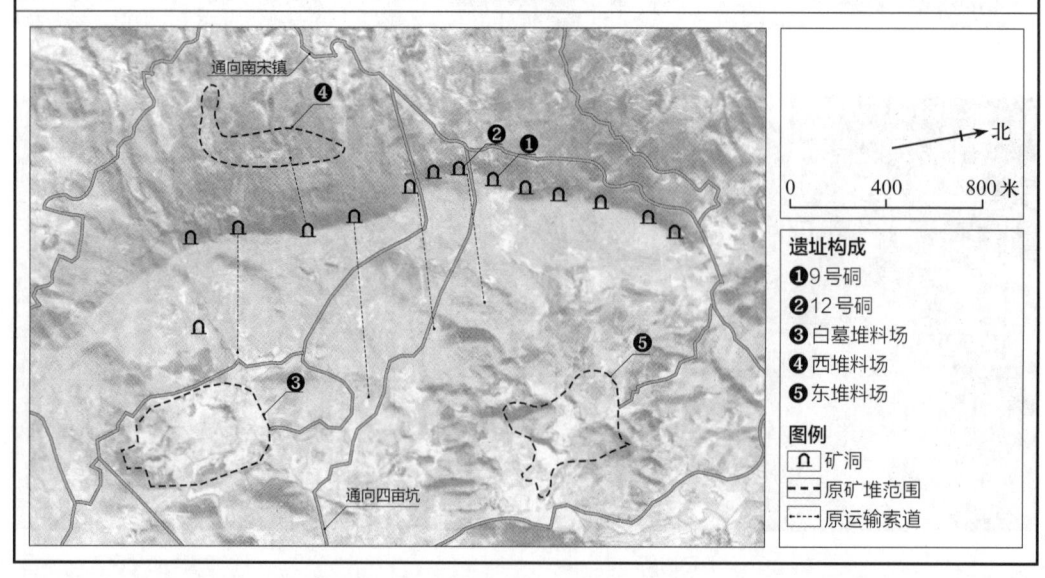

遗址构成
❶9号硐
❷12号硐
❸白墓堆料场
❹西堆料场
❺东堆料场

图例
矿洞
原矿堆范围
原运输索道

大岗山矿段石门岭矿硐群现状

硐口与周边环境

硐内开凿痕迹与积水

硐壁矿石分布　　　　　　　　　　　　　　　　硐口矿柱支撑

（3）大岗山矿段高地矾窑

<table>
<tr><td rowspan="4">基本信息</td><td>遗址名称</td><td colspan="3">大岗山矿段高地矾窑</td></tr>
<tr><td>具体位置</td><td colspan="3">温州市苍南县南宋镇石门岭村（东经120°24′0″，北纬27°22′17″）</td></tr>
<tr><td>始建年代</td><td>清末</td><td>占地面积</td><td>约8000平方米</td></tr>
<tr><td>目前用途</td><td>闲置设施</td><td>是否文保</td><td>部分为浙江省文保单位</td></tr>
<tr><td>遗址描述</td><td colspan="4">　　大岗山矿采区海拔较高，矿石运输不便，历史时期矾山部分窑主要是以山上矿硐为依托进行明矾炼制，由此形成当地较特殊的"硐窑一体"生产场所，因它们都位于海拔较高处，故本书将其赋名为高地矾窑。
　　高地矾窑遗址主要位于大岗山矿段东北，依托石门岭矿硐群分布。目前留存的高地矾窑主要有两种形态：一是将炼制设施布置于矿硐内，"采"与"炼"两道工序无缝衔接，代表案例为溪光矾窑遗址；二是在矿硐周边露天设置炼制设施，其与矿硐有小径相连，矿石经小径顺山势运至地势较低的炼制区，代表案例为鸡角岭与后邪两处矾窑遗址。目前，溪光矾窑整体保存较好，硐内炼制设施完整，工序流程清晰。鸡角岭与后邪炼矾窑保存状况一般，均被杂草覆盖，仅能看出部分结晶池遗迹。
　　高地矾窑是集中产区之外矾山另一类采炼空间，其特点是规模小、布局灵活，反映了当地生产场所因地形差异而具有的适应性，是研究"水浸法"制约下矾山生产场所多样化的重要样本。另外，高地矾窑为清末民初生产遗留，依山设窑的生产思路也体现出矾山人开发利用自然的智慧。</td></tr>
<tr><td colspan="5" align="center">**相关图纸**</td></tr>
</table>

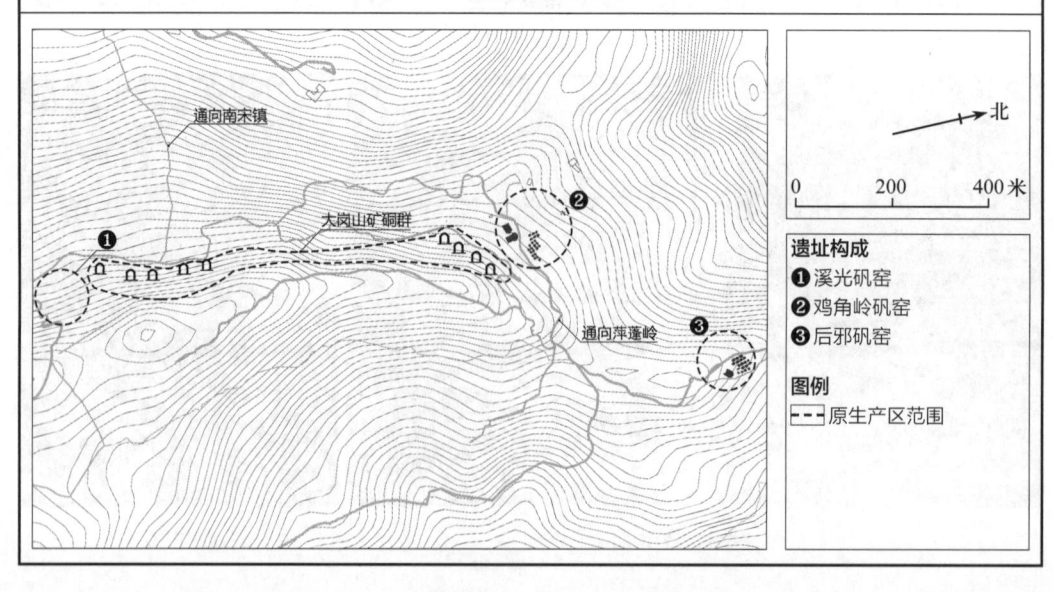

大岗山矿段高地矾窑现状

大岗山高地环境

后邪矾窑全貌

原后邪矾窑结晶池

后邪矾窑周边环境

原后邪矾窑运输道路

（4）大岗山矿段溪光矾窑

<table>
<tr><td rowspan="5">基本信息</td><td>遗址名称</td><td colspan="3">大岗山矿段溪光矾窑</td></tr>
<tr><td>具体位置</td><td colspan="3">温州市苍南县南宋镇石门岭村（东经120°24′0″，北纬27°22′17″）</td></tr>
<tr><td>始建年代</td><td>清末民初</td><td>占地面积</td><td>约1000平方米</td></tr>
<tr><td>目前用途</td><td>闲置设施</td><td>是否文保</td><td>浙江省文物保护单位</td></tr>
</table>

遗址描述

溪光矾窑为大岗山高地矾窑代表，其明矾生产一直持续至新中国成立以后。

溪光矾窑遗址位于大岗山矿段西南高地上，毗邻石门岭矿硐群，藏于山体掏挖的深硐内。溪光矾窑所依托的矿硐与大岗山其他矿硐形制相同，均为浅阔的单层平硐，但尺度更大一些。目前矾窑遗址入口设在西南方，硐内由数层台地分隔空间。入口台地高度居中，其北侧与东侧均有连通台阶。北侧上行可通上层台地，后者布置有煅烧炉、加温方灶及结晶液流槽等设施。台地西侧有巨大硐口，以石柱支撑。东侧下行连通结晶区，其上下两层共有15个结晶池，均为石板拼砌而成的圆形池。下层结晶区与煅烧台地有台阶可直接连通。目前，煅烧炉主体不存，仅余石块叠砌的基座，与西侧硐口外的烟囱残迹关联紧密；煅烧炉旁风化破碎设施及其下方加温方灶均为残迹，设施之间部分流槽也被石块与杂草填埋；结晶池整体保存完整，但个别损毁严重。

就硐设窑是矾山稀见的"硐窑一体"生产场所，目前此类空间形式仅见于大岗山矿段，溪光矾窑是其中保存最完好的典范，其硐内呈现自然地形与生产工艺双重制约下的形态特征，极具创造性。

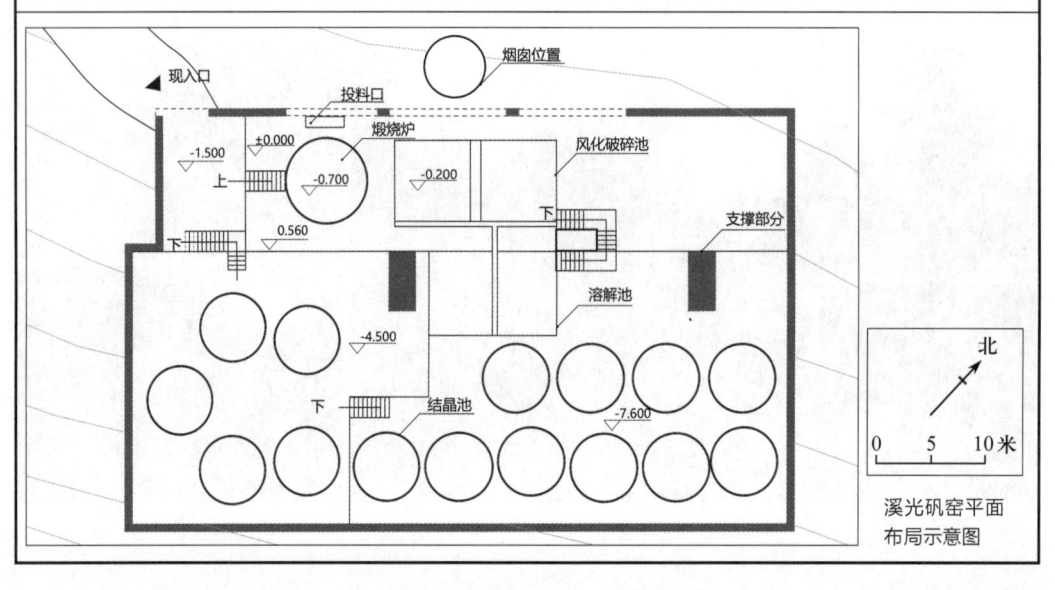

相关图纸

溪光矾窑平面布局示意图

大岗山矿段溪光矾窑现状

矾窑外部环境 　　　　　　　　　矾窑内部环境

硐内外交接处 　　　　　　　　　硐内上下层衔接处

原煅烧与加温设施 　　　原结晶池 　　　原烟囱

（5）大岗山矿段鸡角岭矾窑

基本信息	遗址名称	大岗山矿段鸡角岭矾窑		
	具体位置	温州市苍南县南宋镇大埔山村（东经120°24′29″，北纬27°22′18″）		
	始建年代	清光绪十六年（1890）	占地面积	约3000平方米
	目前用途	闲置设施	是否文保	否
遗址描述	鸡角岭矾窑始建于清末，郑立于先生在《祖国的矾都》中称该窑于新中国成立初期曾划归溪光车间所有。 鸡角岭矾窑遗址位于大岗山矿段东北，石门岭矿硐群东南。矾窑以中间山路为界，分东西两侧布局。山路西侧为煅烧区，布置有煅烧、堆料及风化等设施。煅烧炉目前仅余基座部分，从材料看其原为青砖砌筑，后维修时采用了耐火红砖，钢筋暴露在外。堆料场位于煅烧炉北侧，形状不规则，场地中仍可看到大量矿渣残存。风化池为椭圆形，长轴约20米，短轴约12米，由青石砌筑，池内现存有积水。山路东侧是结晶区，主要布置高低两组结晶池。靠近山路的一组数量较多，单个结晶池直径约4米，远离山路一侧的结晶池数量与规模都相对较小。目前这些结晶池均被杂草覆盖，无法观察具体保存状况。 鸡角岭矾窑是大岗山矿段留存不多的清末矾窑，其空间布局明确，大部分设施保留，对研究矾山早期生产场所建设选址与空间形态有重要价值。			

相关图纸

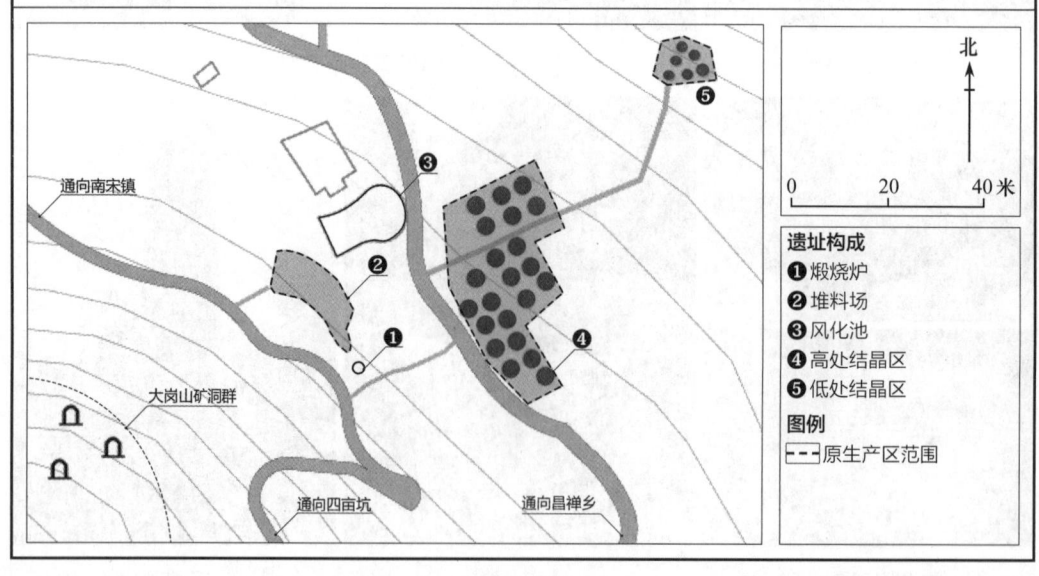

遗址构成
❶ 煅烧炉
❷ 堆料场
❸ 风化池
❹ 高处结晶区
❺ 低处结晶区

图例
--- 原生产区范围

大岗山矿段鸡角岭矾窑现状

鸡角岭矾窑环境

原煅烧炉炉基

原风化池

遗址标牌

原矿硐硐口

4. 矾矿主厂区采炼遗址

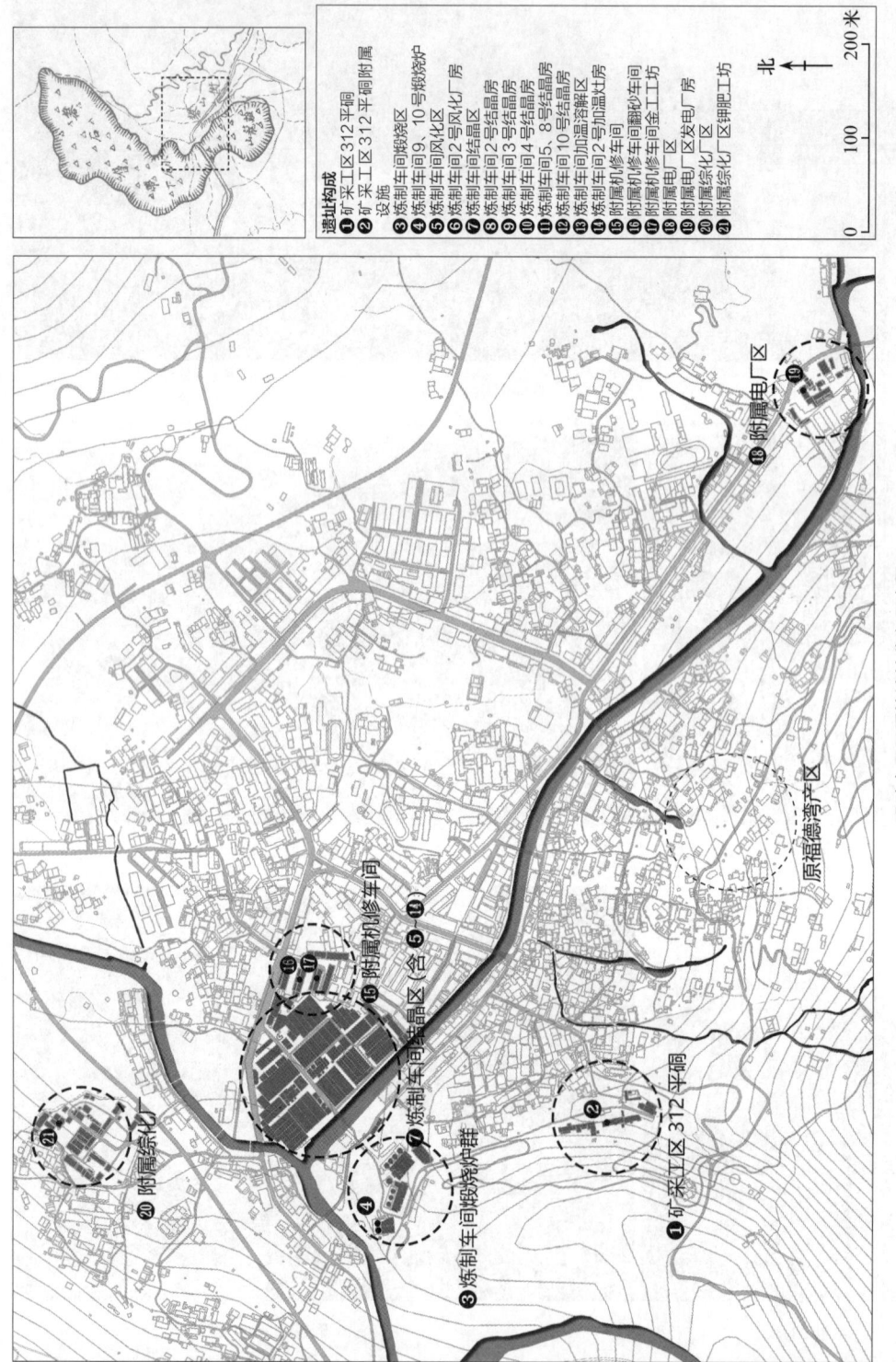

矾矿主厂区采炼遗址分布示意图

遗址构成：
① 矿采工区312平硐
② 矿采工区312平硐附属设施
③ 炼制车间煅烧区
④ 炼制车间9、10号煅烧炉
⑤ 炼制车间2号风化区
⑥ 炼制车间2号结晶区
⑦ 炼制车间3号结晶房
⑧ 炼制车间4号结晶房
⑨ 炼制车间5、8号结晶房
⑩ 炼制车间10号加温灶房
⑪ 炼制车间2号加温冷解房
⑫ 炼制车间2号翻砂车间
⑬ 附属机修车间金工工坊
⑭ 附属电厂区房
⑮ 附属电厂区发电厂房
⑯ 附属综化厂区
⑰ 附属综化厂区钾肥工坊

（1）矾矿主厂区矿采工区312平硐

基本信息	遗址名称	矾矿主厂区矿采工区312平硐		
	具体位置	温州市苍南县矾山镇南垟路（东经120°23′51″，北纬27°20′23″）		
	始建年代	20世纪50年代	占地面积	不详
	目前用途	大部分闲置，局部改为旅游景点	是否文保	全国重点文物保护单位
遗址描述	312平硐又称南垟平硐，开掘于1958年左右，是20世纪60年代以后矾矿生产矿石的主要来源。 312平硐遗址位于鸡笼山矿段西北，今矾山镇南垟路西侧，其正北方为主厂区煅烧炉群，两者之间有轨道连通。312平硐是新中国成立后鸡笼山新掘平硐系统的中枢，其内部含有主巷道、通风井、盲斜井、溜井、矿柱等各类空间设施，同时还布有监控、定位、避险、压风、供水、通讯等六大辅助系统。除用于生产外，特殊时期硐内还曾用作会议与集会场所。目前，312平硐保留有数不清的硐体与硐群、数十个采空区。其中主巷道设施完备，硐壁与地面均经过人工砌筑，地面铺设运输轨道，端头与上下巷道连接处有提升机房。多条交错连通的支巷没有照明设施，灰暗无光，地面满是矿渣。目前，312平硐内仅浅表部分被开发为旅游景点，山体深处大部分空间仍处于废弃状态。 312平硐是矾山有史以来所含矿层最多、采空面积最大的矿硐系统，是当地最具代表性的地下人文景观。新中国成立以来312平硐从未间断出石，这使它完整记录着矾山现代矿采技术的演进，全面见证了矾矿半个多世纪生产的盛衰，因而该遗址与矾矿主厂区炼制车间拥有同等历史价值。			
相关图纸				

1964年鸡笼区312矿硐水平剖面图（部分）

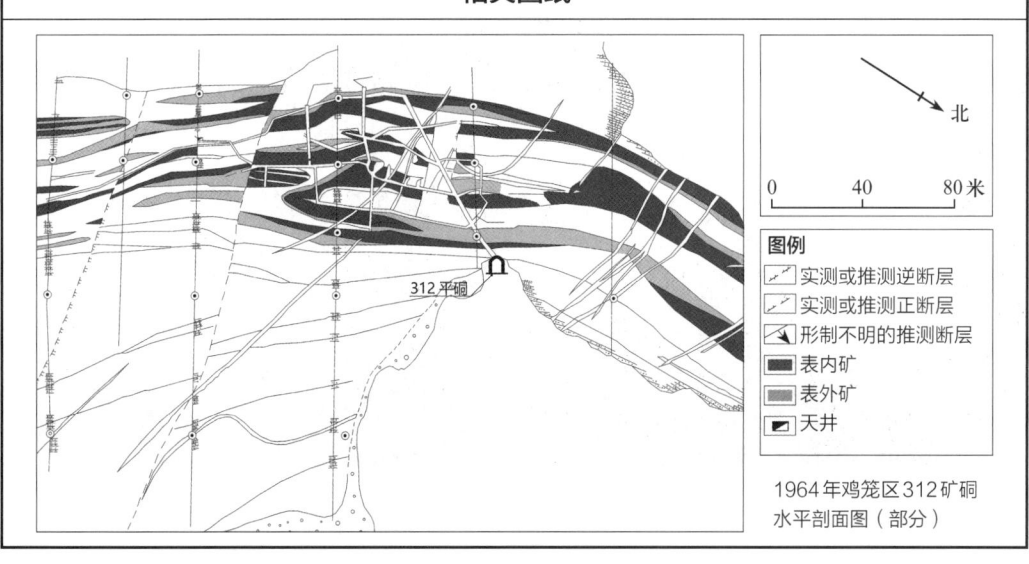

矾矿主厂区矿采工区312平硐现状

矿硐主入口

主巷道局部

主巷道局部

运输铁轨

会议室

支撑矿柱

竖向矿井

硐壁标语

（2）矾矿主厂区矿采工区312平硐附属设施

基本信息	遗址名称	矾矿主厂区矿采工区312平硐附属设施		
	具体位置	温州市苍南县矾山镇南垟路（东经120°23′51″，北纬27°20′23″）		
	始建年代	20世纪50年代	占地面积	约4000平方米
	目前用途	闲置设施	是否文保	全国重点文物保护单位

遗址描述

　　矾山现代矿硐附属设施主要由变电房、空压机房、炸药库、设备间等组成，312平硐附属设施构成与之相同，它们与矿硐开掘同步建设，主要满足矿采活动各工序与工人需求。

　　312平硐附属设施位于鸡笼山矿段西北角，硐口外部，由机电维修房等地面建筑与设施组成，它们沿硐内延伸出的铁轨布局。铁轨西侧由南而北依次分布着机电维修房、变电与空压机房、会议休息室、食堂等建筑，再往北为炸药库。铁轨东侧附属设施较少，主要为炸药收发点与设备间。除炸药库是由矿硐改造而成外，其余设施均为一或二层地面建筑。建筑底部以毛石或青砖砌基，上部为清水砖墙，涂白色或灰色涂料，隐约可见旧日红色标语。建筑均为双坡顶，屋面铺灰瓦，屋檐挑出，具有鲜明时代特征。目前312平硐附属地面建筑均经过修缮，部分结合矿硐景点被改造为旅游辅助空间。

　　附属设施是312平硐不可或缺的组成，记录着矾山矿采工序组织与工人入硐工作轨迹，对研究20世纪50年代以来矾山矿采活动运行机制有重要意义。

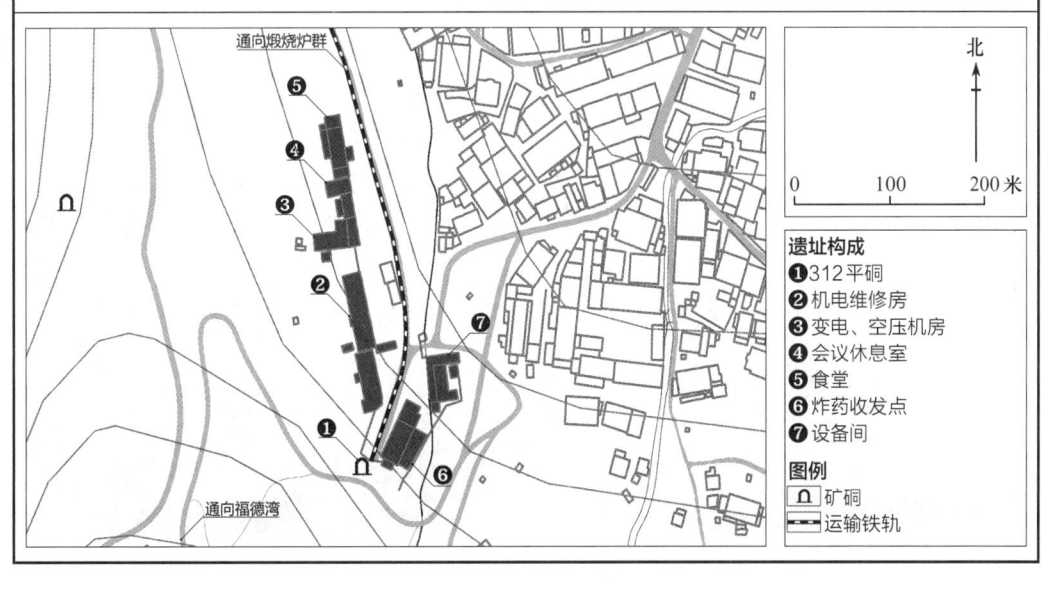

相关图纸

遗址构成：
❶ 312平硐
❷ 机电维修房
❸ 变电、空压机房
❹ 会议休息室
❺ 食堂
❻ 炸药收发点
❼ 设备间

图例：矿硐、运输铁轨

矾矿主厂区矿采工区312平硐附属设施现状

312平硐附属全貌

原办公与活动用房

原机电维修房

原变压房

原空压机房

空压机房内部环境与设备

（3）矾矿主厂区炼制车间煅烧区

<table>
<tr><td rowspan="4">基本信息</td><td>遗址名称</td><td colspan="3">矾矿主厂区炼制车间煅烧区</td></tr>
<tr><td>具体位置</td><td colspan="3">温州市苍南县矾山镇温州矾矿主厂区内（东经120°23′47″，北纬27°20′37″）</td></tr>
<tr><td>始建年代</td><td>20世纪50年代</td><td>占地面积</td><td>约5000平方米</td></tr>
<tr><td>目前用途</td><td>闲置设施</td><td>是否文保</td><td>全国重点文物保护单位</td></tr>
<tr><td>遗址描述</td><td colspan="4">　　煅烧区对应煅烧工序。矾矿主厂区煅烧区始建于20世纪50年代，后于1965年、1972年扩建，逐步形成今日所见之面貌。
　　煅烧区遗址位于鸡笼山西北，312平硐北侧，矾山溪与古溪交汇处，背倚牛皮滩。作为矾矿主厂区重要生产区域，煅烧区与北侧主厂区的其他部分隔溪相望。遗址主要由11座煅烧炉及其附属设施组成，按建设时间它们大致分为三组：第一组编号为1-4号煅烧炉，建设时间最早，位于场地最东侧；第二组为5-8号煅烧炉，其中6-8号炉始建于1963年，5号煅烧炉较独立，建设时间不详；第三组为9-11号煅烧炉，位于场地最西侧，其中9、10号炉建于1972年，11号炉当时做实验用炉。整个煅烧区内，除11号炉外其余10座体量相当，形制相似，均附选矿厂房，其与炉身之间有钢梯及传送皮带。目前，除7号炉为近年新建外，其余煅烧炉保存较完整，但附属厂房破败。
　　从长时段看，主厂区煅烧区是矾山煅烧工序持续演进的最终结果，11座建于不同年代的煅烧炉彰显着各时期煅烧工序的更替与革新，高耸体量使其成为矾山目前最具标志性的明矾工业遗址。</td></tr>
<tr><td colspan="5" style="text-align:center">**相关图纸**</td></tr>
</table>

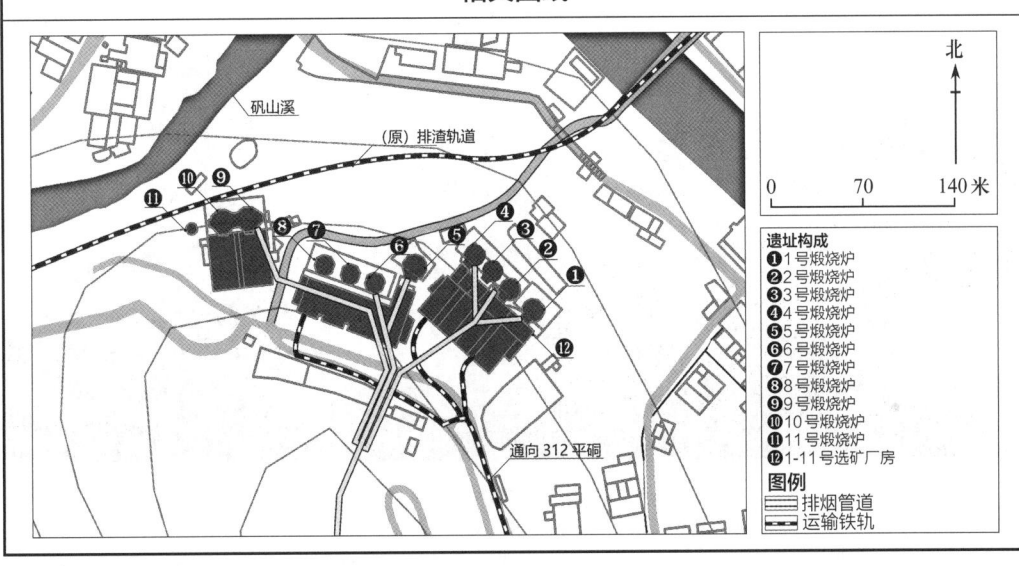

矾矿主厂区炼制车间煅烧区现状

煅烧区全貌

煅烧炉主要炉型

各煅烧炉投料室与烟囱

（4）矾矿主厂区炼制车间9、10号煅烧炉

<table>
<tr><td rowspan="4">基本信息</td><td>遗址名称</td><td colspan="3">矾矿主厂区炼制车间煅烧区9、10号煅烧炉</td></tr>
<tr><td>具体位置</td><td colspan="3">温州市苍南县矾山镇温州矾矿主厂区内（东经120°23′47″，北纬27°20′37″）</td></tr>
<tr><td>始建年代</td><td>1972年</td><td>占地面积</td><td>573平方米</td></tr>
<tr><td>目前用途</td><td>闲置设施</td><td>是否文保</td><td>全国重点文物保护单位</td></tr>
<tr><td>遗址描述</td><td colspan="4">

9、10号煅烧炉始建于1972年，每座规格为内径4.2米、有效高度13.5米、容积187立方米，相比之前同类设施，这两座煅烧炉直径与容量都有大幅增长。

9、10号煅烧炉遗址位于煅烧区西北，毗邻矾山溪，两炉间有钢梯将其连为一体。煅烧炉自下而上分为基座、炉身、投料室与烟囱四个部分。基座由花岗岩砌筑，6.9米见方，四边各设小门，北侧小门出煤，东西两侧出料。炉身为上下均匀的圆柱体，青砖砌筑，中间有多道混凝土圈梁。炉身上方为投料室，由钢筋混凝土悬挑梁支撑，9号炉投料室下方有加固的金属斜撑。两炉投料室均为近似八边形，中间由走廊连通，构成整体工作面。投料室上部是锥形烟囱，其南侧安装有排烟管，是矾矿后期为解决环保问题的增建设施。煅烧炉南侧为附属选矿破碎厂房。目前两座煅烧炉保存较完整，但厂房破败，厂房与炉身之间用于提升矿石的绞车锈迹斑斑。

9、10号煅烧炉是20世纪70年代矾矿为谋求明矾增产所实施的煅烧工序机械化改革的成果，同时也是矾山明矾生产史上最后建造的煅烧设施，对研究当地关键生产设施的演进具有不可替代的作用。
</td></tr>
<tr><td colspan="5" align="center">**相关图纸**</td></tr>
</table>

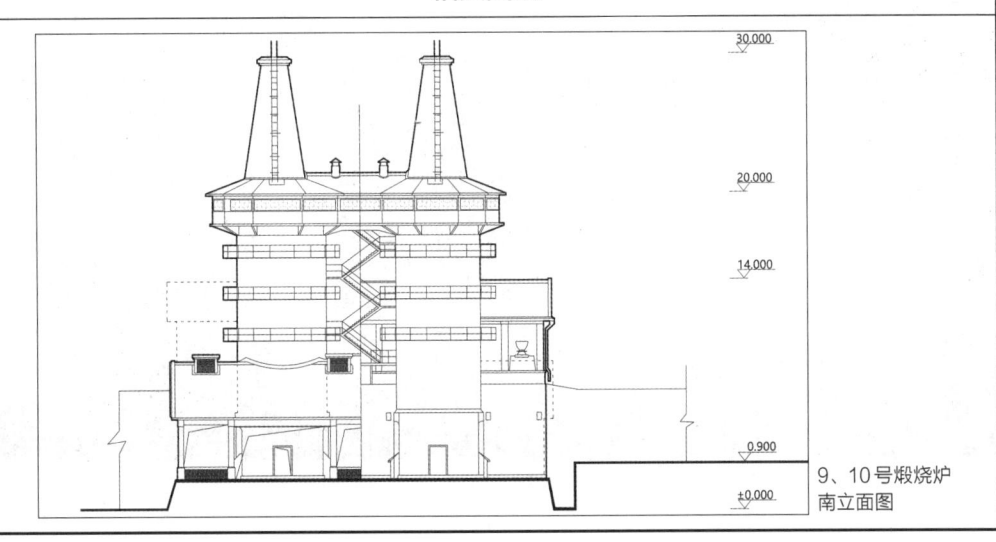

9、10号煅烧炉南立面图

矾矿主厂区炼制车间9、10号煅烧炉现状

9、10号煅烧炉遗址全貌

煅烧炉北立面

煅烧炉南立面

操作台楼梯与出料口

炉身细部

选矿厂房外立面与内部环境

原绞车运料设备

（5）矾矿主厂区炼制车间风化区

<table>
<tr><td rowspan="4">基本
信息</td><td>遗址名称</td><td colspan="3">矾矿主厂区炼制车间风化区</td></tr>
<tr><td>具体位置</td><td colspan="3">温州市苍南县矾山镇温州矾矿主厂区内（东经120°23′53″，北纬27°20′41″）</td></tr>
<tr><td>始建年代</td><td>20世纪60-70年代</td><td>占地面积</td><td>约8600平方米</td></tr>
<tr><td>目前用途</td><td>闲置设施</td><td>是否文保</td><td>全国重点文物保护单位</td></tr>
<tr><td>遗址
描述</td><td colspan="4">　　风化区对应风化工序。1963年以前矾矿主厂区仅有两座风化砂堆，1964年砂堆被改建为风化厂房。20世纪70年代，矾矿在主厂区东侧增建一座新的风化厂房，风化区因此由3座主要厂房组成。
　　风化区遗址位于矾矿主厂区炼制车间中部，南邻矾山溪，隔溪与煅烧区相望，东北为结晶区。3座风化厂房沿矾山溪一字排布，从西到东编号依次为1、2、3。1、2号厂房分布于厂区主路两侧，3号厂房位于厂区东南，三者均是尺度巨大、四面开敞、内设风化池与堆砂区的单层建筑。三者结构相似，都采用高敞木桁架结构，上覆连坡顶，桁架下部以多根柱子支撑，周边为木柱，中间为混凝土柱。各厂房周围一般环有与其对应的加温灶房与结晶厂房，由此形成三个相对独立的炼制系统。目前，3座厂房保存完整，但外观均较破旧，内部水池积水浑浊。
　　风化属煅烧与溶解之间的转接工序，对明矾炼制规模与质量极为关键，3座风化厂房体量庞大、结构复杂，展现了新中国成立以后矾山大尺度厂房的建造技术水平。</td></tr>
<tr><td colspan="5" style="text-align:center">**相关图纸**</td></tr>
</table>

遗址构成
❶ 1号风化厂房
❷ 2号风化厂房
❸ 3号风化厂房

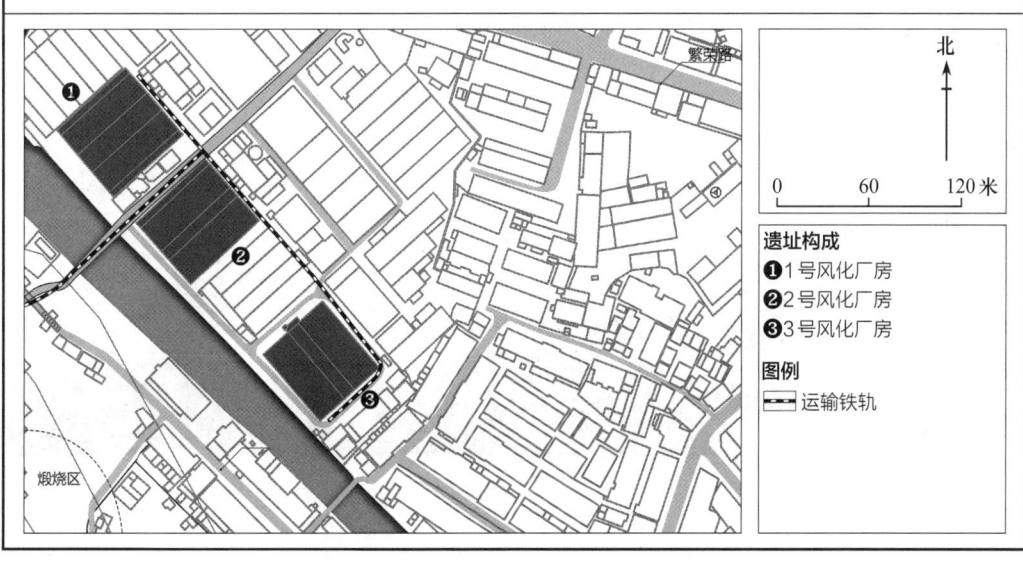

图例
━━ 运输铁轨

矾矿主厂区炼制车间风化区现状

风化区遗址全貌

1号风化厂房与周边环境

2号风化厂房环境与结构

3号风化厂房环境与结构

（6）矾矿主厂区炼制车间2号风化厂房

基本信息	遗址名称	矾矿主厂区炼制车间2号风化厂房		
	具体位置	温州市苍南县矾山镇温州矾矿主厂区内（东经120°23′53″，北纬27°20′41″）		
	始建年代	1964年	占地面积	2400平方米
	目前用途	闲置厂房	是否文保	全国重点文物保护单位
遗址描述	1956年主厂区初建时2号风化厂房处原为风化砂堆，后因自然灾害影响与风化工序革新，砂堆于1964年被改建为风化厂房，并扩大了原有风化池面积。 　　2号风化厂房遗址位于主厂区炼制车间主路东侧，南邻矾山溪。厂房一层，连坡屋顶，平面矩形，空间贯通无隔墙，内部依功能主要分为堆砂、风化及运输三个区域。堆砂区位于厂房东西两侧，用于存放矾砂。风化区在厂房中部，与堆砂区高差约4米，主要用于浸泡矾砂。运输区位于风化区北侧，可利用皮带运输机与厂房北侧的加温溶解房相连。厂房东西两侧各有18根木柱，中部为两列钢筋混凝土柱，柱上支撑着三跨三角木桁架。每榀桁架间有斜撑，用于抵抗侧向风荷载。目前2号风化厂房整体保存较完整，木桁架系统复杂壮观，但内部与周围环境破败。 　　2号风化厂房是矾矿最早建设的风化厂房之一，是矾山传统"水浸法"中"浸出"与"风化"工序在新中国成立后创造性结合的产物，展现了当地古老生产工艺的变革及其对应设施的演进。			
	相关图纸			

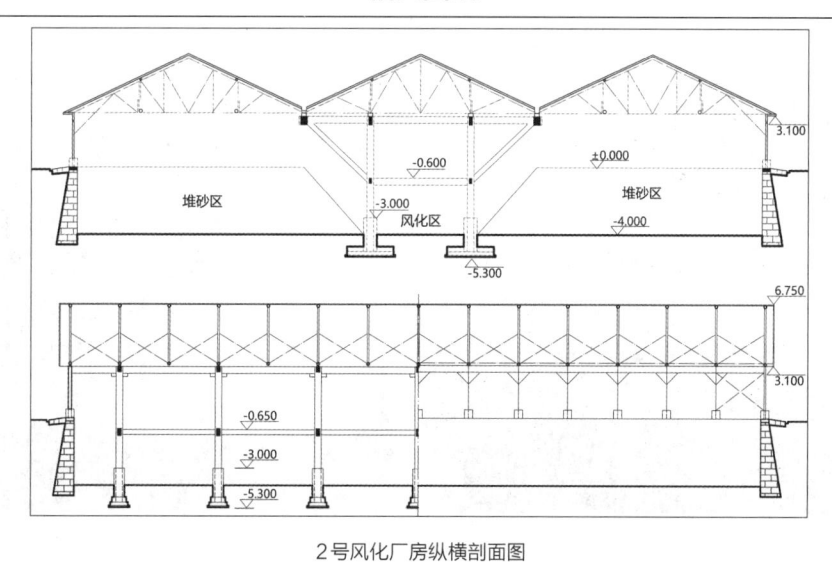

2号风化厂房纵横剖面图

矾矿主厂区炼制车间2号风化厂房现状

2号风化厂房全貌

指示牌

北立面

西立面

内部环境

结构细节

（7）矾矿主厂区炼制车间结晶区

<table>
<tr><td rowspan="4">基本信息</td><td>遗址名称</td><td colspan="3">矾矿主厂区炼制车间结晶区</td></tr>
<tr><td>具体位置</td><td colspan="3">温州市苍南县矾山镇温州矾矿主厂区内（东经120°23′53″，北纬27°20′41″）</td></tr>
<tr><td>始建年代</td><td>20世纪60-70年代</td><td>占地面积</td><td>约22000平方米</td></tr>
<tr><td>目前用途</td><td>大部分闲置，少量在生产</td><td>是否文保</td><td>全国重点文物保护单位</td></tr>
<tr><td>遗址描述</td><td colspan="4">　　结晶区对应着结晶工序。历史时期矾山生产并无专门结晶房，主厂区内正式结晶房的建设是在20世纪60年代，并于20世纪70年代进行持续扩建。
　　结晶区遗址位于矾矿主厂区的北部，由多座结晶房组成，它们分布于厂区主路两侧，环绕风化区布局。资料显示，主厂区原计划建造12座结晶房，但编号12的厂房未能建成，1号厂房后期改为压滤车间，故厂区现存10座结晶房。因建设时期不同，这些厂房的结构与外观各不相同。2-8号房建于20世纪60年代，以三角木桁架为主，木构件连接处有金属加固件，表面涂有黑色防腐涂料。9-11号结晶房建于20世纪70年代，以钢木结构为主，一定程度上节约了木材，体现当时国家在建设中提倡的经济性原则。除建筑本体外，结晶池与管沟等厂房内外设施也体现出矾山结晶工序的运作细节及变化。目前10座结晶房保存状态不一，除少量改造后仍在使用外，大部分闲置废弃，甚至已发生坍塌。
　　结晶房是矾矿主厂区数量最多的厂房类型，它们多样的形式记录着矾矿对结晶工序的数十年调整。作为当地原创厂房类型，结晶房凝聚着矾山人数百年明矾生产的智慧，同时也丰富了我国现代工业厂房的类型。</td></tr>
<tr><td colspan="5" align="center">**相关图纸**</td></tr>
</table>

遗址构成
❶1号结晶房
❷2号结晶房与扩建
❸3号结晶房
❹4号结晶房与扩建
❺5号结晶房
❻6号结晶房
❼7号结晶房
❽8号结晶房
❾9号结晶房与扩建
❿10号结晶房
⓫11号结晶房

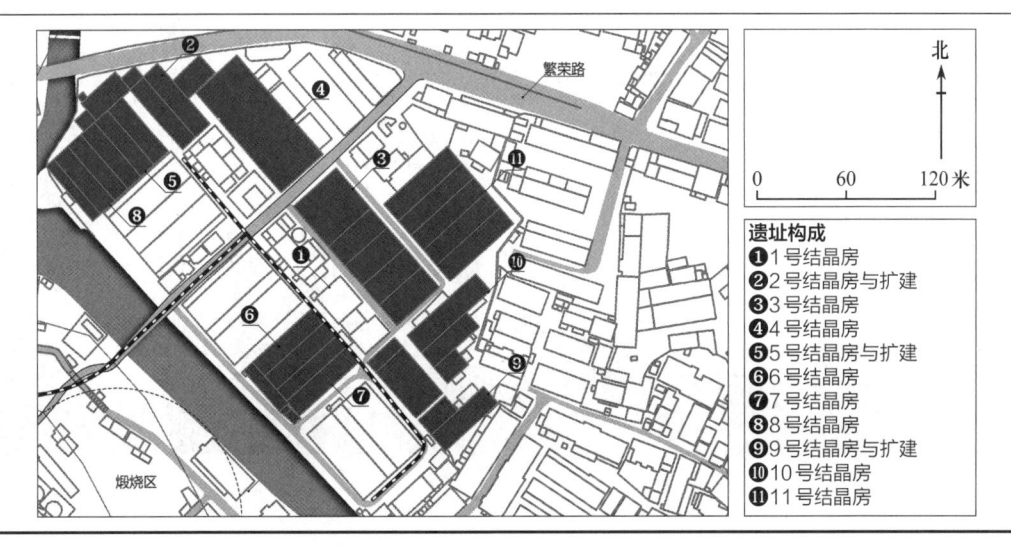

矾矿主厂区炼制车间结晶区现状

结晶区全貌

结晶区局部环境

9号结晶房

结晶房立面细部

（8）矾矿主厂区炼制车间2号结晶房

基本信息	遗址名称	矾矿主厂区炼制车间2号结晶房		
	具体位置	温州市苍南县矾山镇温州矾矿主厂区内（东经120°23′51″，北纬27°20′41″）		
	始建年代	1963年	占地面积	1000平方米
	目前用途	闲置厂房	是否文保	全国重点文物保护单位
遗址描述	2号结晶房始建于1963年，是矾矿主厂区最早建设的两座结晶房之一，设计者为肖重光。 2号结晶房是主厂区炼制车间西部生产系统组成，其遗址位于厂区中部，主路西侧。厂房一层，平面矩形，上覆两跨双坡顶，内部空间贯通，除正中一排支撑柱外无其他分隔。厂房采用砖木混合结构，木柱上支撑三角桁架，桁架杆件连接处由铆钉、螺栓与扒钉等金属件固定。每榀桁架下的木柱均向上伸出木斜撑，直抵桁架上弦梁，用于稳定屋架。木柱下方设石板柱础，起防潮作用。中部支撑柱位于两跨屋顶中间位置，混凝土柱与砖柱混杂使用，应为后期改建替换使然。厂房墙体由灰砖砌筑，外墙下设墙裙，墙面有安全生产标语。厂房内共有32个圆形结晶池，由西向东大致分为池数不等的四个工作区。结晶池直径约4米，贴砌池壁的石板有材质与厚薄之分，显示不同时期的建造差异。目前2号结晶房整体保存完整，历史信息丰富，但周围环境破败。 2号结晶房是矾矿主厂区现存最早的厂房建筑，是20世纪60年代矾山扩大生产的物质实证，它在厂区内的位置反映了企业在初期对厂区规划建设的基本理念，结构形式则呈现出当时矾山厂房的建造技术水平。			
相关图纸				

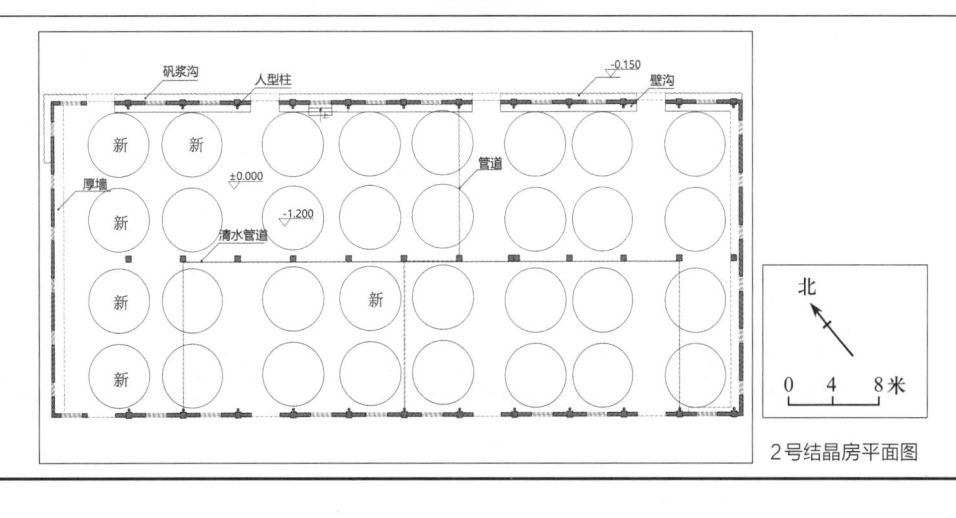

2号结晶房平面图

矾矿主厂区炼制车间2号结晶房现状

2号结晶房全貌原周边环境

内部环境

屋架细部　　　　墙边支撑柱与管沟位　　　　不同形式的结晶池

（9）矾矿主厂区炼制车间3号结晶房

<table>
<tr><td rowspan="5">基本信息</td><td>遗址名称</td><td colspan="3">矾矿主厂区炼制车间3号结晶房</td></tr>
<tr><td>具体位置</td><td colspan="3">温州市苍南县矾山镇温州矾矿主厂区内（东经120°23′53″，北纬27°20′41″）</td></tr>
<tr><td>始建年代</td><td>1963年</td><td>占地面积</td><td>2949平方米</td></tr>
<tr><td>目前用途</td><td>明矾生产场所</td><td>是否文保</td><td>全国重点文物保护单位</td></tr>
</table>

遗址描述

据企业档案显示，当时为更好地建设3号结晶房，先于其建设的2号结晶房在结构选择上做出更经济的取舍，由此显示3号结晶房在当时主厂区的生产地位，它也是厂区内第一座钢筋混凝土结构厂房。

3号结晶房是主厂区炼制车间中部生产系统组成，其遗址位于厂区北侧，南侧原为1号结晶房位置。厂房一层，平面矩形，内部有两排钢筋混凝土柱，每排9根沿面阔方向一字排开，支撑上部五跨连续屋架。进深方向共三进，上架钢筋混凝土T形梁，梁上沿面阔方向再架五跨混凝土屋面梁，以支撑上部对应的缓坡屋面。屋顶后期改造较多，形式杂乱，但东侧一跨保存较好，上开多个六角形天窗。厂房结构简洁，柱、梁、屋面板等构件受力关系清晰。厂房外立面为三段式布局，下以石材砌基，墙身用砖，外设扶壁。厂房内共有约70个圆形结晶池，除东侧一列外，其他均2列构成一个工作区。目前3号结晶房仍在使用，内部环境干净整洁，现代改造痕迹明显。

3号结晶房是主厂区最早的钢筋混凝土结构厂房，反映了20世纪60年代矾矿此类厂房的建造技术水平，同时它也是主厂区内唯一还在使用的结晶房，其设施分布、空间尺度等展现出矾矿鼎盛时期的生产状态。

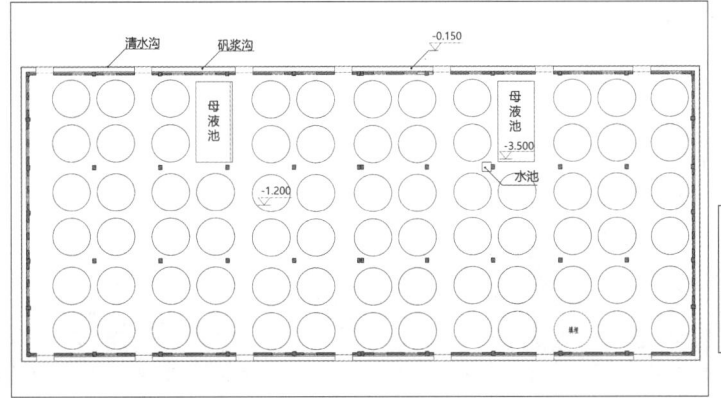

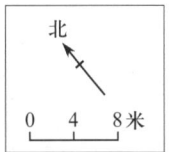

相关图纸

3号结晶房平面图

矾矿主厂区炼制车间3号结晶房现状

3号结晶房全貌

北立面与室外管沟

内部环境

走道地面

母液池

正在使用的结晶池

（10）矾矿主厂区炼制车间4号结晶房

<table>
<tr><td rowspan="5">基本信息</td><td>遗址名称</td><td colspan="3">矾矿主厂区炼制车间4号结晶房</td></tr>
<tr><td>具体位置</td><td colspan="3">温州市苍南县矾山镇温州矾矿主厂区内（东经120°23′53″，北纬27°20′41″）</td></tr>
<tr><td>始建年代</td><td>1964年</td><td>占地面积</td><td>2800平方米</td></tr>
<tr><td>目前用途</td><td>闲置厂房</td><td>是否文保</td><td>全国重点文物保护单位</td></tr>
</table>

<table>
<tr><td rowspan="4">遗址描述</td><td>　　4号结晶房初为草棚房，1964年矾矿扩大生产时改建为钢筋混凝土厂房。当时4号结晶房套用了3号结晶房图纸，两座厂房因此形式相似，仅面阔方向有所不同。</td></tr>
<tr><td>　　4号结晶房是矾矿主厂区炼制车间西部生产系统组成，其遗址位于厂区西北，北邻仓库区。厂房一层，平面矩形，面阔五跨，每跨双坡顶，由此形成通长连坡顶。厂房内空间贯通，无墙分隔，仅面阔方向有两排支撑柱，每排9根，粗细不匀，应是不同时期改建导致。厂房采用钢筋混凝土结构，混凝土柱支撑预制梁，梁上承载屋面梁，屋面梁上再架密肋屋面板，各构件交接清晰，受力明确。屋面板上规则开有六边形通风孔。厂房南立面为三段式划分，下部为水泥抹面高墙裙，中部灰砖砌筑，墙身开大窗，上部三角形山花开通风圆洞。北立面因辅房遮挡而形式不明。厂房东侧山墙窗洞用砖填塞，墙面有红色标语，时代特征明显。厂房内有74个圆形结晶池，东北侧有1椭圆结晶池，南侧中部有方形母液池，东南角有结晶泵等设备。目前4号结晶房处闲置状态，环境破败。</td></tr>
<tr><td>　　4号结晶房是主厂区目前保存最完整的钢筋混凝土厂房，其结构、材质、立面等反映了20世纪60年代矾矿厂房建设水平，内部结晶池、石质管沟等展现出当时矾矿结晶工序的组织特征。</td></tr>
<tr><td align="center">**相关图纸**</td></tr>
</table>

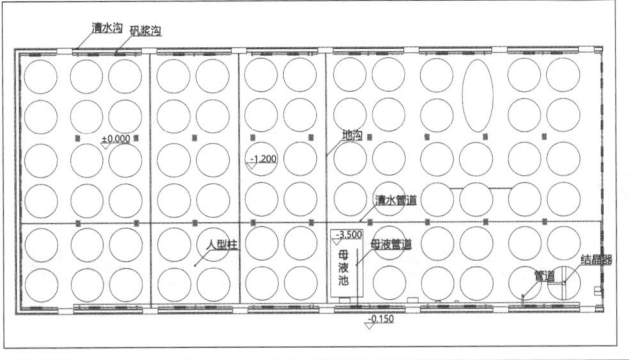

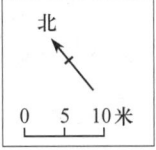

4号结晶房平面图

矾矿主厂区炼制车间4号结晶房现状

4号结晶房全貌与周边环境

内部环境　　　　　　　　　　　　　　　结构细部

不同形式的结晶池　　　　天窗与窗户　　　　室内外管沟系统

（11）矾矿主厂区炼制车间5、8号结晶房

基本信息	遗址名称	矾矿主厂区炼制车间5、8号结晶房		
	具体位置	温州市苍南县矾山镇温州矾矿主厂区内（东经120°24′7″，北纬27°20′34″）		
	始建年代	1963、1966年	占地面积	1849平方米
	目前用途	闲置厂房	是否文保	全国重点文物保护单位
遗址描述	5号结晶房始建于1963年，1966年矾矿在其西南扩建了8号结晶房，20世纪70年代初8号结晶房再次向西南扩建，由此形成今天所见到的厂房面貌。 　　5、8号结晶房是主厂区炼制车间西部生产系统组成，其遗址位于厂区西侧，西与南均紧邻矾山溪，北为2号结晶房。厂房一层，平面矩形，面阔六跨，每跨均为双坡顶，无天窗。因多次扩建而成，故厂房内有数道支撑柱与隔墙。5号结晶房内有一列支撑柱，其与8号结晶房之间有隔墙，应是原5号结晶房的外墙。8号结晶房与5号结晶房形制相似，其西南为扩建区，两者间墙体为原8号结晶房外墙。扩建区大小约为5号结晶房的三分之二，中间亦有墙，显示分期扩建特征。5、8号结晶房自东向西呈现建造年代由远及近、空间由大变小的序列特征，平面布局中融入了时间性，而各部分的结构差异也记录着这一历时性变化。5、8号结晶房外墙均以灰砖砌筑，杂草遮挡严重。厂房内约50多个结晶池，除5号结晶房东侧两处椭圆池外，其余均为圆池。目前5、8号结晶房整体保存尚可，屋顶局部破损，环境陈旧。 　　5、8号结晶房是矾矿主厂区炼制车间最具"时间性"的厂房，它于不同时期的建造组合为人们了解企业初期生产规模持续增长、生产技术不断提高的历史细节提供了材料。			
	相关图纸			

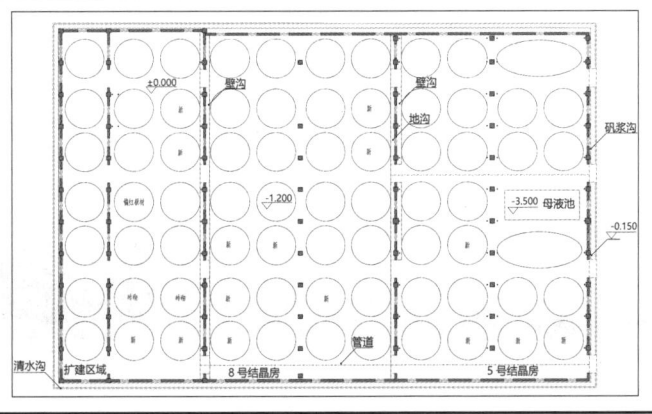

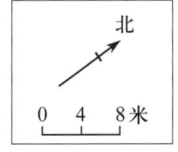

5、8号结晶房平面图

矾矿主厂区炼制车间5、8号结晶房现状

5、8号结晶房全貌

5号结晶房内部环境

5号结晶房内部通道

8号结晶房内部环境

扩建区域内部环境

（12）矾矿主厂区炼制车间10号结晶房

<table>
<tr><td rowspan="5">基本信息</td><td>遗址名称</td><td colspan="3">矾矿主厂区炼制车间10号结晶房</td></tr>
<tr><td>具体位置</td><td colspan="3">温州市苍南县矾山镇温州矾矿主厂区内（东经120°23′53″，北纬27°20′41″）</td></tr>
<tr><td>始建年代</td><td>1972年</td><td>占地面积</td><td>1400平方米</td></tr>
<tr><td>目前用途</td><td>闲置厂房</td><td>是否文保</td><td>全国重点文物保护单位</td></tr>
</table>

遗址描述

据企业档案显示，10号结晶房原编号为13号结晶房，后因厂区规划调整而发生编号变化，20世纪70年代国家建材紧张，故该厂房建设时采用了当时较经济的钢木混合结构。

10号结晶房为主厂区炼制车间东部生产系统组成，其遗址位于厂区最东侧，墙外即为附属机修车间生活区。厂房一层，东北-西南朝向，平面因围墙制约而在东北侧呈锯齿形、西南呈矩形。厂房三跨，每跨均为双坡顶，无天窗。内部空间贯通，除相邻两跨之间支撑柱外无内墙分隔。厂房采用钢木混合结构，每榀屋架檩条与上弦梁均为钢筋混凝土预制件，拉杆、下弦梁与剪刀撑采用不同截面钢筋支撑拉扯，受力关系清晰，是经济、技术、美学等因素综合考虑的结果。厂房外墙以灰砖砌筑，下设毛石墙裙，墙面开大窗，东南侧部分窗户用砖填塞。厂房内约有42个圆形结晶池，西侧两列现划分为展示区，有隔网维护。厂房西侧有母液池，东侧有修配间与木工房等辅助设施。目前10号结晶房结构保存完整，局部结晶池有塌陷，环境破败。

10号结晶房是20世纪70年代矾矿主厂区扩建的典型，其不规则平面反映出企业在应对局促场地时的灵活建设策略，展现了当时矾山的厂房建设水平。

相关图纸

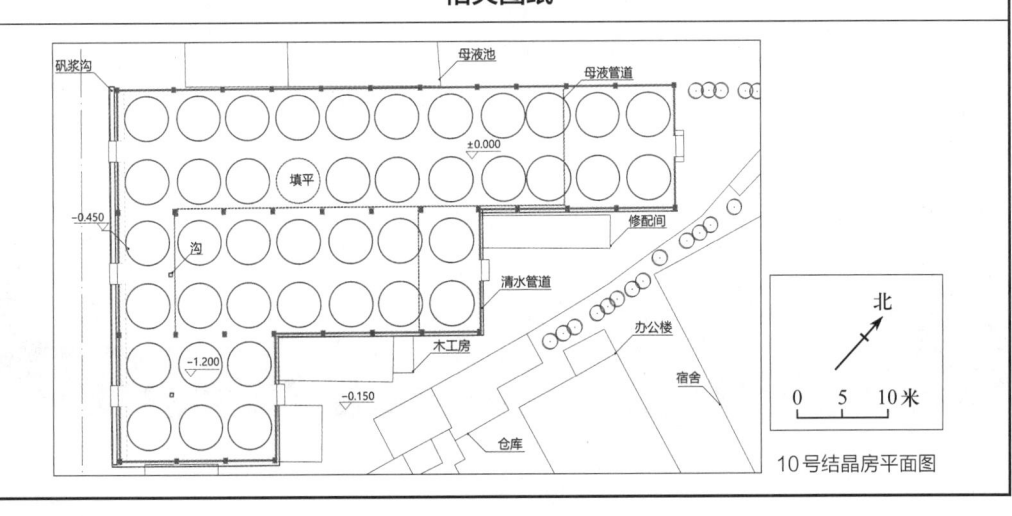

10号结晶房平面图

矾矿主厂区炼制车间10号结晶房现状

10号结晶房全貌与周边环境

内部环境

屋架细部　　　　　　立柱细部　　　　　　室外母液池与内部结晶池

（13）矾矿主厂区炼制车间加温溶解区

<table>
<tr><td rowspan="4">基本信息</td><td>遗址名称</td><td colspan="3">矾矿主厂区炼制车间加温溶解区</td></tr>
<tr><td>具体位置</td><td colspan="3">温州市苍南县矾山镇温州矾矿主厂区内（东经120°23′55″，北纬27°20′43″）</td></tr>
<tr><td>始建年代</td><td>20世纪60-70年代</td><td>占地面积</td><td>约1900平方米</td></tr>
<tr><td>目前用途</td><td>闲置设施</td><td>是否文保</td><td>全国重点文物保护单位</td></tr>
<tr><td>遗址描述</td><td colspan="4">　　加温溶解区对应加温溶解工序，矾矿主厂区炼制车间加温溶解区主要由3座加温灶房组成。1、2号房始建于1963年以前，1965年被改建为滚筒洗砂溶解房，1971年厂区东侧新建了3号溶解房。
　　加温溶解区遗址位于主厂区炼制车间中部，3座加温灶房分别对应着三套生产系统，各加温灶房南侧均为与之配套的风化厂房，北侧则为各自所关联的结晶房，三者空间位置清晰展示出明矾生产中风化、加温溶解、结晶三道工序的流程关系。3座加温灶房形制相似，平面均为"凸"字形，内部空间贯通。中部为生产区，含加温池、滚砂池等设施，它们的管道与外部母液池相连。加温设施正中设操作台，其一侧台阶与上部传输机操作台连接。每座加温灶房均配备一处压滤机房，两者位置相邻。
　　"水浸法"工艺中，加温溶解上承风化、下接结晶，包含溶解与过滤两道子工序，对生产规模与质量至为关键。数百年来，矾山溶解工序先后经历铁锅熬煮、滚筒洗砂、压滤结晶等变革，新中国成立后更成为企业技改的核心。3座风化厂房的位置彰显着它们在主厂区生产中的关键地位，而其改建痕迹则记录着矾山对明矾生产技术持续改进的不懈努力。</td></tr>
<tr><td colspan="5" align="center">**相关图纸**</td></tr>
</table>

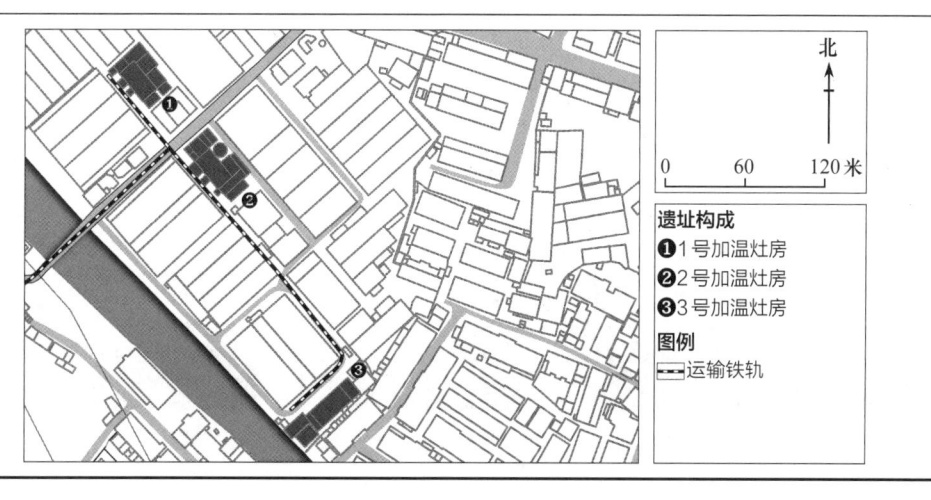

遗址构成
❶ 1号加温灶房
❷ 2号加温灶房
❸ 3号加温灶房

图例
--- 运输铁轨

矾矿主厂区炼制车间加温溶解区现状

1号加温灶房全貌与内外环境

2号加温灶房全貌与内外环境

3号加温灶房全貌与内外环境

（14）矾矿主厂区炼制车间2号加温灶房

基本信息	遗址名称	矾矿主厂区炼制车间2号加温灶房		
	具体位置	温州市苍南县矾山镇温州矾矿主厂区内（东经120°23′55″，北纬27°20′43″）		
	始建年代	1963年	占地面积	360平方米
	目前用途	闲置厂房	是否文保	全国重点文物保护单位
遗址描述	据企业档案显示，1963年以前矾矿主厂区已建有1、2号加温灶房，1965年企业进行加温工序改革，2号加温灶房被改为溶解厂房。 2号加温灶房为主厂区炼制车间中部生产系统组成，其遗址位于厂区中部，主路东侧。厂房两层，双坡顶，瓦屋面。平面呈"凸"字形，内部空间贯通，无内墙分隔。厂房中部为生产区，高敞大厅内对称布置着两套加温池与滚砂池等设施，两者正中有操作台，操作台西北侧台阶可通往上部传输机操作台。生产区东南为运输平台，有皮带传输设备，可与南侧风化厂房相连接，运输平台下为矿渣出口。生产区周边分布着附属办公房与工具房，目前坍塌严重，有些地方杂草丛生无法进入。厂房西南与东南两侧各设一部直跑楼梯，可通过它们到达地面空间。厂房西侧有配套的圆形母液池，体量巨大，其上为水泥砌筑，下为毛石基座，原有管道与厂房中部的生产区连通。 2号加温灶房是矾矿主厂区建设较早且保存较好的加温厂房，其电动滚筒洗砂设备展现了企业加温溶解工序的机械化生产面貌，是矾山明矾生产从传统手工向机械化转型的重要见证。			
相关图纸				

2号加温灶房平面图

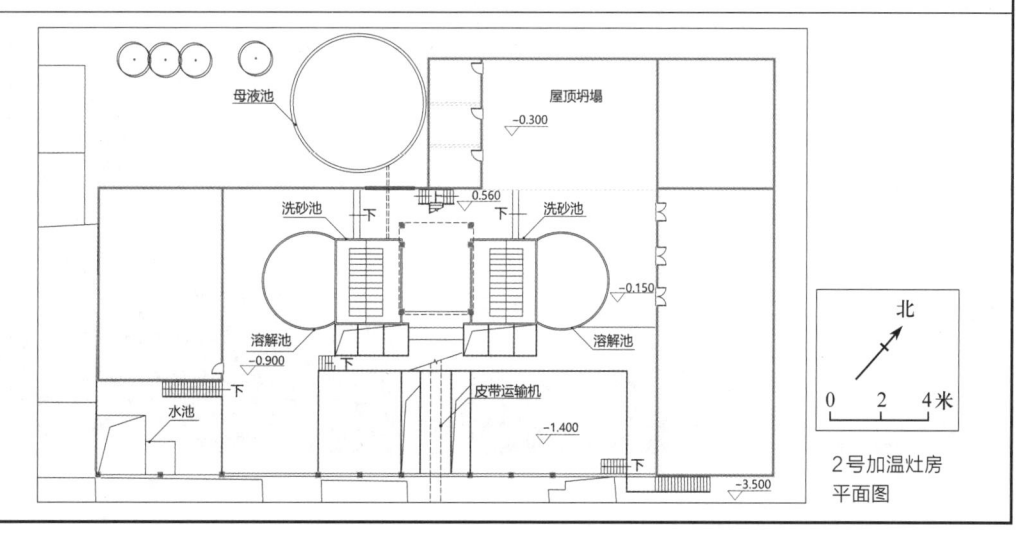

矾矿主厂区炼制车间2号加温灶房现状

2号加温灶房全貌与周边环境

内部环境

滚筒洗砂机设备与稀释池

排渣系统

与风化厂房连接的皮带传输机

（15）矾矿主厂区附属机修车间

<table>
<tr><td rowspan="4">基本信息</td><td>遗址名称</td><td colspan="3">矾矿主厂区附属机修车间</td></tr>
<tr><td>具体位置</td><td colspan="3">温州市苍南县矾山镇温州矾矿主厂区东侧（东经120°23′50″，北纬27°20′56″）</td></tr>
<tr><td>始建年代</td><td>20世纪60年代</td><td>占地面积</td><td>约7400平方米</td></tr>
<tr><td>目前用途</td><td>现代旅游展示场所</td><td>是否文保</td><td>否</td></tr>
<tr><td>遗址描述</td><td colspan="4">
据企业档案显示，矾矿机修车间最初选址于312平硐东南100米处，含车、铁、铸、焊、铆、钳和电工等8个工种，后因矿硐爆破影响机修精度，故于1966年左右迁至现址。

机修车间遗址位于鸡笼山矿段西侧，主厂区东北，北临今矾山镇繁荣路，由4座厂房及1座办公建筑组成。4座厂房位于厂区西侧，行列式布局，由北向南依次为冷作工坊（曾用作明矾仓库）、翻砂车间（曾用作12号结晶房）、金工工坊与仓库。办公建筑位于厂区东侧，坐东朝西。4座厂房均为一层，双坡顶，平面矩形。因机修车间被整体打造为旅游场所，故各厂房均进行过不同程度的改造，现冷作工坊改为矿石展示馆、翻砂车间改为奇石展示馆。金工工坊保留最为完整，目前是机械展示馆。南侧仓库已拆除，拟新建为矾山党史馆。4座厂房外立面均以灰砖砌筑，下设高墙裙，分层线、窗间墙、檐口等都以宽窄不同的灰色水泥线条修饰，显示苏联建筑风格的影响。

机修车间的出现是矾山地理区位与明矾机械化生产共同作用的结果，存续期间它曾支撑矾矿主厂区生产，并进行过多项专门机械的研发制造，其遗址相应记录着新中国成立后矾山明矾生产机械自主创新的能力与水平。
</td></tr>
<tr><td colspan="5" align="center">**相关图纸**</td></tr>
</table>

遗址构成
① 冷作工坊
② 翻砂车间
③ 金工工坊
④ 附属仓库
⑤ 附属办公楼

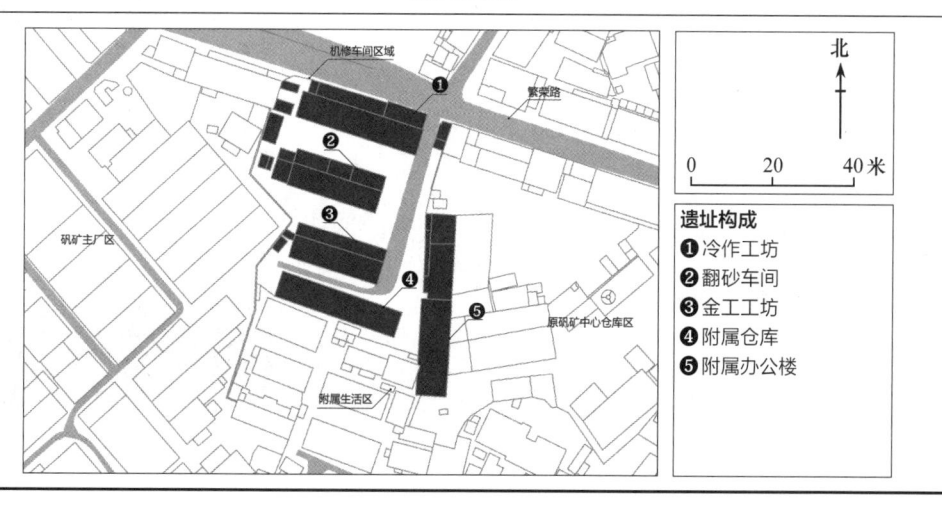

矾矿主厂区附属机修车间遗址现状

机修车间全貌

原机修车间入口

原冷作工坊外墙

原翻砂车间北立面

原办公楼与仓库旧址

（16）矾矿主厂区附属机修车间翻砂车间

<table>
<tr><td rowspan="4">基本信息</td><td>遗址名称</td><td colspan="3">矾矿主厂区附属机修车间翻砂车间</td></tr>
<tr><td>具体位置</td><td colspan="3">温州市苍南县矾山镇温州矾矿主厂区东北（东经120°23′50″，北纬27°20′56″）</td></tr>
<tr><td>始建年代</td><td>1962年</td><td>占地面积</td><td>800平方米</td></tr>
<tr><td>目前用途</td><td>现代旅游展示场所</td><td>是否文保</td><td>否</td></tr>
<tr><td>遗址描述</td><td colspan="4">

　　翻砂车间始建于1962年，1973年曾改为矾矿主厂区12号结晶房，2019年随机修车间整体改造而被改为矾山奇石展示馆。

　　翻砂车间遗址位于机修车间厂区中部，车间主路西侧，北为冷作工坊、南为金工工坊。厂房一层，平面矩形，主辅两跨。主跨双坡顶，采用钢筋混凝土门式屋架，辅跨在其北侧，上覆单坡顶，内部已按现代展示功能改造，仅结构保留。厂房外墙以灰砖砌筑，下设高墙裙，北立面为原入口面，采用横向三段式构图。中部突出，上层采用西式三角山花，中部墙面开两层窗洞，底层中央设出入口，左右两侧对称布置。主跨与辅跨屋顶高低不同，错落起伏的屋面活跃了立面对称构图的拘谨。南立面采用单元式构图，每一单元为一间，中设通高长窗，外有窗套，为避免形式呆板，每四个单元设一个入口，形成变化节奏。东侧山墙现为展示馆入口，墙面改造痕迹明显。目前翻砂车间外观保存完整，有明显的苏联建筑风格的烙印。

　　翻砂车间是矾矿附属机修车间的重要组成，曾为企业各时期生产做出不可或缺的机修贡献，其精细立面是研究矾山在原苏联建筑影响下厂房形式选择的代表。

</td></tr>
<tr><td colspan="5" align="center">**相关图纸**</td></tr>
</table>

翻砂车间北立面图

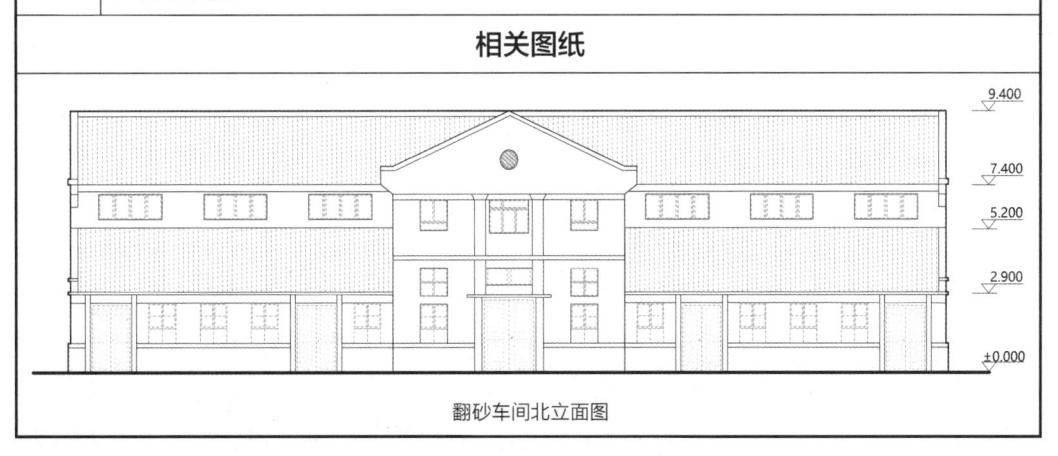

矾矿主厂区附属机修车间翻砂车间现状

翻砂车间全貌

南立面

东与北立面

内部环境

原结构细部

（17）矾矿主厂区附属机修车间金工工坊

<table>
<tr><td rowspan="4">基本信息</td><td>遗址名称</td><td colspan="3">矾矿主厂区附属机修车间金工工坊</td></tr>
<tr><td>具体位置</td><td colspan="3">温州市苍南县矾山镇温州矾矿主厂区东北（东经120°23′50″，北纬27°20′56″）</td></tr>
<tr><td>始建年代</td><td>20世纪60年代</td><td>占地面积</td><td>650平方米</td></tr>
<tr><td>目前用途</td><td>现代旅游展示场所</td><td>是否文保</td><td>否</td></tr>
<tr><td>遗址描述</td><td colspan="4">
金工工坊曾于1973年改建为矾矿主厂区机修车间检修房，2019年随机修车间整体改造而改为矾山机械展示馆。

金工工坊遗址位于机修车间厂区南部，主路西侧，北为翻砂车间，南为仓库。厂房一层，平面矩形，主辅两跨。主跨为双坡顶，采用钢筋混凝土门式屋架，辅跨在其北侧，上覆单坡顶，形式与翻砂车间相似。厂房内七榀门式屋架保存完整，均以钢筋混凝土方柱支撑，柱子上部两侧有牛腿挑出，主跨牛腿上设"T"形梁，梁侧保留吊车轨道与滑动装置。中部"T"形梁上立支撑墙，墙上开高侧窗。主跨屋架上铺木檩条，覆木质屋面板，施工精细。辅跨为钢筋混凝土预制檩条铺木质屋面板，屋面板保留报纸裱糊痕迹。厂房内部基本维持原貌，仅按展示需求进行局部地面铺砌，钢板铺设的展道两侧摆放着矾矿各时期生产所用的机械，种类繁多。

金工工坊是矾矿附属机修车间目前保存最完整的厂房遗址，它对展现该车间最初面貌及当时同类厂房建造水平有重要意义。另外，厂房内陈列的机械设备类型丰富，反映了建国初期矾山机械化生产的繁复与设施的完备。
</td></tr>
<tr><td colspan="5" style="text-align:center">**相关图纸**</td></tr>
</table>

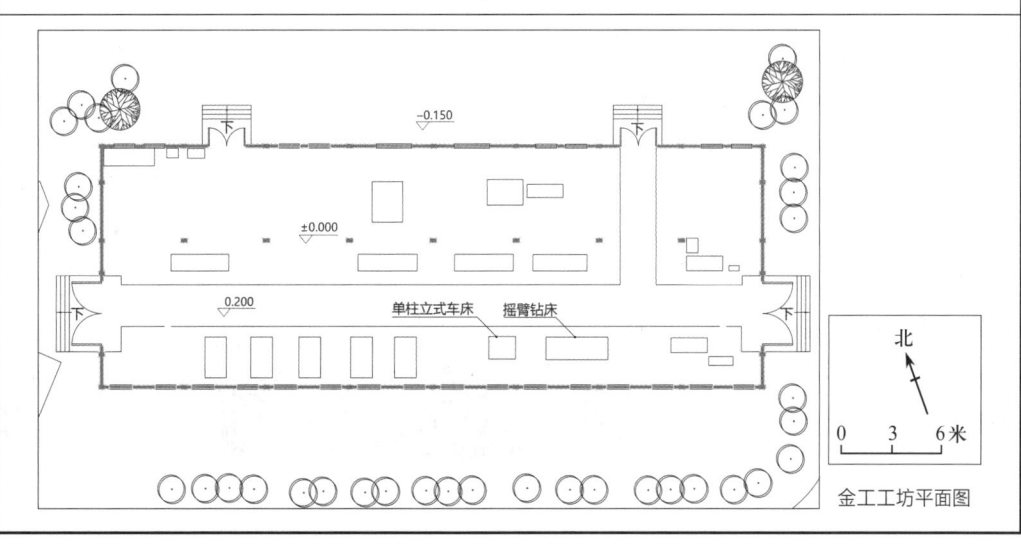

金工工坊平面图

矾矿主厂区机修车间金工工坊现状

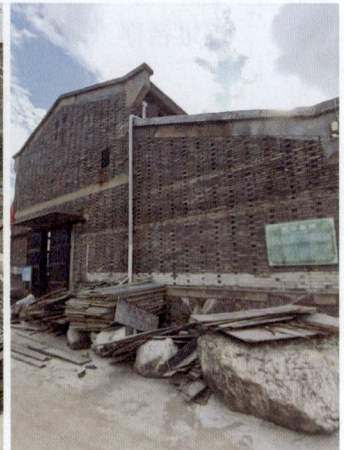

金工工坊全貌

东立面

结构细节

内部环境与展陈机械

（18）矾矿主厂区附属电厂区

基本信息	遗址名称	矾矿主厂区附属电厂区		
	具体位置	温州市苍南县矾山镇文电巷588号（东经120°24′37″，北纬27°20′12″）		
	始建年代	1959年	占地面积	约8000平方米
	目前用途	闲置厂区	是否文保	否
遗址描述	20世纪50-70年代矾山曾多次进行电厂建设，为矿采、炼制、机修等多个生产区提供动能，并满足矿部、医院、学校等附属办公生活场所用电，20世纪80年代矾山电厂区被改为脱水明矾厂。 电厂区遗址位于今矾山镇东南，南临矾山溪，东临文昌路，西为其附属生活区，这一选址是当时对溪水流量大、交通便利、居民干扰小等因素综合考虑的结果。厂区坐南朝北，大致由发电区、变电区与附属办公区三部分组成，其中发电区为主体构成。发电区包含三套不同时期建造的发电系统，西为750kW发电厂房，北为1500kW发电厂房，两者间有烟囱与煤棚。发电厂房南侧是办公区，前设小花园。办公区往南为变电区，其南邻矾山溪，目前已改为私营肉燕加工厂，与电厂其他部分以墙分隔。发电区西北另有办公楼、蓄水池等电厂设施，20世纪80年代后者曾改为泳池，是矾山当时重要的文体设施，目前该区域被荒草覆盖。 附属电厂区是矾矿早期电能供应核心，其火力发电设备引入有效地推进了企业机械化生产，同时推动了矾山社会生活的进化，因此电厂区遗址是承载矾矿生产与矾山社会生活双重历史变迁的重要载体。			

相关图纸

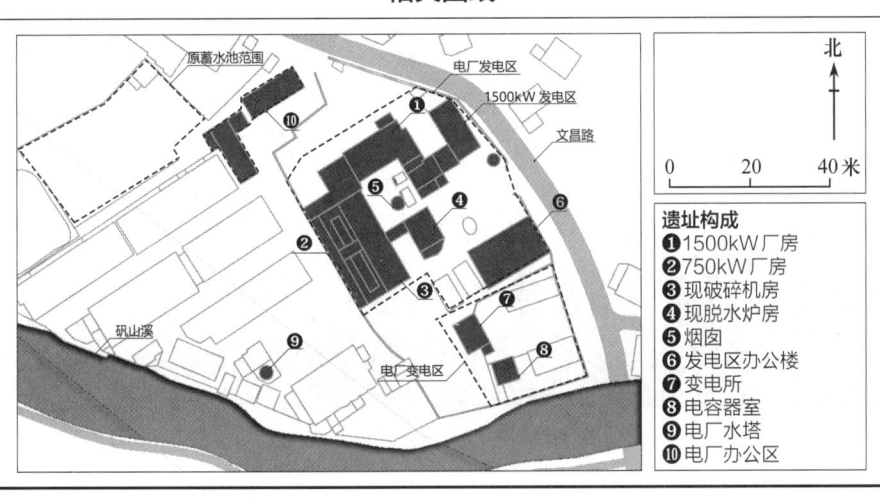

遗址构成
❶ 1500kW厂房
❷ 750kW厂房
❸ 现破碎机房
❹ 现脱水炉房
❺ 烟囱
❻ 发电区办公楼
❼ 变电所
❽ 电容器室
❾ 电厂水塔
❿ 电厂办公区

矾矿主厂区附属电厂区现状

电厂区全貌与周边环境

原生产空间与设备

厂区内部环境

（19）矾矿主厂区附属电厂区发电厂房

基本信息	遗址名称	矾矿主厂区附属电厂区发电厂房		
	具体位置	温州市苍南县矾山镇文电巷588号（东经120°24′37″，北纬27°20′12″）		
	始建年代	1959-1964年	占地面积	1469平方米
	目前用途	闲置设施	是否文保	否
遗址描述	1959年矾矿电厂一期发电工程施工，1964年二期施工，两次建设规模均为750kW。1977年矾矿再次建成1500kW发电工程，厂区内发电厂房由此增至3座。 　　发电厂房遗址集中于电厂区西北，西侧750kW厂房与北侧1500kW厂房呈"L"形布局。750kW两期厂房相邻，一层，坡屋顶，有带形高侧窗。档案显示，最初厂房内部自东向西纵向排布两套锅炉房、汽轮机室、配电室等设施，目前这些设施均已不存。厂房采用砖木混合结构，上为三角桁架，屋架顶部再置小型三角屋架，屋面由此断开从而为高侧窗留出位置。1500kW厂房采用钢筋混凝土结构，立面通体刷白色涂料，以竖向贯通柱与水平遮阳板垂直交叉形成格网，消除了厂房建筑惯有的厚重感。20世纪80年代，1500kW厂房改为脱水明矾厂主要生产车间，厂房内现大致分为上层生产区、下层库房区，前者空间高耸，保留脱水炉、发酵粉机等设备，后者空间通透，保留初期发电设备。生产区南侧有木板分隔的小房间，应是750kW厂房改建的办公空间。目前750kW厂房损毁严重，1500kW厂房内部杂乱。 　　750kW厂房屋架为目前矾山厂房中仅见，展现出新中国成立初期矾矿厂房设计建造水平，1500kW厂房立面呈现向现代美学靠拢趋向，标志着矾矿厂房设计在20世纪70年代末的变革。			
相关图纸				

750kW发电厂房平面图

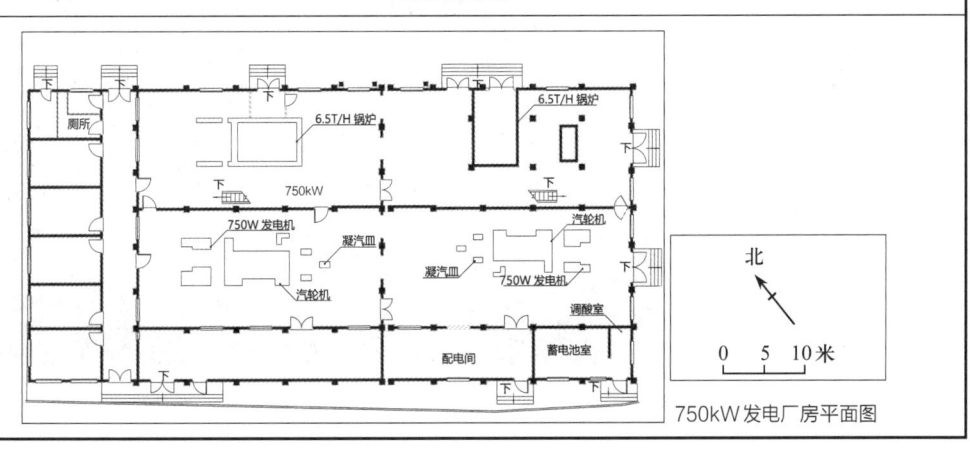

矾矿主厂区附属电厂区发电厂房现状

发电厂房全貌

1500kW厂房外观

1500kW厂房西立面

内部原生产环境

被改造使用的厂房空间

750kW发电厂房结构

（20）矾矿主厂区附属综化厂区

基本信息	遗址名称	矾矿主厂区附属综化厂区		
	具体位置	温州市苍南县矾山镇茶山巷1号（东经120°23′50″，北纬27°20′56″）		
	始建年代	20世纪60年代	占地面积	约11500平方米
	目前用途	现代酒店设施	是否文保	否

| 遗址描述 | 综化厂即综合利用化工厂简称，其前身是矾矿早期进行明矾综合利用试验的场所，20世纪70年代厂区主要由四个试验区组成，即明矾石脱水试验区、稀硫酸浸取法明矾生产中间试验区、钾肥生产区、硫酸铝生产区。2017年，随矾山产业向文旅转型，综化厂区整体改造为现代开元美途酒店。

综化厂区遗址位于水尾山西北山脚，南临水霞线，西临水尾老街。矾矿主厂区在其东南，两者间有水尾溪、矾山溪两条水系相隔。由于整个厂区属原拆原建，故建筑群保留相对完整，但建筑内部大多被改造。原明矾石脱水试验区位于酒店西北，厂房被改为书吧，内部保留有部分脱水设备。原稀硫酸浸取试验区位于明矾脱水试验区北侧，厂房被改为客房。原钾肥生产区位于酒店北侧，厂房被改为酒吧与餐厅。原硫酸铝生产区位于酒店南侧，厂房被改造为游客服务中心与茶室。综化厂区其他设施也大多被改造，作为景观小品散布于酒店各功能区周边，共同营造工业景观的氛围。

在主厂区之外设置试验区、生产过程同步进行工艺革新是民国以来矾山明矾生产的惯例，综化厂区是这一惯例在新中国延续的体现，它表明了矾山传统生产工艺在现当代的演进。|

相关图纸

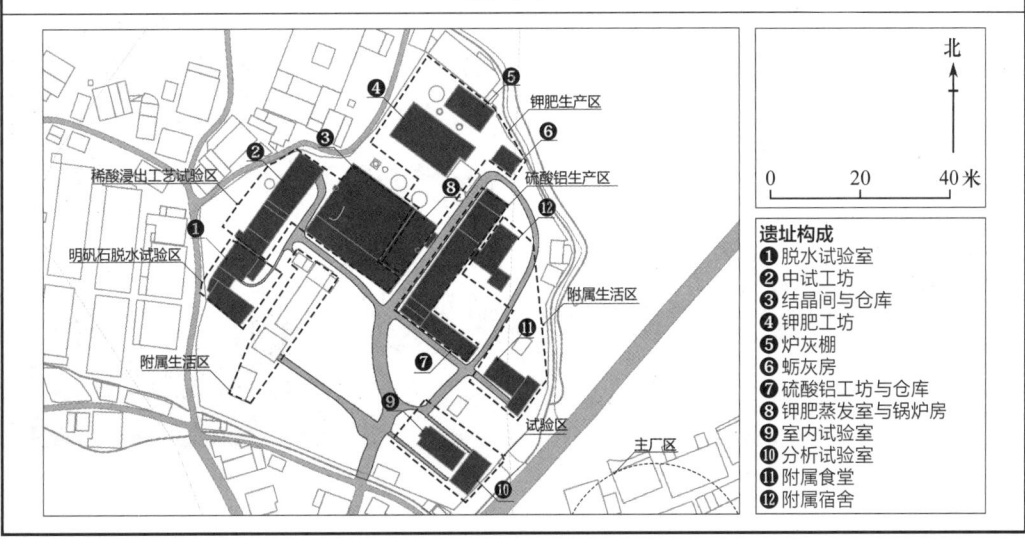

遗址构成
❶ 脱水试验室
❷ 中试工坊
❸ 结晶间与仓库
❹ 钾肥工坊
❺ 炉灰棚
❻ 蛎灰房
❼ 硫酸铝工坊与仓库
❽ 钾肥蒸发室与锅炉房
❾ 室内试验室
❿ 分析试验室
⓫ 附属食堂
⓬ 附属宿舍

矾矿主厂区附属综化厂区现状

综化厂区全貌

原试验楼

原明矾脱水试验室

原脱水明矾设备

原硫酸铝厂房

原变电所与设备

（21）矾矿主厂区附属综化厂区钾肥工坊

基本信息	遗址名称	矾矿主厂区附属综化厂区钾肥工坊		
	具体位置	温州市苍南县矾山镇茶山巷1号（东经120°23′50″，北纬27°20′56″）		
	始建年代	20世纪60年代	占地面积	426平方米
	目前用途	现代酒店附属酒吧	是否文保	否

遗址描述

钾肥工坊隶属综化厂钾肥生产区，始建于20世纪60年代，主要进行明矾提炼钾肥试验，以满足当时国家农业发展需求。2017年随综化厂整体改造，钾肥工坊同步改造为酒店附属酒吧。

钾肥工坊遗址位于综化厂区北侧钾肥生产区内，是该生产区的主体构成。厂房一层，双坡顶，平面矩形。内部按酒吧功能改造，仅木桁架局部保留。档案显示厂房内原有12个圆形结晶池，经调查确认实际有16个，多出部分应属后来扩建。这些结晶池现被划分为地面、地下两个功能区。地面区域是在结晶池上覆盖木板形成，木地板铺设不规则，主要分布于厂房北及与东南两侧，布置有吧台、走道与沙发座椅等设施。地下空间为饮酒区，每一结晶池为一个单元，利用结晶池下沉特性沿池壁布置沙发座椅，边沿设金属扶梯，保证空间使用的私密性。厂房外墙青砖砌筑，墙面有通长装饰线分层，时代特征明显。厂房西南原为设备间，现改造为酒吧附属会议室。

钾肥工坊是矾矿附属综化厂的重要组成，也是新中国成立后矾矿进行工艺革新与援助国家农业发展的重要见证，其内部结晶池改造方式为明矾工业遗址再利用提供了新思路。

相关图纸

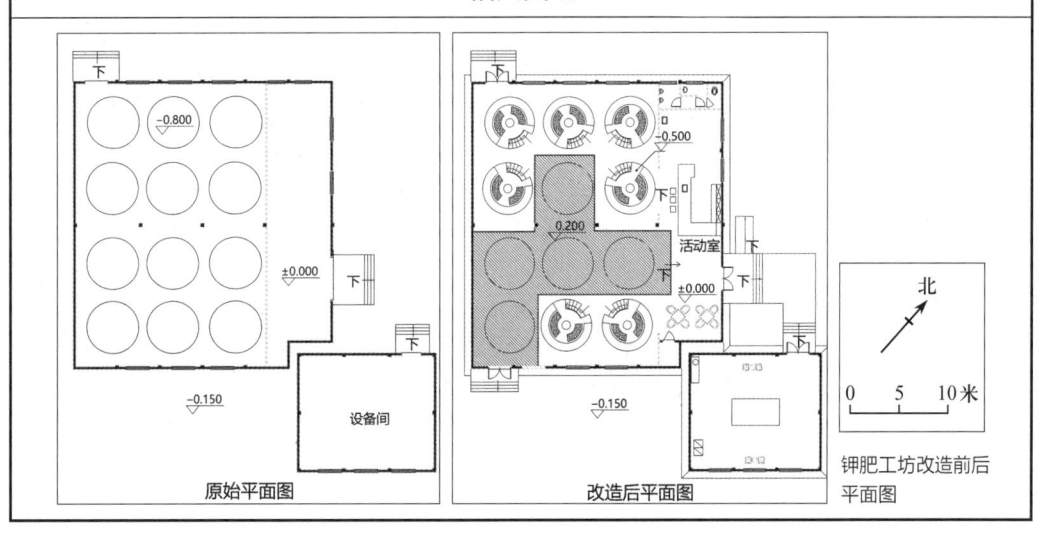

钾肥工坊改造前后平面图

矾矿主厂区附属综化厂区钾肥工坊现状

钾肥工坊全貌与周边环境

内部环境

改造后的结晶池

屋架结构细节

第4章 运输遗址调查研究

本章主要聚焦矾山明矾向外运销的机制及其关联的线路空间。运销是矾山明矾生产的重要组成，从产业链来看，矾山当地的采炼只是将天然矿石炼制成明矾成品的中间环节，而矾山外部的运销才是将明矾成品输入市场谋利的终端。自商人运营以来，矾山生产在运销推动下持续壮大，当地闭塞环境在与外部互动中走向开放，矾山周边也产生与矾业关联的人群与场所设施，彰显出矾山生产辐射的广度。本章首先阐释矾山运销的推力与环境，在此基础上考察矾山运销体系中最具代表性的空间构成——挑矾线路——的历史变化，梳理各线路的区域景观特征，最后呈现典型运销遗址保存状况。

4.1 明矾运销机制与条件

4.1.1 运销产生的动力

矾山运销有两个存在基础，一是明矾本身的功用价值，二是矾山所处的区域环境，前者属谋利本能，后者是限制条件，两者共同构成矾山运销机制产生、发展与变化的底层逻辑。

（1）运销推力

明矾主要作为工农业生产原料使用，但矾山当地土地贫瘠，农业自来不发达，历史时期也缺乏其他规模性地区产业，因此想要实现生产谋利，所产明矾只能向外输送，这是矾山运销生存的根本。

历史时期明矾曾广泛用于医药、织染、净水、保险等功能。最初明矾主要用于医药领域,据《神农本草经》记载:"矾石,味酸,寒。主治寒热泄痢、白沃、阴蚀、恶疮目痛,坚骨齿。炼饵服之,轻身不老增年。"[1]明李时珍称:"矾石之用有四:吐利风热之痰涎……取其酸苦涌泄也;治诸血痛……取其酸涩而收也;治痰饮……取其收而燥湿也;治喉痹痈疽……取其解毒也。"[2]正因为具有止血杀菌等多重功效,明矾在医疗条件欠发达的传统社会曾长期广泛地被使用。明清时期,明矾在织染与净水等方面作用显著。前述已知明矾织染价值,当时能够作为贡品进入帝王视野足可说明它在这一方面的不可替代。此外,王士性曾说"若留都城内井,则皆秽恶不堪食,又多碱,余尝取秦淮水矾澄之"[3],也显示当时明矾在净水方面的作用被人们熟知。近代以来,明矾在织染与净水方面的作用获得更大拓展,如民国染布业"工厂日见增兴",以至矾山"矾之销路益形畅达也",同时明矾也广泛用于近代水厂。近代明矾作为肥料的价值开始显现,民国浙江省矿产调查所称,明矾"使灌溉水中之浮游物迅速沉淀,供给作物以多量之有机物质,并使稻根着实"[4]。除上述应用较广的方面外,历史时期明矾还曾用于食物保鲜、室内观赏等,民国更在军需方面做过发展考量。

新中国成立后明矾大量用于现代工农业生产。据不完全统计,新中国成立以后明矾在工业领域用量最大,共涉及造纸、制药、染料等数十个方面。从1964年销售情况看,矾山当时所产工业用矾约占全国总需求量的45%。农业是明矾应用的第二大领域,当时矾山所产农业用矾约占全国总需求量的35%。20世纪60年代,学界展开关于综合利用明矾石制造钾肥的热烈讨论,当时认为"从我国当前化肥工业看,钾肥产量极少,部分还依靠进口,如能综合利用明矾石生产钾肥、硫酸和氧化铝,对积极支援农业生产将是一个很有利的途径"[5],作为温州化工厂下属单位,矾矿当时主要职能就是为后者的钾肥生产提供原料。与此同时,明矾在民用领域的应用逐步扩大,主要用于腌制蜜饯、发酵粉添加剂、净水剂等。由于民用价值不断得到挖掘,20世纪80年代初矾山生产逐步向食用明矾领域倾斜。

明矾作为工农业原料得以广泛应用是矾山作为产矾区生存的根本,17世纪中叶以后矾山在浙江、全国乃至世界工农业生产中都扮演原料产地的角色,而维系这一角色的基础就是运销。通过源源不断地向外输出明矾,矾山不仅实现了生产盈利,也成就了自身在明矾生产史上规模最大生产单位的独享地位。

(2)环境制约

历史以来矾山生产之难不在采炼,而在运销,运销之难在山水险阻。从空间区位看,矾山地处偏远,与明矾最终的消费地区路途遥遥,如何将明矾从当地运出、再输入外部市场成为矾山运销要考虑的首要问题。在作为起点的矾山与明矾使用的终点之间,"运出"与"输入"仰赖的是两点间漫长距离上多层级商业市镇的连接与转换,而这些连接转换又不可避免地受到矾山所在自然环境的影响与制约。

依据施坚雅中心地理论，中国历史在行政区划之外存在另一种空间层次，即由经济中心地及其从属地区构成的社会经济层级体系。在这个体系中，处于最高处的是具有大规模商品集散能力的都市，在其之下是不断分层下延的各级商业市镇，直至位于底端的生产单位。就每一层级而言，它们均表现为"核心-边缘"结构的连续性空间，而从更大范围看，每一层级又可通过互相覆盖的网络连于上部更高层级的市场。通过各层级水平与层级间垂直两个方向的连通，底层生产单位可逐级与层级顶点的都市建立联系，并通过后者实现与更高层级市场的互动。矾山位于浙闽山区经济体系的最底层，这注定其所产明矾只能从最边缘起步，越过与顶点都市间各级市镇，逐层经历由边缘而核心的汇聚整合，才能进入与都市连通的更广阔市场，运达更远的工农业适用地区。在一系列攀升过程中，明矾在不同层级市镇售卖中实现着自身的商业价值。

矾山地理环境闭塞，明矾运输的自然条件不理想。浙江山地丘陵多，平原少，地势由西南向东北倾斜，西南山地高峻，谷地幽深，主要山峰海拔均在1500米以上。温州位于浙江南部，整个地区"东界巨海，西际重山"，其西、南、北三面均为山地，括苍、洞宫、雁荡等山脉阻隔着温州与西部丽水、北部台州的连通。从矾山原来所属的平阳县看，该县地处温州最南部，整个地势仍为西南高峻而东北低平，西南千米以上的山峰形成屏障阻挡着它与外部的往来，东北鳌江平原几乎是平阳与外部连接的唯一通道，而矾山就位于该县的最南端。因此，无论就省、市、县哪一层级观察，矾山都是被重重山岭包裹的封闭地带，虽然南接福鼎、东南濒海，但想要到达这些地方它都需越过山水阻隔。因环境封闭，近代以前交通不便始终是阻碍温州经济发展的重要因素，"温州地处浙闽交界，山川环绕，路途崎岖，赖以通外埠者，唯招商局及其他公司数轮而已。船小载轻，所运有限，而交通之不便，货物有停滞之虞"[6]，而在山水阻隔最严峻的温州南部，矾山输出明矾的难度可想而知，"以道途阻隔，销售不易，必待客商之来顾"[7]是当时最真实的写照（图4-1）。

4.1.2 运销依托的环境

矾山运销明矾需搭载外部已有的运输销售网络，因此温州各级市镇及其之间连通线路构成矾山运销的支撑条件。

（1）区域性运销网络

矾山明矾外运送抵的层级顶点一般是温州、宁波、上海等港口城市，其中温州港作为距矾山最近的区域商业核心始终在明矾运销中承担重要的销售与转运功能。温州

图4-1 清代平阳县山水环境图（左上方为矾山所在区域）

（来源：《温州古旧地图集》，第162页）

港地处瓯江下游，从全国范围看它位于中国大陆海岸线中段，与最北的营口、最南的三亚等港口距离相当，与北面上海、宁波及南面厦门、福州等港口距离适中，且靠近台湾地区与日、韩等国家。良好的海上交通使温州港从唐宋开始就成为全国性港口，宋代温州郡守杨蟠曾以"一片繁华海上头，从来唤作小杭州"称赞当时温州港的繁荣，2022年被列为中国十大考古新发现的朔门港遗址即是温州港兴盛的典型实证。明代以后温州港受海禁影响全面衰落，清康熙二十三年（1684）开海后才渐次恢复。鸦片战争前温州港对外贸易再次停止，清光绪三年（1877）被辟为通商口岸，此后便一直是中国近代港口体系的重要组成。温州港是一个构成丰富、层级分明、功能联动的港口体系，其下辖瑞安、鳌江、赤溪、霞关等多个亚层级港口，历史以来它们与温州本港共同支撑着矾山明矾的转运与集散（表4-1）。

表4-1 民国时期矾山明矾出口主要关口概况

年份	温州港（担）	宁波港（担）	浙江出口（担）	温州港在浙江占比（%）	全国出口（担）	浙江在全国占比（%）
1912	29440	35284	64724	45.5	78045	83
1913	54097	23264	77361	69.9	90935	85

续表

年份	温州港（担）	宁波港（担）	浙江出口（担）	温州港在浙江占比（%）	全国出口（担）	浙江在全国占比（%）
1914	56869	20100	76969	73.9	91591	84
1915	75577	38475	114052	66.3	126991	90
1916	112983	82898	197092	57.3	293688	67
1917	60200	32970	93170	64.6	124523	74
1918	37342	16536	53878	69.3	95383	58
1919	36011	11595	47606	75.6	104388	46
1920	61792	5587	67379	91.6	139778	48
1921	91581	5433	97014	94.4	151922	64
1922	88477	8107	96584	91.6	162581	60
1923	115950	9417	125367	92.5	175564	71
1924	86702	4896	91598	94.7	162341	57
1925	103325	3247	106572	97	189234	56
1926	100457	1422	101879	98.6	133904	76
1927	88468	186	88654	99.8	124930	71
1928	86502	553	87055	99.4	112071	78

（来源：根据民国文献数据整理）

温州港之下是散布在温州各处的商业市镇。宋室南迁后温州因人口集聚与工商业发展而使一批区域商业中心相继出现，它们大多位于水陆交通要冲，便利着城乡商品交换。明清以后温州商业市镇呈密集状态，如明末清初瑞安县有3市2镇、泰顺县有1市1镇、平阳县有5市6镇、永嘉县有7市1镇、乐清县有3市3镇等，共19市13镇，到光绪年间已增至46处市镇，整个温州地区形成"府城-县城-集镇"三级商业市镇体系。作为城乡经济枢纽这些市镇各有分工，它们一步一步进行货物运输与交易，使城乡之间商业活动形成连续的贸易链，而这也正是矾山明矾运销的基本轨迹。

在群山阻隔的封闭环境中，温州幸有水源可以依赖，它东临海洋，内有丰富发达的江水体系与密集的塘河水网，依靠这些水路温州实现了内部各地及与外部之间的货物往来。东海是温州拥有的最大水资源，清代陈伦炯在《天下沿海形势录》中称，"自宁波、台州、黄岩沿海而下，内有佛头、桃渚、崧门、楚门，外有茶盘、牛头、积谷、鲎壳、石塘、枝山、大鹿、小鹿，在在皆贼艘出没经由之区；南接乐清、温州、瑞安、金乡、蒲门；此温属之内海。乐清东峙玉环，外有三盘、凤凰、北屺、南屺而至北关以及闽海接界之南关；实温、台内外海迳寄泊樵汲之区，不可忽也"[8]，这段文字显示了当时温州海域与宁波、台州等海域的空间关系，并且可以看到除温州本港外，温州海域还有乐清、瑞安、金乡、浦门等诸多港口，它们可以实现近海航路递接，便于船只在海上连贯航行。瓯江、飞云江、鳌江三大水系建构起温州内陆水运骨架，使腹地中的大小河流连贯成整体，为流经地区的货运带来便利。除天然水系外，温州还开辟有多条人工河道，如瓯江北岸琯头至乐清乐成镇的乐琯运河、连接飞云江与瓯江的温瑞塘河、连接鳌江与飞云江的瑞平塘河等，它们弥补了自然水系局部沟通的不畅。在三江并流的下游地区，人工开凿的塘河将三条主干水系连接在一起，形成纵横百折、四通八达的水路网支撑着沿岸市镇的货物集散。

温州市镇网络与水运交通只是构成矾山运销的宏观环境，而矾山所在的原平阳县及所毗邻的福鼎等地市镇交通才是支撑其明矾运销的直接条件。清中期以前平阳商业市镇数量不多，乾隆《温州府志》载当时全县约有5镇8市，即平阳、钱仓、松山、蒲门、巴漕等镇以及径口、仪山、南盐、将军、垂阳、南湖、白沙等市。清末受温州开埠的影响，平阳市镇有了较大的发展，新兴市镇主要分布于平阳县城西南的南港与北港两地，如矾山所在的南港共约14市，是乾隆时期的14倍。南港与北港水运便利，既有鳌江、灵溪、藻溪等河流，也有霞关、肥艚、赤溪、大渔湾、沿浦湾等海湾，市镇与港湾经河道连结成水运网络，使矾山明矾也能像茶叶、甘蔗等平阳其他大宗商品那样实现向县域之外的输送。矾山与福建接壤，西南即为今福建省福鼎市，并且矾山早期移民主要来自福建，两地生活习俗与民间信仰相似，空间相邻与文化同质使矾山运销自然受到福鼎市镇的影响。明弘治年间，当时还称为福宁州的福鼎商业并不发达，至万历年间该地墟市才有增长，在只能依靠人力运输的时代，作为距矾山较近的商业集散地，福鼎北部市镇成为矾山运销明矾的主要目的地（图4-2）。

（2）初级支撑市镇

温州、宁波、上海等港口城市的位置决定了矾山明矾运销的基本方向，平阳商业市镇分布是矾山与上述港口城市之间运销线路组织的关键，但它们并不与矾山直接联系，因此对明矾运销的作用较为间接。与之不同，矾山周边那些与之临近、可直接通达的初级市镇构成矾山明矾向外"运出"的第一步，它们是漫长运销线路最初方向的决定者。原平阳县的赤溪、藻溪、沿浦以及福鼎的前岐即是这样的初级市镇，它们通过各自毗邻的赤溪、鳌江、霞关、沙埕四个港口源源不断地将矾山明矾输往更广阔的市场（表4-2）。

赤溪镇位于矾山东部，两地相距约30里。赤溪镇东为大渔湾，后者岸线曲折，适宜船只避风停靠，湾口有官山岛等作屏障，所以湾内风浪较小。康熙二十四年（1685）清廷设浙海关管理浙江等地贸易，赤溪即为浙海关下属平阳口的两分口之一，可知清前期赤溪已是平阳县局部地区的经济中心。赤溪的发达与其便利的交通密不可分，首先赤溪出大渔湾可通过近海航线与炎亭湾、肥艚港、鳌江港等温州海域的诸港连通。

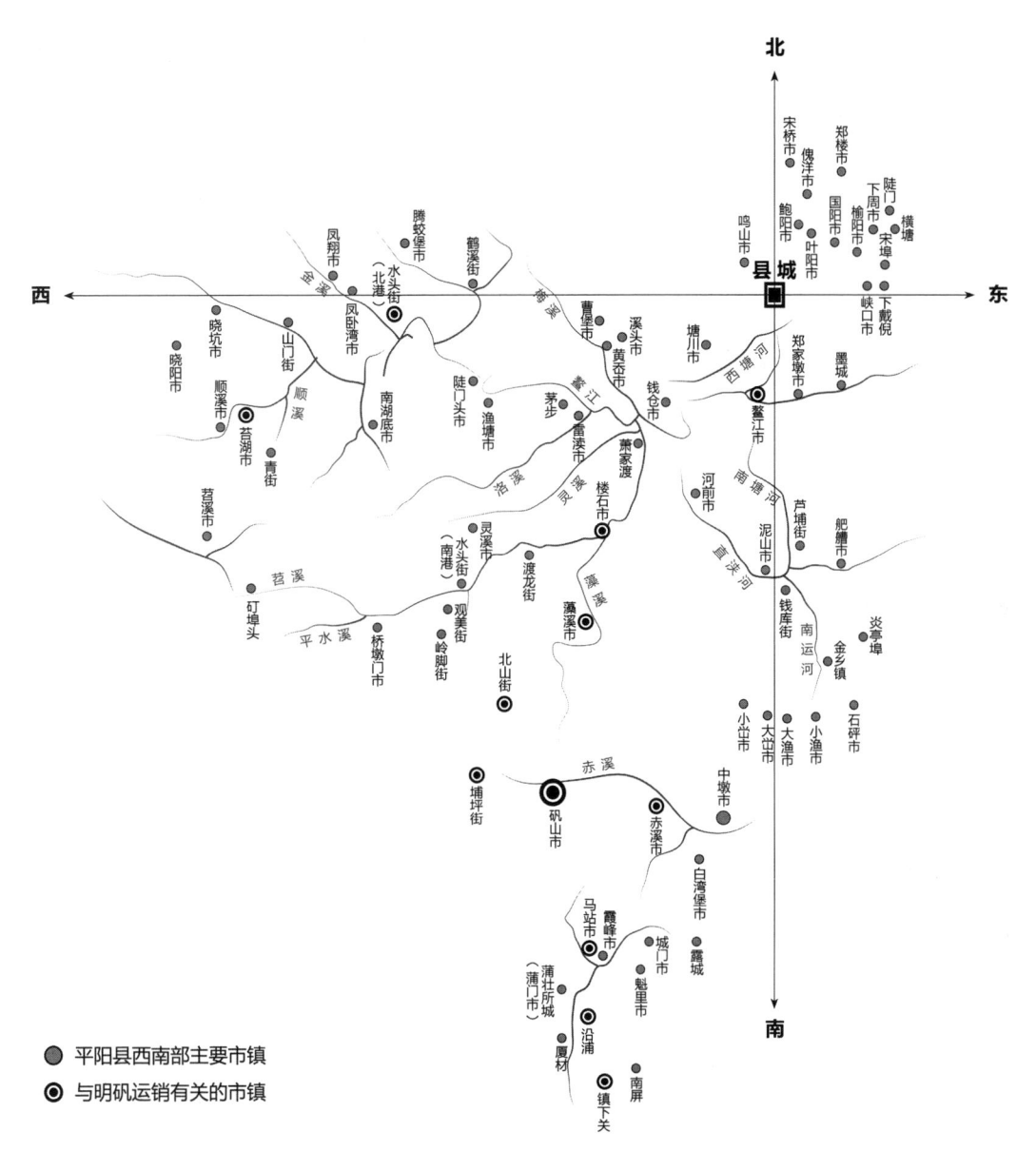

图 4-2　民国平阳县商业市镇分布示意

（来源：根据《温州府的市镇结构及其演变》插图重绘）

其次由于与金乡同处大渔湾，故赤溪经金乡境内的方金航道可与温州内陆的瑞平与平鳌等塘河连通。近海航线与内陆水系两套交通系统保证了赤溪与外部往来的畅达。

藻溪镇位于矾山东北，两地相距约40里。藻溪镇毗邻横阳支江，后者是今苍南县境内最大河流，它由西南流向东北而后汇入鳌江，因此鳌江港是矾山明矾运往藻溪的目的地。鳌江旧称古鳌头，"县南二十五里，下临横阳江，为往来要冲"[9]，显示明清鳌江已是平阳县东北重要交通枢纽。19世纪后期，鳌江发展成大规模吐纳港，并与横阳支江两岸的墨城、钱仓、河前、泥山、芦浦、萧家渡等构成贸易网。20世纪30年代中期，矾山经藻溪镇与鳌江连通，"自（平阳县城，作者注）南门乘河船三里至古鳌头，二十里至钱仓，渡鳌江乘小舟二十里至乌石岭之楼石，再陆行二十里至藻溪市，四十里至矾山街"[10]，这也是当时矾山明矾运输的大致路线。

沿浦镇位于矾山东南，两地相距约40里。沿浦旧属蒲门区，该区域海岸线曲折，汇聚多条河流，水利与盐业资源均较丰富。沿浦镇在明代已有发展，其与矾山也早有驿道连通。霞关港是沿浦镇向外输送明矾所依托的港口，它位于沿浦镇南部，是浙江最南端港口。霞关旧称镇下关，明清始终是海防卫戍要地，清末开始经济作用增强，如清光绪二十八年（1902）曾设闽盐分栈，20世纪30年代左右因毗邻福建而吸引福州、泉州等众多商船在此云集中转。此外，霞关与台湾直线距离仅300多海里，乘船20多个小时即可到达，极大地便利了货物的海外运销。

前岐镇位于矾山西南，两地相距约20里。前岐建置较晚，清乾隆四年（1739）福鼎置县后为其辖属，民国初（1911）设前岐区，民国二十九年（1940）始设前岐镇。前岐主要依托其东南部的沙埕港进行明矾运输，后者港阔水深，距台湾基隆港仅142海里。明清时期，浙江温、台两地输入福建的粮食以及福建向浙江输出的木材与红白糖等均在沙埕交易，作为当时官方认可的集市，在"南来船只必尽入沙埕，毋令透越"的管控下沙埕成长为浙闽边界最重要的商业市镇，尤其清初"迁界令"解除后，沙埕与前岐曾分别设立海关机构，这使当地商业兴旺一时。

数百年来，矾山以四个初级市镇为支撑点，以温州、平阳宏观运销环境为依托，逐步形成"矾山（产地）-初级市镇（基层目的地）-联动港口（陆海转接）-温州等港口城市（区域目的地）-明矾适用地（最终目的地）"内在层级分明的明矾运销线路系统（表4-2、图4-3）。

表4-2 明矾运销初级市镇-港口联动概况

序号	线路名	初级市镇	依托港口	线路组织
1	矾赤线	赤溪	赤溪港（沿海）	山路（人力挑运，约30里）-赤溪（舢板递送）-官山洋面（改装轮船出口）
2	矾藻线	藻溪	鳌江港（沿江）	山路（人力挑运，约40里）-藻溪（内河船运）-鳌江港（改装轮船出口）
3	矾沿线	沿浦	霞关港（沿海）	山路（人力挑运，约40里）-沿浦（内河船运）-霞关港（改装轮船出口）
4	矾前线	前岐	沙埕港（沿海）	山路（人力挑运，约20里）-前岐（内河船运）-沙埕港（改装轮船出口）
5	苔湖线	水头街	鳌江港（沿江）	水路（筏运，约40里）-水头街（内河船运）-鳌江港（改装轮船出口）

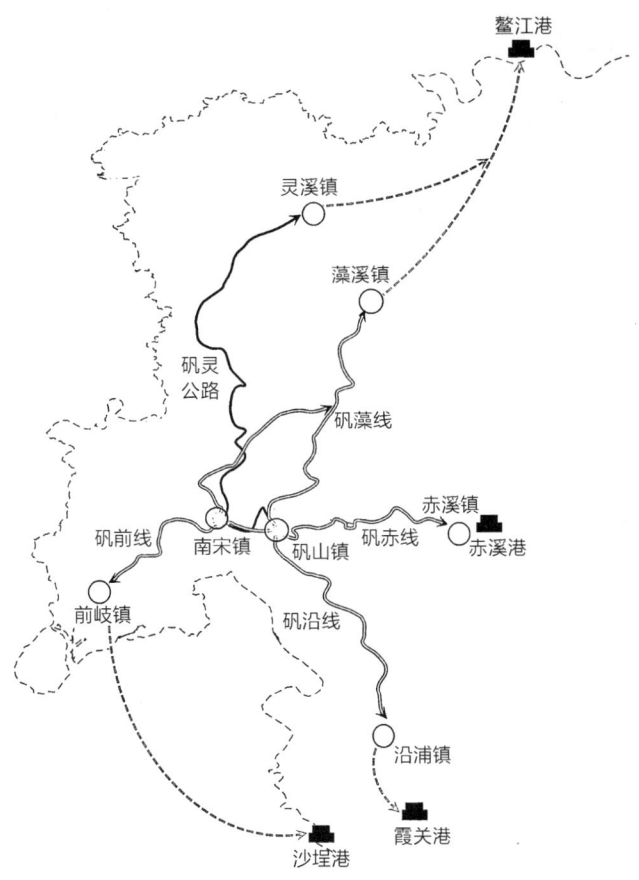

图4-3 矾山明矾主要运销线路示意
（来源：根据调查资料自绘）

4.2 挑矾线路更替与景观

4.2.1 挑矾线路历史调整

矾山与四个初级市镇之间经长期人工挑运而形成矾赤、矾藻、矾沿、矾前四条稳固的挑矾线路，它们是矾山运销线路系统生长的基础，是自矿脉生发、不断伸展的明矾产业链突破封闭环境向外蔓延的第一环。整体来看，矾山运销大致可分为历史时期与新中国成立后两个阶段，前者深受海洋形势与国内时局影响，运销环境与线路持续更替，后者以现代公路运输为基础，对原有挑矾线路进行了全面升级。

（1）清末及以前概况

家庭副业期矾山明矾以就近售卖为主，不存在远距离运销需求。17世纪中叶以后，持续扩大的生产推动矾山运销产生，并在商人经营下发展成熟。

目前关于矾山运销有关的记载最早见于清咸丰七年（1857）所立"奉道宪严禁碑"，碑文记载，"惟山高出产明矾，居民向以煎矾为业，运销觅利，事极辛苦……且矾系本地土产，须运往别省销售，行商贩至行铺，计矾百觔，提厘捌文，出口赴关报税，每包五十六文。矾归行铺提厘，出口纳税均遵旧章，叩求谕禁，厘捐之外，毋许不肖奸徒再向窑户勒索，则千万家得以安业等情"[11]，可知当时矾山已具备较完备的运销线路，明矾从行铺到行商、再经关卡出口层层转运可输至省外。此外，运输过程极为辛苦，工人除身体的劳累外还要忍受途中的盘剥与关卡抽成。

就现有资料看矾前线应是目前有确切记载的最早挑矾线路，前岐海尾天后宫内立有同治七年（1868）的"奉宪勒碑"，其碑文称"缘前岐地方自乾隆年间公议，每矾货百斤抽钱二文，以资公奉天后宫香灯之费，原属善举"[12]，表明矾前线早在清乾隆年间就已存在。前述已知，乾隆九年（1744）"九担窑"的建立标志矾山进入专门化生产，而只有专门机构的大规模生产才可能使明矾向外运销成为必需，据此推断矾前线应是伴随矾山生产繁荣而逐步发达的。到清中晚期，矾前线已经非常兴盛，这可通过"奉道宪严禁碑"设立地点推知，该碑立于今矾山镇西南的南宋溪下游，顺溪向南可达福鼎境内，在此立碑警示说明此地明矾运输的重要与繁忙。

"奉宪勒碑"显示矾前线是矾山与前岐两地协议达成的结果。明矾生产始终伴随矾浆污染，矾山溪携带的污染源流向下游，再汇入前岐的照澜溪，由此造成后者污染减产。历史时期矾山与前岐两地纠纷迭起，为平息纷争双方协定矾山明矾自沙埕入海，前岐按比例抽成作为补偿。这一协议在清前期就已施行，并持续至清末民初，"同治六年二月间，民人林爱卿、林阿春、阿贵等呈称，以明矾由伊海埋下水，矾屑淹害，蛏蚶不生，荒业赔粮，向议每矾货百斤抽钱二文，以作伊等津贴粮项之需，年久无异。迩来新开矾馆，意图停止津贴，呈请陈前县任内，再行出示抽收，尚未准许……查得林爱卿之子向礼，复敢率众在埠逞凶恃强勒抽，本应从严究治，姑念乡愚无知，从宽断令林阿礼等每年清明、中元、除夕三节，每节向天向宫首事、于公项内领钱乙千文，收为祭祀之用……示仰该处居民商贩并林阿礼合族人等知悉，尔等须知，私抽归费大干例禁。此后，凡有矾货，百斤只准依照旧议抽钱二文，公奉天后宫香灯之费，仍于所抽公项内，每年提出钱三千文，给林阿礼等收为祭祀之用，此外不得擅行私抽肥己"[13]，可以看出矾前线始终存在博弈的张力，其遗址记录着数百年来矾山与前岐两地作为矾业利益共同体的爱恨交加。

这一时期，其他挑矾线路的信息均记载不详。

（2）温州港开埠后的推动

光绪三年（1877）温州港开埠，随之而来的是其商业地位的抬升、平阳市镇结构调整与内河航运系统的升级等，这些变化共同推动矾山运销线路进行调整。

温州港开埠后其与国内外其他港口的联系加强、沿海货运范围扩大。当时温州港向南可达福州、厦门、泉州、汕头、广州、基隆与淡水等地，向北可通宁波、上海、青岛、烟台、天津及长江中下游的南通与镇江等地。由于地缘优势，温州港与上海关系尤为紧密，伴随后者在中国近代工商业体系中地位的攀升，温州港货物集散能力迅速增强。温州港开埠推动平阳市镇结构改变，这一时期平阳市镇大致分西、南、西南及东南四个片区，其中南区为矾山所在。因市镇网络结构的调整，南区中的赤溪与沿浦等地位上升，这极大地便利了平阳南部包括明矾在内的大宗货物的运输。温州港开埠同时带来内陆水道的近代化，这一时期温州内河水运设施不断完善，原来主要依靠挑运、竹筏等传统方式接驳的航运效率提高，依靠帆船运输的近海航线也开始转由大吨位汽轮运输。

这一时期矾山已发展成为平阳县南部西北区的中心市镇，它以矾山街为中心，与北山街、水尾、南宋等组成小片区市镇网络，其主要作用就在于汇聚当地明矾。不过作为群山中的专门市场，矾山与外部市镇之间的联系并不紧密，附近定期市镇并不发达，"可知该镇之兴起，全在于矿产明矾，致而虽人口众多，仍不完全具有中间市场之形态"[14]，这使它仍需依赖周边市镇运销明矾。

温州港开埠后矾前线在相当长时间内仍维持着运输要道的角色，这与当时矾山明矾集中向日本和中国香港等地运销有关。光绪二十九年（1903）矾山所产明矾"大都销于日本"，由于沙埕港与台湾基隆港距离较近，明矾从基隆走国际航线可直抵日本，省去中间环节的便利使矾前线在当时仍保持着相当的繁荣。

这一时期矾赤线开始兴起，并在后续发展中逐步取代矾前线成为矾山运销的主要线路。温州港开埠以前，赤溪在运销线路系统中仅属辅助性质，"光绪十六年，因矾山近闽之前岐，矾多由前岐出口，仅赴分关完税，不复赴分卡完厘，于是卡捐关税并在赤溪征收"[15]，开埠之后，赤溪作为平阳南区中心市镇的地位增强，19世纪末已显现出明矾运销的主导地位。庄延龄调查称，"本地有一种重要产物明矾，产于靠近福建边界的赤溪，最近两年发到本港由汽船外运……按每块重50或100磅锯下，由一大队挑夫直接担到山下的赤溪……代理商告诉我，如此纯化得到的明矾在赤溪每担大约能卖1元"[16]，这段文字虽涉及福建，但未有关于前岐的只言片语，反而赤溪被多次提到，说明矾赤线已经在当时的运销线路中占据主导地位。这一时期矾赤线胜过矾前线的原因有很多,除赤溪本身商业地位提升外,现代交通工具的使用、路途远近的差异等亦是主要因素。赤溪东部海域宽阔、吃水较深,其港口条件利于民国时期大吨位汽轮的停靠,反观沙埕海域空间狭窄,这使前岐因"路近且平,维以汽轮不至"的明显短板而被取代。再者,当时明矾主要经温州转口宁波、上海等地,地处北部的赤溪显然与这些目的地距离更为靠近,明矾自然无需经前岐绕远,运输成本相应降低。由于上述种种,这一时期矾前线"外出此途者殊少",而赤溪则呈现截然不同的繁荣景象,"近数年来,独赤溪为运矾转销外埠之总汇。凡独力自营之窑户,多设矾馆于赤之"[17]。19世纪末至20世纪初,赤溪已是矾山明矾的汇总之地,人们在这里出售品质较差的小桶矾,再将优质大桶矾装捆成包后运往更高层级的市场。

20世纪20-30年代,矾藻线开始强势崛起,这主要得益于温州港开埠对鳌江港的推动。初期矾山明矾从鳌江出口都需经藻溪中转,与其他初级市镇相比,藻溪与矾山相距最远,且两者间路途艰险难行,"由藻溪至矾山,相距约四十里,此段山多路险,步履艰难"[18],因此矾藻线早期发展并不明显。19世纪末20世纪初,鳌江已是繁盛之地,"茶、矾、海产,咸萃於此,商业繁盛,为全县冠"[19],1926年鳌江绅商王理孚父子开始进入明矾业,他们通过自家商号"王广源"在前岐、赤溪等地收购明矾,筛选包装后以"虎标大明珠"为商标销往各处。经王氏父子加工升级,矾山明矾在海外市场广为畅销,这反过来又推动矾藻线的繁荣。20世纪初的《矾山记》称,"矾山外达之途有三。即赤溪、前溪(岐)、苔(藻)溪也"[20],20世纪30年代许蟠云又说,"至矾山区运输路线,约分三路如左:1 由矾山街陆行至藻溪,由藻溪改装江船至鳌江,转商输出口。2 由矾山街陆运东至赤溪三十里,由赤溪改用驳船至官山洋面约三十里,转装帆船出口。3 由兰松阳之夏高桥南行二十余里,至闽属福鼎县之前岐,由前岐改用驳船至沙埕约五十里,装转出口"[21],两份资料显示挑矾线路排序在十数年间发生改变,即矾藻线从最后跃至最前,这说明该线路当时已处于运销线路系统的核心地位。另外,王氏父子为缓解运输困难曾计划在藻溪与矾山之间修筑铁路,就商人谋利本性而言,如此投资必定对应着更高额的回报,这可从侧面印证当时矾藻线的商业价值。

综合来看,20世纪30年代矾山已形成三条稳固的挑矾线路:一是经藻溪、钱仓而由鳌江出海;二是运至赤溪出海;三是南运至福鼎前岐出海。三条线路共同承担矾山运销任务,但三者作为挑运线路核心的地位却屡屡更替,从初期的矾前、中期的矾赤、后来的矾藻,三者的变化所呈现的是历史时期矾山运销环境的动荡以及运销线路系统自身的灵活。经前期调查发现,矾沿线目前并无明确文献记载,20世纪30年代资料也都表述矾山只有三条挑矾线路,是矾沿线自身存在弊端影响了发展?还是因为该线路所依托的霞关港军事地位敏感而使其隐于文字?这些疑问都有待进一步的查证。

（3）民国时期的官方改良

矾山运销由民间自发生成，以便利就近为原则，与民间采炼活动相匹配。20世纪40年代，官方力量因矾业衰落而介入矾山，民间运销本就存在的弊端在官方视角下被放大，为配合采炼环节的管制及应对外部环境的动荡，以"矾管处"为代表的官方力量对矾山运销重新谋划，使当时的运销组织与线路选择都呈现有别于民间自发时期的变化。

20世纪30年代，明矾自港口向外输出虽已采用汽轮等现代化交通工具，但矾山与初级市镇之间仍以人力挑运为主，许蟠云将这种运输方式的弊端归结为四点，"运费昂贵""时间迟缓""距离稍远者，因一日不得往返，则雇工甚难"以及"不良工人，往往舞弊，增加额外之剥蚀"[22]，并在后续提出的以财团模式实施统制计划的改良举措中将人力挑运作为重点变革内容。具体为，在财团组织架构中设置运输股与营业股，前者"掌管原料及产品之运输，及关于改良运输事宜"，后者"掌管原料之采办，及产品之推销事宜"[23]，它们与采矿股及炼制股两个生产部门相并列，四者共同构成财团生产组织的基本架构，由此可以看出运销在官方重振矾山计划中的重要意义。当时浙江省建设厅接续许氏建议提出《整理平阳矾矿计划》，其中也对矾山运销提出改善应对，即设立矾栈、建筑道路与设立专卖机关等。官方视角下民间矾馆既不从事生产又不进行销售，是无意义的中间环节，因此建议设立集收货与销售于一体的矾栈取而代之。修筑道路主要是对矾藻线进行局部改善，试图通过引入现代交通设施以降低人力挑运成本。设立专卖机关是对许氏建议对矾山实施统制计划的具体回应，通过专卖机关"内与矾窑合作，藉免供求不符之弊，外察市场需要，藉收货品应时之效"[24]，以此统合民间采炼与运销的混乱状态，减少恶性竞争。然而，20世纪30年代官方对矾山改良举措落地者甚少，相应运销在当时并未有明显改观。

20世纪40年代，"矾管处"强势干预使上一阶段官方纸上谋局的改良计划正式实施，矾山运销在管理制度与操作方法上都有改变。首先，官方管控从采炼终端介入，"矾窑所产之炼矾，由明矾管理处比照生产成本加以合理利润给价统收，其产量及储存量，亦应按月陈报明矾管理处查核"[25]，通过成品统收从源头上遏制矾窑各自为政的运销状态。其次，制定多项运销章程，如"明矾之运销，由明矾管理处统筹之，经营矾业之商人，须受明矾管理处之监督管理与指导""明矾应依照指定路线运出平阳县境，违者以私运论""矾商运送明矾至上海者，须遵照禁运资敌物品运沪审核办法及其他有关法令办理，在内地运输者，须有销售地县政府或商会之证明书，方得起运"[26]等。通过对运销主体、线路、终端等多环节管控，竭力保障矾山明矾在动荡时局中仍能顺利外销。第三，进行多种销售方法的尝试，如承运投标、代销明矾、以矾易货等。

其中以矾易货最具影响力，它以明矾与棉纺制品交换为主要形式，由"矾管处"、民国浙江省政府及中央财政部等协同推动，对当时矾山运销市场拓展、明矾滞销状况改善都有积极作用，也因为此矾山与民国纺织业关联紧密，这构成审视矾山明矾工业遗址价值的另一重视角。

矾山运销受外部环境影响显著，尤其国内战事总对其产生消极作用。1931年《浙江平阳矾矿概况》记录有民国前后矾山运销状态，在民国六年"减五三"、民国七年"减四二"、民国十六年"减一三"等锐减的销售额下分别对应标注着"内战甚烈""浙军入闽援粤时局不靖""时局不靖"[27]等字样，充分显示出20世纪20年代以后矾山运销环境的恶劣，而这也使运销线路在后续官方管制下频繁调整，表现为矾藻、矾赤、矾前三条挑矾线路的核心地位不断转换及内陆支线的开辟。

如前所述，矾藻线在20世纪30年代已成为矾山明矾挑运的主要线路，许蟠云在调查中专门提及要对其运输条件进行改善，"据观察所得，由矾山至险口一段，则全是山路，坡度虽略大，尚可筑造马路……关于藻溪至险口一段，目前既有商绅王理孚等筹筑一条轻便铁道，约长十五里，不久即可动工"[28]，后民国浙江省建设厅《整理平阳矾矿计划》进一步提出"资拟由矾山建一公路径达藻溪，则运费以及转运手续自省而且简矣"[29]的设想，官方改良构想及之前王理孚等商人的建设谋划都显示出矾藻线在当时矾山运销线路体系中的非凡意义。然而，20世纪30年代末，日军入侵温州后矾藻线全面受阻，"兹以鳌江禁止海轮进出口，且路险难行，运往藻溪出口者绝迹"[30]，1940年左右这条线路的运销活动基本停滞。

反转的是这一时期矾前线重要性又开始凸显。温州港开埠后矾前线失去挑矾线路核心地位，除不能适应新型交通工具、距温州过远等原因外，跨省运输也是制约其发展的重要因素。前述已知，矾前线是矾山与前岐两地协议达成的结果，30年代初官方拟对藻溪线进行改良建设，正是基于对矾前线"路途虽较平坦，但隔省政令不一，易生阻力"[31]弊端认知而做出的选择。到30年代末，矾藻线衰落后矾山运销开始由赤溪与前岐分担，为避开北边以温州港为中心的海域风险，两地汇聚的明矾均由沙埕装轮出海。当时"十九家矾窑，肩运前岐出口者有十二家，赤溪出口者有七家"[32]，造成矾前线比矾赤线更加繁荣的原因有两个，一是前岐位置靠南，相对更安全，二是前岐与沙埕毗邻，转驳费用相对低廉。正因为"总上两地出口，似以前岐为宜，不独运费较廉，即发运至沙埕之船只往来，亦较为安全也"[33]，故20世纪30年代末矾前线再次成为挑矾线路的主力担当。

到20世纪40年代初，矾山明矾外运的线路再次发生变化。1940年，时任平阳县长张韶舞与平阳昆南区长张伯康借口明矾过闽有资敌嫌疑而令矾山只准向赤溪运输明矾，这一事件直接促成后来"矾管处"的成立，在后者管制期间，战事影响下的温州海域近海航路已难以再发挥作用，在日益重要的内河运输网中，丽水因外可以木帆船连通温州、内可经公路至金华衔接浙赣铁路而成为当时浙南货物流通的中转站。因此，1942年"矾管处"在丽水石帆设明矾仓库，将赤溪矾栈部分明矾运往堆储，同时增辟赤溪-瑞安-永嘉-丽水石帆运输线路，借内陆转运来躲避战乱对矾山运销的影响。

（4）新中国成立后的建设

新中国成立后，因应生产模式变革与国家经济形式调整，矾山明矾先后经历了包销、部分自销、全部自销的变化过程。初期矾山生产沿袭民间私有，所产明矾主要由土产公司收购包销。1951年5月，浙江省人民政府经济委员会对矾山大小矾窑所产明矾作定额分配，规定旺季时土产公司收购70%，淡季收购80%，余额由私商收购。1954年，明矾作为二类商品被列入商业部计划商品，具体收购由浙江五交化公司温州站执行，后者负责按计划收购与调拨。1980年，明矾不再列为计划分配商品，浙江五交化公司流转计划取消，于是温州五交化站与矾山联营，明矾由当地部分自销。1985年，明矾被列入开放商品，激烈的市场竞争使明矾从旺销转入衰疲。1992年3月，矾山与温州五交化站解除联营关系，明矾开始自销。20世纪80年代以来，国家从计划经济过渡到市场经济，以矾矿为主体的矾山生产随之走上自主经营、自负盈亏的道路，通过改变过去只管生产、不问销售的做法，持续扩大明矾市场的占有率（表4-3）。

表4-3　1981-2005年温州（平阳）矾矿明矾销售地区、销售比例与应用行业情况

应用行业	销售区域	销售比例/%	应用行业	销售区域	销售比例/%
出口	东南亚、中东	14.0	果蔬腌制	浙江	2.5
发酵粉	广东、广西	50.0	阴币纸钱行业	广东	4.7
海产品加工	辽宁、山东、江苏	7.0	其他行业	其他行业	16.8
造纸	浙江	5.0			

（来源：《苍南县志》卷二十一《工业》）

新中国成立后的一系列建设也推动矾山运销线路改变，主要表现为以公路为主要依托的线路系统重构及现代海运设施的拓建。20世纪50年代中期，无论经哪一初级市镇向外输送明矾，矾山都未能摆脱人力挑运的原始状态，直至1957年4月矾灵公路开通这种状况才有改变。矾灵公路是矾山与外部连通的第一条现代化道路，通过它明矾可直接运至鳌江装船出海。现代公路的引入连带改变其他运销要素，如前岐与藻溪等地矾馆被取消、鳌江码头建起专门仓库、矾山当地成立运输车队等。此外，矾灵公路还与周边已存在的其他公路相连通，如其向北数千米可通过甘歧村西南公路与福建福鼎路网连接，这使矾山毫不费力地就被纳入到高效广阔的现代运输网中。因此，矾灵

公路的意义不止在于它终结了矾山人力挑运明矾的历史，更在于它为矾山现代运销网络的构建开辟了新天地。

20世纪60年代，实行统购统销的明矾主要由国家公路局托运解决。矾山近距海洋，海运对运销更为便利，因此矾山当时考虑结合现代公路设施对之前传统线路扩建使用，"由于矾矿接近沿海，对海运有利条件很多，东至赤溪18公里，西至福鼎前岐杨（即姚，作者注）家屿出海21公里，此至鳌江54公里（这条线已通车，当前物资产品进出运输均是通过这条线到鳌江中转）。关于这几条线我们已做了初步勘探，只需国家有投资和物资就可以解决，同时中央铁道部对矾温铁路也于57年作了两次勘探"[34]，这条资料同时显示，当时除矾山自身筹谋外，国家铁道部也曾对矾山与温州之间铁路建设做过前期勘探，说明建国初期国家确有大力发展矾山的构想。不过，运销线路进一步提升是迟至20世纪80年代以后才有的事情，当时矾山在前岐姚家屿与赤溪中墩港新增两处码头。姚家屿码头可停靠千吨级轮船，外海货运可远及香港、上海、山东等地，与矾山之间有公路直通。中墩港码头规模略小，主要停靠小型轮船，明矾可经专门的矾中公路直接运此出海。改造升级后的运销线路一直在矾山生产中发挥重要作用，直至21世纪当地全面停产。

4.2.2 挑矾线路景观特征

作为数百年来矾山安身立命的生命线，四条挑矾线路拓展了矾山生产的容量、扩大了当地生产的辐射范围。运销往来中，人工挑运、水陆转接、水路船运等运输方式不断将自然要素统合进线路中来，使矾山生产经过与浙闽山区自然环境的深度融合形成了具有强烈地区识别性的线路景观。

（1）挑矾线路空间构成

明矾运销机制与浙闽山区自然环境的共性共同决定了挑矾线路基本空间构成。

从结构看，四条线路均呈现"矾山-市镇-海港"三地联动的空间特征，三者缺一不可。如果说矾山与初级市镇的衔接是传统社会中经济活动传输的基本规律，那么海港的存在所反应的则是浙闽山区山水阻隔中人们被迫向海而生的区域特质。矾山地处中国大陆边缘，封闭的环境使其无法搭载任何腹地交通以享受既成的运输便利，甚至除了海洋没有任何轻松的区域出口可以利用，因此，经由海陆递接进入市场几乎成为历史时期矾山明矾逃不掉的宿命。向海洋拓展出路决定了四条挑矾线路均由陆路与水路两种线路构成，并以先陆路再水路的稳固组合实现三个地理空间的衔接，就此而言矾山挑矾线路从来都不是单薄匀质的，它关联陆地、河流、海洋三类自然环境，涉及竹筏、木船、汽轮等多种交通工具，复杂的构成意味着递接转换的频繁，也意味着不同路段之间协作人群的产生。

从功能看，四条挑矾线路均由道路、节点、终端三类空间构成。道路空间指明矾运输线路的本体，包括历史时期挑矾陆路、内河水路以及新中国成立后的各条公路。道路空间可细分为两类：一是路面本身，其空间感较弱，有时仅以地面铺砌或蜿蜒走向提醒着人们它的存在；二是连通各路段的桥梁、矴步与路亭等设施，它们将被自然切割的路面连成整体，并成为路段可被定义识别的界点。节点空间主要指明矾运输经过的村庄、市镇等聚落。沿途聚落是明矾运输者在中途的喘息之所，是线路生命力维系的关键，聚落多寡与分布影响着明矾运输线路的走向与组织。反之，线路也对聚落有多重反作用，它们穿村而过或沿村而行一定程度上影响着宫庙、商业街等聚落关键空间的位置与形态，有时也会左右聚落人群对谋生手段与生活方式的选择。终端空间指挑运线路终点的初级市镇与关联港口，明矾运销逻辑下两者是不可分割的整体，其主要功能在于水陆转接，明矾需由市镇向港口递送，港口接纳后明矾才能实现向海输出，因此终端空间可被视为挑矾线路上一个更小的独立系统。

终端空间是挑矾线路的核心，历史时期依附初级市镇与港口生长的矾馆与码头是明矾实现水陆递接的关键组成。矾馆作用是将从矾山零散运出的明矾集中为批量整体，而后打包送往下一环节，"明矾之售卖，以矾馆为总汇……矾窑出矾，雇工运至矾馆，由矾馆过秤，集中转输运往各地销售"[35]。就经营类型而言，矾馆分为矾窑所属与独立运作两种，"窑户自烧自卖者，于矾山设窑外，并在出口地方设立矾馆。其由他人承卖者，则烧矾者仅设一窑而已，馆由承卖人设立"[36]，数量上后者更多，"由承卖商经营者，居十之八九，间有由窑主直接开设者，惟不多见"[37]。因功能较为单一，矾馆员工数量不多，一般"账房一人，月薪十五元，司秤一人，月给十二元，栈司二人，月给十五元"[38]。就建筑形式而言，目前仅能通过一张20世纪初期英国人所摄照片洞察，图片显示当时矾馆为四周通透、以草顶结盖的仓库类大房子。为运输方便，矾馆总依托码头建设，两者因此构成一个完整的明矾转运区，因运输方向指向海洋，该转运区总位于市镇中距海较近的位置。

矾山所处浙闽山区除负山面海的宏观地理特征外，"山丘广布、平原狭小，境内山岭纵向并列……在山脉、支脉中分布有许多呈长条状的山间盆地和谷底"[39]更是其典型微观环境，在封闭且充满褶皱的大地上，有着相同空间构成的四条挑矾线路在地形拉扯下呈现出更具差异的小环境特征。

（2）挑矾线路景观特征

四个初级市镇地理位置不同，矾山与其之间经过的自然与人文环境有所区别，相应以"矾山-市镇-海港"三地联动为结构的四条挑矾线路景观也各具特点。

矾赤线景观

矾赤线在矾山东部延伸发展。历史时期赤溪是四个初级市镇中唯一可与平阳内陆水网连通的市镇，也是唯一不需经内河而直接向海面运输明矾的市镇。

矾山与赤溪之间地势起伏，所经山岭有瓦窑岭、顶堡岭与官岙岭等，平均海拔约400米，但没有十分陡峻的地方，历史时期矾山至赤溪"可循山麓行，不必逾岭路，亦仅三十里，而平坦易行，输运较便"[40]，相对优越的自然环境是矾赤线长期承担主要挑矾线路的基础。历史时期矾山至赤溪的明矾运输线路主要有两条：第一条起自矾山街，中途主要经顶村、金斗垟村、凤阳乡、岭边村、五洞桥村等，终点止于赤溪镇南行村。第二条起自矾山南下，经金斗垟村与上一条路汇合。此外矾山北部还有一条南宋向赤溪运输明矾的道路，主要经鸡角岭、萍蓬岭、柘头隔等，至凤阳乡与第一条路汇合。这些线路经过的环境不同，道路走向与崎岖程度也有差异，总体来说一、二线路中金斗垟至外山隔中间2里较为平坦，外山隔开始下坡较多，过凤阳宫到圆潭岭脚才是平路。第三条线路起伏较大，全程多陡峭山路，路长且难行。

矾赤线经过的聚落都较偏僻，交通不便，故明矾运输对其空间与社会影响不显著。矾赤线与赤溪一路伴行，沿途经过的水系较多，如南堡溪、顶堡溪、坑边溪、官岙溪、圆潭溪、赤溪、南行溪等，这使矾赤线上的桥梁与矴步遗址丰富，如牛栏宫矴步、顶村涵洞桥、宫后桥、老人坑桥、圆通桥、赤溪矴步、坑口桥、东垟矴步等。就人文环境而言，途经凤阳畲族乡是矾赤线最特别之处，畲族是中国古老的游耕民族，它们在当地迁徙定居形成的住居与聚落丰富了矾赤线的景观内涵。

矾藻线景观

矾藻线在矾山北部延伸发展。藻溪是四个初级市镇中距矾山最远的，相应矾藻线在挑矾线路中最长；鳌江港是矾山关联港口中功能最完善的，故矾藻线运销能力最强；藻溪是四个初级市镇中唯一位于内陆的，这使明矾运输极度依赖内河水网，因此矾藻线中水路部分也较长。

矾山与藻溪之间地势起伏较大，有萍蓬岭、华岭等多重阻隔，海拔约在8-752米之间，线路两段构成特征明显，"由平阳县城至藻溪九十里，此段地势平坦，往来较便，由藻溪至矾山街，相距约四十里，此段山多路险，步履艰难"[41]。矾山与藻溪之间由华岭头至险口洞桥一段最为艰险，"自垟头阳至廿七都险口宫，约十有余里，中有大险、小险、鸟鼠梯、坠魂涧、鏊字坡等处，山危路窄，下临百尺深渊，必藉树木密茂以为遮栏，即偶失足，赖可扳援无虞"[42]，足见线路环境之恶劣与行走之艰难。历史时期矾山至藻溪的线路大约有两条：第一条起自矾山水尾，沿途经过现在古路下村、宜矾村、中岙村、兴昌村、王家垟村、三条溪村、小心垟村、银湖村、九堡村等地，终点止于藻溪老街。第二条经南宋、鸡鸣岭、半垟等地，后段与上一线路在三条溪汇合。整体来看，华岭头至三条溪最起伏多变，此路段由萍蓬岭、华岭、险口岭、鹅冠岭等多条坡岭组合而成，平均海拔500多米，坡度大且迂折。南宋至藻溪线上的北山街至半垟宫一段相对平坦，但半垟宫至三条溪一带地形开始多变。两条线路在三条溪汇合后，接下来即是险口一段艰险道路。

矾藻线经过的聚落较多，明矾运输对聚落的渗透较为深入，如三条溪村、银湖村、九堡村等都保留有与明矾运销有关的物质痕迹，较多的聚落反之也为矾藻线留下类型丰富的遗存，如溪光矴步、溪光石刻、人瑞牌坊、五间亭、垟尾园矴步、中岙水渠、岙口矴步、华岭路亭、盘岭脚桥、三条溪矴步、险口路亭、险口洞桥、奉宪示禁碑等。就人文环境而言，由于矾藻线搭载在原平阳县南部去往县城的关键道路上，官方与地方文人聚焦较多，因此线路遗存较多体现出传统主流文化色彩，如清代文人建议而官方敕立的"奉宪示禁碑"与华文漪所作的《渡险口作》、民国官方的筑路计划等。

矾沿线景观

矾沿线在矾山东南部延伸发展。沿铺镇是三个平阳初级市镇中位置最靠南的，距温州、宁波、上海等明矾运销目的地相距最远，与内河航运较为疏离，明矾运销主要依赖近海航线完成。沿浦镇与霞关港之间需先经沿浦河、再过沿浦湾连接，故线路中水路部分也较长。

矾山向沿浦运销明矾需越过鹤顶山，后者是今苍南县境内的最高山峰，海拔约在千米左右，高峻山势即便在整个浙江沿海也是首屈一指。鹤顶山往南有岱岭，其境内所含的坎门岭、南山岭、龙凤岭、牛皮岭等均十分险峻。历史时期矾山至沿浦的挑矾线路走向为：起自矾山街，途经圆盘村、杨子山村、坑门村、金山村、山边村、后岘村、甘溪村、兴蒲村、沿浦村等，终点止于沿浦镇。整体来说，明矾出矾山后经行的南堡岭、圆盘岭等地势相对较缓，接下来向东南方向行进的坎门岭则是线路上最艰险的路段，当地民谣"蒲门三条岭，条条透天顶"意指蒲门通往外地的三条山岭漫长险峻，而坎门岭即为其中之一，这段艰险的山路约占矾沿线总长度的三分之一。

矾沿线先过山岭，再过水库，而后平原，因此沿途经行的聚落类型较多，但因线路运行时间较晚，故明矾运销与聚落融合关系不明显。矾沿线上明矾运销遗址中有许多桥梁，如利济桥、济宁桥、尼山桥、丰收桥、虾蛄桥等，不同于亲近水面的矴步，桥梁需凌驾于河面之上，这显示出矾沿线上河流的深阔湍急。就人文环境而言，除路途上的岱岭畲族聚居地使矾沿线具有汉畲融合的内涵外，中途经过的蒲壮所城、终点所依托的"三山镇港"之一的霞关港都赋予矾沿线某种军事文化属性。

矾前线景观

矾前线在矾山西南部延伸发展。前岐是四个初级市镇中唯一的省外市镇，它远离平阳内河水网，主要依赖近海航路运输。运抵前岐的明矾需先经市镇内河，过海湾再至港口，因此矾前线中水路占比也相对较大。

矾山与前岐之间山多坡陡、岭曲崖深，"闽浙之交，奇峰嶻岭，溪流映带"[43]。历史时期矾山至前岐的挑矾线路主要有两条：第一条从水尾出发，经石门、上港、枫树坪、峡岭溪、龟岭村、南岭头、南岭脚、西宅、桥亭头，经岐阳老街，止于前岐海尾。第二条从南宋溪光出发，经埔坪、柯岭、蹅死马、龟岭头等，后与第一条线路重合。两条线路均一半在浙江，一半在福建。水尾线前段呈东西走向，先越过矾山西侧重重山岭，至龟岭后蜿蜒南下，山道崎岖。溪光线主要为南北走向，前段在溪光镇域内较平坦，后段则要翻越数座山岭，其中柯岭至龟岭头一段最为难行。柯岭长约千米，因难行也称苦岭，柯岭后为蹅死马山岭，地势更为陡峭，再后为龟岭头，山势依然起伏，该地作为浙闽分界设有关隘。

因正处两省交界的荒凉地带，矾前线经过的聚落相对较少。目前，线路上与明矾运销有关的遗址既有垟中路亭、上港矴步、龟岭路亭、企岭矴步等传统设施，也有近现代的上港桥、龙头庵桥、桥亭头桥等，它们覆盖的历史跨度展现了矾前线存续使用的长久。就人文环境而言，矾前线具有浓厚的闽地特征，这不仅表现为它有以天后宫为构成主体的运输终端，也体现在沿途需要经过浙闽关口，此外还有平息两地纠纷的清代"奉宪勒碑"及其他民国条文等物质与非物质遗留。历史时期的矾山与前岐本质上是一个经济共同体，矾前线即是两地互动融合的重要载体，线路上独特的地域景观彰显出矾山运销线路系统内部发展的不平衡。

（3）浙闽矾业辐射圈的生成

明矾运销消除了矾山与初级市镇、海洋港口之间的空间距离，将本无关联的地区以矾业运营逻辑连成互动的整体。运销线路外联的广阔与内里的协调客观上提供了温床，在本就自然环境相似、人群互动频繁的浙闽山区孕育出一个结构清晰的矾业辐射圈。

矾业辐射圈以今矾山镇为中心，以四条个性鲜明的挑矾线路为骨架，以20千米左右为覆盖半径，其形成机制为先由今矾山镇所在的矿脉腹地向初级市镇定点辐射，再以挑矾线路生成有厚度的历史文化带，最后由文化带向外扩大影响而蔓延为更大的辐射面。矾业辐射圈的构成具有以下特征：就行政区域看，辐射圈包含今苍南矾山、南宋、藻溪、凤阳、赤溪、岱岭、马站、沿浦与福鼎前岐等多个村镇；就景观结构看，辐射圈具有"山-河-海"纵深转换的多层级特征；就时间维度看，辐射圈历史时期内部重心总在调整，新中国成立后才渐趋稳定。

矾业辐射圈存在的典型表征是其内部人群的跨区流动，这主要源自外部人群对矾山当地明矾生产活动的深度参与。运销直接催化矾山周边矾业人群的生长，历史时期非矾山籍的著名矾商有王理孚、罗经砌、林赞卿、李玉昆、尹德兴等人，矾山持久而规模化的生产为这些人在家乡之外提供了谋取商业利益的舞台，而他们的商业行为反之也助力了当地的生产。此外，依托运销线路矾山周边还出现数量庞大的明矾挑工与企业工人。19世纪末庄延龄调查称，"每座泥炉总共雇用大约100人，而挑夫有5000名左右，其中半数为女佘（畲）客"[44]，表明当时占挑工半数的女性主要来自矾山东北部的凤阳畲族区。新中国成立后，在矾矿现代生产吸引下，溪光、埔平、凤阳等周边人口又持续涌入矾山，成为企业工人的重要组成。由于外来人口的大量涌入，矾矿初期生产与生活的矛盾凸显，为此矾山才开始展开全新的人居环境建设。

矾业辐射圈最具代表性的文化遗存是"挑矾歌"，其创作主体为历史时期的挑矾工人，所吟唱的是他们以挑矾为生的生活状态。目前所见挑矾歌主要以矾藻线为吟诵载体，因传唱与记录者不同而存在以下不同的版本：

版本一[45]：

炮响连天陈家㙟，步步观防小心垟。通身流汗是华岭，仙人挨米土人坑。老鼠造路洞桥险，目屎如珠滴水岩。路关难走是险口，无人搭救吴家园。私招女婿潘庄李，英雄好汉将军脚。烧香保佑龙头寺，举头看见望三州。九龙落水是九堡，经商买卖藻溪街。浮水莲花万丈井，回头对面干子桥。五猪抢遭杨家汇，翁某相会公婆石。落水过桥到高岙，翻身又看后代曾。威风凛凛下山虎，吹吹打打下灶吴。石壁鳌字旗杆墩，对面高山是龙门。港边面前宫后陈，仙人浮圆屿兜边。

版本二[46]：

矾山挑矾心烦穿，半暝起身真困难。走到矾窑岙滚滚，装了矾来要一天。一担挑起六七百，总赚一块三角钱。楮脚一楮高路下，唱歌念曲尖家坑。风子哩哩萍蓬岭，歇暝吃昼算昌禅。通身流汗是华岭，仙人挨米土人坑。老鼠造路洞桥险，目屎如珠滴水岩。十分落难是险口，无人搭救吴家园。私招女婿潘庄李，英雄好汉将军脚。九龙落水是九堡，经商买卖藻溪街。水上莲花万丈井，仰头观看公婆石。乡村地名说不了，滩下矾馆会团圆。

版本三[47]：

一路担矾一路诗，腿酸腰疼全忘记。旺田良屏真会担，六月棉袄当衬衫。天生一付宽肩膀，练就赤足走钉床。挑上担子风吹凉，步步踏实不踏空。带领矾邦下藻溪，四十里路试锋芒。叫醒兄弟和厝边，鸡啼四更就爬起。草草咽下冷饭粿，穿好草鞋出庭院。扁担吱吱下大岭，亭仔脚边碰一起。赌场左拐过矴步，胭脂宫外喊阿弥。岗子尾田青蛙叫，踏进青山笑嘻嘻。头肩越过古溪潭，放腿直奔四亩坑。尖家山边跨大步，蔗头隔外风子咧。落坡换肩林家厝，绕道简厝中呑边。昌禅树脚蝉鸣叫，三溪坑口金鸡啼。一口甜泉华桥内，桦岭岭头会晨曦。桦岭亭子歇一歇，第一株枫有凉意。第二株枫探深沟，第三株枫说再见。桦岭山脚擦把汗，仙人碾米土人坑。两路会合双条溪，四周都是山茶园。老鼠路上腿不抖，双眼莫看深水潭。小小洞桥有啥湾，滴水岩壁泪不干。路关崎岖过险口，无人搭救吴家园。燕子衔泥燕坑去，风水影射龙头庵。英雄好汉将军脚，招夫养子潘庄李。九龙落水九堡悬，放担痛饮第一泉。到了藻溪精神爽，魁桥上面整衣裳。吵吵嚷嚷进矾馆，出称三斤笑欢欢。回归路上飞带跳，诗歌余韵随云飘。到家日头高二丈，方知肚饿脚亦酸。为求一家生活计，一担才挑元把钱。明日还是这个样，初次合同五十双。

可以看到挑矾歌具极强的叙事性，它聚焦一天之内从矾山到运输终端的挑矾行为，字里行间记录着挑矾工人经历的地点与心理状态，为多角度认知矾业辐射圈的存在提供了可能。首先，歌中涉及多处地名，如陈家撂、小心垟、华岭、土人坑、洞桥、险口等，在大部分挑矾线路荒置消失而使辐射圈多少带些主观臆想的当下，这些详细的地名为重现准确的挑矾线路创造了条件。其次，歌中描述了挑矾工人的工作与生活细节，如"腊月破袄当短衣""腿酸腰疼全忘记""通身流汗是华岭"等，这使我们可以体察当时矾业工人的生存状态，进而揭示辐射圈内充满阶层矛盾的社会面貌。最后，歌中描写了挑矾线路不同地点的传说故事，如"私招女婿潘庄李，英雄好汉将军脚"等，这使我们能够把握挑矾线路沿途历史的丰富性，进而理解辐射圈人文土壤的厚重。作为明矾生产与自然环境深度融合的产物，挑矾歌用直白的语言呈现了一个有人物、有环境、有情节、可以被想象的浙闽历史世界。

随着明矾挑运历史的终结，挑矾歌因失去载体正逐渐走向湮灭。不仅挑矾歌，历史时期矾山及其周边还孕育出诸多反映当地明矾生产模式、矾业人群生活、族群之间关系的歌谣传说，就形成特质与不可再生的角度而言，已岌岌可危的它们有必要与各类物质遗存一起加速进行整理挖掘。

注释

[1]（约秦汉）神农本草经（上卷）[M]. 中国哲学书电子化计划，https://ctext.org/wiki.pl?if=gb&chapter=10407&remap=gb.

[2]（明）李时珍编纂；刘衡如，刘山永校注. 本草纲目（第四版）[M]. 北京：华夏出版社，2011：69.

[3]（明）王士性. 广志绎（卷二）[M]. 中华典藏网，https://www.zhonghuadiancang.com/tianwendili/

guangzhiyi/60565.html.

[4] 民国建设委员会调查浙江经济所. 浙江平阳矾矿概况[M]. 1931：2.

[5] 潘明和，阎鼎欧. 明矾石及其综合利用[J]. 有色金属（冶炼部分），1964：30-32.

[6] 记温州纸业之概况[R]. 温州旅杭同乡会第七届报告录，1929：47-50. 转引自常晓强. 新式交通与近代温州经济变迁[J]. 温州职业技术学院学报，2014，14（3）：13-17.

[7] 郑让于. 游记：矾山记[N]. 实业汇报，1916，1（2）：2.

[8] （清）陈伦炯. 天下沿海形势录[M]//文渊阁四库全书（第594册），台北：台湾商务印书馆，1986：3.

[9] （清）顾祖禹著；秦勇编. 方舆纪要（卷九十四）[M]. 北京：中华书局，2005：3278.

[10] 许蟠云. 平阳县矾矿业之调查[N]. 浙江省建设月刊，1933，6（10）：4. 关于这段行程文献中有不同的记载，1940年伍廷琛在《平阳矾山矾矿调查》中描述为"自平阳乘河船三十里至古鳌头，渡鳌江后，乘小舟四十里至乌石岭脚"，见伍廷琛. 平阳矾山矾矿调查[N]. 浙江建设（战时特刊），1940，2：130.

[11] （清）奉道宪严禁碑//杨思好. 苍南金石志[M]，杭州：浙江古籍出版社，2011：249.

[12] 张传君. 世界矾都——700年矿山采炼活化石[M]. 杭州：浙江摄影出版社，2016：224.

[13] 张传君. 世界矾都——700年矿山采炼活化石[M]. 杭州：浙江摄影出版社，2016：224.

[14] 李国祁，吴文星，朱鸿. 温州府的市镇结构及其演变[J]. 教学与研究，1979，（1）：129.

[15] 符璋，刘绍宽. 民国平阳县志（第十四卷）[M]. 北京：中华书局，2020：十三.

[16] 周斌，毛婷婷译；赵肖为校. 瓯海关十年报告（1902-1911年）[J]. 温州大学学报（社会科学版），2013，（5）：113-114.

[17] 郑让于. 游记：矾山记[N]，实业汇报，1916，1（2）：7.

[18] 伍廷琛. 平阳矾山矾矿调查[N]. 浙江建设（战时特刊），1940，2：130.

[19] 葛绥成. 最新中外地名辞典[M]. 北京：中华书局，1940：220.

[20] 郑让于. 游记：矾山记[N]，实业汇报，1916，1（2）：7.

[21] 许蟠云. 平阳县矾矿业之调查[J]. 浙江省建设月刊，1933，6（10）：4.

[22] 许蟠云. 平阳矾矿业失败之原因及改革之建议[M]//民国浙江史料辑刊（第二辑·第27册），北京：国家图书馆出版社，2008：33.

[23] 许蟠云. 平阳矾矿业失败之原因及改革之建议[M]//民国浙江史料辑刊（第二辑·第27册），北京：国家图书馆出版社，2008：43.

[24] 民国浙江建设厅. 整理平阳矾矿计划[M]//民国浙江史料辑刊（第二辑·第33册），北京：国家图书馆出版社，2008：360.

[25] 浙江省平阳明矾管理办法[N]. 浙江省政府公报（法规），1941，3310：21-22.

[26] 浙江省平阳明矾管理办法[N]. 浙江省政府公报（法规），1941，3310：21-22.

[27] 民国建设委员会调查浙江经济所. 浙江平阳矾矿概况[R]. 1934，（3）：18-19.

[28] 许蟠云. 平阳矾矿业失败之原因及改革之建议[M]//民国浙江史料辑刊（第二辑·第27册），

北京：国家图书馆出版社，2008：33.

[29] 整理平阳矾矿计划[N]. 浙江省建设月刊，1934，8（5）：6.

[30] 伍廷琛. 平阳矾山矾矿调查[N]. 浙江建设（战时特刊），1940，2：134.

[31] 民国浙江建设厅. 整理平阳矾矿计划[M]//民国浙江史料辑刊（第二辑·第33册），北京：国家图书馆出版社，2008：360.

[32] 伍廷琛. 平阳矾山矾矿调查[N]. 浙江建设（战时特刊），1940，2：134.

[33] 伍廷琛. 平阳矾山矾矿调查[N]. 浙江建设（战时特刊），1940，2：134.

[34] 关于平矿62年基建投资的设计任务书[Z]. 温州矾矿发展集团档案室，档案号：601-048，1961年10月：13.

[35] 伍廷琛. 平阳矾山矾矿调查[N]. 浙江建设（战时特刊），1940，2：134.

[36] 民国实业部国际贸易局. 中国实业志·浙江省（第6编）：矿产[R]. 1933：162.

[37] 许蟠云. 平阳县矾矿业之调查[N]. 浙江省建设月刊，1933，6（10）：16.

[38] 民国实业部国际贸易局. 中国实业志·浙江省（第6编）：矿产[R]. 1933：163.

[39] 福建博物院. 福建北部古村落调查报告[M]. 北京：科学出版社，2006：7-11.

[40] 郑让于. 游记：矾山记[N]. 实业汇报，1916，1（2）：8.

[41] 许蟠云. 平阳县矾矿业之调查[J]. 浙江省建设月刊，1933，6（10）：4.

[42] （清）奉宪示禁碑//杨思好. 苍南金石志[M]，杭州：浙江古籍出版社，2011：245.

[43] 吴家溪. 福鼎人才网，https://www.fdren.net/News/Article/2/6755.

[44] 周斌，毛婷婷译；赵肖为校. 瓯海关十年报告（1902-1911年）[J]. 温州大学学报（社会科学版），2013，26（3）：114.

[45] 挑矾歌：一首咸酸苦涩的诗，苍南新闻网，2012-7-12，https://www.cnxw.com.cn/system/ 2012/07/12/011068194.shtml.

[46] 挑矾歌：一首咸酸苦涩的诗，苍南新闻网，2012-7-12，https://www.cnxw.com.cn/system/ 2012/07/12/011068194.shtml.

[47] 郑立标. 矾都山歌选[M]. 苍南县世界矾都传统文化研究会，2017：152-153.

典型运销遗址现状

1. 矾赤线运销遗址

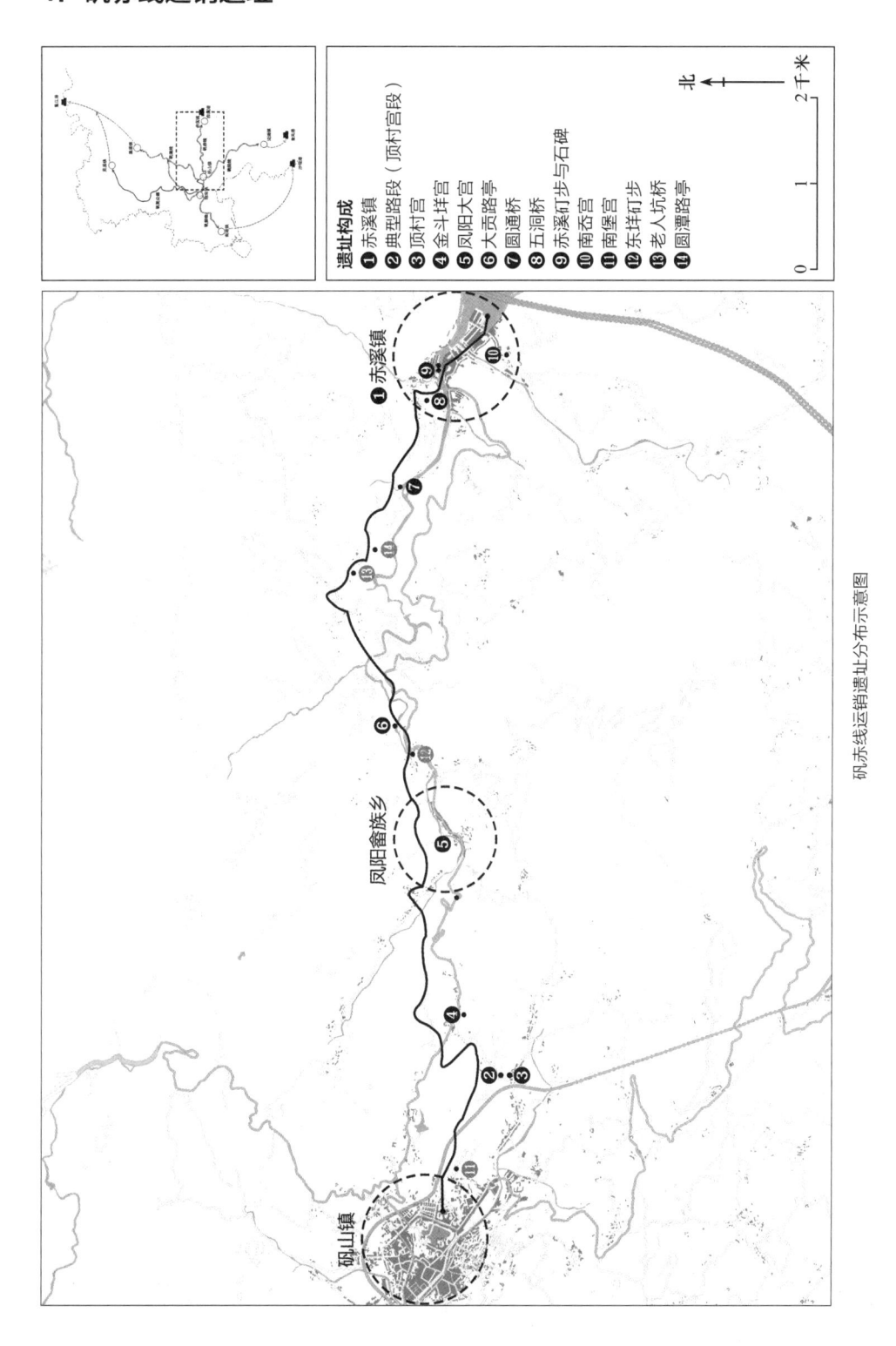

遗址构成
① 赤溪镇
② 典型路段（顶村宫段）
③ 顶村宫
④ 金斗垟宫
⑤ 凤阳大宫
⑥ 大贡路亭
⑦ 圆通桥
⑧ 五洞桥
⑨ 赤溪汀步与石碑
⑩ 南岙宫
⑪ 南堡宫
⑫ 东垟汀步
⑬ 老人坑桥
⑭ 圆潭路亭

矾赤线运销遗址分布示意图

（1）矾赤线赤溪镇

基本信息	遗址名称	矾赤线赤溪镇		
	具体位置	温州市苍南县赤溪镇（东经120°30′27″，北纬27°20′27″）		
	始建年代	不详	占地面积	约49平方千米
	目前用途	现代市镇	是否文保	否
遗址描述	赤溪镇是历史时期矾山自赤溪港向外运出明矾的终点市镇，它与矾山之间形成矾赤挑矾线路。赤溪历史地位卓越，康熙二十四年（1685）清廷设浙海关平阳口，赤溪为平阳口所属两分口之一。清末民初，赤溪在矾山明矾运销中承担主导市镇角色。 赤溪镇遗址位于今苍南县东南大渔湾口，东面为大海。境内既有直通矾山、金乡的陆路，也有可通全国沿海各地的港埠。赤溪镇沿赤溪两岸布局，顺溪向东可达海面，海上有官山岛，清末民初正是凭借该岛便捷的交通与大吨位吃水能力，赤溪才在明矾运销中承担主导市镇角色。镇内与明矾运销有关的矾馆区位于赤溪南岸，今滨海路两侧，该地旧称南行村。历史时期南行村设多处矾馆码头，明矾挑运至此后经矾馆过秤打包，再由当地渔民用舢板驳至官山岛。新中国成立后南行村仍设有4处矾馆与1座矾窑。目前矾馆与埠头均已不存，场地上皆为新建房屋，仅南行村与海洋位置可洞察明矾在此运销的历史场景。 赤溪镇记录了明矾从人工挑运转向海洋运输的机制，是矾山生产辐射下浙闽山区东部矾业文化圈生成的支撑，对研究矾山东部明矾外运与遗址景观有重要意义。			

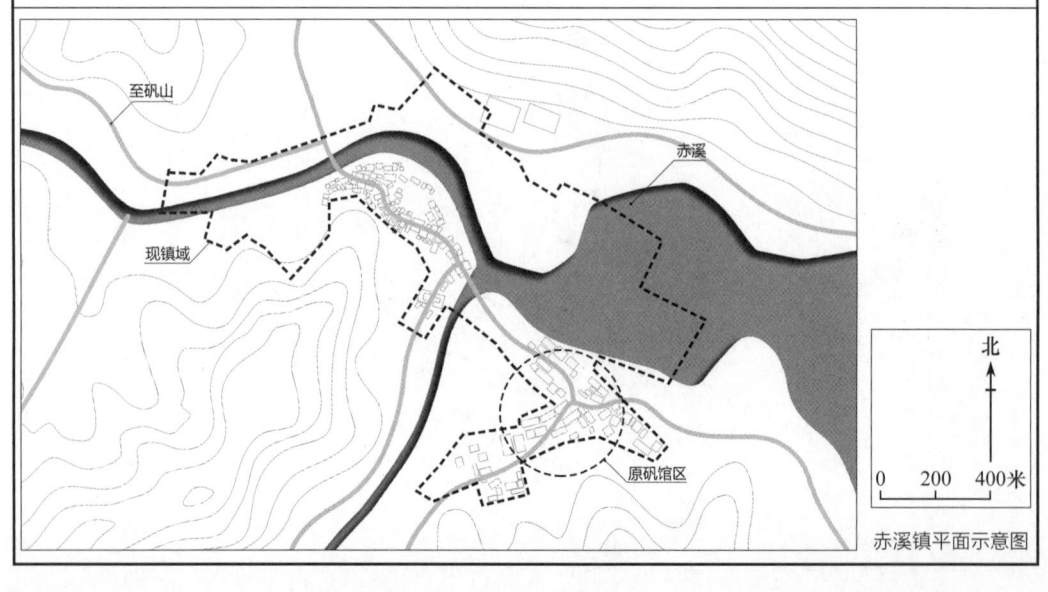

相关图纸

赤溪镇平面示意图

矾赤线赤溪镇现状

自南行村望向海面

原矾馆区

原矾馆旧址

矾商尹德兴故居

（2）矾赤线典型路段

<table>
<tr><td rowspan="4">基本信息</td><td>遗址名称</td><td colspan="3">矾赤线典型路段</td></tr>
<tr><td>具体位置</td><td colspan="3">温州市苍南县矾山镇至赤溪镇之间（东经120°25′27″，北纬27°20′12″）</td></tr>
<tr><td>始建年代</td><td>明清时期</td><td>线路长度</td><td>全长约17千米</td></tr>
<tr><td>目前用途</td><td>部分废弃，部分与现代公路结合</td><td>是否文保</td><td>浙江省文物保护单位</td></tr>
<tr><td>遗址描述</td><td colspan="4">历史时期矾山至赤溪的挑矾线路主要起自矾山街，途经顶村、金斗垟村、外山隔、凤阳乡、岭边村、五洞桥村等，止于赤溪镇南行村矾馆。线路经过的自然环境不同，道路走向与崎岖程度也有差异。

顶村宫东北段遗址宽约1.5米，由北而南上行，由多级台阶构成，台阶以青石垒砌。台阶终点为平路，路面中部以毛石砌筑，两侧为碎石。金斗垟宫至凤阳顶堡村段以下行山路为主，路面宽约1-1.2米，顺山势蜿蜒，台阶均用大石块垒砌，有后期水泥修补痕迹，路旁立浙江省文保单位指示牌。凤阳大宫至岭边村段宽约1.2-1.3米，台阶约11级，块石砌筑。岭边村至圆潭半岭段宽约1.6米，路面中为大石块，两旁有碎石，道路尽头溪上有矴步。目前各路段遗址保存一般，平地之处均由现代公路替代，山岭中道路原状保留，但因人迹罕至而多被荒草掩埋。

道路是明矾运销线路构成的主体，是各类运销遗址生成的基础及价值解读的依据，矾赤线各路段遗址的走向、路况及其组合反映了矾山明矾运销与东部自然环境的融合关系。</td></tr>
</table>

相关图纸

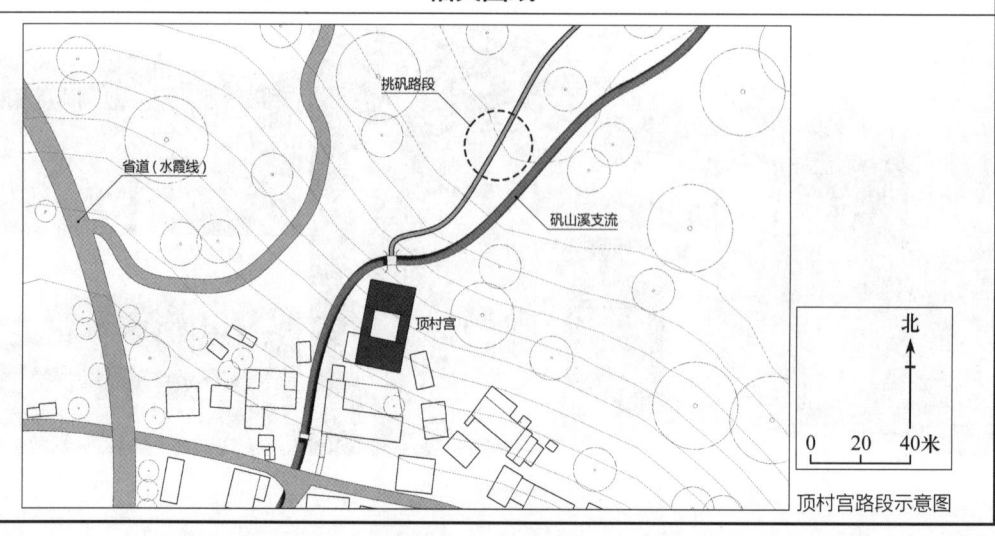

顶村宫路段示意图

矾赤线典型路段现状

顶村宫段周边环境

顶村宫段桥梁

顶村宫段路面细部

（3）矾赤线顶村宫

<table>
<tr><td rowspan="4">基本信息</td><td>遗址名称</td><td colspan="3">矾赤线顶村宫</td></tr>
<tr><td>具体位置</td><td colspan="3">温州市苍南县矾山镇顶村延鹤路（东经120°25′27″，北纬27°20′12″）</td></tr>
<tr><td>始建年代</td><td>清道光年间</td><td>占地面积</td><td>883平方米</td></tr>
<tr><td>目前用途</td><td>顶村文化礼堂</td><td>是否文保</td><td>否</td></tr>
<tr><td>遗址描述</td><td colspan="4">　　顶村宫为矾山镇顶村宫庙建筑，历史时期矾山明矾经由此地向赤溪运输，属矾赤线西部遗址。1949年顶村宫曾用于创办学校，供当时矾山工人子弟上学。目前顶村宫为村内公共集会场所，近年全部进行重建。
　　顶村宫遗址位于今矾山镇以东，西临水霞县，在顶村北侧。建筑坐北朝南，单进院落，对称布局，轴线上依次布置大门、戏台、天井、正殿等。大门两层，面阔五间。下层墙体以砖石砌筑，当心间与两侧尽间设出入口，二层墙面凹入形成外廊，前设栏板，墙面开大玻璃窗，与下层石墙形成对比。大门上部为双层歇山顶，檐下设木质斗拱，并施彩绘。大门后为戏台，台面高出地坪，上有彩绘藻井。戏台往里为天井，上覆金属遮盖。天井两侧为两层回廊，廊后为各类辅助空间，上下回廊可通过戏台角部的直跑楼梯连通。天井正对的是正殿，其面阔五间，进深仅一跨，前设卷棚顶，南侧为木质神龛，供奉主神杨府爷及其他配神。顶村宫为近年新建，历史痕迹保存有限。
　　顶村宫处于矾山镇域边界，历史时期挑矾工人由此开始正式踏上矾山外部挑矾道路，因此这座建筑不仅是工人停靠歇脚之所，更是矾赤线上矾山内外、平地与山岭转换的重要界点。</td></tr>
</table>

相关图纸

顶村宫遗址
一层平面图

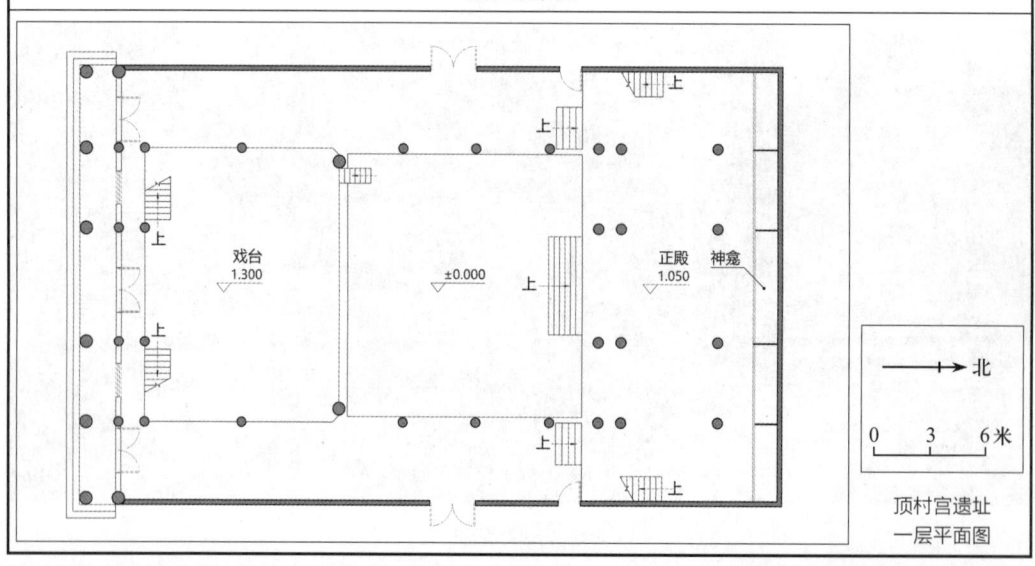

矾赤线顶村宫现状

南立面

周边环境

内部环境

结构与装饰细部

（4）矾赤线金斗垟宫

<table>
<tr><td rowspan="4">基本
信息</td><td>遗址名称</td><td colspan="3">矾赤线金斗垟宫</td></tr>
<tr><td>具体位置</td><td colspan="3">温州市苍南县矾山镇金斗垟村（东经120°26′27″，北纬27°20′49″）</td></tr>
<tr><td>始建年代</td><td>清道光十八年（1838）</td><td>占地面积</td><td>500平方米</td></tr>
<tr><td>目前用途</td><td>宗教供奉场所</td><td>是否文保</td><td>否</td></tr>
</table>

遗址描述

　　金斗垟宫为矾山镇金斗垟村宫庙建筑，历史时期矾山所产明矾经此地向赤溪运输，属矾赤线西部遗址。目前金斗垟宫仍为村内主要公共集会场所，近年进行重建。

　　金斗垟宫遗址位于今矾山镇东北，北临现代矾赤公路，南面亦有水泥道路，在村落东侧。建筑位于低矮台基上，东北-西南朝向，单进院落，对称布局，轴线上依次布置大门、戏台、天井、正殿等空间。建筑正面五开间，两层，下层设柱廊，上层为露台。下层柱廊采用钢筋混凝土柱，柱后墙面以水泥抹灰，正中为宫庙主入口，墙面两端各设辅助入口。二层露台外设金属栏杆，后墙正中有黑底匾额，上写"金斗垟宫"，墙体上还开设多扇大玻璃窗方便室内采光。二层抹灰墙体上部直接支撑额仿，上面架设多攒斗拱，再往上为单层歇山顶。建筑内部戏台、天井、正殿依次布局，但空间尺度较小，光线灰暗。近年建筑进行重建，但周围环境变化不大，南面台基东有百年枫树，树下有小神龛，曾是挑矾工人停歇场所。

　　金斗垟宫位于矾山与矾赤线重要节点凤阳畲族乡的中间地带，这里海拔较高、环境荒僻、人烟稀少，村落沿挑矾道路生长，显示出明矾运销对周边人居环境的影响及矾赤线开辟的不易。

相关图纸

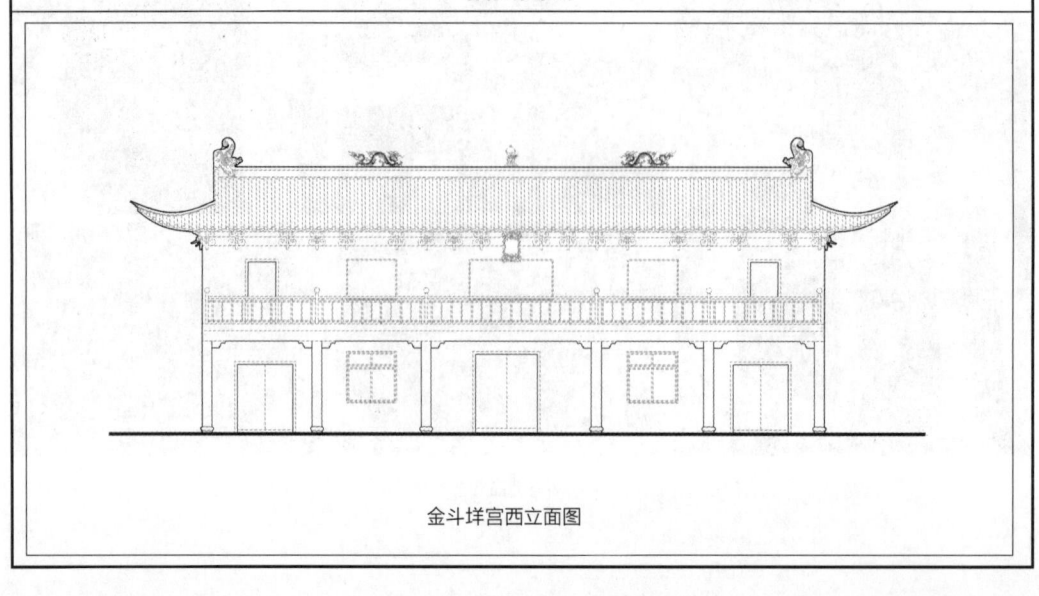

金斗垟宫西立面图

矾赤线金斗垟宫现状

金斗垟宫周边环境

主入口东侧枫树

主入口西侧香炉

西立面

大门与屋檐

（5）矾赤线凤阳大宫

基本信息	遗址名称	矾赤线凤阳大宫		
	具体位置	温州市苍南县凤阳畲族乡顶堡村（东经120°27′35″，北纬27°20′37″）		
	始建年代	清乾隆三十年（1765）	占地面积	733平方米
	目前用途	凤阳畲族乡文化中心	是否文保	否
遗址描述	凤阳大宫为凤阳畲族乡宫庙建筑，历史时期矾山所产明矾经此地向赤溪运输，属矾赤线中部遗址。目前凤阳大宫仍为凤阳乡辖属，2004年进行重建。 凤阳大宫遗址位于今凤阳畲族乡人民政府所在地顶堡村，南临矾赤公路。建筑西北-东南朝向，单进院落，对称布局，轴线上依次布置大门、戏台、天井、正殿等空间。建筑正面五开间，两层，下层柱廊，上层露台，顶部为重檐歇山顶。下层柱廊采用钢筋混凝土柱，柱身外包石材，柱后墙面以砖石砌筑，正中及两端开门。二层露台可登临望远，外侧以青石栏板维护。后侧建筑为中式仿木构厅堂，墙面开多扇格纹窗，柱头上有斗拱层，正中悬挂"凤阳大宫"匾额。大门后是戏台，为2009年重建的仿古结构。戏台后为天井，左右有厢楼。天井后正殿上覆单层歇山顶，巍峨壮观。宫庙以实墙围护，对外隔绝。建筑南面为凤宫大溪，溪上有桥与之正对，过桥即为原挑矾道路，即现在的矾赤公路。 凤阳畲族乡位于矾赤线中部，过此地挑矾道路便逐步进入赤溪镇域，因此凤阳大宫是矾赤线重要节点。与此同时，畲族属性也使凤阳大宫成为矾山运销线路中民族融合的表达。			

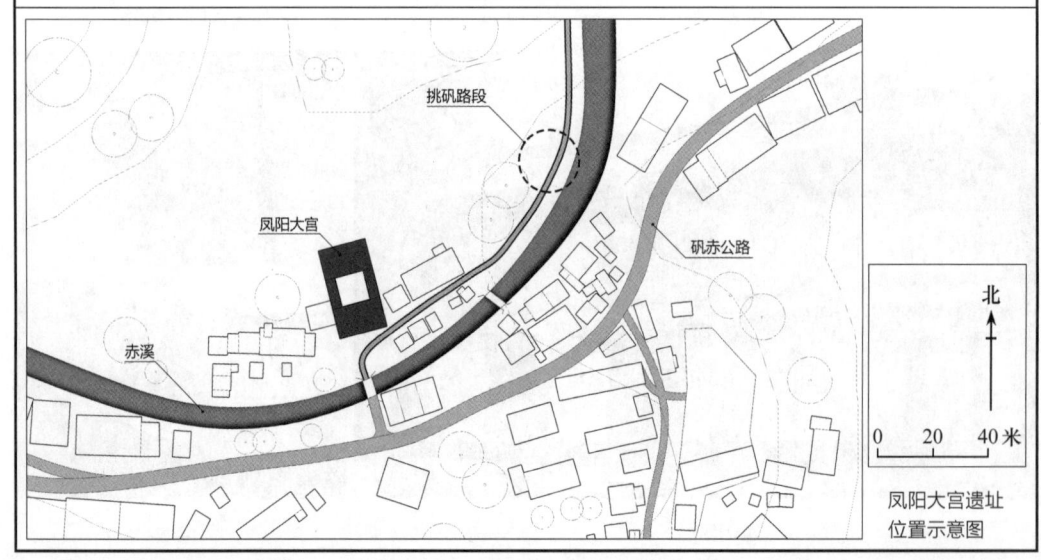

相关图纸

凤阳大宫遗址位置示意图

矾赤线凤阳大宫现状

凤阳大宫全貌与周边环境

南立面二层露台

南立面一层入口

大门细部

屋顶细部

（6）矾赤线大贡路亭

基本信息	遗址名称	矾赤线大贡路亭		
	具体位置	温州市苍南县凤阳畲族乡岭边村（东经120°27′49″，北纬27°20′53″）		
	始建年代	不详	占地面积	60平方米
	目前用途	交通附属设施	是否文保	否
遗址描述	大贡路亭为凤阳畲族乡岭边村道路附属设施，历史时期矾山明矾经由此地向赤溪方向运输，属矾赤线中东部遗址。大贡路亭主要为经过的挑矾工人及其他路人提供歇脚乘凉之所，近年进行整体重建。 大贡路亭遗址位于今凤阳畲族乡岭边村西侧。建筑东西朝向，一层，平面矩形，中间有道路穿过。内部为插梁木屋架，木柱下有石柱础，地面杂乱，与屋架崭新的木椽与瓦顶形成对比。墙体以毛石垒砌，厚度达半米。南侧墙体中部开小窗，窗台摆放香筒，北墙对应位置设有神龛，内奉土地神。神龛与小窗相对而设，使路亭内部形成隐含轴线，充满宗教秩序。东西立面各开拱门，门上发券由灰砖竖砌而成，门下有踏步，用于连通建筑内外高差。建筑为两坡顶，上铺灰瓦，屋脊朴素无装饰。目前路亭保存状况较好，无明显破损，木梁架翻修痕迹明显，因人迹罕至而周围荒草杂生。 大贡路亭位于凤阳畲族乡东部边界，是矾赤线中途转换节点。此外，岭边村是凤阳畲族乡中畲汉杂居的革命老区民族村，大贡路亭因此是矾山运销线路中民族融合的典型代表。			

相关图纸

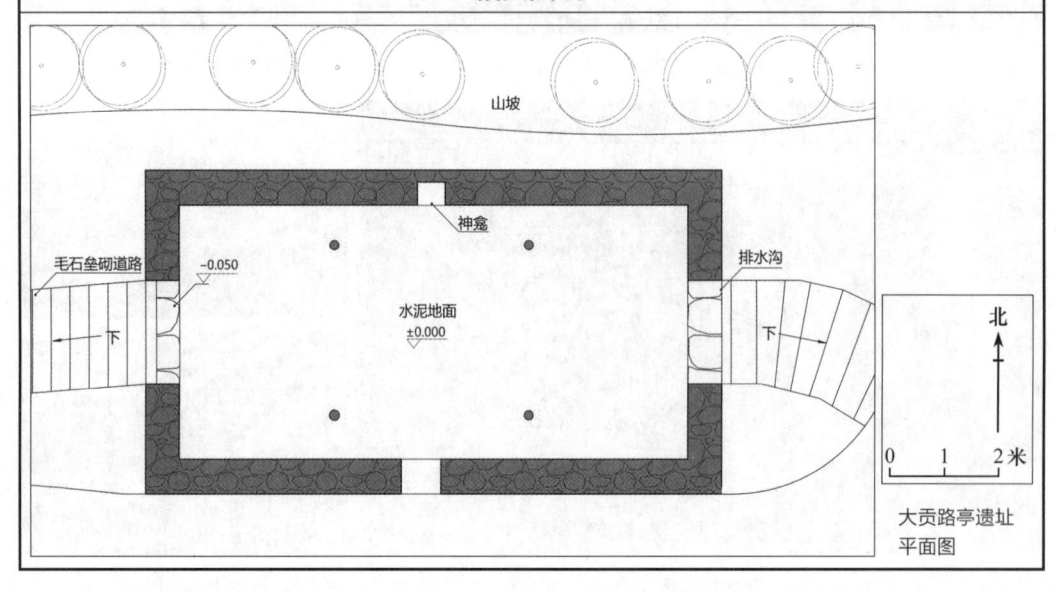

大贡路亭遗址平面图

矾赤线大贡路亭现状

大贡路亭全貌与周边环境

内部环境 　　　　　　　　　　　　　　　原挑矾道路

墙面细部 　　　　　　南墙窗户 　　　　　　北墙神龛

（7）矾赤线圆通桥

<table>
<tr><td rowspan="5">基本信息</td><td>遗址名称</td><td colspan="3">矾赤线圆通桥</td></tr>
<tr><td>具体位置</td><td colspan="3">温州市苍南县赤溪镇过溪村圆潭自然村（东经120°28′49″，北纬27°21′6″）</td></tr>
<tr><td>始建年代</td><td>民国十三年（1924）</td><td>占地面积</td><td>43平方米</td></tr>
<tr><td>目前用途</td><td>交通设施</td><td>是否文保</td><td>苍南县文物保护单位</td></tr>
</table>

遗址描述

圆通桥为赤溪镇过溪村圆潭自然村道路交通设施，历史时期矾山明矾经由此地向赤溪方向运输，属矾赤线东部遗址。圆通桥初建于民国十三年（1924），目前仍在使用中。

圆通桥遗址位于今赤溪镇西北，园潭村西侧，现代矾赤公路在其南侧，两者直线距离约600米。桥梁南北横跨圆潭坑，为双孔石拱形制，全长约19.8米、宽约3.6米。桥下双拱均为半圆形，尺寸基本一致，跨径约6.8米，矢高约4.7米，两者中心间距约6.5米。拱券以大小条石、块石垒砌而成，发券处条石截面尺寸基本相等，形成规整表面，拱底由长短不同的石块挤压成形，两券间以不规则毛石填充形成平整桥面。不同部位以不同石块砌筑，显示桥梁建造工艺的考究。桥身东南嵌小块青石碑刻，上以楷书阴刻"圆通桥民国十三年小春月建"等字样，显示桥梁建造信息。桥梁两端以踏步与原挑矾道路连接，后者路面以块石铺砌。目前圆通桥保存基本完整，因较少通行，故石头缝隙中长满荒草。

圆通桥双拱连列形式为矾山运销遗址中仅见，它丰富了矾山明矾工业遗址的类型，石砌工艺的考究也为深入研究浙闽山区桥梁建造技艺提供了实证。

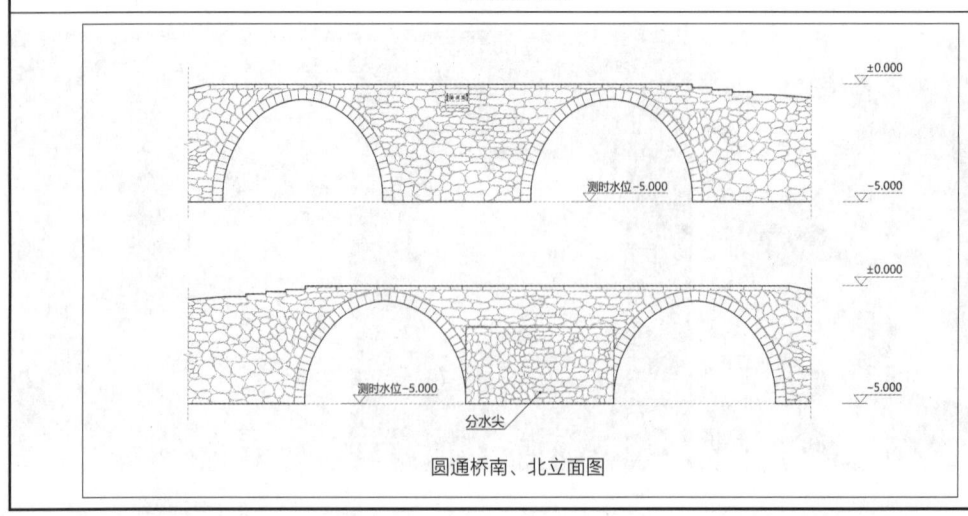

相关图纸

圆通桥南、北立面图

矾赤线圆通桥现状

圆通桥全貌与周边环境

桥梁与路段的连接

标志碑与铭文

桥面细部

拱券细部

（8）矾赤线五洞桥

基本信息	遗址名称	矾赤线五洞桥		
	具体位置	温州市苍南县赤溪镇过溪村（东经120°30′4″，北纬27°20′40″）		
	始建年代	约北宋	占地面积	32平方米
	目前用途	交通设施	是否文保	全国重点文物保护单位
遗址描述	五洞桥为赤溪镇过溪村道路交通设施，历史时期矾山明矾经由此地向赤溪运输，属矾赤线东部遗址。五洞桥建于赤溪入海口，桥下原可通船，后海涂淤积舟楫便不再通行，但该桥仍是周边区域重要交通设施。 　　五洞桥遗址位于今赤溪镇西北，过溪村南侧田地中央。桥梁南北走向，全长约25米，宽约1.7米，全石构。正面看桥梁略呈弧形，但整体较为平坦。桥身由五孔组成，中孔跨度约5米，两侧边跨3.8米左右。中孔桥墩用块石垒砌，两侧块石向前伸展形成三角形分水尖，以减弱水流对桥墩的冲击。边跨桥墩由三根方柱并列形成，上部架设石梁。两侧桥面由石板铺设而成，每块石板长约4.5、宽约0.6米，上面凿防滑横纹。桥身中部，桥板上以楷书题刻"宋咸淳三年丁卯良月重建"，显示建设信息。目前五洞桥整体保存完整，但桥面长有荒草，桥身周侧种满农作物。桥梁两端原为挑矾道路，由青石铺砌，现路面及路沿被荒草覆盖。 　　五洞桥是矾赤线历史最久远的文物古迹，彰显着这条线路的历史厚度，同时桥梁结构独特，形制古朴，确切纪年证实它是浙闽山区宋代石制桥梁的罕见案例。			

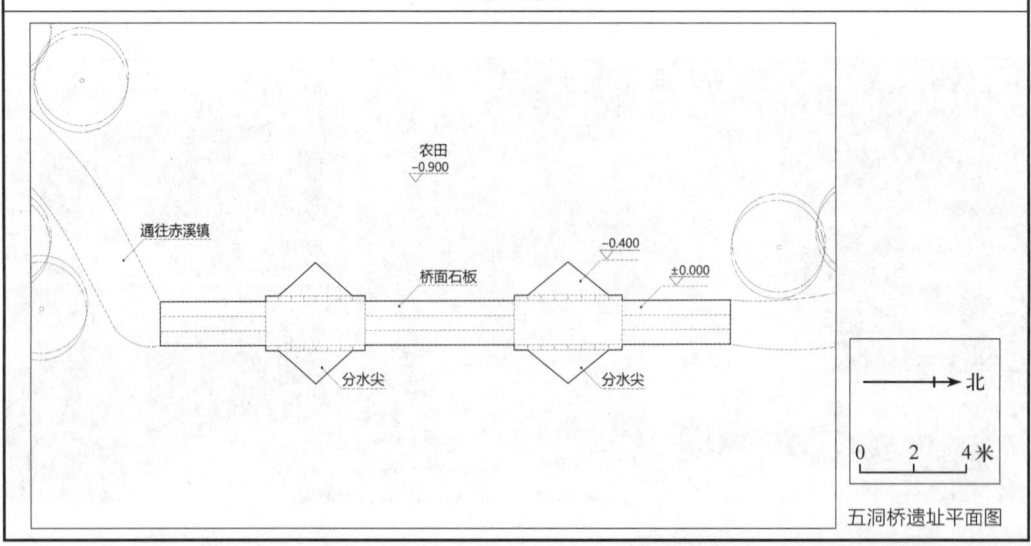

相关图纸

五洞桥遗址平面图

矾赤线五洞桥现状

五洞桥周边环境

桥面细部

桥身侧面　　　　　　　　　　　　　　　　　　分水尖细部

（9）矾赤线赤溪矴步与石碑

基本信息	遗址名称	矾赤线路赤溪矴步与石碑		
	具体位置	温州市苍南县赤溪镇赤溪村（东经120°30′3″，北纬27°20′31″）		
	始建年代	约明代	占地面积	75平方米
	目前用途	交通设施	是否文保	苍南县文物保护单位

遗址描述

赤溪矴步为赤溪镇赤溪村水路交通设施，历史时期矾山明矾经由此地向赤溪运输，属矾赤线东部遗址。赤溪矴步始建于明，清代重修，一直是该地水上通行的重要倚靠。

赤溪矴步遗址位于今赤溪镇西北，横跨于赤溪之上。矴步南北走向，全长约57米，由高低两组不同齿石组成，总计92齿。西侧一组较高，每阶由3-4块截面方形的条石竖向铺设而成，条石上宽下窄，形如牙齿插入水面。石块踏面刻有多条凹槽用以防滑。较低一组位于东侧，每阶由2-7块大小不等的块石垒砌而成。两组踏步紧邻，高差约0.5米左右。目前赤溪矴步保存一般，两岸河坝整饬后河道变宽，水流冲击使部分齿石松动。矴步周边环境变化较大，两端挑矾道路已由水泥路面取代，西侧约10米处建有现代公路桥，矴步通行功能弱化。赤溪矴步碑位于赤溪南岸，矴步东侧。碑为圆额青石质地，通高1.48、宽0.63米，正文楷书阴刻，记录着矴步的建造历史及捐助者姓名。碑刻现无碑座，碑文有风化现象。

赤溪矴步位于赤溪镇西界，跨越水系即进入赤溪镇域，因此是矾赤线重要节点。此外，下游河面宽阔，赤溪矴步相应也是矾赤线规模最大的水路交通设施。

相关图纸

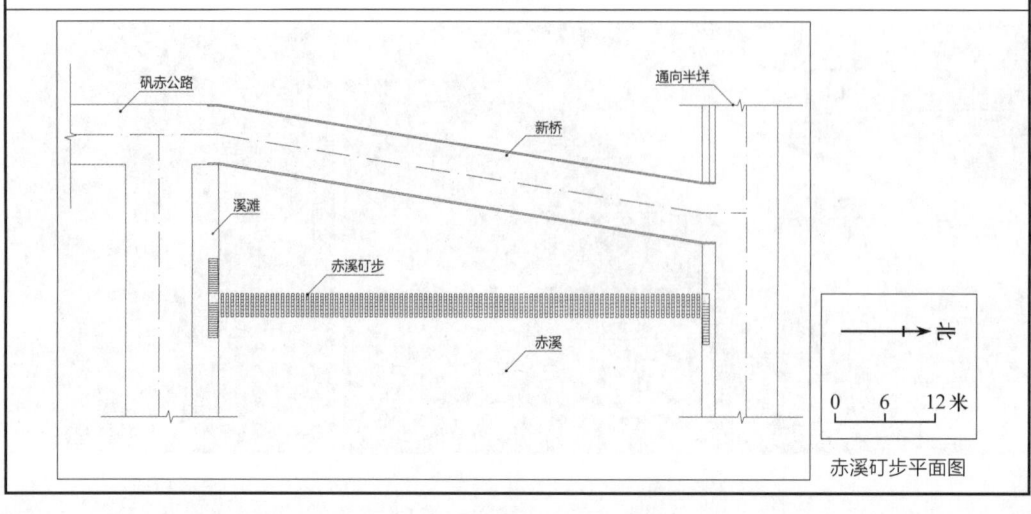

赤溪矴步平面图

矾赤线赤溪矴步与石碑现状

赤溪矴步全貌与周边环境

石碑正面

矴步齿石构成与分布

高阶齿石

低阶齿石

齿石细部

（10）矾赤线南岙宫

<table>
<tr><td rowspan="5">基本信息</td><td>遗址名称</td><td colspan="3">矾赤线南岙宫</td></tr>
<tr><td>具体位置</td><td colspan="3">温州市苍南县赤溪镇南行村南岙路94号（东经120°30′20″，北纬27°20′12″）</td></tr>
<tr><td>始建年代</td><td>清代</td><td>占地面积</td><td>752平方米</td></tr>
<tr><td>目前用途</td><td>南行村文体中心</td><td>是否文保</td><td>否</td></tr>
</table>

遗址描述

　　南岙宫为赤溪镇南行村宫庙建筑，历史时期矾山明矾经由此地向海洋运输，属矾赤线水陆转接遗址。南岙宫原为挑矾工人歇脚处，自此向东约150米处为赤溪矾馆区，据说盛期矾馆数量多达300余家。

　　南岙宫遗址位于今赤溪镇东南，赤溪入海口南岸。建筑位于低矮台基上，坐南朝北，单进院落，对称布局。轴线上依次布置大门、戏台、天井、正殿等空间。大门五开间，两层，均采用柱廊形式，通体以红色涂料粉刷。底层做法与周边村落宫庙相似，上层因屋顶覆盖而形成灰空间，顶部采用重檐歇山顶。进入大门即为戏台，其平面呈长方形，长边约9.5米。戏台南侧为天井，上有可调节的金属雨棚，地面铺设羽毛球场地。天井往南为正殿，其地面抬升，有石阶上下通行。正殿以木质门窗与天井分隔，其后墙设神龛，西墙小门可通往后院焚香处，顶部梁架与木藻井相连，藻井下垂大型水晶吊灯。南岙宫近年整体新建，故各部分保存均完好。

　　南岙宫为矾赤线终点，见证了明矾经由赤溪向海洋运输的盛衰变化。同时，挑矾工人在矾馆区卸货后均在南岙宫歇息，因此它与矾馆区空间关系可洞察当时工人运输明矾的行为细节。

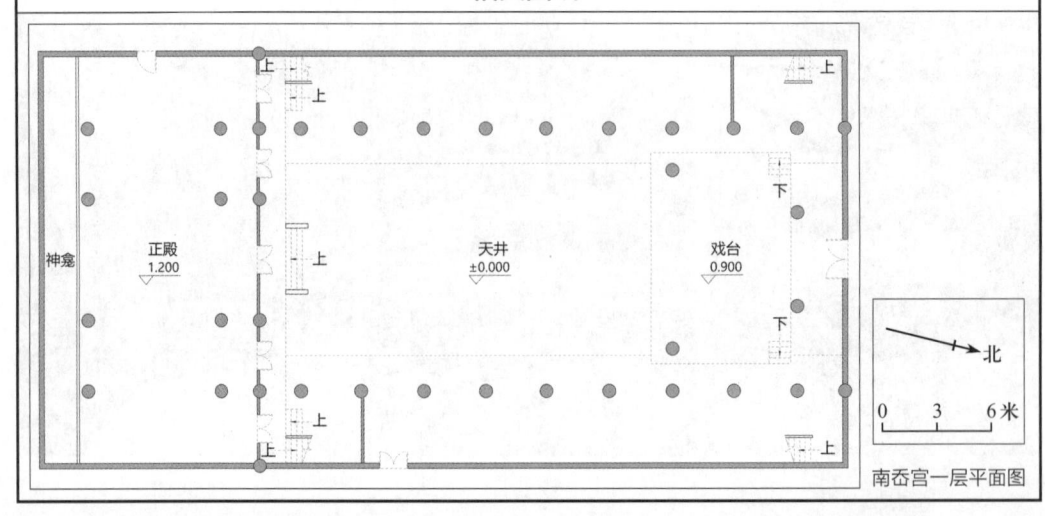

相关图纸

南岙宫一层平面图

矾赤线南岙宫现状

南岙宫现状与周边环境

内部环境

空间细部  　　　　　　　　　　　装饰细部

2. 矾藻线运销遗址

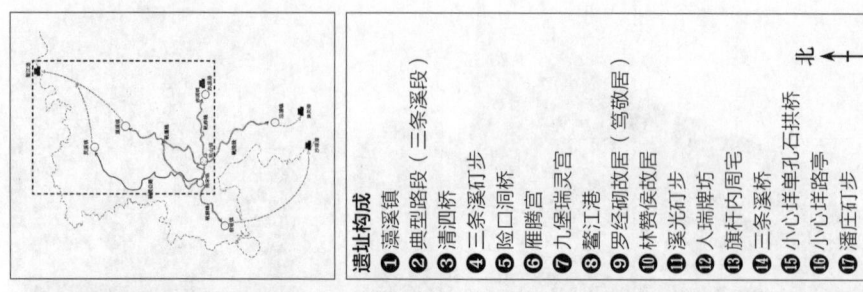

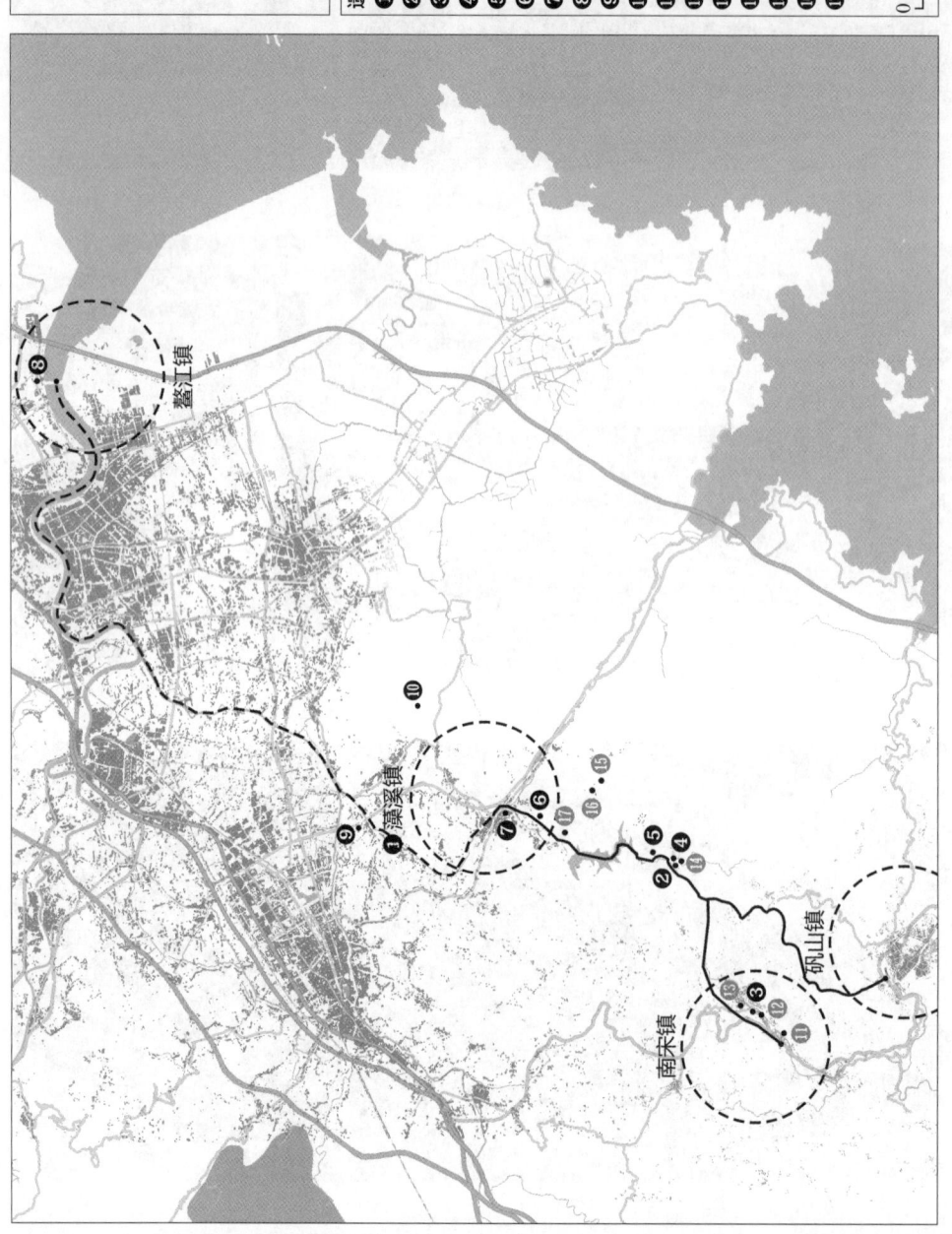

遗址构成
1. 藻溪镇
2. 典型路段（三条溪段）
3. 清洞桥
4. 三条溪矴步
5. 险口洞桥
6. 雁腾宫
7. 九堡瑞灵宫
8. 鳌江港
9. 罗经砌故居（笃敬居）
10. 林赞砌侯故居
11. 溪光矴步
12. 人瑞牌坊
13. 旗杆内周宅
14. 三条溪桥
15. 小心垟单孔石拱桥
16. 小心垟拱路亭
17. 潘庄矴步

矾藻线运销遗址分布示意图

（1）矾藻线藻溪镇

基本信息	遗址名称	矾藻线藻溪镇		
	具体位置	温州市苍南县藻溪镇（东经120°27'7"，北纬27°27'37"）		
	始建年代	不详	占地面积	约76平方千米
	目前用途	现代市镇	是否文保	否
遗址描述	藻溪镇是历史时期矾山明矾自鳌江港向外运出的终点市镇，它与矾山之间形成矾藻挑矾线路。19世纪末温州港开埠后，因所依托的鳌江港近代转型，藻溪镇遂成为矾山明矾向北运销的主要中转。 　　藻溪镇遗址位于今苍南县中部，东南与赤溪镇相邻，南连矾山镇，因毗邻藻溪而得名。藻溪为横阳支江最大支流，经吴家园水库由南向北通过溪流与横阳支江相连接，再经后者汇入鳌江，藻溪镇即位于藻溪大溪中部的南岸。藻溪镇东北的鳌江港是浙南近代重要港口，当时这里的船只可与上海、温州、福州、台湾及东南亚等地直通往来。凭借藻溪水陆连通的便利与鳌江港货物集散能力，民国以来矾山明矾得以大规模向外运销，矾藻线也取代其他线路成为明矾外运的主导。藻溪镇运销场所主要由矾馆区与埠头区组成，它们原位于今建光村藻溪老街一带，目前镇内与明矾运销有关的遗址仅余途经的九堡村一带宫庙、藻溪老街局部，而矾馆与埠头均被拆除，已无法辨析往日位置。 　　藻溪镇记录了矾山明矾从人工挑运转向内河航道再向港口汇聚的运输机制，是矾山生产辐射下浙闽山区北部矾业文化圈生成的支撑，对研究矾山北部明矾外运与遗址景观有重要意义。			

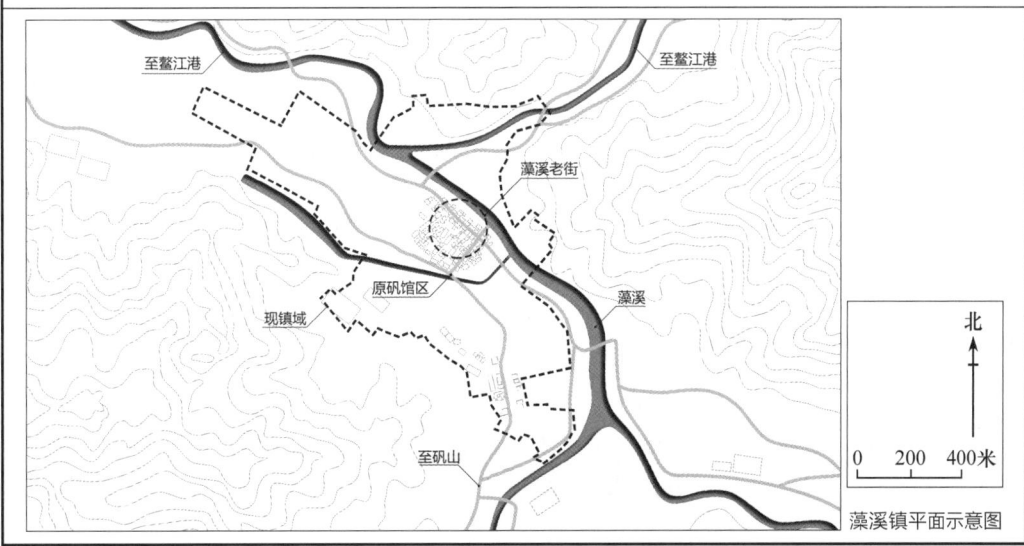

相关图纸

藻溪镇平面示意图

矾藻线藻溪镇现状

藻溪镇传统街道与周边环境

原水运道路与岸边宫庙

原藻溪镇内挑矾道路

（2）矾藻线挑矾路段

基本信息	遗址名称	矾藻线典型路段		
	具体位置	温州市苍南县矾山镇至藻溪镇之间（120°26′10″，北纬27°24′32″）		
	始建年代	约明清时期	线路长度	全长约22千米
	目前用途	部分废弃，部分与现代公路结合	是否文保	浙江省文物保护单位

遗址描述

　　历史时期矾藻线主要有两条线路，一条起自矾山水尾，一条起自南宋溪光，两者都以藻溪老街矾馆区为终点。两条线路经过的自然环境不同，线路具体状态也有差异。

　　水尾线路上的华岭头至三条溪路段起伏多变，此段道路主要由萍蓬岭、华岭、险口岭、鹅冠岭等多条坡岭组合而成，平均海拔约500米，坡度大且道路曲折。道路攀爬处有多级石砌台阶，宽约1.5米左右，踏面中部为大石，两侧石块略小，年深岁久而极为光滑。平地处道路砌筑方式与石阶大致相同，只是宽度略窄。南宋线路上的北山街至半垟宫一段道路相对平坦，但半垟宫至三条溪一带地形复杂。上述两条线路汇合之后的三条溪至险口段最艰险，此处受溪水与旁侧山体双向挤压而极为逼仄，最窄处仅半米，为通行而将石板嵌在崖壁上形成悬空道路。目前，矾藻线各段道路保存状况不一，萍蓬岭北坡、华岭及三条溪至潘庄段大部分路面被水泥硬化，险口段因吴家园水库修建而没于水底。

　　道路是明矾运销线路构成的主体，是各类运销遗址生成的基础及价值解读的依据，矾藻线各路段遗址的走向、路况及其组合反映了矾山运销与北部自然环境的融合关系。

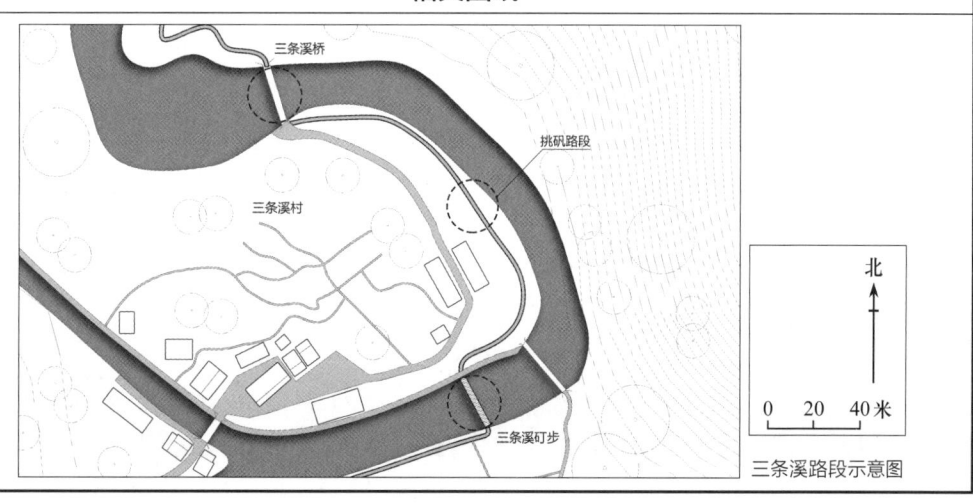

相关图纸

三条溪路段示意图

矾藻线典型路段现状

华岭至三条溪一带原挑矾山路与平路

三条溪去往险口一带的原挑矾道路与环境

挑矾道路路面细部　　　　　　　石碑标识

（3）矾藻线清泗桥

<table>
<tr><td rowspan="5">基本信息</td><td>遗址名称</td><td colspan="3">矾藻线清泗桥</td></tr>
<tr><td>具体位置</td><td colspan="3">温州市苍南县南宋镇育英路2号附近（东经120°23′22″，北纬27°23′18″）</td></tr>
<tr><td>始建年代</td><td>明洪武二十年（1387）</td><td>占地面积</td><td>32平方米</td></tr>
<tr><td>目前用途</td><td>交通设施</td><td>是否文保</td><td>苍南县文物保护单位</td></tr>
</table>

遗址描述

清泗桥为南宋镇道路交通设施，历史时期大岗山所产明矾经由此地向藻溪运输，属矾藻线西南部遗址。清泗桥主要为经过的挑矾工人提供歇脚乘凉之所，近年整体重建。

清泗桥遗址位于今南宋镇育英路附近，东临南宋垟溪，西距北山街不远，南侧是南宋镇人民政府所在地。清泗桥始建于明代，跨越南宋垟溪支流建造，原称永福桥，也称"青石桥"。后历经数次修缮，规模最大者为清康熙年间李毅菴、李士林父子等人的倡建，1963年再次重修，现为2002年原址上重建的新桥。清泗桥采用廊桥形式，为木结构平桥，桥面以粗木圆柱拼接，上为三开间木构廊亭，覆重檐歇山顶。廊亭东西面开敞，南北以青砖墙体封闭，并开拱门以连接两侧道路。亭内以木柱支撑屋架，斗拱处有装饰构件，左右两侧设美人靠。目前清泗桥保存良好，是周边居民休憩设施，但桥梁周围环境变化较大。

虽然清泗桥新建后形制发生改变，但它与夏高桥矾窑区、北山街的位置关系依然显示出历史时期明矾生产运销格局，因此对研究南宋大岗山明矾产区空间结构有不可或缺的意义。

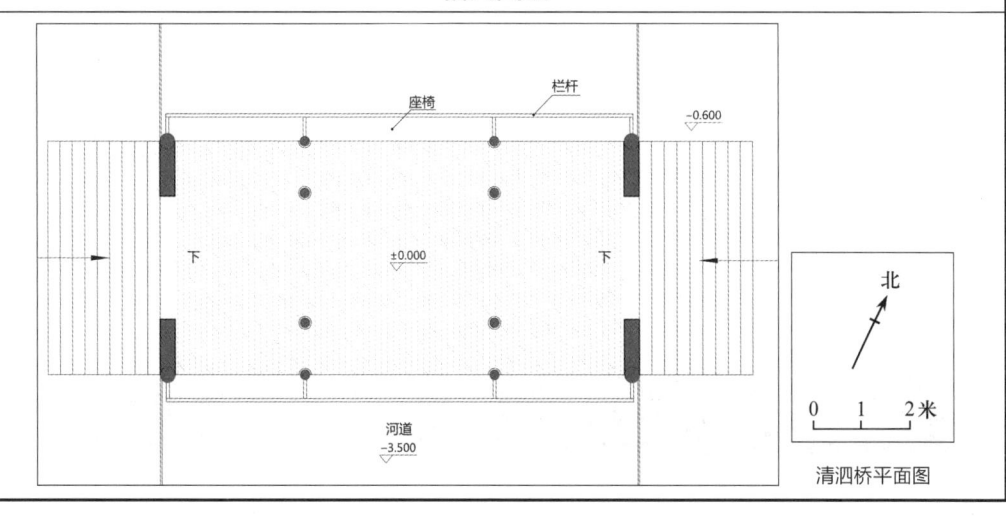

相关图纸

清泗桥平面图

矾藻线清泗桥现状

清泗桥全貌与周边环境

东南立面

南立面

桥梁整体形态

梁架细部

（4）矾藻线三条溪矴步

<table>
<tr><td rowspan="4">基本信息</td><td>遗址名称</td><td colspan="3">矾藻线三条溪矴步</td></tr>
<tr><td>具体位置</td><td colspan="3">温州市苍南县矾山镇三条溪村（东经120°26′27″，北纬27°24′25″）</td></tr>
<tr><td>始建年代</td><td>约清晚期</td><td>占地面积</td><td>37平方米</td></tr>
<tr><td>目前用途</td><td>交通设施</td><td>是否文保</td><td>苍南县文物保护单位</td></tr>
<tr><td>遗址描述</td><td colspan="3">　　三条溪矴步为矾山镇三条溪村水路交通设施，属矾藻线中部遗址。三条溪村位于矾山镇以北，因有三条来自不同方向的小溪在此汇聚而得名，历史时期矾山所产明矾由此地向藻溪运输，三条溪矴步正是水尾山与大岗山两个方向而来的挑矾道路的汇合点。
　　三条溪矴步遗址位于今三条溪村东南，横跨于宽阔的东部溪水之上，总长约42.98米，共计69齿。矴步每齿踏步由两块截面大小不同的条石竖立排列而成，合计长度约0.8米、宽度约0.2-0.3米，高约0.4-0.5米，两齿矴步间隔约0.65米。矴步东北侧设有卵石砌成的护坡，确保矴步受水流冲击后依然保持稳定。目前三条溪矴步保存状况一般，少量齿石松崩倾斜，部分斜撑石被水冲毁。矴步连接着村庄两侧的挑矾道路，村内侧道路尚余少量卵石铺砌地面，而村外侧山脚下道路已用水泥重新铺设。
　　三条溪村与矾山之间的山岭是明矾向藻溪运输的最大阻碍，正处山岭与平地交接地带的三条溪村相应为矾藻线上重要节点，三条溪矴步承接南侧与西侧山岭下来的挑矾道路，经其转接明矾开始向北侧藻溪镇靠近，因此地标意义明显。</td></tr>
<tr><td colspan="4" align="center">**相关图纸**</td></tr>
</table>

三条溪矴步平面图

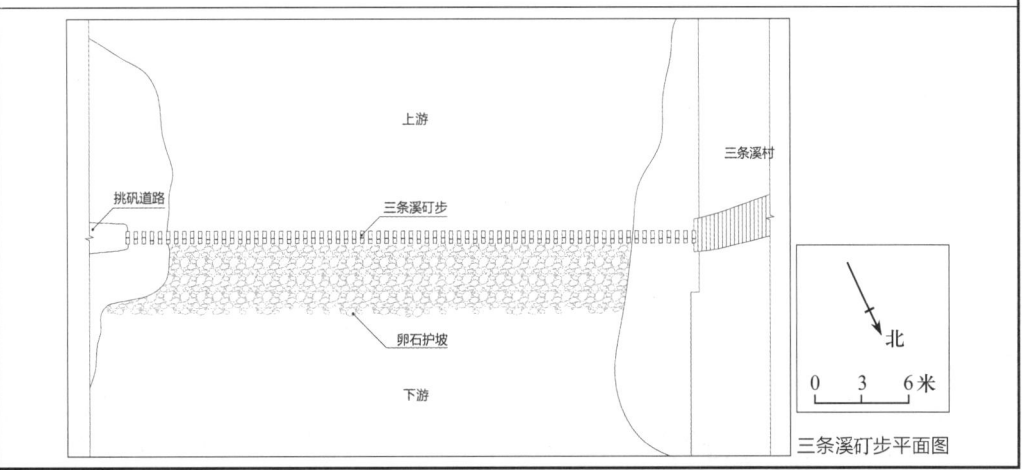

矾藻线三条溪矴步现状

三条溪矴步全貌与周边环境

齿石构成与排列

矴步两侧挑矾道路

矴步下游护坡

齿石细部

（5）矾藻线险口洞桥

<table>
<tr><td rowspan="4">基本信息</td><td>遗址名称</td><td colspan="3">矾藻线险口洞桥</td></tr>
<tr><td>具体位置</td><td colspan="3">温州市苍南县藻溪镇小心垟村吴家园水库内（东经120°26′12″，北纬27°24′59″）</td></tr>
<tr><td>始建年代</td><td>乾隆五十六年（1791）</td><td>占地面积</td><td>61平方米</td></tr>
<tr><td>目前用途</td><td>交通设施</td><td>是否文保</td><td>苍南县文物保护单位</td></tr>
<tr><td>遗址描述</td><td colspan="4">　　险口洞桥为藻溪镇小心垟村附近水路交通设施，属矾藻线中北部遗址。洞桥原属险口村，桥以村名，故称。历史时期矾山明矾即是由三条溪至险口宫一段山路向北运输，险口洞桥由此成为挑矾工人经行歇脚的场所。1955年10月，平阳县农业水利局在藻溪潘庄岭鹅山头与西鹰岩之间建拦水大坝形成吴家园水库，险口村因处于水淹区而不存，惟洞桥仍在。
　　险口洞桥遗址位于今三条溪村与吴家园水库中间地带，西侧为拓宽的三条溪水道，东为山涧溪流，距其最近的小心垟村在东侧1300米之外。桥为单孔石拱桥，南北向横跨于小山涧上，全长约16、宽约3.8米，矢高约8.9米，拱底宽约11.2米。券用块石纵联法垒砌，券脚搭在两侧山体上，桥面较平。桥旁立有"奉宪示禁碑"，青石质，高1.29米，宽0.5米左右，碑额楷书阴刻"奉宪示禁"，碑文楷书阴刻39字。目前洞桥依然屹立，但因行人罕至而桥体两侧长满荒草与灌木。
　　险口一带是矾藻线上最难行的路段，其艰险地形印证着矾山明矾运销的不易。随吴家园水库建成，险口段上多处运销遗址没于水下，洞桥作为得以留存的少数其价值不言而喻。</td></tr>
<tr><td colspan="5" align="center">**相关图纸**</td></tr>
</table>

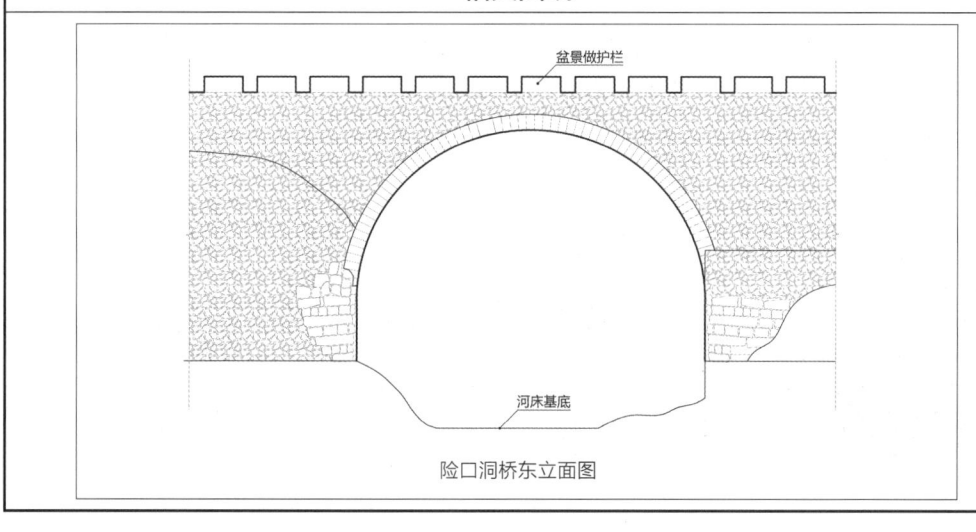

险口洞桥东立面图

矾藻线险口洞桥现状

吴家园水库与周边环境

险口洞桥全貌

石碑标识

桥面细部

洞桥连接的山岭道路

（6）矾藻线雁腾宫

基本信息	遗址名称	矾藻线雁腾宫		
	具体位置	温州市苍南县藻溪镇银湖村将军脚（东经120°26′50″，北纬27°27′8″）		
	始建年代	约清代	占地面积	398平方米
	目前用途	宗教供奉场所	是否文保	苍南县文物保护单位
遗址描述	雁腾宫为藻溪镇银湖村将军脚宫庙建筑，历史时期矾山明矾经由此地向藻溪运输，属矾藻线北部遗址。雁腾宫再向北行约750米即为藻溪镇九堡村，因此该建筑是矾藻线进入藻溪镇的重要节点。 雁腾宫遗址位于今藻溪镇南部，贡头山西北麓，西临藻溪水道。建筑面朝西南，一层，前后两进，中轴对称。轴线由外而内依次布置大门、前厅、天井、正殿等。大门面阔三开间，以石墙围护，仅中部开门，上覆坡屋面，顶部采用燕尾脊。门后为前厅，面阔五开间，以木构梁架支撑。前厅正中布置方形戏台，台面距地约1.5米，上部为八角木藻井。藻井每角设七层单跳斗拱，层层挑出承托屋架，相邻两角斗拱间有水平弯拱连接。戏台后为天井，水泥墁地，上覆彩钢瓦顶，中部摆放香炉。天井两侧有单层回廊，修补痕迹明显。天井南侧为正殿，面阔五开间，端部两间以木墙围合，明间与次间用于供奉神灵。明间进深五柱，二金柱间为插梁式，前设单步廊。目前雁腾宫保存较完整，但正殿与前厅梁架陈旧，有白蚁侵蚀痕迹，地面水泥硬化对历史信息有破坏作用。 雁腾宫外观形式、梁架做法等具有闽地特征，在矾藻线宫庙建筑普遍新建的当下，未经大规模整修的雁腾宫对研究早期明矾运销路线沿线宫庙建筑形制有重要意义。			
相关图纸				

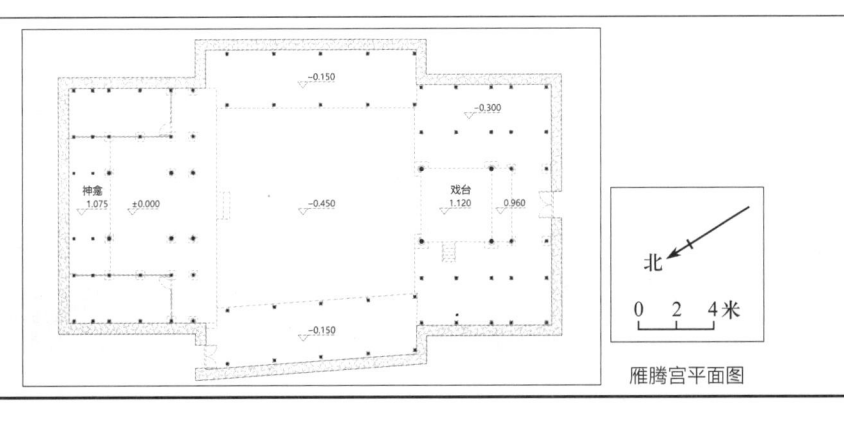

雁腾宫平面图

矾藻线雁腾宫现状

雁腾宫全貌与周边环境

内部院落与正殿檐廊

正殿外观

梁架与屋脊细部

（7）矾藻线九堡瑞灵宫

基本信息	遗址名称	矾藻线九堡瑞灵宫		
	具体位置	温州市苍南县藻溪镇九堡村九堡路（东经120°27′1″，北纬27°27′30″）		
	始建年代	约宋崇宁年间	占地面积	815平方米
	目前用途	宗教供奉场所	是否文保	否
遗址描述	九堡瑞灵宫为藻溪镇九堡村宫庙建筑，当地人俗称"九堡宫"，历史时期矾山明矾经由此地向藻溪老街矾馆运输，属矾藻线终端遗址。瑞灵宫始建于宋崇宁年间，现存建筑为嘉庆十五年（1810）重建。 九堡瑞灵宫遗址位于今藻溪镇东南，九堡村委员会附近，东侧为藻溪水道。建筑坐西朝东，一层，前后两进，中轴对称，轴线上由东向西依次布置前殿、戏台、天井、正殿等。前殿建于块石垒砌的台基上，上压阶条石，明间前设三级踏步，踏步两侧蹲踞石狮与石羊各一对。前殿正门面阔五间，尺度低矮，正中设对开大门。正门后为戏台，台面距地约1.25米，以两层厚木板铺设。戏台有角柱四根，均以鼓形花岗岩柱础承托。戏台上为八角木藻井，各角由层层挑出的斗拱支撑。戏台西侧为开敞院落，地面墁以水泥，两侧厢房为重建，下层开敞用于存放车辆或设棋牌室，二层存放祭祀活动物品。正殿建于矮台基上，面阔五间，进深五柱，明间与次间后廊设神龛。目前瑞灵宫仅戏台与正殿保存较完整，但梁架有倾斜与腐蚀等破损现象。 九堡瑞灵宫虽改建较大，但它与藻溪老街的空间关系标示着明矾进入藻溪后的运输轨迹，戏台与正殿存留的精湛木构梁架也提升了明矾运销遗址的技艺水平。			
	相关图纸			

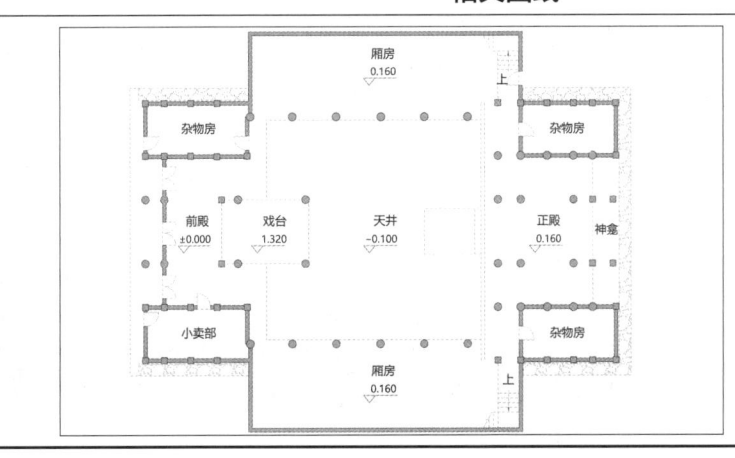

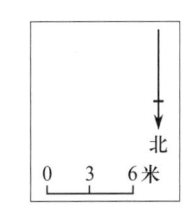

九堡瑞灵宫一层平面图

矾藻线九堡瑞灵宫现状

九堡瑞灵宫全貌

入口石兽

院落内部环境

戏台藻井细部

（8）矾藻线鳌江港

基本信息	遗址名称	矾藻线鳌江港		
	具体位置	温州市平阳县鳌江镇江滨路（东经120°32′1″，北纬27°29′9″）		
	始建年代	1923年	占地面积	约86800平方米
	目前用途	现代市镇	是否文保	否
遗址描述	鳌江港是历史时期矾山明矾自藻溪镇向外运输的实际终点。1923年鳌江开埠，当地著名绅商王理孚因应鳌江转型，以自家商行为依托对矾山明矾收购升级后外销，极大地拓展了矾山明矾的国际声誉。 　　鳌江港遗址位于今温州市南部鳌江入海口，今鳌江镇核心地带，临江而建，位于水道东岸。历史时期鳌江港沿岸建有多处码头，码头区东侧为商业街区，有包括王理孚自家王广源商行在内的各类商业设施，目前这些与明矾运输的场所均已不存。鳌江港主要以与水系平行的两条南北向道路为街区骨架，再以东西向横街进行街区分割。靠近码头的南北向道路现为古鳌北路与江滨路，第二条南北向道路在其东侧，由现代新河南路与古鳌南路组成，两条道路之间由北向南依次分布着丰乐街、朝阳街、吉祥路、原广源路等长短不一的街巷。目前古鳌北路沿线建筑进行了民国风改建，除此之外原港区内尽为现代建筑。 　　鳌江港是历史时期浙江五大港口之一，作为距矾山最近的大港口，它由弱而强、由强而衰的近代化过程直接影响同时期矾山的运销组织，这使原本区域性的民间矾业可被纳入国家的时代洪流中重估价值。			
相关图纸				

鳌江港平面示意图

矾藻线鳌江港现状

原鳌江港码头全貌与周边环境

古鳌路与其沿线建筑

原广源路与其周边环境

（9）矾藻线罗经砌故居（笃敬居）

基本信息	遗址名称	矾藻线罗经砌故居（笃敬居）		
	具体位置	温州市苍南县灵溪镇平南村张家山183-184号（东经120°27′50″，北纬27°30′53″）		
	始建年代	1915年	占地面积	1643平方米
	目前用途	居住建筑	是否文保	苍南县文物保护单位

遗址描述

罗经砌为民国初年著名矾商，其故居虽不在矾藻线路上，但位于线路辐射区域内，因此可视为矾藻线衍生遗址。

罗经砌故居遗址位于今灵溪镇平南村，藻溪镇至鳌江港水路中间地带。建筑坐南朝北，合院形式，中轴对称，由北而南依次布置前院、正房、后花园等空间。前院居中为正房，东西两侧为厢房，均为两层建筑。正房面阔九间，中为正厅，其东侧四间现由多户居住，内部改造较多，西侧四间封闭空置，保持原貌。厢房面阔三间，也都处于封闭闲置状态。正房与厢房交接处各有一小天井，增加了建筑空间层次。正房南侧为后花园，目前是故居内住户的休闲场所。正房底层为三跨砖砌平券，以科林斯柱式承托券脚，柱头两侧有凤凰雕刻，柱础为中国传统覆莲形式。二层为半圆拱券构成的连续廊，券脚也以柯林斯柱式承托，上部以中国传统坡顶收尾。厢房立面底层封闭，二层采用开敞拱廊，其与正房交接处天井立面镶卵形巴洛克石漏窗。目前故居平面布局与立面形式保存完好，仅局部空间有改动。

罗经砌以外地人身份在矾山经营矾业发达，足可印证矾山生产对周边的巨大辐射力。就建筑而言，罗经砌故居中西融合立面之精细极为少见，是研究民国初年浙南中西建筑文化交流深度的重要样本。

相关图纸

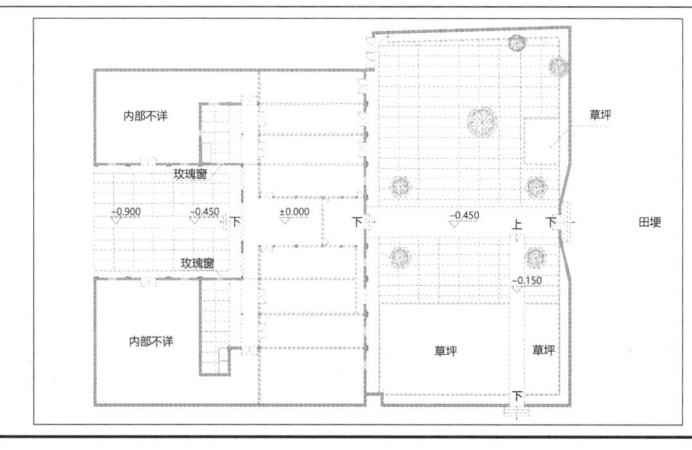

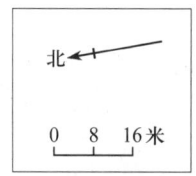

罗经砌故居（笃敬居）一层平面图

矾藻线罗经砌故居（笃敬居）现状

前院空间

后院空间与正厅

前院厢房

立面细部

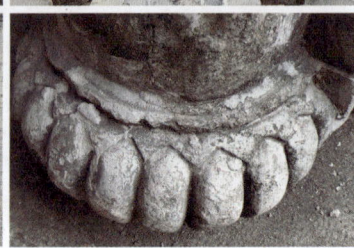

各处中西建筑细部

（10）矾藻线林赞侯故居

<table>
<tr><td rowspan="4">基本信息</td><td>遗址名称</td><td colspan="3">矾藻线林赞侯故居</td></tr>
<tr><td>具体位置</td><td colspan="3">温州市苍南县钱库镇鉴桥村185号（东经120°32'1″，北纬27°29'9″）</td></tr>
<tr><td>始建年代</td><td>清末民初</td><td>占地面积</td><td>310平方米</td></tr>
<tr><td>目前用途</td><td>居住</td><td>是否文保</td><td>否</td></tr>
<tr><td>遗址描述</td><td colspan="4">　　林赞侯是民国著名矾商林赞卿的胞弟，亦是在矾山经营矾业的商人。林赞卿为矾山近代矾业代表，他与殷汝骊等人创办的"兴记矾厂"是历史时期矾山生产企业的杰出代表，该企业后期由林赞侯主理。据林氏后人口述，清末民初林赞卿兄弟在家乡鉴桥村隔河建宅，林赞卿宅后于20世纪80年代拆除，目前仅林赞侯宅局部保留。林赞侯故居虽不在矾藻线路上，但属线路辐射区域，因此可视为矾藻线衍生遗址。
　　林赞侯故居遗址位于今钱库镇鉴桥村新安社区马河头西侧，东与南皆为河道，北为村路。建筑一层，面阔五间，中轴对称。轴线上布置正厅，采用七柱穿斗结构，用材较大且规整。正厅梁架装饰丰富，月梁、中心柱、门板等均雕有花卉与福禄寿图案。外檐廊以月梁与斗拱承托，斗与拱两端均有线脚，层叠相垒，精致华美。目前林赞侯故居平面布局保存尚可，正厅东侧现由林氏后人居住，内部进行适宜现代生活的改造，西侧为他人所有，亦进行加建与改造。
　　林赞卿创办的"兴记矾厂"是民国矾山矾业的主导者，在当地生产中有不可磨灭的地位。林赞侯故居虽不完整，但它与村中林氏大宗内悬挂的国民党主席林森为林赞卿所写的"乐箐育我"匾额共同记录了林氏兄弟为矾山矾业做出的杰出贡献。</td></tr>
<tr><td colspan="5" align="center">**相关图纸**</td></tr>
</table>

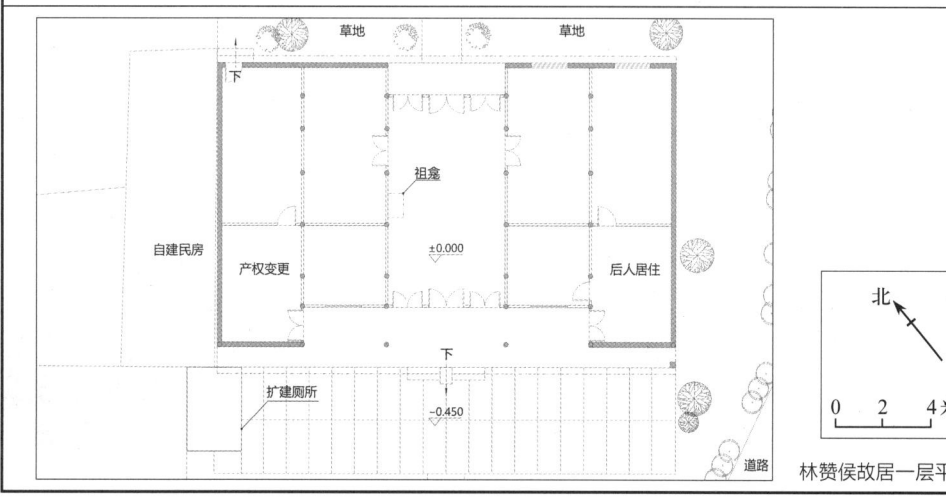

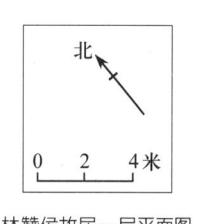

林赞侯故居一层平面图

矾藻线林赞侯故居现状

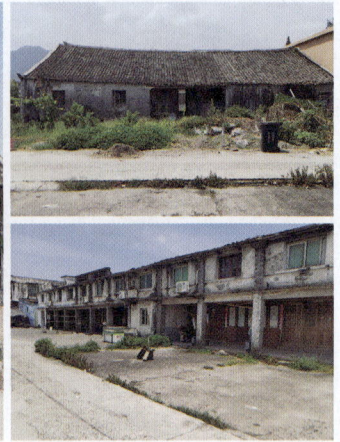

林赞侯故居全貌与周边环境

南立面细部 　　　　　　　　　　　　正厅环境

正厅梁架 　　　　　　　　　　　　　檐廊梁架

3. 矾沿线运销遗址

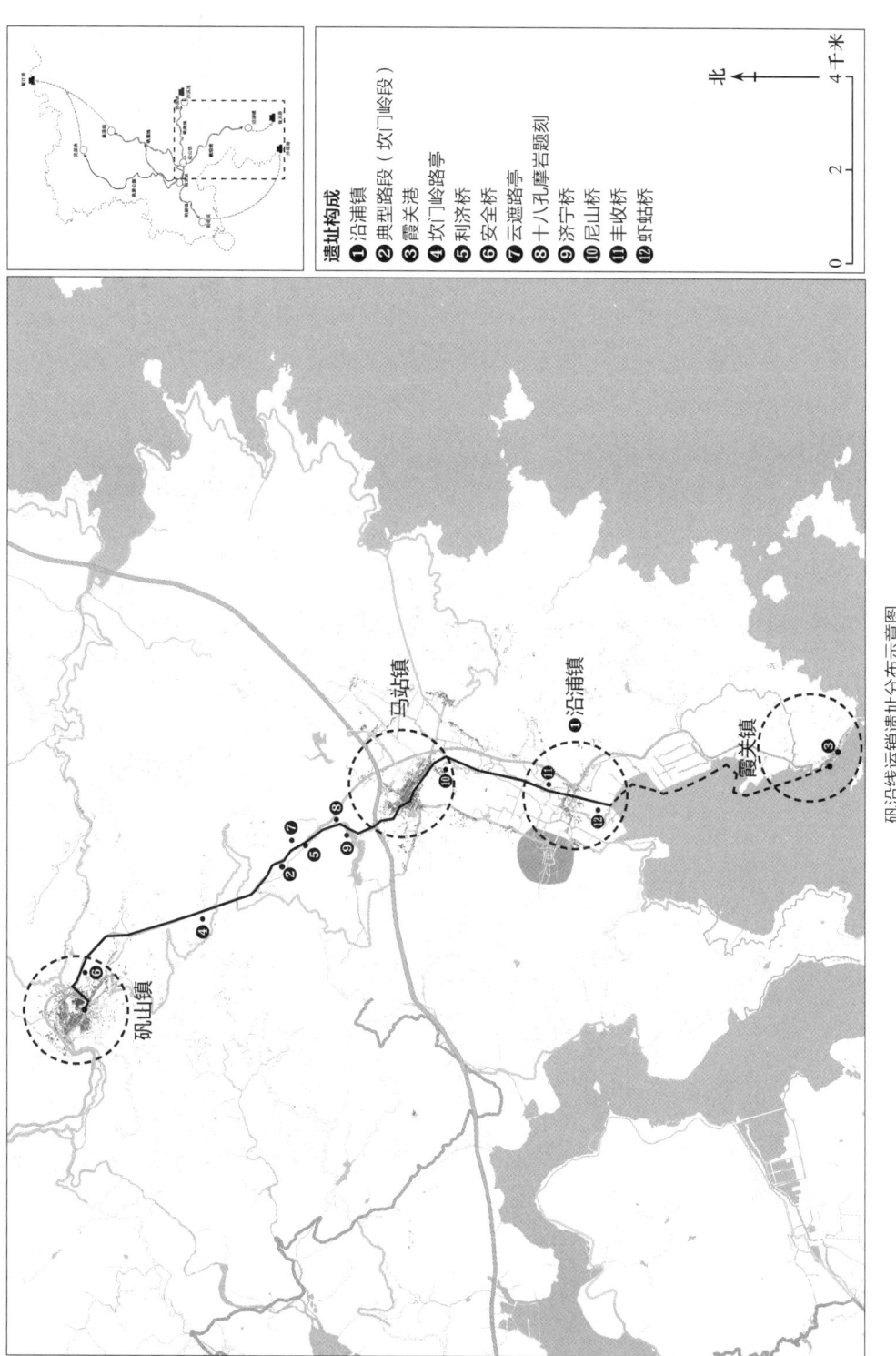

遗址构成 ❶沿浦镇 ❷典型路段（坎门岭段） ❸霞关港 ❹坎门岭路亭 ❺利济桥 ❻安全桥 ❼云遮路亭 ❽十八孔,摩崖岩题刻 ❾济宁桥 ❿尼山桥 ⓫丰收桥 ⓬虾蛄桥

矾沿线运销遗址分布示意图

（1）矾沿线沿浦镇

基本信息	遗址名称	矾沿线沿浦镇		
	具体位置	温州市苍南县沿浦镇（东经120°27′27″，北纬27°14′12″）		
	始建年代	不详	占地面积	约36平方千米
	目前用途	现代市镇	是否文保	否
遗址描述	沿浦镇是矾山明矾自霞关港向外运出的终端市镇，它与矾山之间形成矾沿挑矾线路。矾沿线在民国及之前文献中未见详载，其在明矾运销线路中究竟承担何种角色还待进一步查证。 　　沿浦镇遗址位于今苍南县矾山镇东南，西连福鼎市，北邻马站镇，陆路与海路交通均较畅达。由于与福建仅隔狭长沙埕港，故历史时期沿浦是浙南入闽最便捷地区，这也成为当地商业发展的重要推力。沿浦河是沿浦镇重要水路，河上有陡门桥水闸，船只自桥下埠头可顺河直达沿浦湾，过陡门桥是店铺林立的沿浦老街。20世纪初，沿浦镇矾馆区即位于陡门桥附近，当地人称桥边现沿浦镇老年人活动中心即是曾经的矾馆，明矾运达后先在此打包，经陡门桥下河埠以木船运至沿浦湾，再运往南部霞关港装船出海。目前沿浦镇内明矾运销场所均不存，唯河流、桥梁及被改造后的老街还依稀显示过去明矾内联外运的空间格局。 　　沿浦镇记录了明矾从人工挑运转向海洋运输的机制，是矾山明矾生产辐射下浙闽山区东南部矾业文化圈生成的支撑，对研究矾山东南部明矾外运与遗址景观具有重要意义。			

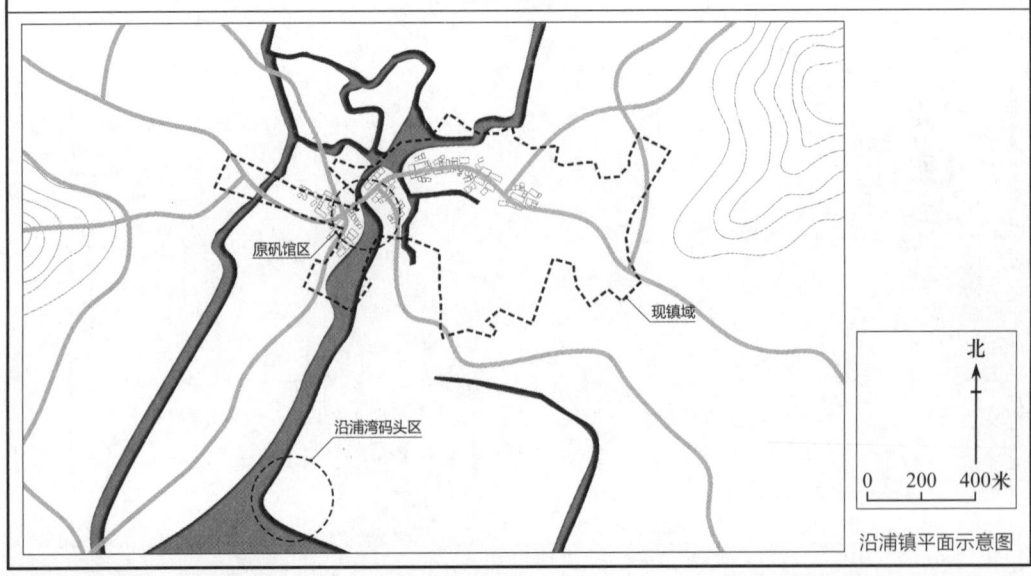

相关图纸

沿浦镇平面示意图

矾沿线沿浦镇现状

沿浦河岸边原埠头区

原矾馆

原挑矾道路与陡门桥

沿浦老街

（2）矾沿线典型路段

基本信息	遗址名称	矾沿线典型路段		
	具体位置	温州市苍南县矾山镇至赤溪镇之间（东120°25′45″，北纬27°18′25″）		
	始建年代	约明清	线路长度	全长约20千米
	目前用途	部分废弃，部分改为现代公路	是否文保	浙江省文物保护单位
遗址描述	历史时期矾沿线路主要为：自矾山街开始，经圆盘村、杨子山村、坎门岭头、坎门岭脚、坑门村、金山村、山边村、后岘村、甘溪村、兴蒲村、沿浦村等，止于沿浦矾馆。 整体来说，矾沿线上的南堡岭、圆盘岭、坎门岭等路段等较起伏难行。矾山出来南行的南堡岭、圆盘岭地势相对较缓，起伏不大，平路以乱石铺设，上坡台阶以大石砌筑，路面宽不超过1.5米。接下来向东南方向行进的坎门岭段是矾沿线上最艰险一段，沿浦民谣曰"蒲门三条岭，条条透天顶"，坎门岭即为三岭之一。从坎门岭头至坎门岭脚山势起伏较大，山坡、山沟处的上下石阶均由大块毛石砌成，有些上山石阶以毛石垒砌路基，路面平均宽度1.5米左右。连接处平地路段多由乱石铺设，依地形而宽窄不一，最窄处仅1米。坎门岭下至马站一段因十八孔水库建成而中断，马站镇域内剩余挑矾道路随2015年岱云岭水库建成再次被截断，马站至沿浦一段已被改为现代公路。 道路是明矾运销线路构成的主体，是各类运销遗址生成的基础及价值解读的依据，矾沿线作为发端最晚的明矾运销线路，各路段遗址的路况及组合反映矾山运销与东南部自然环境的融合关系。			

相关图纸

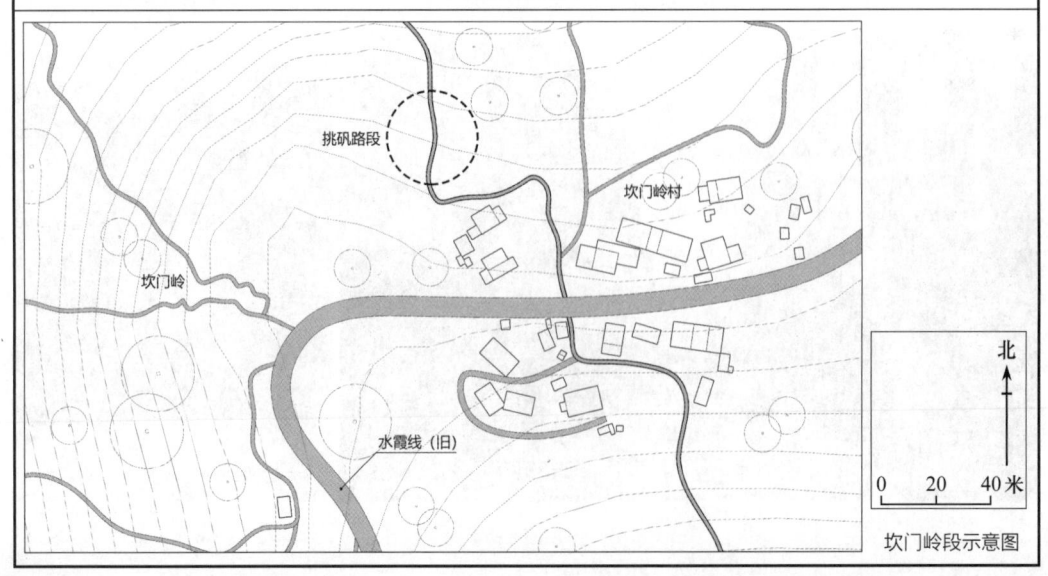

坎门岭段示意图

矾沿线典型路段现状

南堡岭段

圆盘岭段

坎门岭段周边环境

坎门岭段局部

（3）矾沿线坎门岭路亭

基本信息	遗址名称	矾沿线坎门岭路亭		
	具体位置	温州市苍南县岱岭畲族乡坎门岭（东经120°25′31″，北纬27°18′35″）		
	始建年代	约明清时期	占地规模	38平方米
	目前用途	交通附属设施	是否文保	否
遗址描述	坎门岭路亭为苍南县岱岭畲族乡交通附属设施，历史时期矾山明矾经由此地向沿浦运输，属矾沿线东南部遗址，主要为经过的挑矾工人及其他路人提供歇脚乘凉之所。 坎门岭路亭遗址位于今岱岭畲族乡山道旁，东西朝向，单层双坡顶，中间有山路通过，道路西高东低与建筑融为一体。路亭外以石墙围合，仅在东西两侧留通行的拱形门洞。墙面以不规则毛石垒砌，但门洞与墙面转角处则是较规整的块石，显示建造者对美观与受力的综合考量。路亭内采用木构插梁式支撑，所用木材简陋随意，檩条上为稀疏的椽子，椽上直接铺瓦，木柱下有石柱础承托，用于防潮。路亭内部地面中间以乱石铺砌，和山路形式保持一致，两侧则为泥土地面，南北靠墙摆放长条石凳，北墙中上部有神龛。目前路亭保存较完整，无明显破损，但因位置荒僻，故内部环境较为破败。 坎门岭路亭位于岱岭畲族乡外围，是矾沿线中途转换的重要节点。岱岭乡是苍南仅有的两个畲族乡之一，因此坎门岭路亭是矾山运销线路中民族融合的表达。			

相关图纸

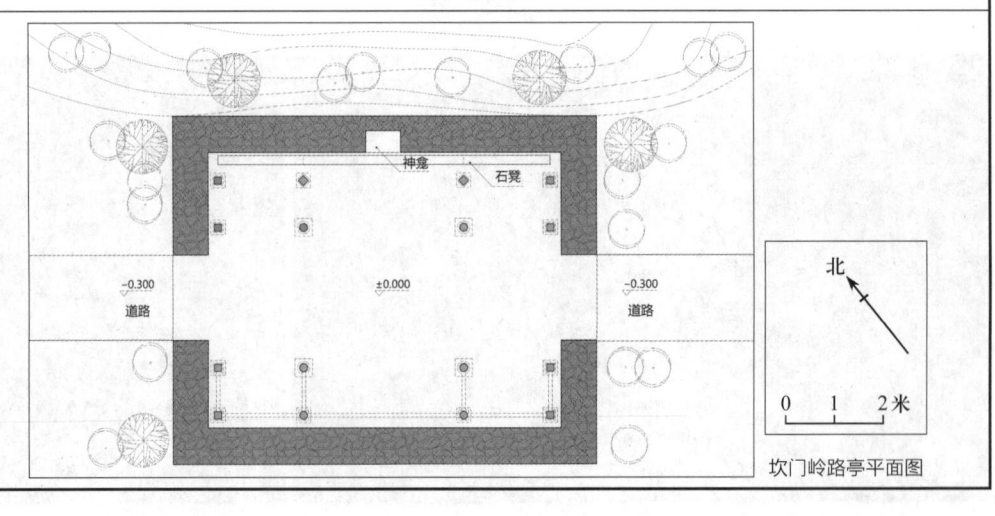

坎门岭路亭平面图

矾沿线坎门岭路亭现状

坎门岭路亭所在山岭环境

坎门岭路亭全貌

内部环境

（4）矾沿线利济桥

<table>
<tr><td rowspan="4">基本信息</td><td>遗址名称</td><td colspan="3">矾沿线利济桥</td></tr>
<tr><td>具体位置</td><td colspan="3">温州市苍南县岱岭畲族乡云遮村坎门岭脚（东经120°26′37″，北纬27°17′29″）</td></tr>
<tr><td>始建年代</td><td>清光绪三十年（1904）</td><td>占地面积</td><td>79平方米</td></tr>
<tr><td>目前用途</td><td>交通设施</td><td>是否文保</td><td>苍南县文保单位</td></tr>
<tr><td>遗址描述</td><td colspan="4">利济桥为岱岭畲族乡道路交通设施，历史时期矾山明矾经由此地向沿浦运输，属矾沿线东南部遗址。利济桥于清光绪三十年（1904）由福掌村陈世垟自然村吴氏族人筹建，2005年水霞线建成后桥梁失去地区交通枢纽地位。

利济桥遗址原位于岱岭畲族乡十八孔水库内，坎门岭脚半岭溪水道上，2015年因云遮水库蓄水需要，桥梁整体迁移拆建。新桥址位于水道下游，与旧桥相距约280米，新址环境与旧址基本相似。桥梁为三孔挑梁石桥，全长约27米，桥面宽约2.8米，桥面距水面约4米，桥板厚约0.25米。两侧桥墩用规则条石错缝叠砌而成，迎水面一侧砌分水尖，以减轻水流对桥身的冲击。中间桥墩向左右两侧挑出三层悬臂，每层均由五根丁头石构成，丁头石上再压条石，层层叠压以承托上部桥面。桥面每跨并排直铺6-7条桥板，桥梁中部外侧桥板上以楷书阴刻"利济桥"三字。迁建后的利济桥整体保存状况良好。

利济桥是历史时期蒲门通往矾山及平阳县城的必经之路，因此是矾沿线重要遗址构成。桥梁本身建造纪年确凿，形制独特且完整，是研究清代浙闽山区桥梁技艺的样本。</td></tr>
<tr><td colspan="5" align="center">**相关图纸**</td></tr>
</table>

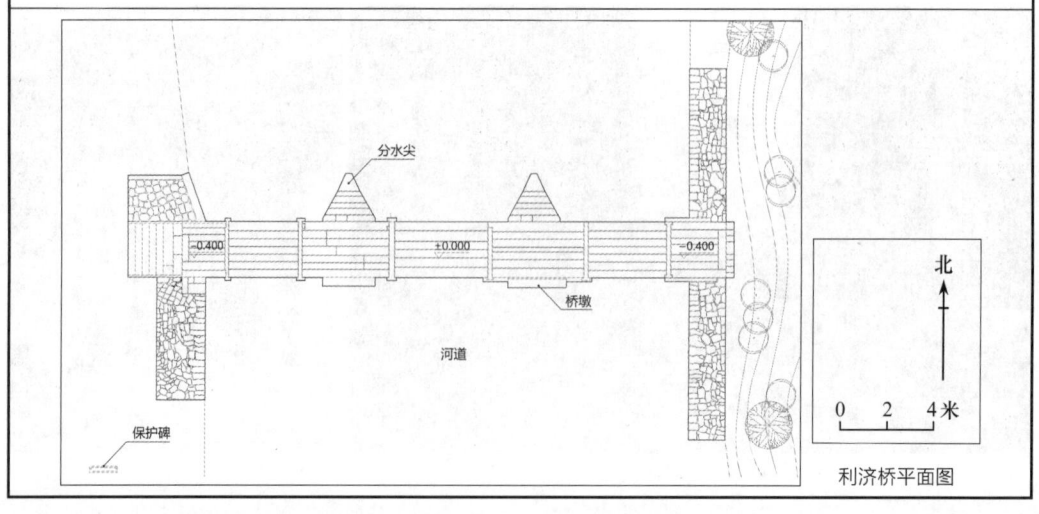

利济桥平面图

矾沿线利济桥现状

利济桥全貌与周边环境

桥面细部 　　　　　　　　　　　分水尖细部

悬臂支撑 　　　　　　　　　　　原桥面

（5）矾沿线霞关港

基本信息	遗址名称	矾沿线霞关港		
	具体位置	温州市苍南县霞关镇（东经120°27′27″，北纬27°14′12″）		
	始建年代	不详	占地面积	约110500平方米
	目前用途	沿海市镇	是否文保	否
遗址描述	霞关港是历史时期矾山明矾自沿浦向外运输的实际终点。明洪武二年（1369），明太祖为防倭寇入侵而在霞关派兵驻守，后此地作为卫戍要地不断进行军事调整。清末霞关商业开始发展，民国十九年（1930）始设霞关镇，20世纪40年代其商贸地位达于鼎盛。 　　霞关港遗址位于今浙江最南端，与福建沙埕港隔海相望。从大环境看，霞关附近海岸迂回，岛屿湾口众多，拥有便捷海上交通是其后期商业发达的重要原因。从小环境看，霞关西南为海洋，东北为山地，港镇整体靠山临海布局。霞关的码头区在西南海边，明矾经沿浦湾运抵后即在此换轮船装运出海。码头后面是倚山布局的商业生活区，该区域以五条老街为骨架，每条老街顺山势又向两侧生长出多条支路，建筑沿道路密集排列，层层叠叠朝向码头。目前霞关港被打造为旅游度假区，与明矾运输关联的码头等设施均不存，唯山上游客熙然的商业生活区成为明矾经由此地向海洋运输的唯一见证。 　　霞关港是温州重要海港门户，它由军事港口转变为商业港市的进程影响了历史时期矾山明矾运销线路的布局，彰显出明矾运销线路因应外部环境变动而具有的灵活性。			
相关图纸				

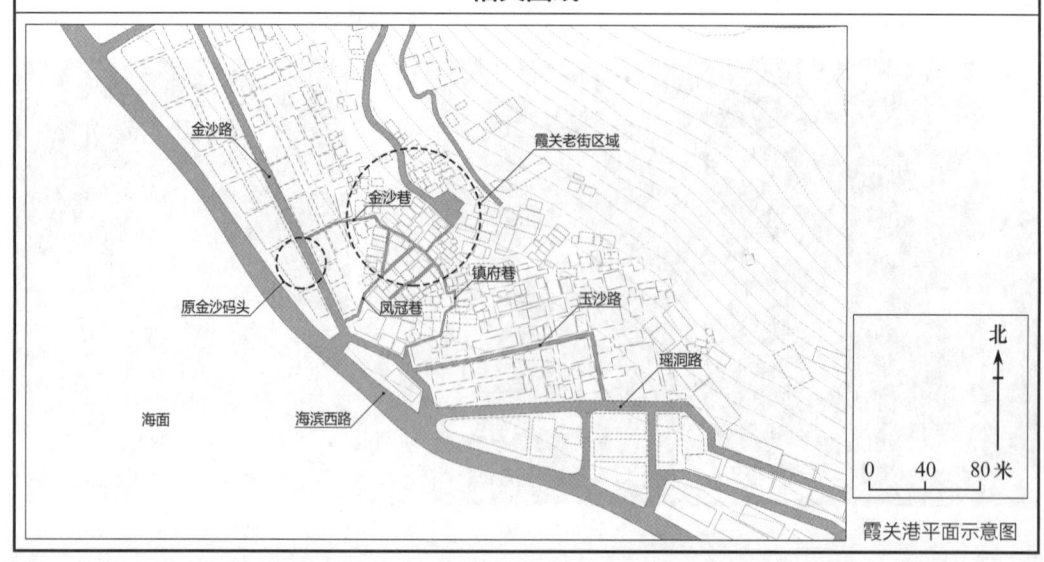

霞关港平面示意图

矾沿线霞关港现状

霞关港海面

霞关老街入口

老街内部环境

老街传统民居

民居窗户及柱础

4. 矾前线运销遗址

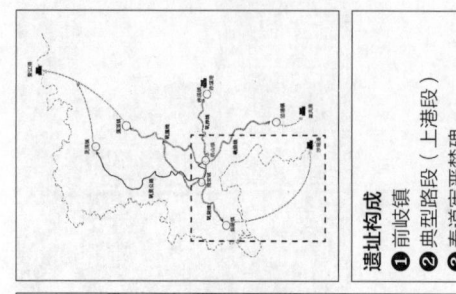

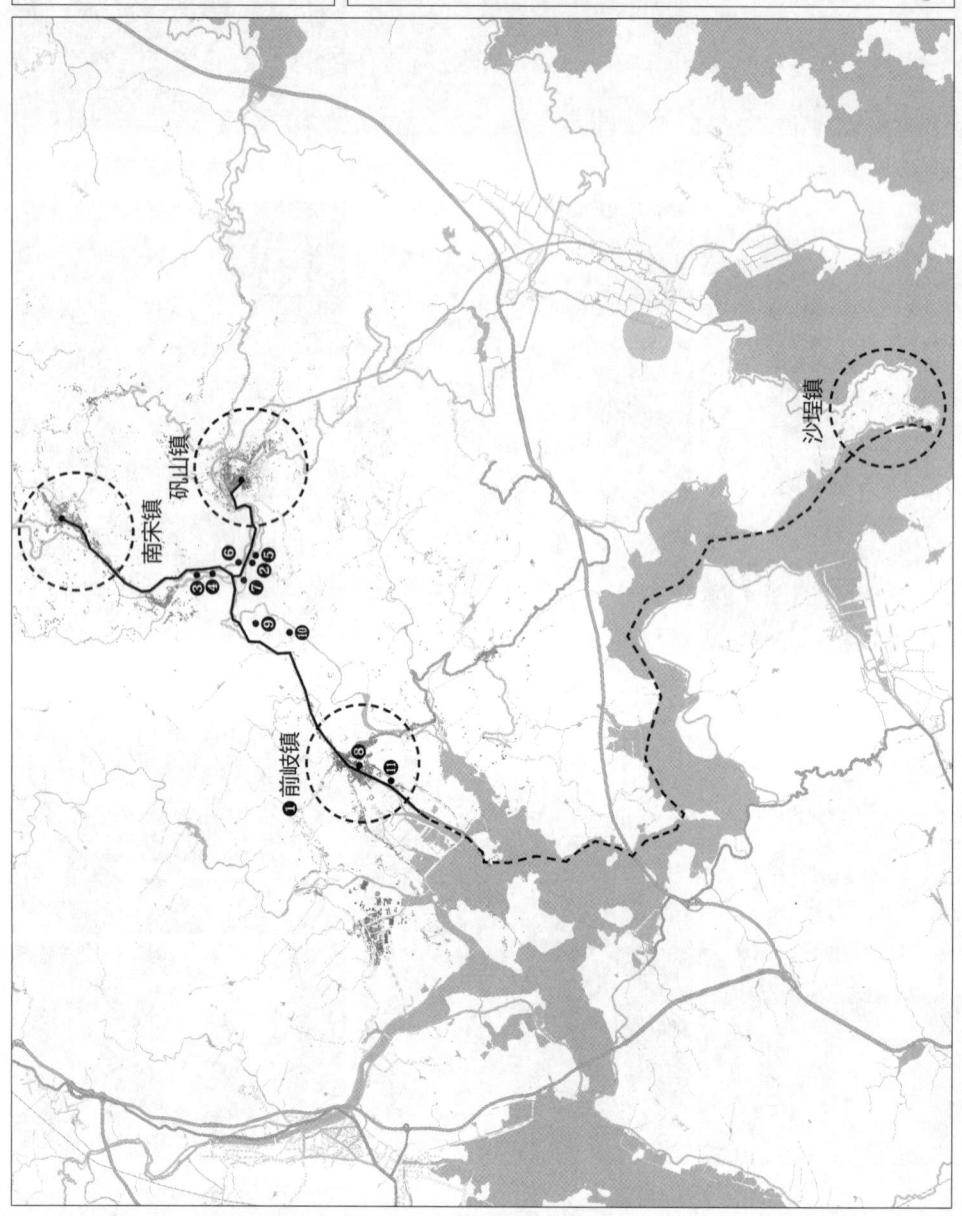

遗址构成
① 前岐镇
② 典型路段（上港段）
③ 奉道宪严禁碑
④ 新岭头路亭
⑤ 上港桥
⑥ 九担宫
⑦ 龙头庵桥
⑧ 海尾天后宫
⑨ 浙闽关口
⑩ 吴家溪炼矾厂
⑪ 南岭脚亭

矾前线运销遗址分布示意图

（1）矾前线前岐镇

基本信息	遗址名称	矾前线前岐镇		
	具体位置	福建省福鼎市前岐镇（东经120°19′8″，北纬27°18′38″）		
	始建年代	不详	占地面积	约85平方千米
	目前用途	现代市镇	是否文保	否
遗址描述	前岐镇是历史时期矾山明矾自福建沙埕港向外运出的终点市镇，它与矾山之间形成矾前挑矾线路，是4条挑矾线路中唯一跨省道路。清光绪《福鼎乡土志》载，前岐"商贾率以矾为大宗，矾矿出浙平阳矾山赤埕，销场唯岐最旺"，可知当时前岐受矾山生产影响之深。 前岐镇遗址地处浙闽边界东北，今矾山镇西南，镇域沿南北向福东溪纵长布局。明矾自北部矾山而来，顺福东溪东侧岐阳老街运至南端海尾天后宫一带，经这里矾馆打包后再以小船走水路向南运输，最终抵东南海边沙埕港完成陆海联运。明矾运输推动前岐繁荣，岐阳老街由此成为闽东最古老街市之一，其北起岐阳亭街头顶，南至海尾天后庙，由北而南分上、中、下三街，每街各有一码头运送不同货物，海尾天后宫码头是最南边的一座，专用于运输明矾等大宗出海货物。当时天后宫周边为矾馆区，庙前福东溪岸边设埠头，两者形成明矾水陆转接中心。目前海尾矾馆区仅留天后宫，矾馆、埠头等明矾运输设施均不存。岐阳老街格局基本保留，街内有福东桥、李家大院等历史建筑。 前岐镇东有大澜溪，其上游为矾山溪，源源不断的水流建构起前岐与矾山的史地关联，自清前期至20世纪80年代，两者作为矾业共同体风雨同舟达三百年之久，因此前岐对理解矾山生产的历史厚度与辐射力度意义非凡。			

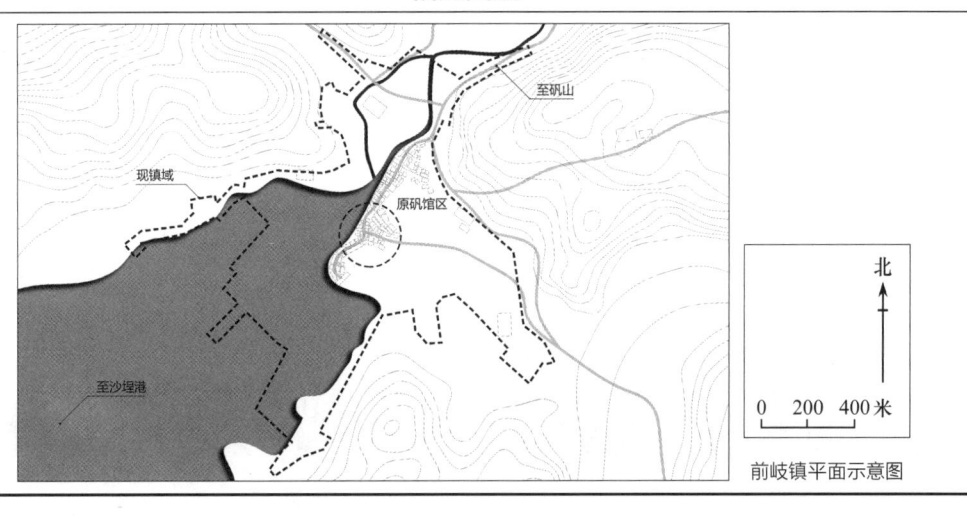

相关图纸

前岐镇平面示意图

矾前线前岐镇现状

前岐镇北部旧区鸟瞰

前岐镇南部新区鸟瞰

前岐与矾山交界处山岭　　　　　　福东溪沿线

（2）矾前线典型路段

<table>
<tr><td rowspan="5">基本信息</td><td>遗址名称</td><td colspan="3">矾前线典型路段</td></tr>
<tr><td>具体位置</td><td colspan="3">温州市苍南县矾山镇至福建省福鼎市前岐镇之间（东经120°22′44″，北纬27°20′21″）</td></tr>
<tr><td>始建年代</td><td>约明清时期</td><td>线路长度</td><td>全长约12千米</td></tr>
<tr><td>目前用途</td><td>部分废弃，部分与现代公路结合</td><td>是否文保</td><td>浙江省文物保护单位（局部）</td></tr>
</table>

遗址描述	矾前挑矾线路主要有两条，一条从矾山水尾出发，一条从南宋溪光出发，终点皆为前岐海尾天后宫。水尾线途经石门、新岭头、上港、枫树坪、峡岭溪、龟岭村、南岭头、南岭脚、西宅、桥亭头、岐阳老街等，溪光线途经溪光、埔坪街道、柯岭、踣死马、龟岭头等，然后与水尾线重合。上述线路经过的自然环境不同，道路走向与崎岖程度也有差异。 　　浙闽交界地势起伏多变，因此矾前线路段构成复杂，平地路面、上山与下山台阶交替连接，很难明确划分。整体来看，平地路面平均宽约1.5米，或由乱石铺设路面、或中部用大石而周边用碎石、或方整块石斜向拼接。有些路面中间还会抬升形成坡度，如上港桥、新岭湖等路段。枫树坪段以下山石阶为主，宽约1.5米，每条石阶由多块毛石砌筑而成。新岭头段上山石阶由扁平石板砌筑，每阶五块，砌筑工整。目前矾前线大部分路段失去原有功能，加之台风与现代建设等影响，路面破损严重，路沿长满荒草。 　　道路是明矾运销线路构成的主体，是各类运销遗址生成的基础及价值解读的依据，矾前线各路段遗址形态的多样性反映了矾山运销与西南部自然环境的融合关系。

相关图纸

上港桥路段示意图

矾前线典型路段现状

枫树坪段　　　　　　　新岭头段　　　　　　　前岐段

上港桥段与周边环境

上港桥段走向与林中路面细部

（3）矾前线"奉道宪严禁碑"

基本信息	遗址名称	矾前线"奉道宪严禁碑"		
	具体位置	温州市苍南县矾山镇甘岐村新岭脚（东经120°22′24″，北纬27°21′13″）		
	始建年代	清咸丰七年（1857）	占地面积	0.7平方米
	目前用途	闲置设施	是否文保	否
遗址描述	"奉道宪严禁碑"为矾山镇甘岐村新岭脚自然村附属遗址，历史时期大岗山矿段所产明矾经由此地向福建前岐运输，属矾前线溪光线路北部遗址。石碑立于清咸丰七年（1857），由监生李昕、李延东、苏文韬呈禀，时温处海防兵备道俞树风勒立。 甘岐村新岭脚自然村位于今矾山镇西，"奉道宪严禁碑"位于村落东侧，新岭脚古道旁，靠近水霞线公路。石碑阳面向南，青石质地，轮廓呈折角长方形，碑高约1.27、宽约0.55、厚约0.11米。碑额以楷书阴刻"奉道宪严禁"字样，碑文也以楷书阴刻，共31行11列。目前石碑风化较严重，字迹较模糊，碑右侧有崩落现象。 碑刻是矾山明矾运销线路中特殊的遗址类型，它因存量少且真实反应明矾生产历史状况而极为珍贵，"奉道宪严禁碑"记录着清中晚期地方官员对矾山生产的同情态度，是研究当时矾山矾业社会实态的稀缺资料。			

相关图纸

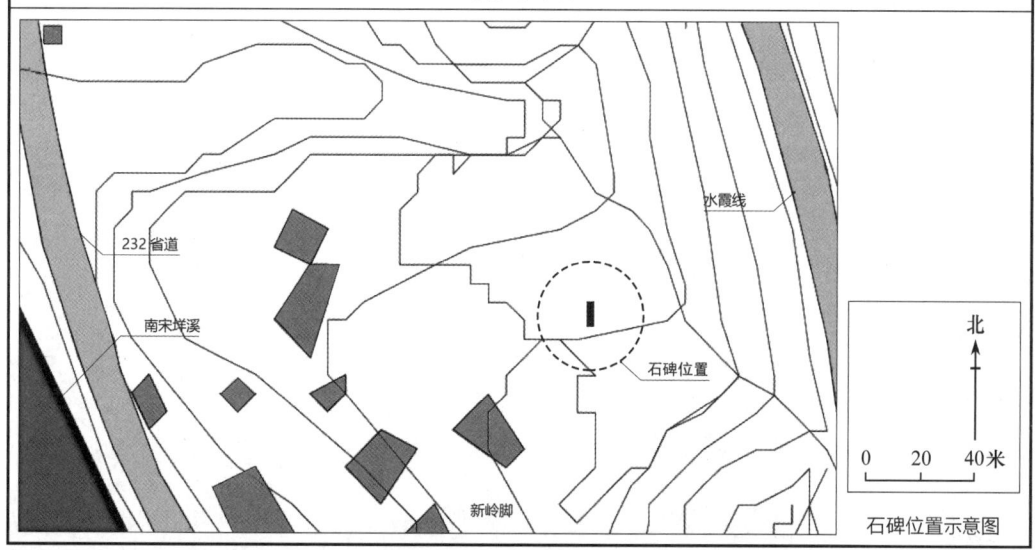

石碑位置示意图

矾前线"奉道宪严禁碑"现状

"奉道宪严禁碑"所在山岭环境

周边环境

石碑阳面　　　　　　　　　　　碑文细部

（4）矾前线新岭头路亭

<table>
<tr><td rowspan="4">基本信息</td><td>遗址名称</td><td colspan="3">矾前线新岭头路亭</td></tr>
<tr><td>具体位置</td><td colspan="3">温州市苍南县矾山镇甘岐村新岭头自然村（东经120°22′24″，北纬27°21′13″）</td></tr>
<tr><td>始建年代</td><td>清道光二十三年（1843）</td><td>占地面积</td><td>65平方米</td></tr>
<tr><td>目前用途</td><td>交通附属设施、宗教供奉场所</td><td>是否文保</td><td>否</td></tr>
<tr><td>遗址描述</td><td colspan="3">
　　新岭头路亭为矾山镇甘岐村新岭头自然村交通附属设施，历史时期矾山明矾经由此地向福建前岐运输，属矾前线东部遗址。新岭头路亭约建于清道光二十三年（1843），因"古道蜿蜒，通行维艰"，故"途中设亭，利济于行客稳足"，是挑矾工人休憩歇脚之处。

　　新岭头路亭遗址位于今矾山镇甘岐村新岭头自然村内，东侧倚山，西侧临路，与北侧万安宫紧邻。路亭一层，双坡顶，面阔三间，进深三跨，正中为木构插梁式屋架。路亭环以石墙，墙以毛石砌筑，上有收分，截面呈梯形。东南与西北山墙中部均开券洞门，券脚有蜗卷纹样，西北券门维持原貌，靠墙立有石碑，东南券门用砖石封堵。室内明间后墙布置神龛，前设供桌，南侧次间有烛台，北侧搭土灶。目前路亭保存状况良好，新修痕迹明显，香火旺盛。

　　新岭头路亭位于矾山与南宋之间，是矾前线中途转换节点。路亭三开间开敞形式与挑矾线路其他封闭路亭形式不同，较为精致的梁架展现了民间营造的技艺水平。
</td></tr>
<tr><td colspan="4" align="center">**相关图纸**</td></tr>
</table>

新岭头路亭南立面图

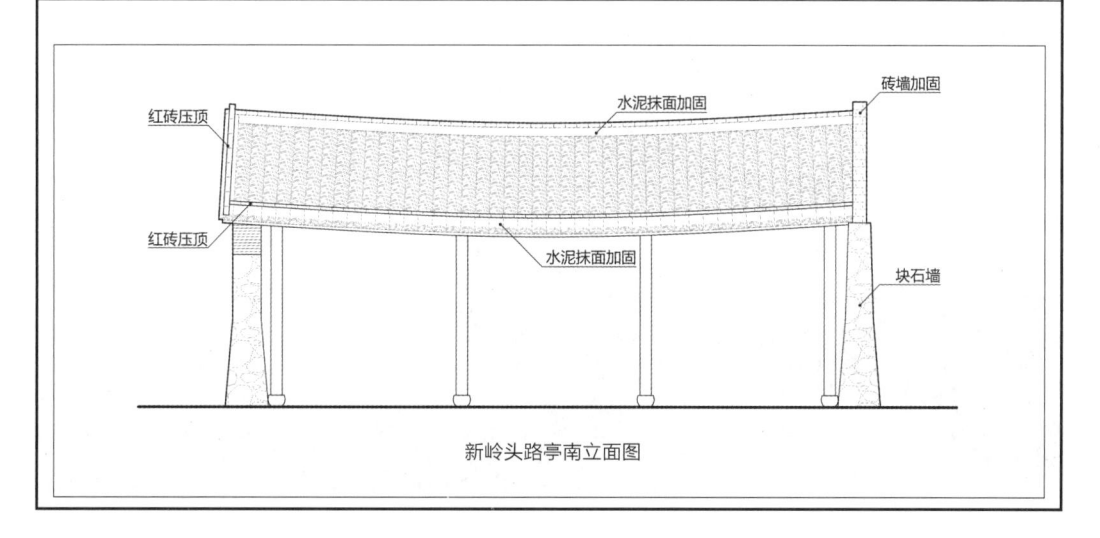

矾前线新岭头路亭现状

新岭头路亭所在山岭环境

新岭头路亭全貌与内部环境

新岭头路亭衍生的外部场所

（5）矾前线上港桥

基本信息	遗址名称	矾前线上港桥		
	具体位置	温州市苍南县矾山镇上港村（东经120°22′46″，北纬27°20′19″）		
	始建年代	不详	占地面积	135平方米
	目前用途	交通设施	是否文保	否
遗址描述	上港桥为矾山镇上港村道路交通设施，历史时期矾山明矾经由此地向福建前岐运输，属矾前线东部遗址，桥梁始建年代不详，现为近现代构筑物。 上港桥遗址位于今矾山镇上港村西侧，横跨矾山溪，周围农田环绕。桥梁基本呈南北走向，为三孔石拱形式，全长约33、宽约4米，桥面距基岩约7米。桥身以毛石砌筑，拱券用块石垒砌，近似半圆形，券脚下桥基高大，以毛石砌筑为近似长方形，分水处磨角成圆弧面以减小水流对桥基的冲刷。桥面平坦，由块石斜铺而成，两侧护以青石栏杆，望柱由花岗岩雕刻而成，设青石寻杖。桥体两侧连接着去往前岐的挑矾道路，路面以石块铺砌。目前上港桥基本处于荒置状态，虽较完整，但桥身与桥面长满杂草，两端挑矾道路也多被杂草掩盖。 上港桥位于矾山镇西侧边界地带，过桥前行不久即可到达枫树坪，后者标志着矾前线将进入起伏难行的浙闽交界山岭地区，因此上港桥可视为矾前线东部重要节点。此外，上港桥与线路上其他传统桥梁相互映照可呈现矾前线桥梁设施的历时性变化。			
相关图纸				

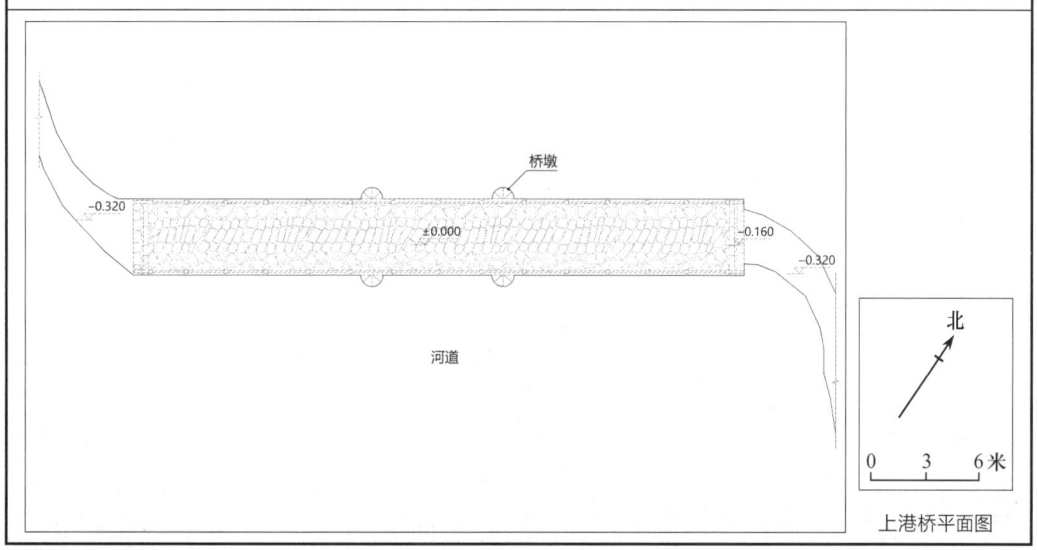

上港桥平面图

矾前线上港桥现状

上港桥全貌与周边环境

桥身与桥面

桥面细部

桥下河流

（6）矾前线九担宫

基本信息	遗址名称	矾前线九担宫		
	具体位置	温州市苍南县矾山镇上港村（东经120°38′10″，北纬27°35′11″）		
	始建年代	清光绪元年（1875）	占地面积	35平方米
	目前用途	宗教供奉场所	是否文保	否
遗址描述	九担宫为矾山镇上港村内宫庙建筑，历史时期矾山所产明矾经由此地向福建前岐运输，属矾前线东部遗址。当地民间相传，清乾隆九年（1744）有苏州商人在今矾山镇西约2千米处建起矾山历史上第一座正式矾窑"九担窑"，九担宫即是这一重大事件的纪念物。 　　九担宫遗址位于今矾山镇上港村中部，北侧所邻为原挑矾道路，南侧为树林。建筑位于高台基上，坐南朝北，一层单间独栋式。外墙砖石砌筑，通体采用灰色涂料粉刷。北立面正中设门，门上有"九担宫"匾额，门两侧各开一正方形小漏窗，东西两侧山墙顶部为曲线轮廓，类似观音兜，西侧山墙下有焚香炉。室内以山墙承托木檩条，烟火熏染下梁架发黑。正对入口的南墙摆放神龛，供奉五位神灵，神龛前供案两侧有"明矾发源九担岭，产品如今五洲销"楹联。目前九担宫保存基本完整，外部整修痕迹明显，内部环境略显陈旧。 　　九担窑的建立标志着矾山生产摆脱农耕副业的初级状态进入规模产业的新时期，九担窑现已不存，九担宫是目前与九担窑这一重大历史事件关联的唯一实证。			

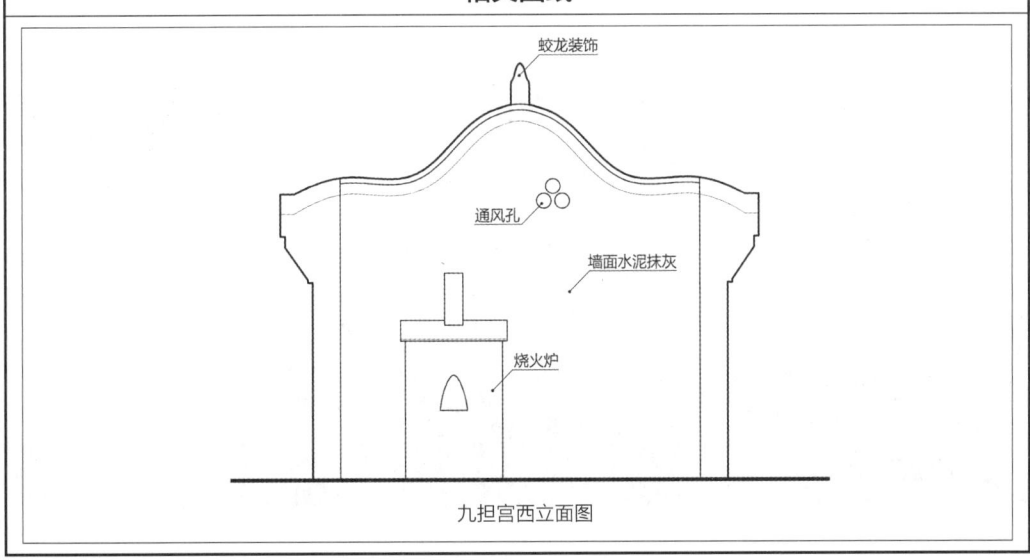

相关图纸

九担宫西立面图

矾前线九担宫现状

九担宫全貌与周边环境

内部环境

神龛下楹联

墙面细部

（7）矾前线龙头庵桥

基本信息	遗址名称	矾前线龙头庵桥		
	具体位置	温州市苍南县矾山镇枫树坪村（东经120°22′17″，北纬27°20′27″）		
	始建年代	不详	占地面积	70平方米
	目前用途	交通设施	是否文保	否
遗址描述	龙头庵桥为矾山镇枫树坪村道路交通设施，历史时期矾山明矾经由此地向福建前岐运输，属矾前线中部遗址。 龙头庵桥遗址位于今矾山镇西南，枫树坪村北侧，矾山溪与南宋垟溪交汇处，南接甘岗线。桥梁架于矾山溪之上，呈南北走向，为单跨六拱桥，桥长约26米，桥面宽约4米。从桥身正面看，桥以块石垒砌而成，发券以块石挤压成形，建造工艺严谨。桥身两侧拱面对称开3个连续券洞，以减少水流对桥身的冲击。桥面由水泥铺设而成，东西两侧护以石材护栏。桥身东西两侧与护坡相连，护坡上铺有碎石。目前龙头庵桥保存较为完整，桥体重建痕迹明显，南北两侧原连接有挑矾道路，现路面均改为水泥浇筑。 龙头庵桥为矾山明矾挑运线路上规模最大的单孔石拱桥，建设时期相对靠后，是研究矾前线桥梁设施从传统向近现代变革的重要样本。		

相关图纸

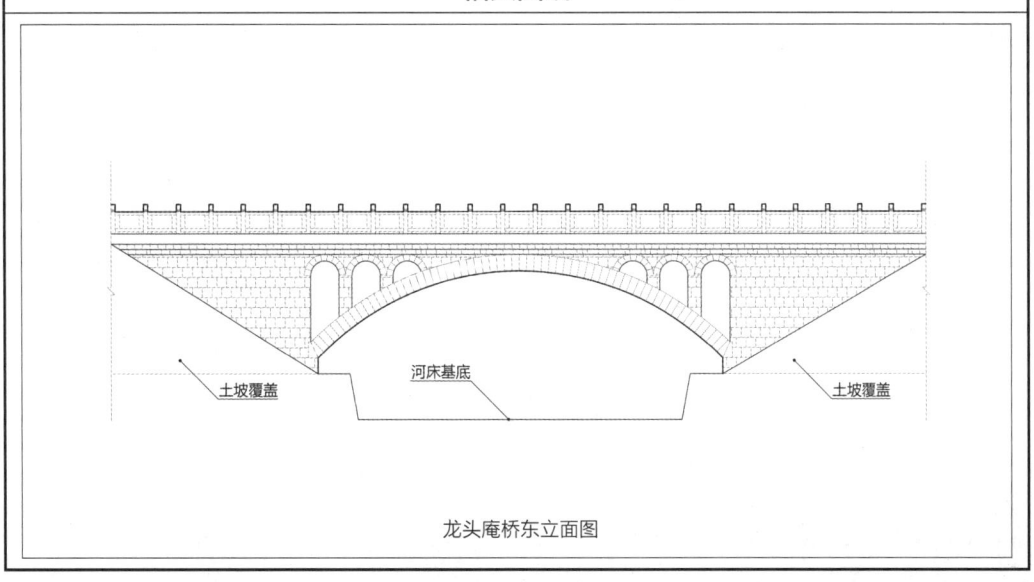

龙头庵桥东立面图

矾前线龙头庵桥环境

龙头庵桥全貌与周边环境

桥身东侧

桥身西侧

桥面细部

（8）矾前线海尾天后宫

<table>
<tr><td rowspan="4">基本信息</td><td>遗址名称</td><td colspan="3">矾前线海尾天后宫</td></tr>
<tr><td>具体位置</td><td colspan="3">福建省福鼎市前岐镇岐阳街海尾路（东经120°19′13″，北纬27°18′51″）</td></tr>
<tr><td>始建年代</td><td>不详</td><td>占地面积</td><td>3188平方米</td></tr>
<tr><td>目前用途</td><td>宗教供奉场所</td><td>是否文保</td><td>福鼎市文物保护单位</td></tr>
<tr><td>遗址描述</td><td colspan="4">　　海尾天后宫为福建前岐镇宫庙建筑，是矾前线终端遗址，建筑始建年代不详，曾于清康熙五十四年（1715）重建，现存主要为2003年新建。
　　海尾天后宫遗址位于今前岐镇岐阳街海尾路，其西侧为福东溪，北接岐阳老街。建筑坐北朝南，前后两进合院形式，平面中轴对称，轴线上由南而北依次布置宫门、戏台、庭院、正殿等。宫门用青砖砌墙，门洞以青石守框，门楣镶嵌青石匾额，上刻"天后宫"字样。正门两侧各有拱形偏门，可直通院落左右回廊。正门后为戏台，其以四根方石柱支撑上部歇山顶，屋顶下为木质彩绘藻井。戏台北侧为中心庭院，因高差不同分前后两部分。前院以水泥墁地，上覆金属支架透明雨棚。两侧各有两层回廊，与宫门背后回廊连通，作为一个空间系统环绕在庭院周围。前院后部有宽大台阶，上行可进入后院。后院迎面所对为正殿，其面阔五开间，重檐歇山顶，内部北墙设神龛。正殿外东南墙下有"奉宪勒碑"遗址。
　　海尾天后宫是闽东现存最大的妈祖庙，作为终端遗址它见证了矾山明矾经福建向外运输的盛衰变化，同时它也是清代以来矾山与前岐运销约定的记录者，其附属石碑是两地作为矾业共同体合作与纠葛的重要实证。</td></tr>
<tr><td colspan="5" align="center">**相关图纸**</td></tr>
</table>

海尾天后宫主殿南立面图

矾前线海尾天后宫现状

海尾天后宫全貌与周边环境

主入口  院落空间

正殿环境  "奉宪勒碑"现状

第5章 生活遗址调查研究

明清以来矾山生产吸引大量移民迁入谋利,他们均以与明矾生产直接或间接相关的活动为生计模式。随着生产演进,矾山人群构成及组织发生阶段性变化,这使看似统一的移民社会实际存在多个性质迥异的历史剖面,每一剖面上的人群都塑造出与自身生活需求相契合的场所设施,并使之与相对稳固的生产场所形成互适的结构关系。本章首先对矾山人群构成及组织进行历时性梳理,在此基础上对当地聚居形式加以分析,通过对空间布局、居住建筑、公共场所等物质环境要素解读,揭示矾山在"采炼-运销"机制运作下不同时期人们的生活特质,最后对矾山典型生活遗址保存状况进行呈现。

5.1 矾山生产人群组织

矾山社会形成源自明矾生产推动,相应当地人群的构成与组织和明矾生产形成因果。六百余年来矾山"采炼-运销"机制未有根本改变,这决定了当地人群类型的相对稳定,但人群组织则存在传统族群与企业职工的时代差异。

5.1.1 传统生产人群构成

(1) 人群类型

历史时期来自浙闽山区的移民在矾山从事矿采、炼制、销售、运输等与明矾生产有关的工作,由此形成四类相互协作的工种人群,它们在"采炼-运销"产业链中各司其职,并结成不同的人群关系。矿采与炼制人群承载当地采炼活动,销售人群对应外部明矾售卖,他们工作场所相对稳定,因此属于固定人群。运输人群主要从事各类货物输送，他们奔波于矾山各生产单位及矾山与运销市镇之间，将分离的地点连接成明矾生产逻辑下的空间整体，属流动人群。历史时期四类人群规模随矾势涨落经常变化，并因时代需求而分化衍生（表5-1）。

表5-1　历史时期矾山明矾社会人群基本构成

主导人群（固定）			辅助人群（流动）	
当地人群	矿采	山主、矿主	运石人群	连接矿洞与矾窑
		采石工人（外业）		将石头挑出山体运往矾窑
	炼制	窑主	运柴人群	连接周边与矾窑
		炼制工人（内业）		将柴草运往矾窑
外围人群	销售	经销商	运矾人群	连接矾山与周边市镇
		矾馆人员		长距离运输明矾的工人

（来源：自制）

矿采人群可分为资源业主与劳力工人两个阶层。资源业主指山主与矿主，他们占有生产资料，通过购买劳力的方式开采矿石获取利益。山主指拥有矿石资源的人，因矿石主要藏于山体之内，故以山命其名。历史时期有确切记载的山主指朱、郑、卢三姓，他们掌控着鸡笼山与水尾山等地矿石资源。三姓把控资源的局面与他们迁入时间较早有关，作为早期移民三者占据天时之利，后沿袭久远便成为当地默认的惯例。朱、郑、卢三姓各有势力范围，其中朱、郑主要掌控鸡笼山福德湾一带矿石资源，"矿山为朱郑二姓公山，各择一处开采，不相争夺"[1]，卢氏则以水尾山为生产基地。矿主是向山主缴纳山租后拥有开采权的人，开采时"山主则依每百抽一，以为抵偿山价之费"[2]，矾山矿脉绵延曲折，一处山体往往有多处可开采区域，因此矿主数量众多。历史时期矾山还有硐主的称呼，从姓氏分布看这些人主要来自上述朱、郑、卢三姓，然而山主、矿主、硐主之间关系究竟为何还需进一步考证辨析。采石工人是受资源业主雇佣而实施开采行为的劳力，因开采过程始终伴随矿石坠落的危险，故"所有矿工，遂觉錾石如士兵之赴战场，生死莫卜"，无处不在的风险也使他们形成"只务目前欢娱，而不顾久远之放荡习惯"[3]的群体性特征。

炼制人群包括矾窑业主（简称窑主）与劳力工人两个阶层。窑主是明矾炼制机构的所有者或经营者，初期由移民社会分化产生，后来矾业兴盛便形成专门的群体。历史时期许多窑主来自矾山外部，例如民国著名矾商罗经砌来自浈浦张家山，"罗氏焕卿其所有，略与朱等"[4]，罗氏以外地人身份拥有与当地明矾大族朱氏等同的产业，足以印证当时矾山生产的开放。窑主身份构成复杂，20世纪30年代既有像林赞卿、殷汝骊这样的有识之士，也有大量工人变身而来，"大部皆属从前工人出身，受过普通小学教育者绝少"[5]。窑主经营矾窑的方式有独立经营或多人合作两种，其中后者较为普遍，这主要是因为矾窑建设投资过大而个人无力承担之故。合作经营往往难以形成一以贯之的经营理念，且知识匮乏的窑主"鲜能从事积蓄，以图久远"[6]，故民国时期矾窑业主变更频繁，显示当时矾山生产变动的激烈与移民社会构成的动荡。

矾窑内部还有大量直接从事炼制生产的工人，他们是炼制人群的主要构成，一般称窑内工人或厂工，以区分采石等外业工人。20世纪初，"窑户办事之人，除账房司事三人外，窑厂之司头助役凡五人、碎石之工七八人、水夫杂役四五人，综计二十人"[7]，到20世纪30年代，"约每窑三十二人"[8]，显示矾窑人数的增长。依工种性质，窑内工人大致可分为管理、工人、杂役三类：管理人群主要为司秤、勘石与账房等，他们的工作与矾窑利益紧密相关，因此多由窑主心腹担任；工人是窑内具体承担"水浸法"各工序及其衍生的人群，如叠石、扒石、烧火、捧石、扶搓、正矿、外矿、打砂、陪更、扒桶、担工、枯矾、汁工、焙柴等，他们人数众多，一般"轮班作工，事毕即去"[9]，不过水火工是特例，由于炼制过程需不间断地煅烧出石，因此这些人"终岁无闲"；厨师等杂役属辅助人群，他们人数少，与账房常驻窑内。工作性质不同相应窑内人群薪酬也不一样（表5-2）。

表5-2　1933年矾山传统矾窑内部工人日工资信息

序号	工种	人数（个）	日工资（元）	具体工作
1	叠石	3	0.7	往煅烧炉内叠放石头与采草燃料
2	扒石	2	0.6	从煅烧炉内将煅烧完毕的熟矿石扒出灶口
3	正矿	1	0.5	似与溶解等工序有关
4	外矿	2	0.6	似与风化等工序有关
5	烧火	3	0.6	为煅烧炉架柴烧火
6	陪更	3	0.4	煅烧炉不间断燃烧时的夜间看护
7	铁工	1	0.3	修理铁质的炼矾工具
8	木工	1	0.3	修理木质的炼矾工具
9	扒桶	2	0.4	将煅烧后的熟矿石运到桶中倒入浸出水池
10	担汁水	1	0.4	担运明矾液等各类生产液体
11	担砂	2	0.2	担运风化等环节产生的矾砂
12	焙柴	1	0.4	整理烘干煅烧环节所需要的柴火燃料
13	搅矾	2	0.4	溶解环节进行搅拌
14	挑水夜工	1	0.4	夜间挑运生产所需要的水
15	捡砂包工	1	1	挑选优质矾砂的人
16	司石秤	1	0.67	拣选称重矿采区运送来的矿石
17	司柴秤	1	0.67	拣选称重煅烧所需要的柴草燃料
18	栈司	3	0.53	负责矾馆的管理
19	秤代	2-3	0.37	进行矾馆明矾的称重

续表

序号	工种	人数（个）	日工资（元）	具体工作
20	账房	1-2	0.43	管理矾窑或矾栈的账目往来
21	厨房	1	0.30	为矾窑内部工人提供饮食
22	管窑	1	0.67	矾窑的管理人员
合计		36-38	10.84	

（来源：以《矾矿志》表14为基础补充整理）

销售人群主要指矾馆员工与各级明矾经销商，他们活跃于矾山周边的初级市镇及外围更大的市场。矾馆为明矾在外地的运销中转站，员工数量一般不多，"账房一人，月薪十五元，司秤一人，月给十二元，栈司二人，月给十五元"[10]，由于他们的工作与商业利益直接挂钩，故矾窑所属矾馆的员工"多由窑东子弟及学徒充用"[11]。产销联动下经销明矾的商人始终与矾山当地采炼活动相伴而生，商人们对矾山生产的作用方式大致都是投资介入采炼、建构销售渠道等，差异仅在于他们因所处销售渠道与自身经济实力不同而影响力度存在区别。如前所述，鳌江绅商王理孚是民国矾商杰出代表，他与其子王文川利用所掌握的航运条件组织明矾在鳌江出口，对当时矾山生产起到巨大推动作用。此外，王氏父子还曾计划在矾藻线修筑铁轨以改善明矾输出困境，并于民国十九年（1930）拟组织"矾业合作社"。约略同时，福建前岐矾商李玉昆也对矾山生产影响显著，他不仅在矾山开设源大矾窑、在前岐成立源生泰矾馆、建构两地协同的炼制、运输、销售一条龙产业链，同时还架设两地之间电话线路，开创了矾山使用电话的历史。

运输人群是指在矾山各生产场所及矾山与周边市镇之间传送货物的群体，其中较特殊的是历史时期以人力运输为主的挑运人群，依他们所运送的货物可分为"运石、运柴、运矾"[12]各种。挑运人群存在的原因主要是：首先，产销联动下矾山明矾必须向外输送，矾山与外部市镇之间以挑矾谋利的人群由此产生；其次，自然界中矿脉与水源的自然分布状态常使矿硐与矾窑两类关联场所分置，将矿场矿石运至矾窑炼制就需要依靠挑石工人；最后，煅烧是一个连续过程，一旦动火开工就要维持炉中火势不熄，不间断提供燃料是运柴人群存在的前提。与固定人群相比，挑运人群不需要特别的技能，"均可向窑户直接接洽，不限人数"[13]，且来去自由，他们在明矾从业者中占比最大，如20世纪30年代在每窑内业30余人情况下，"运石者每窑约五十人，运矾者每窑约四十人，运柴约共百余人"[14]，因此是保障矾窑正常生产的重要支撑。整体来看，历史时期矿采、炼制、销售三类人群周边都存在大量挑运人群，它们两两构成"主-辅"结构关系。新中国成立以后，矾山内部机械化运输网的建设与外部公路的开通使挑运人群逐渐消失。

（2）族群协作

历史时期矾山人群主要以族群协作形式进行明矾生产，所谓族群协作指以单姓血缘为基础、各生产工序由同姓族人承担，他们合作谋利且代代相传，是矾山绵延久远的生产组织形式。

族群协作存在几个明显特征：首先，随生产兴盛而孕育成熟，这在迁入早、发育相对完善的朱、郑等大姓族群身上表现最突出。移民初入不可能马上进行有序生产，17世纪矾业兴盛后人口增加，繁复的生产工序在同姓群体中展开，族众配合才可能发生发展。其次，具有传统宗族支系繁衍表征。横向表现为多房并行发展，如19世纪初郑氏矾业代表郑正仕（1795-1869）、郑正琏（1787-1844）分别为三房和二房子孙，两者代表的房支在当地生产中有不同发展路径。纵向表现为父传子承的脉系特征，如郑正仕子郑连科（1827-1904）继承父业创办老仔厝、苦竹垵等窑，其孙郑步鼐为著名叠石大匠。郑正琏子郑克锦入寮仔厝大窑管账，其孙郑步叩入木鱼山大窑，19世纪末成为该窑大股东。第三，族众间存在与明矾生产相契合的协作关系。例如，郑氏卷窑修灶具有叔侄搭档的习俗，从族谱看这种习俗至少跨越"正"字到"礼"字共四代族人。由上可知，历史时期矾山移民在族群繁衍中不断进行血缘与业缘的互动叠加，这使当地逐渐形成两缘混合的人群组织单位。

族群协作还通过族间联姻进行维系强化。历史时期，尽量掌控资源占有矾业利益是矾山每个单姓血缘群体生存的方向，族群协作因而呈现明显的排他性，朱氏"其他各方面亦受其势力之支配，如窑方用地有租，饮水有税，及窑内秤司不能任用他姓人等"[15]即是例证。族群内部通过帮扶来抵抗外姓侵占，族群之间则通过联姻等方式结成同盟以加强对矾业的垄断。以郑氏为例，历史时期该姓在矾山大约经历了七世繁衍，三世以前族人婚配对象未出现姓氏集中现象，第四世"正"字辈时矾山生产开始兴盛，五至七世时矾业成为族群的生计支撑，族谱显示这三世族人婚配对象中出现了多位朱、卢、曾等其他明矾大族成员，以此看出明矾生产与族群联姻之间确实存在着关联性。

到20世纪初，以血缘为纽带的人群组织因外姓人口大量涌入而被稀释，后者或为投资经营的商人，或是从事各种体力的劳工，他们与本地族群围绕明矾生产结成新的雇佣关系。20世纪20年代，矾山已经从族群协作的稳定产区变成充满剥削抗争的张力空间，为保障自身利益，工人与业主均以结社方式彼此对抗，"矿工方面，有矾矿产业工人及厂工工会两团体，在窑方则有窑业工会一团体，此两方面之团体，常成对峙之局"[16]，工人方面更曾发起一系列以加薪为目的工潮，"在厂工工会成立之后，曾发生数次加薪风潮……自第一次民国十六年发生工潮，结果增加工资一元二角；第二次民国十七年发生工潮，结果增加工资一元三角，二次增加共计二元五角……最近三四年，未发生其他风潮，惟工人与窑方之对峙，及个别之纠纷，则仍所难免"[17]。由此可见，族群协作建构的社会秩序到这一时期已经矛盾重重。

5.1.2 现代企业劳力配置

新中国成立后矾山原有生产人群大多转为矾矿工人，此后在企业生产能力提升与技术改革要求驱动下，矾矿对工人数量及其构成不断适配调整，逐步形成与现代生产特质相契合的人群组织架构。

（1）劳动力配置

企业成立初期，矾矿始终关注劳动力平衡问题，主要表现为对工人数量与工种构成方面的优化调整。

1957年是矾山公私合营的第二年，当时矾矿矿采人员约1754人、炼制人员约1200余人，他们皆由私营矾窑转制而来。作为改组而成的新企业，矾矿初期"除了数以千计的手工开采的熟练工人，可说一无所有"[18]，在延续手工生产的当时，这些工人是企业维系生产的重要保障。1962年矾矿生产面貌已有改观，全矿职工约有2449人，其中"大部分系血统工人，对炼矾采矿生产付（富，即作者注）有一定的生产经验"[19]。相较1957年，这时的工人数量有所缩减，应是企业优化生产布局时精简了冗余的劳动力，同时部分机械化手段的实施也使企业降低了对人力的依赖，"人员的来源本着增产不增人和少增人的原则，主要靠增加设备机器，提高机械化程度，减轻劳动强度和提高劳动率"[20]。1963年是矾矿大发展之年，企业要在21.5万吨矿石生产基础上于1964年达到50万吨，为完成这一目标，矾矿在当时定员2332人的基础上对后续四年劳动力调整配置，"根据逐年基建进度和生产发展情况。要求64年增加276人，65年增加174人，66年增加215人，67年增加114人，四年内总共增加779人……67年总共职工为3256人"[21]。档案显示，1965年矾矿人数已经达到了3432人，提前超出1963年设定的增长总量。20世纪90年代，矾矿职工人数约为3457人，与1965年相当，这说明20世纪60年代中期矾矿现代生产所需的工人数量已趋于稳定。

劳动力配置时在传统生产中占比最多的运输人群数量锐减，而现代生产所需的技术人员与辅助人员日益增多。1957年，机械化手段介入使矾矿技术人员短缺，"用机械生产光有工人在技术上还不相称，因此必须从技术上加以大批的培养训练以达到胜任生产"[22]，为此企业提出由上级调充"测绘技术员一人、矿山机械技术员一人、地质技术员一人、土木技术员一人、采矿技术员一人"[23]，同时筹谋"准备组织大量优秀工人分批派至兄弟厂学习与参观，同时组织训练班，进行短期脱产与业余学习等解决"[24]。自此以后，矾矿在历次扩建中都强调对技术人员的增补，并通过外部引入与自身培训两种方式持续改善企业生产技术低下的局面，这带来的结果是工人内部出现了普通与技术的类型划分。行政管理与勤杂人员也是矾矿初期工人增补的对象，如1963年企业进行劳动力配置时始终考虑生产与非生产两类人员的同步增长，其配比稳定在1∶6-7，显示非生产人员在现代生产组织中的不可或缺。基于"生产-非生产"结构关系，矾矿在后来发展中持续对工人进行精细划分，档案所记录的当时多工段、多人群分布状态正是矾矿在现代生产要求下所形成的新型人群组织关系。

（2）企业组织架构

矾矿现代企业组织架构与劳动力配置同步进行。

1956年12月10日，矾山社会主义改造结束，当地随之建立第一生产队与基层领导机构。第一生产队由企龙堑与半山窑两个矿坑组成，它的建立为矾山社会主义初期发展提供了强有力的组织保证。1956年12月20日，矾山转入组织架构的第二阶段，在划分技术等级、工资标准、工具处理同时，建立了六个生产队筹委会与六个工会筹委会，企业组织架构开始萌芽。1957年矾矿成立"浙江平阳明矾厂矿联合公司"，为企业建构统一的组织体系奠定基础。1961年矾矿已拥有四个炼矾车间、两个采矿区、一个机修车间、一座750千瓦发电站及一个新产品车间，企业架构初具规模。1963年矾矿在延续前期组织的基础上增加了一个炸药厂、十个职能科室等。进行生产组织架构的同时，企业生活配套部分也同时发展，如1957年矾矿在初次规划建设时即配备了办公楼、宿舍与医院等机构设施，后来历次全局性规划建设又对这些机构设施进行调整扩容。到1965年，矾矿组织机构已经相对比较健全，到20世纪90年代企业形成了由党群、行政、工会、共青团四大系统构成的现代组织架构。

5.2 生产人群聚居形式

不同人群及其组织推动形成与之匹配的聚居形式与生活空间，历史以来矾山主要存在三种聚居形式，即传统聚落、近代街区、现代住区。它们各有成因，分布于矾山不同区域，要素构成与空间组织等均具有各自时代的特征，而彼此间形态差异又连缀成矾山生活空间变迁史的基本内容。

5.2.1 传统矾业聚落

（1）族群协作与矾业聚落

传统矾业聚落是历史时期在明矾生产中形成的"产住合一"聚落，是矾山独有的人群聚居形式，它以单姓血缘群体为生成基础。从现状调查看，矾山具有代表性的矾业聚落主要是南山坪朱氏、西坑郑氏、水尾卢氏、深垟曾氏等。

南山坪朱氏聚落是矾山发育最充分的矾业聚落。17世纪中叶迁入后，朱氏始终以福德湾老街东部为基地、以先后迁入的四支房支为基础聚族发展，他们占据资源、设置矾窑，民国时已繁衍成"族大人众（约有一千余人），势力特大"[25]的大族群。朱氏对矾山生产影响至深，族众也普遍以矾业发家致富，前述提及的朱修已振华公司对当地生产的垄断、兴记矾厂组建时对朱道儒的拉拢都说明该族群在矾山生产中的霸主地位。就聚居环境看，朱氏聚落自南山坪宫向东延伸出南山坪老街，后者与自鸡笼山尖向山下伸展的福德湾老街相连通，两者构成朱氏聚落早期空间发展的骨架。后来富裕的朱氏族人沿福德湾老街先后建起旗杆内、洋式厝等多座住宅，它们按时间顺序自上而下布局。20世纪50年代，经公私合营、大小矾窑合并等岁月洗礼，朱氏聚落整体面貌有所削弱，目前聚落范围内仅保留有数座民宅、朱氏宗祠与墓园等建筑。

西坑郑氏聚落是矾山紧随朱氏之后的第二大矾业聚落。1696年迁入后，郑氏即选址在福德湾老街西侧的西坑定居。族谱记载，1760年左右，即九担窑建立后约十余年，郑氏"世"字辈子孙开始调整生产布局，建成后来其数代族人赖以生存的寮仔厝矾窑，1780年该窑日产量达到1200斤。1820年左右宁波商人戴光董注资郑氏矾业，郑氏遂改造寮仔厝以大窑炉生产，日产达到5000斤。郑氏以矾壮族后便在西坑进行一系列营建活动，从最初落脚点的老厝开始，倚靠山坡向下依次建造了下厝、门屋内、柴桥内、尾座厝等建筑，直至东西两侧西坑溪汇合处终止，此后聚落越过西坑溪向外发展，曾在西侧坡地上建起盛发内等大型住宅。郑氏迁入时，朱氏已经占据了鸡笼山最易获取矿石资源的福德湾主要区域，留给新移民的空间十分有限，故郑氏聚落规模要小于朱氏，占地不足1平方公里。20世纪50年代后，矾矿大力发展现代生产，正处于计划矿采范围内的郑氏聚落开始搬迁。20世纪80年代，出于对山体坍塌危险的考虑，聚落内留滞的郑氏族人再次拆除老屋迁往山下，历经多次搬迁后郑氏聚落基本不存，目前原址范围内仅保留新、旧两座宗祠建筑。

水尾卢氏聚落是在水尾山形成的矾业聚落。卢氏迁入时间与朱氏大致相当，据水尾卢氏家谱记载，其始迁祖卢元成（1663-不详）自藻溪卢家屿迁入，安家于燕子窝，生六房子孙，其中五房参与矿石开采。水尾早期矾窑均为路边窑，没有向腹地深挖，这或与水尾山矿石埋藏特质有关。也许是生产空间有限，卢氏子孙后来并未聚族发展，而是散布在矾山各处，长子在白布、二子在水尾枫树湖、三子在内街、四子在水尾新贡、五子在尖家坑、末子在赤家山，呈现与朱、郑两姓截然不同的族群发展路径。卢氏聚居痕迹在今日的水尾不明显，这既有建国后拆除重建等原因，也应与当时水尾山生产活动不充分有关。

深垟曾氏聚落亦是水尾山形成的矾业聚落。苍南政府官网记载，"矾山南堡曾姓始迁祖曾德秀，系曾瞻五世孙。约于清康熙十四年（1675）乙卯，由藻溪后岱入迁来此定居"，曾德秀五子曾朝光（1694-1751）为水尾深垟始迁祖，"矾山深垟曾姓，始迁祖曾朝光，字国扬，号晦斋，系曾瞻六世孙，约于清康熙年间由南堡转迁来此定居"[26]。从时间上看，曾朝光迁入深垟与曾德秀迁入南堡均发生在康熙年间，两者相距不过数十年，这说明当时移民在明矾生产利益吸引下快速流动确为事实。曾朝光在深垟聚族发展，其子孙或在各窑参与管理、或直接从事采炼，因此也是当时有名望的矾业大族。不过就文献记载看，曾氏持有矾窑的数量并不多，推知其影响应不及上述三个族群，就聚落留存看，目前曾氏仅在水尾留有一座大宅院，俗称曾厝，规模之巨为矾山仅见。

除上述典型矾业聚落外，今矾山镇外围还散布着一些小规模的同类聚落，如下半山胡氏等。这些以单姓血缘群体为基础发展的聚落，在明矾生产机制下各自选点聚居，又在长期发展中形成盘根错节的利益关系，它们各自的、彼此的运行秩序都隐藏在看似无关联的遗址背后，等待着被挖掘、被揭示。

（2）聚落空间格局

矾山传统矾业聚落一般含有矿采、炼制、居住三个功能区。矿采区由数个采场组成，采场以矿硐为空间核心，包含硐内巷道与硐口附属设施两个部分，占地面积较小。炼制区由多家独立矾窑组成，各矾窑均拥有多座厂房设施，占地面积较大。因应明矾生产流程，一套完整的明矾采炼系统需由采场与矾窑两部分构成，历史时期一处采场可供应多家矾窑，一家矾窑也常与数家采场合作，因此矾业聚落中矿采与炼制两个功能区往往存在着复杂的社会网络关系。居住区是采炼人群日常生活之所，主要由住宅与公共场所等组成。

传统产业聚落中各功能区选址、规模、布局及流线组织等都受生产工艺制约，反应专业生产内部的分工协作，矾山传统矾业聚落三类功能区也遵循同样的规律。矿采对象是矿石，而矾山矿石一般都藏于海拔较高的山上，故矿采区多位于聚落最高处。明矾炼制离不开水源，近水而设是矾窑选址的第一要务，因矾山溪等水系均自山脚流淌，聚落中的炼制区相应也多靠山脚布置。此外，矾窑与外部需要保持频密的物资交流，且沿山坡布置厂房设施可使生产过程更为省力，故聚落炼制区一般依靠山坡建设，中间往往有过境交通穿越。矿石与水系相分离的中间地带一般是聚落生活区所在，矿采与炼制两个功能区作为一套生产系统不宜相距过远，这使夹在两者中间的生活区发展受限，初期尚能保持独立，后随人口增加与设施外溢便不断地与上下两个生产区相混杂（图5-1）。

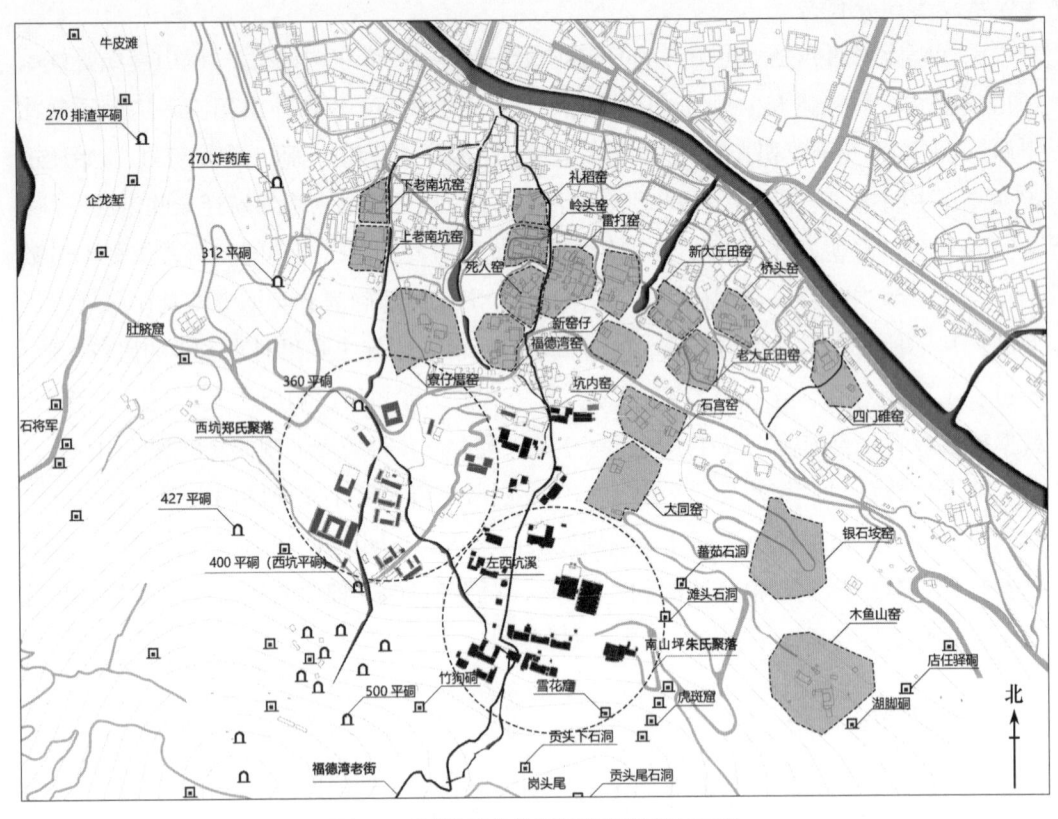

图5-1　朱郑两姓矾业聚落空间分布示意
（来源：根据历史信息整合自绘）

上述矾业聚落的空间格局主要出现在鸡笼山矿段，尤以南山坪朱氏与西坑郑氏两处聚落最具代表性。两个聚落均坐南朝北，采、炼、住三个功能区依山势由南而北依次布局。如前所述，历史时期鸡笼山生产活动主要集中在鸡笼山尖以下500-460米标高内，故朱、郑两姓聚落各以这一区域中东南与西北两处矿硐群为基点向北拓展空间。矿硐群北侧是两姓各自的生活区，从遗址存留与族谱记载看，生活区以住宅为主，其以台地布局，肌理较为匀质。生活区向北是炼制区，数十座大小矾窑临矾山溪分散布置。炼制区基本也以福德湾老街为界分属两姓，老街东侧木鱼山、银石垵、四门碓、石宫等窑为朱氏所有，寮仔厝、苦竹垵等郑氏窑号则多位于老街以西。山脚炼制区与山上矿采区隔生活区相望，聚落由此呈现出"上硐下窑、居住其间"的布局特征。由于所处的自然环境不同，朱郑两处聚落空间形态也有较大差异，老街以东地势开阔，开挖矿硐多，矾窑规模较大，老街以西空间局促，矿硐数量少，矾窑也相对较小。

（3）聚落合院住宅

矾业聚落中的住宅主要有两种，一是多间并列的单排建筑，二是合院住宅及其衍生，其中后者较为典型。矾山现存合院住宅多建于清末民国，建造者一般是依靠矾业发家的矿主与窑主，因此这类住宅现在又常被称为矿主住宅。合院住宅以朱氏聚落留存最多，如旗杆内、宫边房、洋式厝等，它们主要分布于福德湾老街沿侧，显示朱氏大户建房选址的基本趋向。郑氏聚落因在20世纪50年代拆除，故所留合院住宅仅毛峰岗一座。除鸡笼山外，合院住宅还散见于深垟、南堡、南宋等周边历史产地（图5-2）。

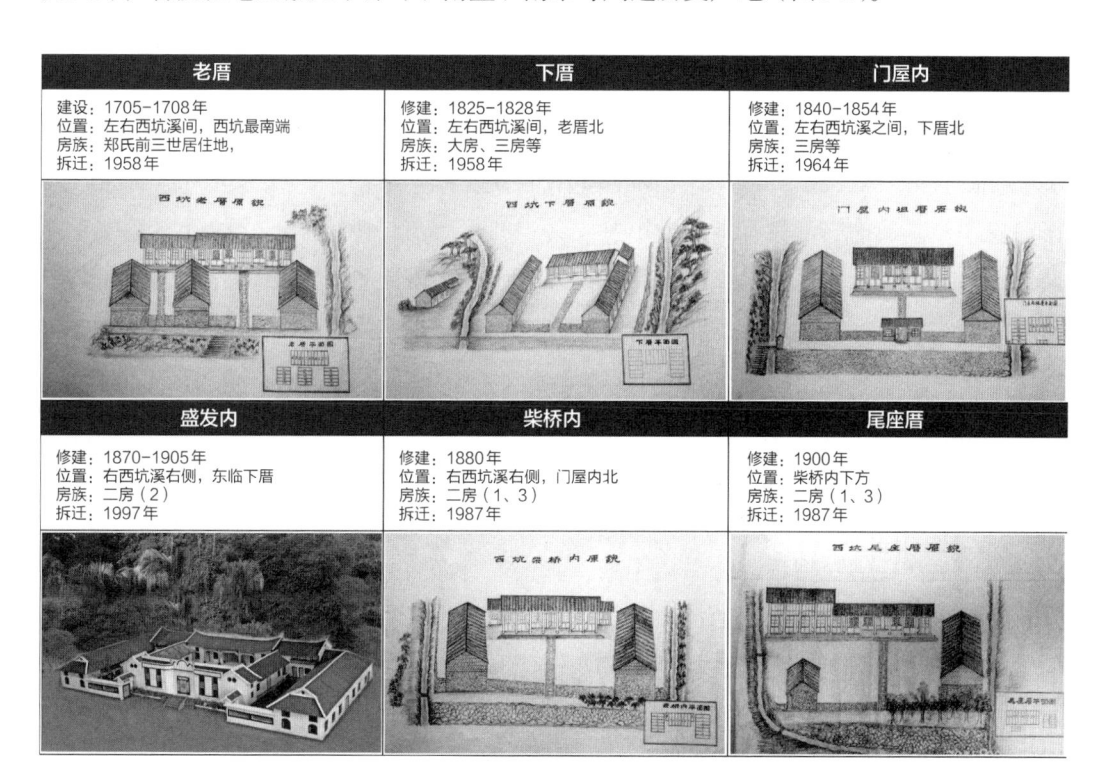

图5-2 原郑氏矾业聚落主要合院住宅概况

（来源：根据《西坑郑氏人史纲》整理）

福德湾合院住宅以三合院为主，多坐南朝北，平面中轴对称，由正房与两厢合围而成。正房五至七间，多建于不超过半米的台基上，以二层居多。正房一层居中为正厅，开间4.5米左右，面向院落开敞，为全宅礼仪核心。正厅内屋架高耸，后壁悬挂神像，板壁两侧开小门，后有小间可通向后院。正房两侧为耳房，开间略小，一般3.5米左右，为长辈生活起居之所，其与正厅有木板壁分隔，有时板壁上开门。耳房两侧垂直伸展出去的是厢房，一层或二层，以三开间为主，尺度视场地进深而长短不一。厢房一般也位于低矮台基上，但低于正房部分，厢房与正房一般脱离开，两者依靠正面连续柱廊相连通，柱廊作为户外主要交通空间可通达房前屋后各处。正房与厢房围合限定出院落空间，与正房相对有矮墙隔绝内外，墙体正中设门，门外为道路，道路与院门中间一般有2米见方的入口空间，其开口多为东西向，这样从外部道路进入院落需经先东西而后南北的转折。院落中央有由卵石或毛石铺成的长甬道，其始自院门，止于正房台基下，宽约1.5米，强化了建筑的空间轴线。福德湾合院住宅变体虽多，但一般仅一进院落，应是坡地环境限制了住宅纵深方向的发展。

矾山合院住宅屋面平阔、正脊与檐口弯度较大，似闽南大厝，但正脊两侧端部前后又伸出斜向垂脊，呈落戗屋做法。屋面瓦铺设密集，上压砖石以抗台风，屋面挑檐深远，形成宽阔的檐下空间。住宅普遍采用石木混合结构，中部为木质穿斗梁架，外部以毛石墙围护。正厅屋架前后对称，正檩居中，两壁中柱一通到底，承托脊檩，中柱与前后柱间一般设四层穿枋，其尾部直插入柱。檩条上架椽，椽上直接铺瓦。梁架下木质板壁下有毛石垒砌的基座，木柱下有石质柱础用于防潮。整体来看，矾山合院住宅较素朴，装饰简洁，有限的雕饰主要集中在正厅与柱廊梁架上，如梁上斜撑底部设花式承托、檐廊支柱上设斗拱等。装饰最突出的合院住宅是南堡王心兰故居，其檐廊部分的梁、枋、柱、窗等都布满精美雕刻，装饰部位之多、工艺之精湛为矾山合院住宅中的孤例。

民国时期，西风东渐下一些窑主在保持传统合院布局基础上于立面采用大量西方元素，由此形成中西杂糅的新型合院住宅，代表案例为福德湾洋式厝与南浦笃敬居。洋式厝为朱氏矾业代表朱修己的故居，建筑初为坐南朝北的合院形式，现仅余东厢房。从遗存看，洋氏厝仅屋顶部分采用中式，其余均为西式。墙壁由灰砖砌筑，条砖本身带有不均匀色彩，砌筑过后的墙面由此形成花哨的视觉效果。立面开间位置均有贯通薄壁柱，凸出墙面呈折叠状，柱身内砌花饰凹龛。墙面一层采用独立窗，上设层层内凹的平券，券脚支撑在两侧立柱上。墙面一、二层交界处用砖横砌，层层挑出形成叠涩，水平分划明显。二层采用连列窗，窗间立柱低矮，柱头兼具多立克与爱奥尼特征，柱身收分明显。笃敬居为矾商罗经砌故居，建于其故乡浃浦，建设时间与洋式厝相当，其完整布局为洋式厝格局复原提供了依据。笃敬居内部采用传统木结构，立面漏窗、女儿墙、窗边装饰等全为西式做法，形式张扬，显露出矾业经营为主人带来的巨大财富。

（4）聚落供奉场所

矾业聚落中公共场所主要包含宫庙与宗祠两类，尤以前者数量最多。

矾山信仰繁杂,既反应浙闽山区固有的习俗,也呈现移民社会的迁移特征。从认同范围看,历史时期矾山宫庙可分为聚落、联合、区域三个层级,显示着当地主要族群及彼此间多元的社会关系。

聚落宫庙指由各族群自己建设、以保护血缘群体阖境平安的宗教场所。移民初入,陌生环境中设庙祭祀以营造神灵庇佑的安全之所是必然之举。调查发现,矾山早期矾业聚落一般存在多处宫庙,如郑氏至少有老厝石板宫(供看牛大王)、石岭仔宫(供陈、林、李三姐妹及土地神)及不知名庙宇(供杨、陈府候王、太保元帅及土地神)等三处。20世纪50年代,郑氏迁移时曾将三座宫庙拆除,2000年左右后世族人又在郑氏新宗祠东侧建起一间新屋以容纳重塑的三处神像,这种聚落搬迁后仍在旧址建屋供奉的行为显示这些神灵与郑氏的共生关系。此外,有些宫庙迁址新建后虽难溯其原始环境特征,但从捐赠碑刻上的姓氏仍可看出它与某个族群间的紧密联系,如石将军庙与胡氏、茶山宫与曾氏、水尾宫与卢氏等。

联合宫庙指由至少两个族群联合建设的庙宇,它反映出历史时期族群之间的疏密关系。郑氏族谱记载,早在1735年左右,作为姻亲的朱郑两姓就在鸡笼山企石山建起一座五开间的陈府爷宫,当时由宫边、墓脚、芳田、内山、西坑五处移民点共同出资,每一移民点负责一间的建设款项。后来陈府爷宫在朱郑两姓共同维护下扩建壮大,成为当地香火最旺盛的供奉场所,直至20世纪50年代才被拆除。福德湾老街中部的下白马爷宫始建于清康熙年间,由西坑与芳田的朱、郑及孔三姓共同建设,说明历史时期它在老街各姓利益平衡中应扮演了重要角色。联合建庙应是矾山族群结盟的另一种形式,在充满利益争夺的矾业社会中,藉由共同信仰联合抵抗外来侵占也是有效的自我保护手段。

当聚落供奉的神灵得到矾山全域认同时,其所属宫庙就具有了区域性质,其中最典型的是窑主爷宫与南山坪宫。窑主爷宫供奉矾业始祖窑主爷,该神灵在矾山长期生产中诞生,既是行业保护神,也是地区保护神,是矾山独有的民间信仰。据《石宫重建碑记》载,福德湾芳田东曾有龙珠石,因其"地灵脉结"早年便有人在石下燃香供奉,故称石宫。后有窑主出资在石头前加盖五间宫庙,并塑窑祖爷神像进行供奉,由此形成正式的供奉场所。石宫最初位置属朱氏聚落范围,因此窑祖爷信仰的形成与朱氏聚族兴盛是否相关值得推考。进入清中期以后,窑主爷因矾业兴盛而逐渐成为矾山的区域大神,原本位于山坡逼仄一角的石宫也迁至日趋繁华的福德湾石板街一带,宫庙于近年经过了整体新建。南山坪宫是目前矾山影响最广的庙宇,它所在的位置亦属原朱氏聚落范围,两者之间的关系仍值得深入挖掘。目前宫庙面貌古旧,其东西座向与朱、郑聚落南北坐向明显不同,宫庙管理人员称这是建设时考虑了所供奉的福建神灵要遥望祖籍地的取向。

宗祠是矾业聚落的第二种供奉场所。相较移民迁入时间而言，矾山宗祠建设极为滞后，如朱氏宗祠始建于1913年，郑氏宗祠始建于1991年，卢氏甚至并未在矾山建有宗祠。由朱、郑两姓各自族谱记载可知，历史时期矾山族众主要是归返祖籍地进行敬祖，如1935年郑氏祖籍白水启建新祠，矾山郑氏派族人驻永参与；1937年矾山六十余族众抵达白水祭祀，庆祝宗祠落成；1950年春，矾山郑氏族人再次赴白水祭祀祖先。甚至迟至1987年，矾山郑氏仍有近百位族人赴永嘉参加春季祭祀。与之相似，朱氏在民国始建宗祠时所考虑的正是"念赴永嘉敬祖道遥维艰"，于是才有"就地建祠于矾山南山坪之原"[27]的结果。卢氏自藻溪迁来，祖籍地距矾山较近，访谈得知族人因回藻溪祭祀方便故始终未在矾山设立宗祠。宗祠兴建一定程度上意味着宗族秩序的形成，矾山兴建之晚说明到20世纪初当地各族群内部仍处于秩序缺失的较混杂状态。由于建设时间普遍较晚，故矾山旧宗祠缺乏，目前所存普遍是以现代材料建设的仿古建筑。

5.2.2　近代商住街区

（1）辅助经营与商住街区

商住街区形成机制与矾业聚落不同，它由不直接从事明矾生产的商业服务人群推动，是矾山在清末民初由明矾产业社会向以明矾生产为核心的商业社会转变的重要表征。

商住街区出现与矾山独特的移民进程有关。移民迁入是矾山社会形成的基础，数百年来当地移民并非均质化进行，而是存在多阶段、多类型、多途径特征。19世纪末明矾生产推动下矾山移民出现了两个较为明显的变化，一是原有血缘族群壮大，二是流动人口增加，矾山由此形成内外两个社会层级，内层是经数百年繁衍成型的血缘人群，外层是随矾势高低来去频繁的流动人口。这一时期出现的商业服务人群属于后者，这些人与主要来自福建的早期移民相比有更广泛的祖籍地来源，他们在矾山不事采炼，而以经营人们日常生活所需为主业，生计稳定时选择在当地定居。20世纪30年代，矾山镇人口已达千人有余，其中"人民大都依矾业为生……业农次之，约有五百余人；业商又次之，约二百"[28]，可知商业服务人群当时已是矾山社会人口的重要组成。

商业服务人群推动矾山商住街区出现，整体来看这种聚居形式在鸡笼山与水尾山两个矿段的分布主要有三处，分别是福德湾老街、水尾老街及内街。福德湾老街约清代成街，它位于鸡笼山矿段核心地带，南接内山村，北通岭脚街，从南部山顶至北部山脚贯穿整个福德湾地区。最初的老街只是一条运输道路，连接山上矿采与山下炼制两个功能区，后随生产兴盛才逐步发展成商住街区。水尾老街形成时间与福德湾老街大致相当，它位于深垟以北山脚，顺等高线布置，地势平缓，繁盛期曾聚集客栈、赌场等多种商业设施，是水尾一带信息与商品交换中心。内街清末才成市，它位于鸡笼山矿段山脚，沿矾山溪呈东西走向，民国以后作为当地最繁华的商业区而被称为"矾山街"。除上述三个主要商住街区外，历史时期矾山其他地方也出现过同类聚居形式，如南宋有"北山、埔坪二市"、北港"苔湖，有小市"等，显示在明矾生产带动下当地商业空间发展的整体趋势。

（2）商住街区空间布局

商住街区一般在矾业聚落外围生长，19世纪末商业服务人群进入时矾山当地已是族群林立，矿脉与水系等生产资源的周边都被占据填满，后来的人们只能在早期移民剩下的空地上发展。据《矾山记》记载，"墟市人家数百户，皆在南岭之麓，溪流临其前，层峦峙其后，矾窑及窑户居宅，则多在山半，高者几及其岭，官道贯墟市"[29]，由此可以洞察20世纪初年矾山以鸡笼山为代表的商住街区位置与矾业聚落的空间关系。

商住街区均依附过境交通线路存在，即所谓"官道贯墟市"，或者说交通线是推动矾山商住街区形成的关键因素。史料查阅可知，历史时期福德湾老街南可通福建前岐，北端与内街相接；水尾老街北可通往藻溪，南则是通往前岐的另一条道路；内街东可通往赤溪，西端则与水尾一带道路连通。这些线路作为当时矾山的交通动脉，既支撑着当地与前岐、藻溪、赤溪等明矾外运市镇之间的沟通，也连接着鸡笼山与水尾山等各处的生产区，经由它们矿脉腹地成为了一个协同联动的空间整体（图5-3）。

就街区形态看，矾山商住街区主要有线性与块状两种布局，前者以一条中心道路为空间发展骨架，如福德湾老街与水尾老街，后者是在一条中心道路外又延伸出多条辅助道路，它们共同构成街区发展骨架，如内街。福德湾老街全长约350米，宽度在2-3米之间，水尾老街长不足百米，宽度大约也是2-3米，两个街区内的建筑都沿道路两侧布置，街区厚度有限。内街本身不长，约略百米，它之所以能呈块状发展是有赖长春街（又称外街）与亭仔巷两条辅助街道的拓展。长春街位于内街北侧，紧邻矾山溪，尺度横长，亭仔巷与内街西侧相接，长度较短，这两条街道加大了内街的进深，因此街区内除沿道路两侧布置的建筑外，还有大量背街建筑存在。

（3）街区住宅建筑

就保存相对完整的福德弯老街与内街看，街区住宅建筑多为店宅形式，如上店下宅、前店后宅等，其开间较小，纵深则长短不一。由于店宅排列密集，故商住街区形成与矾业聚落截然不同的空间肌理。

福德湾老街大致可分为岭脚街以南、岭脚街、南山路以北三个不同路段，三者住宅形式各有不同。岭脚街以南路段成街时间最早，其靠近山尖的南端有多幢独栋住

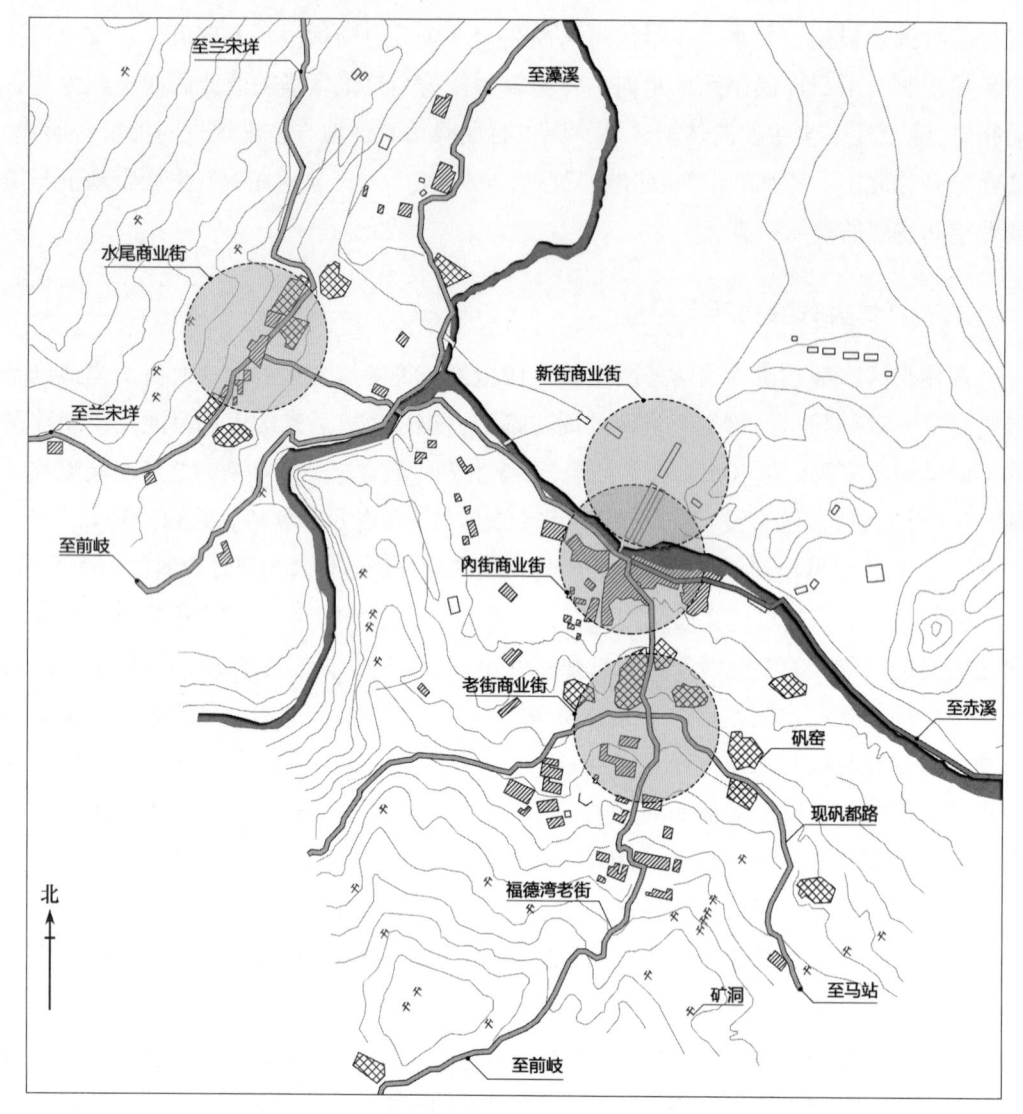

图 5-3　民国时期商住街区与矾山主要道路的关系
（来源：根据档案信息整合绘制）

宅，要么是独立合院，要么是多间并列的单排建筑。建筑墙面多以毛石砌筑，石材取自当地出产的低品位矿石，色泽暗红或青色。岭脚街北端靠近石板街部分近年被开发为商业旅游区，街区内建筑普遍经过整修，这些建筑以店宅为主，密集排列，多为二层，木构或砖砌，朝街道开门，总体来说形式混杂。岭脚街路段两侧原为矾窑聚集的炼制区，故传统住宅较少，目前主要分布着一些后期新建的民房。南山路以北路段与内街相衔接，作为山坡与山脚之间的过渡地带，该段住宅形式较为多元，一般来说靠近山坡的南部以传统木构店宅为主，北部则主要是新建住宅，偶有传统砖石建筑杂于其间。

内街以店宅建筑为主，可分为纯木构与砖木混合结构两类。木构建筑一般两层，单开间或三开间，进深较大。建筑正面一般为木构，屋檐挑出深远，上下分层线处有斜向支撑伸出，底层门板可拆卸，二层墙面上部开横长窗，下部为木质连续墙。山墙面底部一般以毛石为基，上部砖砌，再往上屋架露明，顶部屋面挑出以保护墙面。街区内木构建筑还有一种变体，即正面两侧山墙向前伸出，直接支撑上部屋檐，由此立面内凹形成入口过渡，山墙端部螭头有雕饰，不过这种店宅形式在内街并不多见。目前内街木构建筑改造较多，一般下层改为砖石砌筑，粉白墙，上面保留木构形式。街区内砖石建筑以两层居多，底层墙面以青石砌筑，老旧些的建筑则用乱石砌筑，墙体宽厚，窗门深凹。二层墙面用砖砌筑，开横长玻璃窗，窗台有时用水泥抹灰做成带形装饰。目前内街以居住为主，基本不具备商业功能，许多店宅被改造成单一住宅。

（4）街区公共场所设施

内街是矾山近代公共设施最集中的区域，在它与福德湾老街构成的鸡笼山矿段商住空间系统中，散布于南部山坡与北部山脚的公共设施共同记录着历史时期矿脉腹地公共生活的变迁。

福德湾老街沿线由南而北分布着多处传统宗教场所，如五道宫、上白马爷宫、下白马爷宫等，它们与内街亭仔脚宫形成上下延展的供奉场所分布带。这些宗教建筑规模普遍较小，以单神殿为主，殿内入门即是跪拜空间，面朝香案，案后为神龛。殿旁一般是管理用房，殿前有时设过渡空间，既赋予建筑神圣感，也为路人提供休憩场所。这些建筑中，下白马爷宫与亭仔脚宫规模相对较大，它们都位于街区内人流最密集的地方。下白马爷宫位于福德湾老街与石板街交界处，平面基本为矩形，仅西北部因地形限制而被削去一角。内部神龛设于东墙，南墙有焚香设施，西墙外阳台摆放着香炉与石狮。建筑外墙用灰砖砌筑，东北墙上镶有石碑，据说上面原为康熙诏书的摹本。亭仔脚宫位于内街与亭仔巷交接处，为过街楼样式，供奉场所在上，下部有街区道路可以穿越。建筑入口在东南角，顺直跑楼梯向上左拐可进入建筑内部，殿内东部有神龛，西墙有香炉，西北部是辅助空间，较为局促。因左右两侧都与街区其他建筑相接，故亭仔脚宫仅前后两个立面露出，正立面采用白墙粉刷，除匾额"亭仔脚宫"外空无一物。

形成最晚的内街因交通便利、拓展空间大而成为矾山近代公共设施最集中的区域。20世纪初内街就有了现代意义的公共设施，如1909年朱文侯借内街土地公宫庙创办了矾山公学、1930年左右矾业工人在内街筹建"工会所"用于集会议事等。对于以商业居住为主要功能的传统街区而言，启发智识的学校与工人互助的"工会所"都是新生事物，它们的出现标志着原本以宫庙为主要构成的矾山公共设施开始发生转型。20世纪40年代,"矾管处"改良管制举措进一步推动内街公共设施多元化。1943年"矾管处"出台《平阳矾山区矾工教育设计草案》,筹设工人教育馆,创办工人子弟学校,试图改变矾山一直以来"入学者甚鲜"的社会现实。同年"矾管处"制定《矾区工人诊疗所章程草案》,设立矾区工人诊疗所,使生产条件差、事故多的矾业工人深受实惠。虽然两处机构位置仍待确认,但根据当时矾山人群的分布特征(聚落内为血缘族群,街区内为流动人口)及内街商业地位,推测它们大概率位于内街或其周边。另外,20世纪30年代许蟠云调查时所宿镇公所就位于内街,1948年平阳县马站区署也曾迁设内街,这都说明当时内街是官方机构在矾山的主要布点处。

20世纪以来不断增加的现代公共场所设施改变了内街的性质,使它从单一商住街区进化为具有行政、教育、管理等多种现代功能的新型小聚落,这极大地丰富了矾山公共生活的内涵,使当地传统移民社会持续向现代文明社会转变。新中国成立后,当地政府又先后在内街增设银行、邮政、税务、粮管、百货公司、供销社等机构设施,这既是对内街原有地位的认可,也是推动它朝满足新时期需求的方向进化。1956年以后矾山溪以北的新街开始发展,内街因此逐渐衰落。

5.2.3 现代工矿住区

(1)职工生活与工矿住区

新中国成立后矾矿生产在国家扶持下稳步走上健康发展道路,与此同时企业职工生活设施也开始分阶段建设,矾山相应出现配套的工矿住区。

成立初期企业生活配套属于空白,这与历史时期矾业工人来源与民间私有生产有关。早期矾山工人或来自血缘族群,或是矿脉周边住户,近距离工作使他们无须依附矿场矾窑生活。此外,当时的工人与矾窑为松散的雇佣关系,他们的生活自然不构成私营业主关心的内容。进入新时期后,矾矿高效协同的现代生产需要工人聚集,并靠近生产厂区就近生活,因此为来源日益广泛的工人提供生活所需就成为企业发展生产需要关注的事务。再者,1949年《中国人民政治协商会议共同纲领》规定,国家经营的企业中应实行工人参加生产管理的制度,1956年又建立起职工代表大会制度,这些国家层面的举措从根本上改变了工人与企业的关系,自此工人不再是被剥削的对象,而是开始以主人翁身份共享企业管理与生产获利,他们的生活自然构成企业发展的重要内容。1957年矾矿在规划建设中提到,"在发展生产的基础上逐步提高职工生活水平,进一步提高工人的社会主义觉悟,显示社会主义制度的优越性,关心职工个人生活福利,才能更好地鼓舞职工关心国家与集体的利益,进一步发挥他的生产积极性和创造性,保证计划的提前实现"[30],显然这与新中国成立初期国家对工人身份的重新界定高度吻合，它强调企业生产与工人生活的同步发展，关心职工，营造主人翁氛围，藉此区别旧的雇佣关系以显示社会主义制度的优越性。

从现有资料看出，矾矿生活配套建设始于1957年左右，从《平阳矾矿公司1957年基本建设设计任务书》可以看出当时企业对职工生活的基本考量。当时矾矿拟建新的炼矾一厂，厂址选择在水尾深垟一带，建厂同时企业考虑"职工福利设施的宿舍、食堂、浴室设在古楼（即路，作者注）下，该地位于厂矿工人生活区，距离炼矾一厂尚近，适合该厂职工之需要"[31]，古路下与深垟紧邻，两地直线距离仅350米左右，显然临近厂区是当时生活配套建设的选址原则。当时矾矿拟建宿舍1000平方米，配备木床200张，另有浴室与食堂各一座，主要满足280人使用，宿舍、食堂、浴室均为基础性生活设施，按人群数量这一单一指标配置说明企业初期生活配套的建设主要关注的是经济性。20世纪60年代，生活配套仍是矾矿基建的重要内容，当时全矿建筑面积约71553平方米，其中生活部分约11885平方米，在此基础上矾矿进一步将生活与矿采、炼制作为相关联的三项内容进行统一谋划，"1炼矾基建点……占用总土地面积15万平方公尺，其中需征用土地7.5万平方公尺；2采矿基建地点……占用土地面积3万平方公尺，其中征用土地面积约2万平方公尺；3医院及机修以及中心仓库和生活宿舍的建设需占用总面积0.34万平方公尺，其中征用土地3万平方公尺。以上合计总占地面积21.4万平方公尺，其中征用土地12.5万平方公尺，折合187.4市亩"[32]，虽然计划中生活占地仅有0.34万平方公尺，但征用土地却达到3万平方公尺，显示当时矾矿对企业生活配套的长远规划。

经过新中国成立初期多阶段建设，设施齐备功能复合的现代工矿住区于20世纪80年代左右在矾山成型，同时原本各自独立发展的单姓矾业聚落也按现代秩序重新排序为13个现代生活区，鸡笼山与水尾山构成的矿脉腹地自此形成具有统一规划特征、高度自组织的现代生活空间系统，彻底改变了数百年来矾业人群杂居分散的混乱状态（表5-3）。

表5-3 建国初期矿脉腹地生活区划分概况

序号	生活区名称	空间区域	姓氏所属	后来发展
1	一区	南下	陈	未变
2	二区	内街	混姓	未变
3	三区	南垟	混姓	未变
4	四区	新街	混姓	未变
5	五区	王家洞与龙舌头	陈、陆	未变
6	六区	深垟	曾、卢	未变
7	七区	水尾	卢	未变

续表

序号	生活区名称	空间区域	姓氏所属	后来发展
8	八区	西坑	郑	后因位于采空区而搬迁
9	九区	南山坪	朱	三者分处老街东侧上、中、东三处，后合并
10	十区	福德湾	郑、朱	
11	十一区	杉山	项、王、沈	
12	十二区	内山	朱	后合并为内山村
13	十三区	土西坑	朱、王	

（来源：根据郑立标先生回忆整理）

（2）住区空间布局

现代工矿住区位于鸡笼山北侧的平地上，它的形成是以矾矿现代生产为基础，因此在要素构成、空间组织等方面都与依托传统民间生产所塑造的聚居形式有本质不同。

历史时期的矾业聚落与商住街区都依托山体发展，前者倚山而建，后者分布于山脚。以鸡笼山与水尾山两地为例，数百年来其人居环境虽发生诸多变化，但人们始终固守在矾山溪以南与水尾溪以西的两处山坡繁衍，即便后来内街因规模扩大而不断逼近矾山溪，人们也没有表现出越溪发展的企图。因此，迟至20世纪50年代初，矾山溪北侧与古溪东侧之间的平地仍处于未开发状态。1956年左右，矾山溪北侧一条南北向街道得以开辟，因其全为新建而被称为新街，或与当时以老街指称的内街相区分。资料显示，当时新街南端过矾山溪与内街中部相接，北端则发展到与今矾山镇文昌路交界。据文献描述，新街开辟后内街重要店铺纷纷迁出汇聚于此，20世纪60年代许多政府机构又进一步从内街迁往新街，前者作为矾山商业核心的地位于是被后者逐步取代。以后新街继续向北延伸，直至与今矾山镇的繁荣路交接，发展成为今日的新华街。

作为矾山溪北岸最早发端的空间，新街确立了矾矿生产区及生活配套区的基本空间布局，整体来看新形成的矿区主要以新街为界分成东西两个部分。新街以西地势平坦，适宜大规模厂房与设施的布局铺展，再往西则有进出矾山的道路，方便明矾等货物运输，相应紧靠新街的西侧布置有矾矿的明矾仓储区，再往西是矾矿生产所依托的三车间主厂区。新街以东有高岚山与牛头山两个小山包，两者起伏连接占据了这一区域的大部分空间，由于平地有限，该地主要布置着工人生活设施及企业与政府的办公场所。这些设施主要集中在高岚山周边，如山的西南脚有矾山小学，山北有仓库，山的东边是矿区政府机关所在，其南部靠矾山溪有农区公所等。工人医院是当时唯一建在新街以西的生活配套，它位于明矾仓储区与主厂区的中间地带（图5-4）。

图5-4 20世纪80年代矾矿生活区面貌

（来源：温州矾矿发展集团提供）

　　1957年矾矿开启首轮大规模建设，工人生活设施也获得进一步统筹，由《浙江平阳矾山厂矿平面布置图》可知，当时企业打破生活空间原本集中于高岚山的布局，开始围绕拟建的生产空间重新进行布置。1957年矾矿拟在深垟新建炼矾一厂，厂区沿水尾溪南北向布局，当时矾矿依托的主厂区沿矾山溪呈东西走向，两者中间夹角为古路下以南片区，作为可同时服务两个厂区的中间地带，这里成为矾矿大规模建设生活配套的首选之地。图纸显示，主产区对面布置有汽车站，其东侧分布着浴池、矾矿材料库等，这些设施的北侧是大会堂与六栋行列式布局的宿舍。而就高岚山来看，原来的仓库改为厂矿联合办公室（今温州矾矿发展集团办公楼所在），一字排列的四栋宿舍改为南北排列的两栋，在高岚山以东更外围地方设立了矾矿中学。可以看出，新的建设构想削弱了新街原本的骨架作用，强化了其正对的古路下以南片区的重要性，试图将该片区与新街以东原有生活配套接连成片，以此重新建构"生产在外围、生活居中往东"的空间格局。炼矾一厂最终未能建成，但以之为基础规划的生活配套则部分落地实施，从今天相关遗址的分布仍可辨识矾矿最初的建设构思。

　　除进行整个企业适用的生活配套建设外，矾矿还为各附属厂区配备了相对独立的生活系统。前述已知，企业初期曾新建了机修车间、电厂、中试工厂等多个附属厂区，它们分处在今矾山镇不同的位置。为便利生产，各附属厂区均配备有一定数量的专门职工，为他们提供生活所需是各附属厂区生活配套出现的主要原因。整体来看，这些生活区都靠近对应厂区布置，规模较小，主要由宿舍、食堂与浴室等设施组成，其中食堂建设充分考虑了综合使用的可能,"食堂(竹草结构)系作为吃饭开会两用的、大部分建设工区这样亦有利于生产管理,浴室厕所是配合宿舍食堂生产车间卫生福利建设"[33]。目前除少量宿舍仍存留使用外,各附属厂区配套公共设施大部分被拆除改造。

(3)职工宿舍建筑

宿舍是矾矿初期生活配套建设的主要内容,它的规模随企业劳动力增长而扩大,并因工人群体分化而类型趋于多元,矾矿宿舍的建设从微观层面呈现出矾山现代工矿住区空间的演进。

20世纪50年代矾矿迈上宿舍建设之路,这主要由当时生产需要人力集中及部分工人住宿较远等现实因素所决定,尤其后者更为突出。随生产规模扩大,矾山周边的溪光、埔平、凤阳等地工人陆续进入企业作为劳动力补充,他们"每天上下班往返步行3、4个小时,身体十分疲劳,影响到生产积极性"[34],针对这一迫切问题,矾矿早在1956年就开始了宿舍建设。1957年面对"约有二百人家居较远"的实际困难,矾矿计划扩建宿舍1800平方米,试图"总计约解决750-800人的住宿问题"[35],多出的部分是在估算机械化开采后职工总数不低于1000人所做的提前考虑。进入20世纪60年代,矾矿宿舍已有较大发展,如1963年生活配套总面积为11885平方米,其中宿舍部分就达到8300平方米,占比约69%。即便如此,1964年宿舍短缺问题依然严重,"虽然扩建1500方,但职工住宅仍是十分紧张"[36],当时许多工人仍只能租赁民房居住。1965年,"为了解决当前迫切需要的住宅问题",矾矿再次"拟扩建800方职工宿舍"[37]。1972年,矾矿再次进行扩大生产基建设计,但此次未像以往那样在设计中提及宿舍扩建问题,推测原因可能有两个,一是劳动力趋于稳定后宿舍短缺问题有所缓解,二是宿舍建设已经在常态化进行。

规模增长的同时宿舍类型也开始分化,初期建设以单身集体宿舍为主,20世纪60年代家属宿舍开始成为建设主流,这是因为当时随携带家庭的外地职工开始大批涌入。1957年拟建炼矾一厂时,与1000平方米宿舍配套提供的是200张床及共用的浴室与食堂,说明企业当时所满足的主要是职工个人的生活需求。20世纪60年代初,宿舍建设已出现集体与家属的类型区分,如1963年"据初步估计,'三五'内职工增加955人,其中估计外地人70%、本地人30%,955*0.7=699人,其中家属职工占25%,699*0.25=175人,每户以30方计算,则175人*30=5255平方公尺,集体宿舍占75%,699*0.75=524人,每人以4方计算,524*4=2096方,2096+5255=7351方"[38],也是从这一年开始,家属宿舍始终以超过集体宿舍2-3倍的规模进行建设。家属宿舍的出现意味着外来人口的增多与矾山人群构成的复杂,其建设比例的加重显示以家庭为单位的居住模式在矾山日常生活中扮演着愈来愈重要的角色。

居住模式发展推动宿舍设计进化，这在外廊宿舍方面表现尤为明显。20世纪50年代矾矿外廊宿舍以一层为主，建筑位于低矮台基上，单排并列十数个房间，每间面宽约3.4、进深约4.7米，为便于内部进行床铺布置，房门开在墙面正中，正对房门的墙上有小窗，可满足室内通风采光。建筑为砖木混合结构，房间隔墙以空斗砌筑，厚约12.5厘米，未做特别隔声处理。可以看出，当时外廊宿舍空间极为局促，没有独立的卫厨设施，缺乏私密性的考虑。20世纪60年代的外廊宿舍设计已有改观，1963年的一幢两层宿舍显示：每层共九开间，楼梯位于中部，两侧房间对称布局，中部均为单间，端部为前后套间，多样的房型可满足不同家庭的居住需求，单间面阔约3.4、进深约6.2米（套间进深约8米），房间面积较之前有所增加；入户门开在墙面一侧，更方便内部家具布置与流线组织，房间前后墙均开大窗。可以看出，这时的外廊宿舍无论整体格局还是单间品质都较初期有了明显的改观。不仅如此，1964年建设的三区五幢宿舍显示出当时外廊宿舍更多的进化细节：走廊两端设楼梯，满足疏散要求；房间成组布置，中部3-4间一组，端部为"2单间+1套间"一组，空间类型更丰富；每组房间中部配有卫生间，显示当时矾山生活开始摆脱集体公厕进入相对私密的独立卫厕时期。除房间设计进化外，外廊宿舍的立面也呈现逐渐艺术化处理的趋向（图5-5）。

（4）现代公共设施

20世纪50年代开始，矾矿新建了许多为整个企业职工服务的公共设施，如俱乐部、保健院、理发室、中小学校等，整体来看这些设施大致可分为医疗、教育、文体三类，它们在矾矿半个多世纪的存续史中各自经历了不一样的建设发展路径。

医疗设施

明矾生产伴随大量污染性气体与粉尘产生，矽肺病是矾矿工人常见的职业病，因此医疗设施是企业生活配套的重要组成。矾山医疗设施出现较早，20世纪30年代许蟠云调查时就曾建议设立，40年代"矾管处"管控期间曾短期实施。1949年矾山正式成立矿工医疗所，1950年该机构迁往主厂区东侧，并更名为"矾矿工人保健院"，资料显示1958年的保健院由大小7座建筑组成，分南北两个区，大部分建筑位于南区，北区仅有一座太平间。

1963年保健院面积达到2153平方米，规模有了很大的增长，同时它与主厂区距离过近的弊端也日益显现，"医院既已离车间太近，再加64年扩建一万吨炼矾车间，特别是矾烟（含二氧化铝气体）灰尘等都入病房，对病人身体十分不利，同时又影响到病人的安静疗养"[39]，于是当时矾矿决定将保健院迁往新街以东的高岚山一带。此后数年保健院搬迁工作持续进行，并在搬迁中不断对院区进行扩建，如1966年矾矿基建计划曾

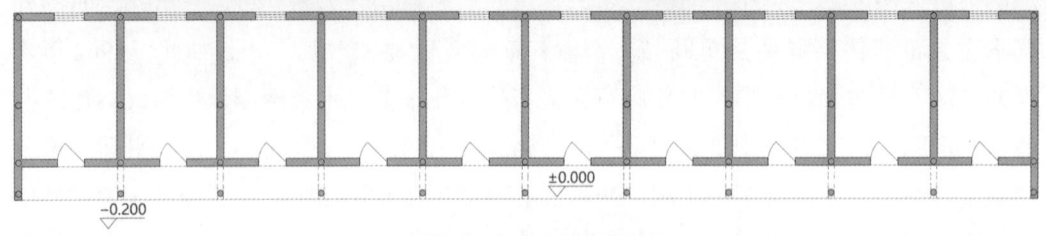

1957年职工宿舍平面图

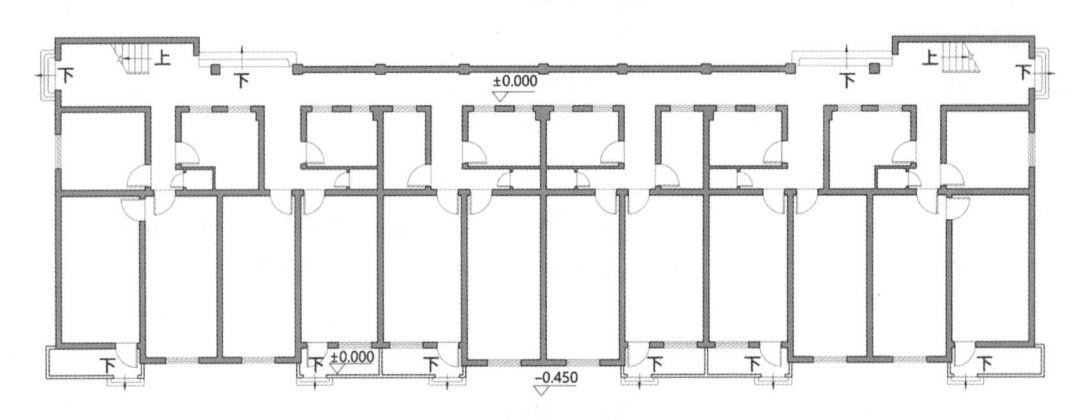

1964年职工宿舍平面图

图5-5 矾矿早期外廊宿舍建筑

（来源：照片为温州矾矿发展集团根据，图纸根据档案重绘）

提出，"为了使医院搬到古（即高，作者注）岚山去，要求在1966年内必须再扩建病房800方，手术室120方，爱克斯光室120方，食堂180方，厕所40方，医务人员及其家属住宅500方"[40]。迁建过程中保健院功能也开始分化，如1965年迁建计划提出"在迁建的同时必须扩建1000方面积作为矽肺病疗养所，解决矽肺病工人治疗问题"[41]，说明除承担常规医疗外，保健院同时肩负诊治工人职业病的专门使命。经数年迁建，20世纪60年代末位于高岚山的现代综合医疗区终于成型，1969年它被正式更名为"平阳矾矿工人医院"（简称矾矿医院）。1980年矾矿医院编制床位达到200张，1991年底全院占地面积约13275平方米，已经从门诊、病房、行政、职工生活为一体的全民所有制企业职工医院跃升为对外开放的县级医院，在矾山当地及周边村镇中享有极高的声望。

教育设施

矾山教育设施早在20世纪初就已出现，1909年朱文侯创办矾山公学，同年朱龙光创办韫玉私校，次年两校合并称"韫山小学"。20世纪40年代，"矾管处"为改善矾山教育落后状态也曾在当地开设教育机构。矾矿成立初期，面对大量涌入的知识水平相对较低的工人及其家属，建校办学成为当时矾山政府与矾矿企业共同承担的事务。

1952年春，更名为"矾山一小"的韫山小学由内街迁往高岚山，这是新中国成立后矾山最早建设的教育设施。1950年，由矾山区委与矾山区公所牵头，矾山厂工工会、矿工工会、挑工工会、矾商会、工商联等组建筹建委员会，围绕"矾山一小"高岚山新校舍建设当地展开了一次声势浩大的群众集资办学热潮。"矾山一小"新校舍由当时陈振龙创办的温州龙狮画室设计，其布局大致为"全部坐北朝南，后面一排校舍有四个教室，当中一个大型办公室，两个教师宿舍隔在教室中间。办公室前面一条宽大高敞的走廊，从北向南延伸。走廊的右边，每隔十多米是两个教室夹着一个宿舍，共有五排校舍，每排教室前后都有一个200多平方米的花园。长廊左边是一个可容千人的场地，可用来供学生做课间操、开运动会和矿、区、镇工人与群众的集会，办公室前面那个平台作为集会的指挥台。那排最长的校舍后面小坡上建厨房、膳厅、储藏室、音乐室等。厨房东面有一个小门通校外山旁水井，再后是山峦的顶端，拟建一石亭，可浏览群山怀抱这个矿区盆地的全景。校舍前面是一处凹形地，计划建可容千人的大礼堂，礼堂后半部二楼作图书室、阅览室"[42]。此次建设材料来自矾山周边，如木材来自鳌江边直浃河木材集散地，砖瓦来自顶村、昌禅、鹤顶山脚，石灰来自马站、沿浦、前岐。1951年冬，占地约1万平方米、建筑面积约1000平方米的"矾山一小"新校舍落成。2009年，这座浙南首座民建校舍被拆除重建。

1955年矾山中学成立，其校舍设在矾山南下村，占地面积约52亩。创办之初学校主要借用民房上课，首招初一4个班，由平阳县第一中学转入初二2个班，学生334人，教职工14人。1980-1989年，矾山中学共建校舍2897平方米，1990年校园面积达到8860平方米，全校共31个班，在校生1413人，教职工55人。1977年，矾山在内街老工会所旧址又创办了"矾山二小"。重视青少年教育的同时，以矾矿为构成主体的矾山社会同时关注成人教育，先后于1958年开办"中等工业技术学校"、1979年开办"温州矿山技工学校"等。1983年，矾矿贯彻落实中央"关于加强职工教育工作的决定"而增设教育科，并成立教育委员会，以此对企业工人进行不间断的文化技术教育。

文体设施

文体活动是新中国成立以后矾山新兴的公共生活内容，因此当地现代公共文体设施始建于20世纪50年代，后来不断增添扩建，逐步形成含文化宫、俱乐部、体育场、游泳池等多种设施在内的公共生活空间系统，极大地丰富了企业工人与矾山民众的生活。

矾山公共文体活动的出现与电影放映相关，1948年9月，卢兴顺等人集股请来已停业的温州光华电影院人员到矾山新厝内放映无声电影，是为矾山电影活动的开始，也是当地现代公共文体生活的发端。新中国成立以后，1952年浙江省革命根据地访问团电影队在矾山老工会所放映电影，1955-1957年浙江省总工会第八电影队一年四次来矾山巡回放映电影。1956年公私合营后，矾矿工人与矾山民众对文化生活要求迫切，故矿区党委从职工福利费中拿出4400元购置放映设备，于1957年5月1日成立矾山自己的电影队，放映场所就设在新落成的工人俱乐部影剧院内。

当时的工人俱乐部即后来的工人文化宫，它是矾山公共文体设施的代表。工人文化宫位于高岚山北侧，落成于1957年2月，初建时采用砖木结构，面积约1200平方米，包含图书室、阅览室、乒乓球室等活动场所及影剧院，其高大体量及仿苏联立面形式在当时以低层为主的矾山建筑中显得格外宏伟壮丽（图5-6）。1980年工人文化宫首次扩建，主要是添建了一个千座大礼堂用于举办大型集体活动。20世纪80年代末，扩建后的工人文化宫依然无法满足企业工人与矾山民众对文化生活的需求，故1988年再次进行扩建，并于1990年1月落成。扩建后的工人文化宫面积达到2540平方米，内设影剧院、录像厅、图书馆、阅览室、舞厅、讲座室、球类活动室、离退休干部职工活动室等11个活动厅，成为当时矾山文化活动的中心，也是周边村镇重要的文娱场所。目

图5-6 矾矿工人文化宫初始面貌
（来源：温州矾矿发展集团提供）

前，工人文化宫仍是改制后的温州矾矿发展集团会议场所，当地民众群体性活动也常在建筑入口前空地举行，近年矾山镇政府更在其对面新建了全镇公共空间核心——矾都广场。可以看到，无论建国初还是当下，工人文化宫都是矾山公共生活的重心，它寄托着当地人对矾山、矾矿的深厚情感。

20世纪80年代，矾山又陆续建设了其他公共文体设施，如1980年退休工人俱乐部、1985年的工区俱乐部、1989年的游泳池等。从初设到完善，这些文体设施记录了矾山生活配套的发展，是当地公共生活从传统向现代持续迈进的重要实证。

注释

[1] 叶良辅，李璜，张更. 浙江平阳之明矾石［G］//国立中央研究院地质研究所集刊，1930，10：37.

[2] 叶良辅，李璜，张更. 浙江平阳之明矾石［G］//国立中央研究院地质研究所集刊，1930，10：37.

[3] 许蟠云. 平阳县矾矿业之调查［N］. 浙江省建设月刊，1933，6（10）：12.

[4] 郑让于. 游记：矾山记［N］. 实业汇报，1916，1（2）：2.

[5] 许蟠云. 平阳县矾矿业之调查［N］. 浙江省建设月刊，1933，6（10）：8.

[6] 许蟠云. 平阳矾矿业失败之原因及改革之建议［M］//民国浙江史料辑刊（第二辑·第27册），北京：国家图书馆出版社，2008：34.

[7] 郑让于. 游记：矾山记［N］. 实业汇报，1916，1（2）：5.

[8] 许蟠云. 平阳县矾矿业之调查［N］. 浙江省建设月刊，1933，6（10）：10.

[9] 郑让于. 游记：矾山记［N］. 实业汇报，1916，1（2）：5.

[10] 民国实业部国际贸易局. 中国实业志·浙江省（第6编）：矿产［R］. 1933：163.

[11] 许蟠云. 平阳县矾矿业之调查［N］. 浙江省建设月刊，1933，6（10）：10.

[12] 民国实业部国际贸易局. 中国实业志·浙江省（第6编）：矿产［R］. 1933：163-164.

[13] 民国实业部国际贸易局. 中国实业志·浙江省（第6编）：矿产［R］. 1933：163-164.

[14] 许蟠云. 平阳县矾矿业之调查［N］. 浙江省建设月刊，1933，6（10）：10.

[15] 许蟠云. 平阳县矾矿业之调查［N］. 浙江省建设月刊，1933，6（10）：12-13.

[16] 许蟠云. 平阳矾矿业失败之原因及改革之建议［M］//民国浙江史料辑刊（第二辑·第27册），北京：国家图书馆出版社，2008：34.

[17] 许蟠云. 平阳县矾矿业之调查［N］. 浙江省建设月刊，1933，6（10）：12-13.

[18] 地方国营浙江平阳矾矿1956年技术设计［Z］. 温州矾矿发展集团档案室，档案号：6.01-011，1955-12：3-14.

[19] 关于平矿62年基建投资的设计任务书［Z］. 温州矾矿发展集团档案室，档案号：6.01-048，1961-10：12.

[20] 关于平矿62年基建投资的设计任务书[Z]. 温州矾矿发展集团档案室, 档案号: 6. 01-048, 1961-10: 12.

[21] 平阳矾矿基本建设设计任务书[Z]. 温州矾矿发展集团档案室, 档案号: 6. 01-048, 1963-6: 4.

[22] 地方国营平阳矾矿1957年基本建设设计任务书[Z]. 温州矾矿发展集团档案室, 档案号: 6. 01-011, 1956-7: 11.

[23] 地方国营浙江平阳矾矿1956年技术设计[Z]. 温州矾矿发展集团档案室, 档案号: 6. 01-011, 1955-12: 3-14.

[24] 地方国营平阳矾矿1957年基本建设设计任务书[Z]. 温州矾矿发展集团档案室, 档案号: 6. 01-011, 1956-7: 11.

[25] 许蟠云. 平阳县矾矿业之调查[N]. 浙江省建设月刊, 1933, 6 (10): 12-13.

[26] 苍南百家姓. 苍南县人民政府官网, https://www.cncn.gov.cn/art/2008/3/19/art_1255447_4043313.html.

[27] 矾山朱氏宗祠内建设碑刻所载《矾山朱氏宗祠志》.

[28] 许蟠云. 平阳县矾矿业之调查[N]. 浙江省建设月刊, 1933, 6 (10): 5.

[29] 郑让于. 游记: 矾山记[N]. 实业汇报, 1916, 1 (2): 1.

[30] 平阳矾矿公司1957年基本建设设计任务书[Z]. 温州矾矿发展集团档案室, 档案号: 6.01-011, 1956-7: 1-4.

[31] 平阳矾矿公司1957年基本建设设计任务书[Z]. 温州矾矿发展集团档案室, 档案号: 6.01-011, 1956-7: 1-4.

[32] 平阳矾矿基本建设设计任务书[Z]. 温州矾矿发展集团档案室, 档案号: 6.01-048, 1963-6: 4.

[33] 地方国营平阳矾矿1957年基本建设设计任务书[Z]. 温州矾矿发展集团档案室, 档案号: 6.01-011, 1956-7: 10.

[34] 温州化工厂平阳矾矿1965年度基本建设初步设计[Z]. 温州矾矿发展集团档案室, 档案号: 6.01-038, 1964-9: 28-29.

[35] 地方国营平阳矾矿1957年基本建设设计任务书[Z]. 温州矾矿发展集团档案室, 档案号: 6.01-011, 1956-7: 10.

[36] 温州化工厂平阳矾矿1965年度基本建设初步设计[Z]. 温州矾矿发展集团档案室, 档案号: 6.01-038, 1964-9: 28-29.

[37] 温州化工厂平阳矾矿1965年度基本建设初步设计[Z]. 温州矾矿发展集团档案室, 档案号: 6.01-038, 1964-9: 28-29.

[38] 1963年浙江省轻工业厅平阳矾矿设计任务书[Z]. 温州矾矿发展集团档案室, 档案号: 6.01-048, 1963-6: 66-67.

[39] 1963年浙江省轻工业厅平阳矾矿设计任务书[Z]. 温州矾矿发展集团档案室, 档案号: 6.01-048, 1963-6: 66-67.

[40] 平阳矾矿1966年基建设计任务书(1965)[Z]. 温州矾矿发展集团档案室, 档案号: 6.01-048,

1965-9：25.

［41］ 温州化工厂平阳矾矿1965年度基本建设方案［Z］. 温州矾矿发展集团档案室，档案号：6.01-038，1964-2：7.

［42］ 矾山一小老校长郑立于回忆. 苍南新闻网，2012-9-4，https://www.cnxw.com.cn/system/2012/09/04/011104964.shtml?from＝groupmessage&isappinstalled＝0.

典型生活遗址现状

1. 鸡笼山矿段生活遗址

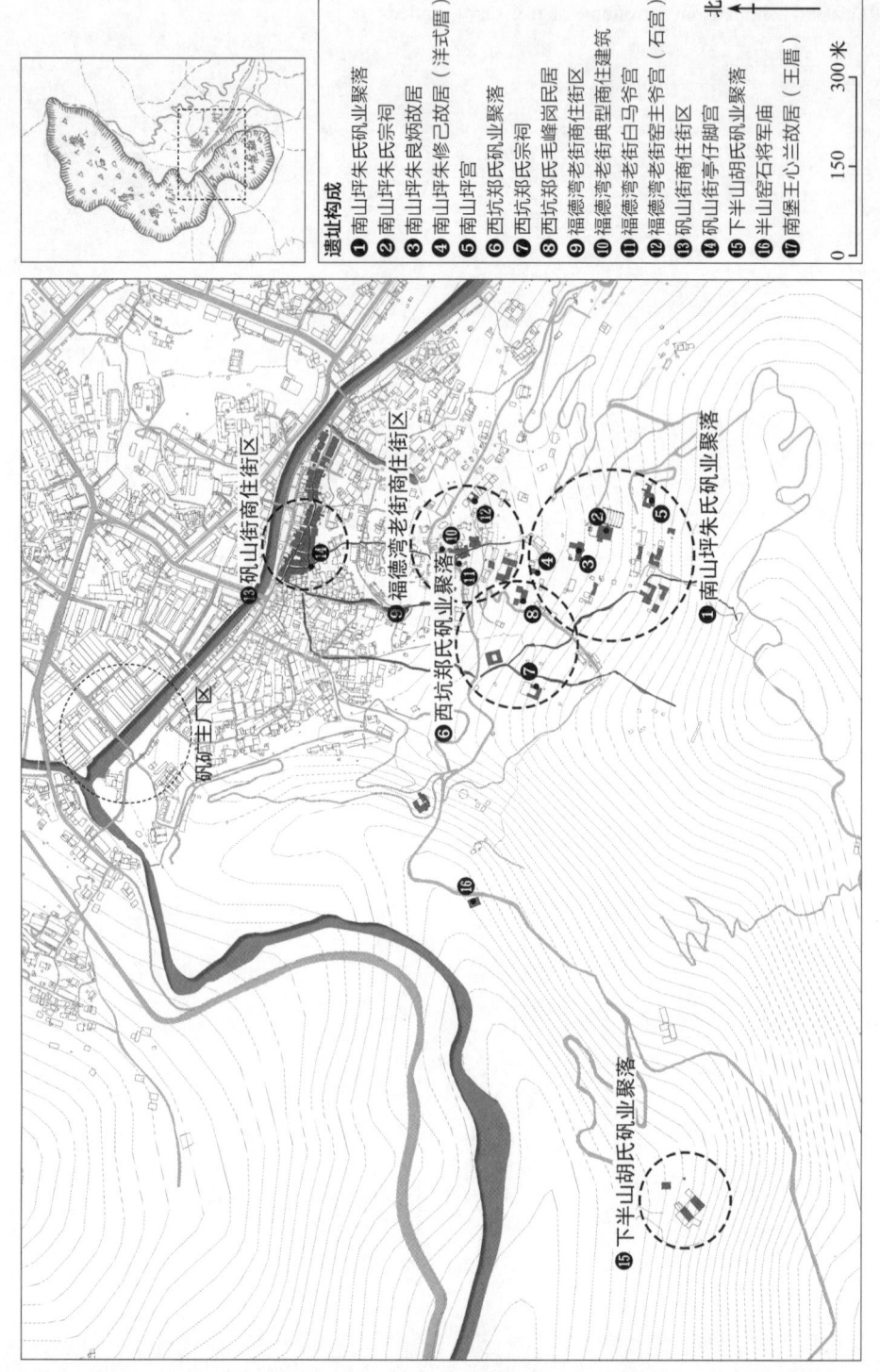

遗址构成
① 南山坪朱氏矾业聚落
② 南山坪朱氏宗祠
③ 南山坪朱良炳故居
④ 南山坪朱修己故居（洋式厝）
⑤ 南山矸营
⑥ 西坑郑氏矾业聚落
⑦ 西坑郑氏宗祠
⑧ 西坑郑氏毛峰冈民居
⑨ 福德湾老街商住建筑
⑩ 福德湾老街典型商住民居
⑪ 福德湾老街白马爷宫
⑫ 福德湾老街岙主爷宫（石宫）
⑬ 矾山街商住街区
⑭ 矾山街亭仔脚屋
⑮ 下半山胡氏矾业聚落
⑯ 半山窑石将军庙
⑰ 南堡王小兰故居（王厝）

鸡笼山矿段生活遗址分布示意图

（1）鸡笼山矿段南山坪朱氏矾业聚落

<table>
<tr><td rowspan="4">基本信息</td><td>遗址名称</td><td colspan="3">鸡笼山矿段南山坪朱氏矾业聚落</td></tr>
<tr><td>具体位置</td><td colspan="3">温州市苍南县矾山镇福德湾南山坪（东经120°24′9″，北纬27°20′8″）</td></tr>
<tr><td>始建年代</td><td>约明末清初</td><td>占地面积</td><td>约92290平方米</td></tr>
<tr><td>目前用途</td><td>在住民房区</td><td>是否文保</td><td>否</td></tr>
<tr><td>遗址描述</td><td colspan="4">　　17世纪中叶度山朱氏13-16世依次迁入矾山，成为矾山朱氏的始祖。朱氏迁入后主要选择在鸡笼山南部的南山坪、宫边、墓脚、芳田等地落居，相应在这一区域形成以单姓血缘为基础的明矾产业聚落。
　　南山坪朱氏聚落遗址位于鸡笼山矿段南部山腰，属福德湾核心地区。聚落整体坐南朝北，由宗教供奉场所、合院住宅及其他附属设施组成，它们均依山势自上而下布局。聚落西侧有南北走向的福德湾老街，聚落内部道路顺等高线向西延伸与其相连接。聚落内现存公共建筑较少，主要有朱氏宗祠与南山坪宫，两者均位于聚落的东部。聚落内保留有数座合院住宅，它们的建设年代涵盖晚清、民国、近现代等不同时期，形式较为混杂。聚落南部山坡上为历史矿采区，北侧山脚靠近矾山溪为历史炼制区，它们的位置呈现出当地矾业聚落"硐-居-窑"依次排布的空间特质。
　　朱氏是历史时期在矾山从事明矾生产的重要族群之一，南山坪朱氏聚落是该族群"以矾壮族"的具体表现，对揭示当地民间采炼机制下人群聚合方式与族群秩序建构有重要价值。</td></tr>
<tr><td colspan="5" align="center">**相关图纸**</td></tr>
</table>

遗址构成
❶ 朱良答民居
❷ 朱修己故居
❸ 朱良炳民居
❹ 旗杆内
❺ 朱氏宗祠
❻ 1号朱氏民居
❼ 南山坪宫
❽ 2号朱氏民居
❾ 3号朱氏民居
❿ 4号朱氏民居
⓫ 5号朱氏民居
⓬ 6号朱氏民居
⓭ 7号朱氏民居

鸡笼山矿段南山坪朱氏矾业聚落现状

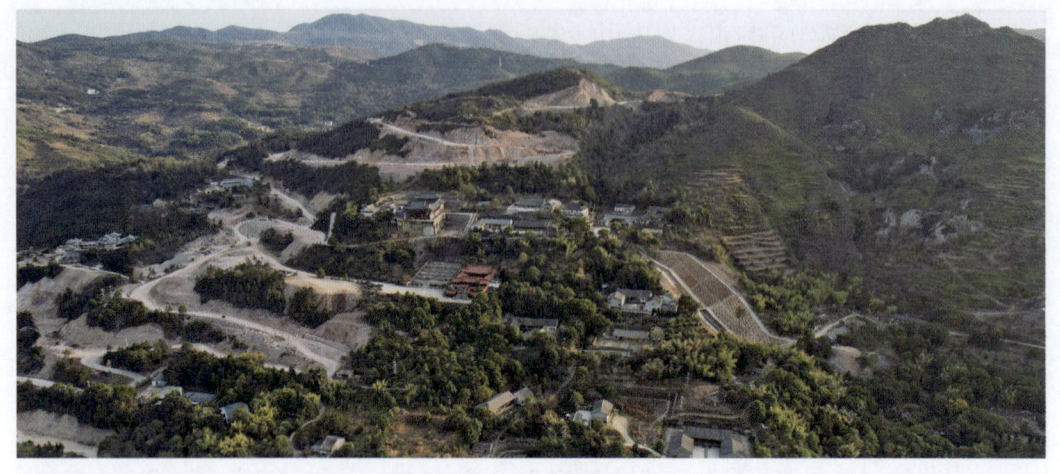

南山坪朱氏矾业聚落全貌

聚落内环境

聚落内民居

（2）鸡笼山矿段南山坪朱氏宗祠

基本信息	遗址名称	鸡笼山矿段南山坪朱氏宗祠		
	具体位置	温州市苍南县矾山镇福德湾南山坪（东经120°24'9"，北纬27°20'8"）		
	始建年代	1913年	占地面积	1420平方千米
	目前用途	朱子文化园	是否文保	否
遗址描述	朱氏宗祠始建于1913年，1986年于原址重建，1991年增建七间正厅，并改建两侧廊庑，建筑自此增壮。后根据需要，宗祠又于1999年及2005年再次重建与续建。 朱氏宗祠遗址位于鸡笼山矿段南部，福德湾东部。建筑一层，中轴对称布局，轴线上由外而内依次布置入口大门、前院、过厅、内院、正殿等。入口大门高出正常地平，前设多步台阶，台阶中部石刻据说仍为老宗祠遗留。大门后为前院，院内中部挖水塘造景，塘后立朱熹雕像，西侧墙下石碑记录矾山朱氏相关信息。前院后为过厅，其进深较小，两侧有小空间用作朱子文化室。再往内为宗祠主体，即内院与正殿。内院宏敞，东西两侧均有宽阔回廊，廊内悬挂匾额，显示朱氏在矾山的支脉繁衍与浩大声望。前院南侧为正殿，其前檐四根蟠龙石柱是开敞空间中醒目的视觉焦点。正殿进深不大，南墙设神龛，东西两侧为办公及其他辅助用房。祠堂结构与装饰精美，但历史痕迹不重。 朱氏以陆续迁入的方式进入矾山，并逐渐成长为当地最有势力的明矾族群，宗祠的建立意味着该族群在矾山重建宗族秩序的开始，是当地从早期移民社会向后期定居社会转变的表现。			
	相关图纸			

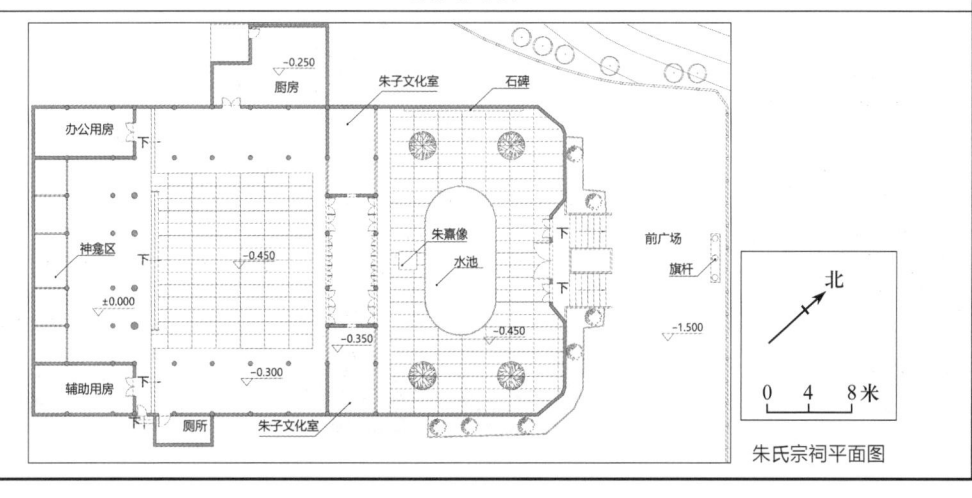

朱氏宗祠平面图

鸡笼山矿段南山坪朱氏宗祠现状

朱氏宗祠全貌

主入口 　　　　　　　　　　　　　　　过厅

院落空间　　　　藻井细部　　　　正殿石柱

（3）鸡笼山矿段南山坪朱良炳故居

<table>
<tr><td rowspan="4">基本信息</td><td>遗址名称</td><td colspan="3">鸡笼山矿段南山坪朱良炳故居</td></tr>
<tr><td>具体位置</td><td colspan="3">温州市苍南县矾山镇福德湾南山坪宫边（东经120°24′4″，北纬27°20′10″）</td></tr>
<tr><td>始建年代</td><td>约清末民国</td><td>占地面积</td><td>1200平方千米</td></tr>
<tr><td>目前用途</td><td>闲置民房</td><td>是否文保</td><td>否</td></tr>
<tr><td>遗址描述</td><td colspan="4">
据正厅匾额显示，建筑原主人为朱良炳，依宗谱顺序"良"字辈应为矾山朱氏第23世。

朱良炳故居遗址位于鸡笼山矿段南部，福德湾东侧，朱氏宗祠西北约60米处。建筑坐南朝北，平面呈"L"形，前有宽阔院落。正房十一间，两层，坡屋顶，屋面老虎窗为后期加建。正房中部开敞正厅为全宅核心，其梁架高耸，悬挂多块匾额，正面板壁有小门通往后院。正厅两侧均为五开间，但内部格局不对称，而是各有独立的流线组织与功能划分，应是后期多户改造使用导致。正房前檐廊柱子形式与材料混杂，记载修建痕迹。东厢房两层，五开间，内部木结构，外墙砖石砌筑。厢房南端二层有连廊，其垂直横跨在一层檐廊上与正房东侧相接。前院对称布局，中间甬道与堂前树木予以强化，东南角有现代小辅房，房侧有古井。厢房后有较大空间，应为以前后院。

朱良炳故居是目前福德湾保存最完善的传统合院住宅，其空间构成、院落布置均忠实反映这一地区此类民居形制，而内部多变流线、屋顶老虎窗及檐下混杂柱子则记录着该地区居住建筑变化的历史轨迹。
</td></tr>
<tr><td colspan="5" align="center">**相关图纸**</td></tr>
</table>

朱良炳故居一层平面图

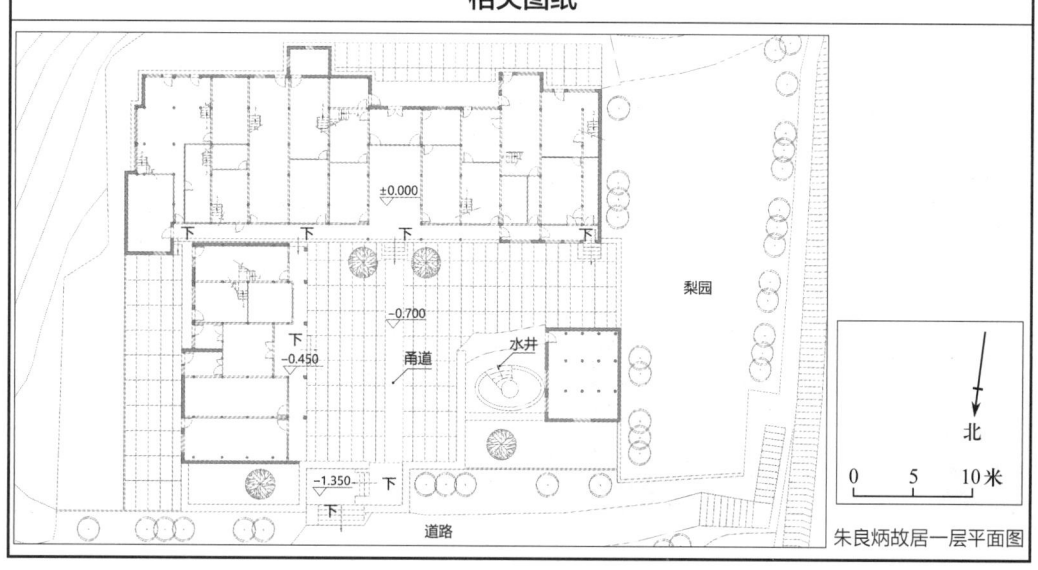

鸡笼山矿段南山坪朱良炳故居现状

建筑北立面

院落入口与附属建筑

正厅内部环境

耳房内部环境

连廊空间

屋面老虎窗

结构细部

（4）鸡笼山矿段南山坪朱修己故居（洋式厝）

基本信息	遗址名称	鸡笼山矿段南山坪朱修己故居（洋式厝）		
	具体位置	温州市苍南县矾山镇福德湾南山坪（东经120°24′3″，北纬27°20′13″）		
	始建年代	清光绪二十五年（1905）	占地面积	约926平方米
	目前用途	在住民房	是否文保	否
遗址描述	朱修己为朱氏族人，清末民初著名矾商，该建筑为朱修己自宅，始建于清光绪二十五年（1905），因立面为西式风格，故当地俗称其为"洋式厝"，新中国成立后该建筑曾用作区会所、粮仓、学校等。 朱修己故居遗址位于鸡笼山矿段南部，福德湾北部，东靠福德湾老街。建筑最初是由正厅、左右厢房、前院、台门等组成的庞大建筑群，但目前仅余东厢，环境破败。综合地面痕迹看，建筑坐南朝北，前院宏大，中轴对称布局。东北有侧院，内部原布置景观，有门可直通山上下来的老街。现存东厢房共两层五开间，南侧三开间已改为现代形式，外墙以白色涂料粉刷，有朱氏后人居住。北侧两开间保持原状，立面采用西式建筑构图，底层独立窗与二层连列窗上均为平券，券脚落于窗边西式柱式上，柱式精美但比例不符合规范，属民间创造。东厢房往北为单坡辅房，其上层墙面开圆形轮毂西式漏窗，下为八边形中式漏窗，已均被水泥填塞。 朱修己是历史时期矾山矾商重要代表，故居是其本人在当地发展矾业的重要物证，建筑西式风格反映了西风东渐对清末矾山人居环境的影响及当时矾商住宅营建的审美趣味。		

相关图纸

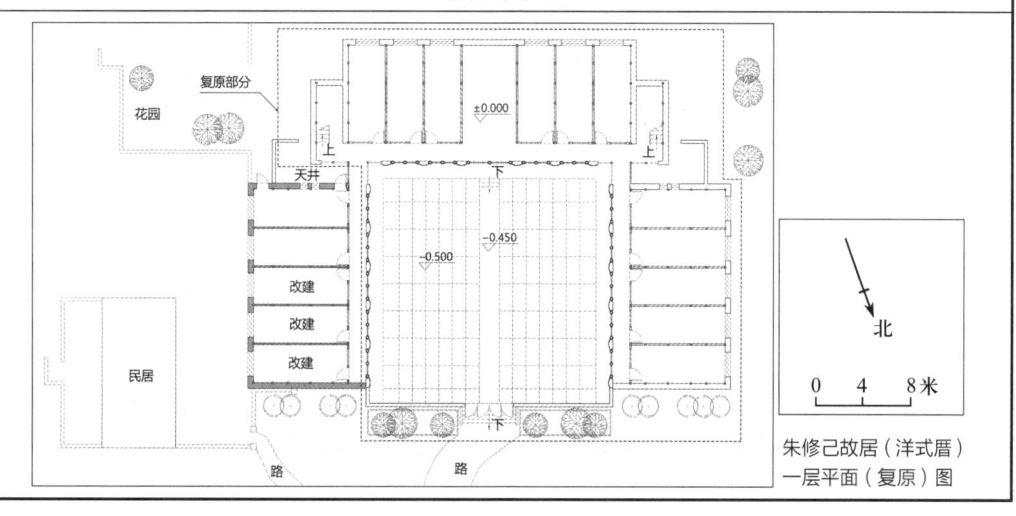

朱修己故居（洋式厝）一层平面（复原）图

鸡笼山矿段南山坪朱修己故居（洋式厝）现状

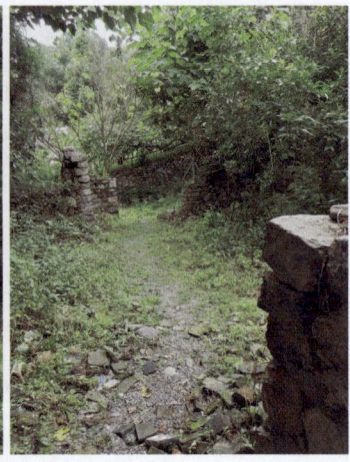

朱修己故居（洋式厝）全貌与周边环境

西立面

南立面

二层壁柱细部

一层窗户细部

辅房漏窗细部

（5）鸡笼山矿段南山坪宫

基本信息	遗址名称	鸡笼山矿段南山坪宫		
	具体位置	温州市苍南县矾山镇福德湾南山坪（东经120°24′8″，北纬27°20′5″）		
	始建年代	清雍正十三年（1735）	占地面积	460平方米
	目前用途	宗教供奉场所	是否文保	否
遗址描述	南山坪宫始建于1735年，初为五开间小庙，1858年经西坑郑氏族人发起，由朱郑两姓多房参与重建，遂成今日面貌。南山坪宫附属慈宫原位于北侧山下，重建时移至南山坪宫旁，两庙合一后南山坪宫成为今日福德湾规模最大的宗教场所。 南山坪宫遗址位于鸡笼山矿段南部山腰，属福德湾核心区，其南侧分布有大量矿硐，典型代表雪花硐就在庙后不足百米处。南山坪宫坐东朝西，单进院落，与福德湾大部分建筑南北坐向区别明显，管理人员称这是因为建设考虑了面朝福鼎方向，以显示矾山早期移民与福建的渊源关系。正殿面阔五开间，进深四柱，屋架为抬梁与穿斗结合，正中设藻井，以金色与红色彩绘装饰。前廊为卷棚顶，柱上设斗拱，梁坊上雕刻花鸟等图案。正殿后部为神龛，周边布置办公、管理等辅助用房。慈宫在南山坪宫北侧，形制与后者相似，但规模略小，两者有廊道连通。 南山坪宫是福德湾出现最早的宫庙建筑之一，其改扩建历史与当地矾业兴衰轨迹相吻合。从建筑本身看，南山坪宫空间完整、结构精美，是福德湾传统建筑营建技艺的代表。		

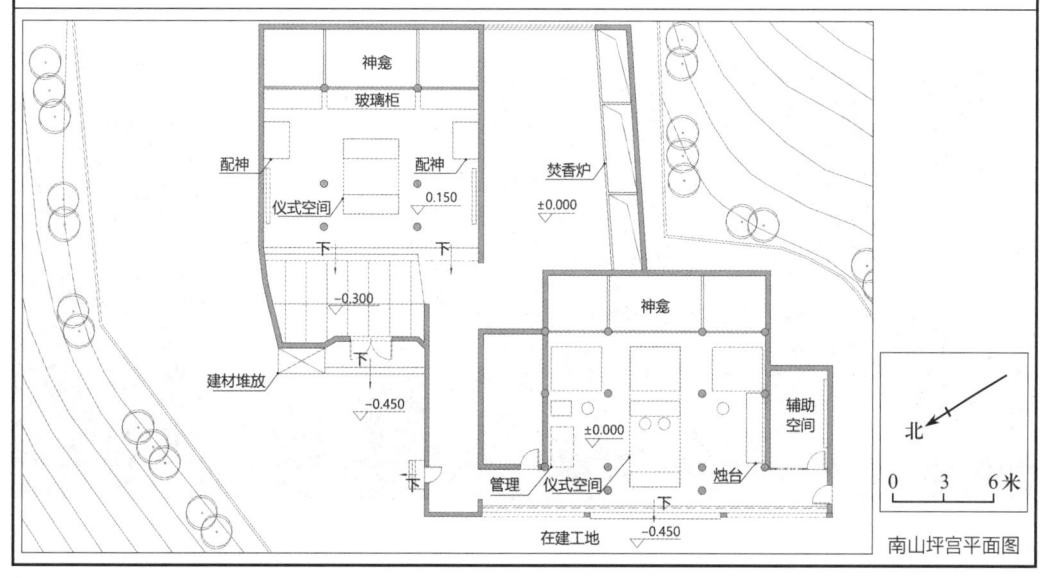

相关图纸

南山坪宫平面图

鸡笼山矿段南山坪宫现状

南山坪宫西立面

慈宫西立面

南山坪宫内部环境

南山坪宫结构与装饰细部

（6）鸡笼山矿段西坑郑氏矾业聚落

基本信息	遗址名称	鸡笼山矿段西坑郑氏矾业聚落		
	具体位置	温州市苍南县矾山镇福德湾西坑路（东经120°23′59″，北纬27°20′14″）		
	始建年代	约17世纪末	占地面积	约74155平方米
	目前用途	待开发用地	是否文保	否

遗址描述

　　1696年郑氏自永嘉迁入矾山，落脚于鸡笼山福德湾左、右西坑溪之间，此后数百年郑氏始终在两条溪涧间狭窄地带聚族发展，新中国成立后开始逐步搬迁，直至萎缩消失。

　　西坑郑氏矾业聚落遗址位于鸡笼山矿段南部，福德湾核心地带，东为福德湾老街，与南山坪朱氏聚落隔街相望。历史时期聚落西南山上为矿硐区，北侧山脚为矾窑区，呈现出与朱氏聚落相似的"硐-居-窑"布局模式，但受地形限制，规模要比朱氏聚落小很多。初期郑氏主要在左、右西坑溪之间发展，建有多座住宅与宗教建筑，后人地紧张而聚落外溢，族人先后在两溪外侧建设房屋。目前左、右西坑溪间原聚落区仅保留新旧两座宗祠与一座小神殿，其他地面建筑均已不存，郑氏新宗祠临街而建，西北侧山坡上旧宗祠因荒草掩埋而无法进入。西坑溪之外郑氏建筑主要有郑刘宅与毛峰岗两座住宅，目前均被改为旅游客栈。

　　历史时期郑氏在矾山是与朱氏齐肩的明矾大族，曾对当地矾业起到重要推动作用，郑氏聚落是其在矾山数百年奋斗的载体。另外，郑氏与朱氏本为姻亲，两者又毗邻发展数百年，这种既促进又抑制的关系忠实记录在聚落规模与发展路径上，展示矾山民间社会独特的运行机制。

相关图纸

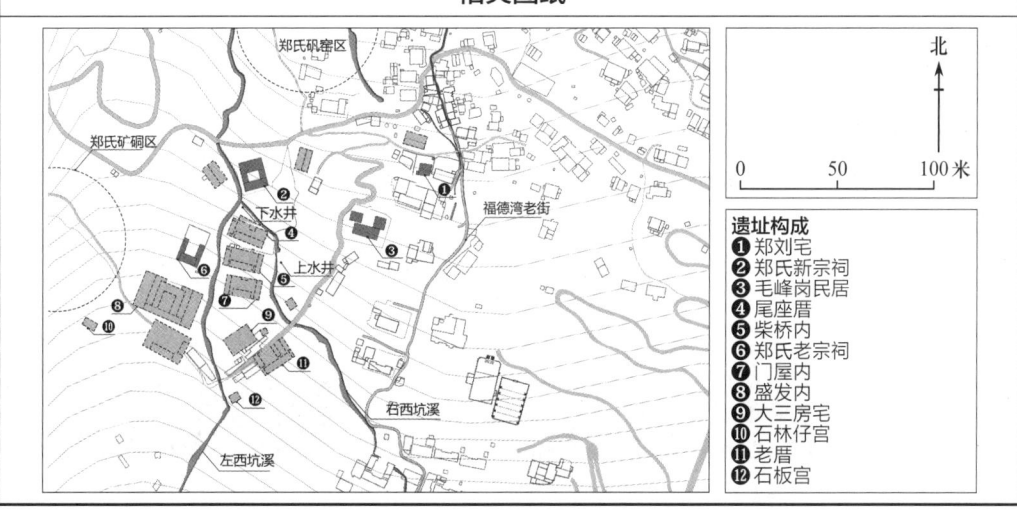

遗址构成
① 郑刘宅
② 郑氏新宗祠
③ 毛峰岗民居
④ 尾座厝
⑤ 柴桥内
⑥ 郑氏老宗祠
⑦ 门屋内
⑧ 盛发内
⑨ 大三房宅
⑩ 石林仔宫
⑪ 老厝
⑫ 石板宫

鸡笼山矿段西坑郑氏矾业聚落现状

西坑郑式矾业聚落全貌

原聚落南部

右西坑溪

聚落原址内新修小神庙

郑氏修路碑

（7）鸡笼山矿段西坑郑氏宗祠

基本信息	遗址名称	鸡笼山矿段西坑郑氏宗祠		
	具体位置	温州市苍南县矾山镇福德湾西坑路（东经120°23′57″，北纬27°20′15″）		
	始建年代	1995年	占地面积	1000平方米
	目前用途	郑氏文化中心	是否文保	否
遗址描述	20世纪90年代郑氏开始在矾山建设宗祠，确立矾山郑氏分支的独立属性。2015年春，鉴于旧宗祠空间狭促，故族人集资在其东北约70米处建设了恢弘的新宗祠。 郑氏新宗祠位于鸡笼山南部，福德湾西部，北邻西坑公路。建筑西侧为左、右西坑溪汇合处，顺溪而上的坡地即为郑氏聚落遗址所在。宗祠前设入口广场，东西两侧设休憩敞廊，入口处布置石狮。建筑主体坐北朝南，合院形式，中轴对称，由外而内依次布置前殿、院落、正殿等。正殿面阔五开间，重檐歇山顶，内部神龛之上也为重檐屋阁形式，梁架满布龙凤、蟠桃、花鸟等图案。院落两侧有回廊，廊下石碑记录宗祠建设集资状况。由文献可知，郑氏旧宗祠规模较小，单进院落形制，供奉神龛的正殿采用钢筋混凝土结构，外墙贴白瓷砖，形式较简朴。 历史时期郑氏在矾山生产中起举足轻重的作用，宗祠为郑氏在矾山立足生根、发展壮大的标志。郑氏宗祠迟至20世纪90年代才开始建设，说明其族人对矾山归属认同的迟缓，这印证了当地早期移民社会的临时性，也说明矾山在人口不稳定状况下发展矾业的艰辛与不易。			
相关图纸				

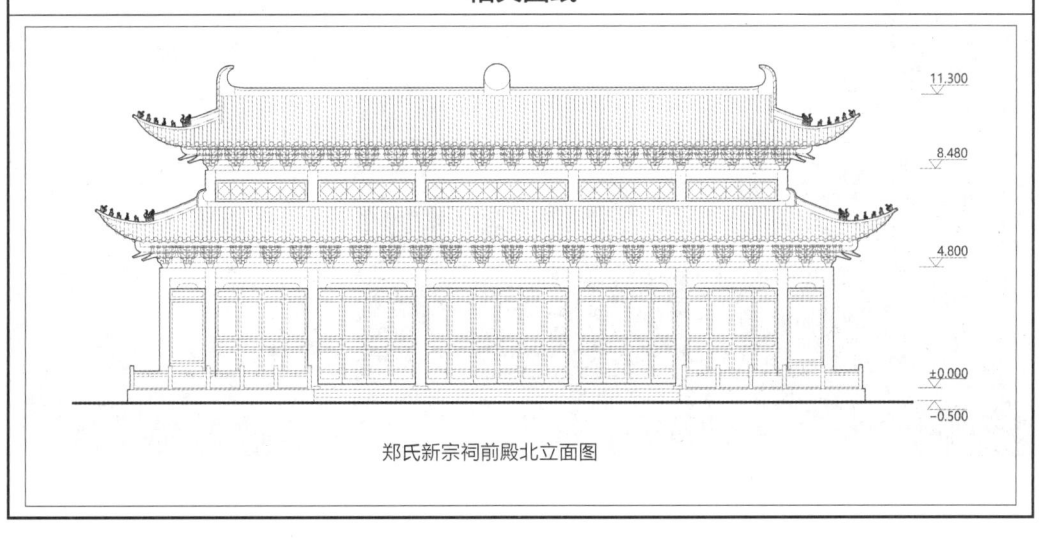

郑氏新宗祠前殿北立面图

鸡笼山矿段西坑郑氏宗祠现状

郑氏宗祠全貌与周边环境

正殿立面

正殿内部

院落空间

石雕细部

（8）鸡笼山矿段西坑郑氏毛峰岗民居

基本信息	遗址名称	鸡笼山矿段西坑郑氏毛峰岗民居		
	具体位置	温州市苍南县矾山镇福德湾西坑路36号（东经120°24′1″，北纬27°20′14″）		
	始建年代	清道光三十年（1850）	占地面积	1573平方米
	目前用途	商业旅游设施	是否文保	否
遗址描述	据郑氏族谱记载，郑氏毛峰岗民居始建于1850年，原有十四间房屋，为郑氏大房后代居住之所，2011年因火灾被毁。2013年郑氏后人在原址上重建，建成正房七间、左右厢房各四间的现代合院建筑。 郑氏毛峰岗民居遗址位于鸡笼山矿段南部，福德湾地区中部，东邻福德湾老街，门牌标示为西坑路36-50号。建筑坐北朝南，三合院形式，对称布局。正房前院落开敞，以矮墙限定，院落中部铺设甬道，延续福德湾合院住宅基本特征。正房位于低矮台基上，为砖木混合结构，面阔七开间，中间正厅规模较小，内置神龛，设前后门通达内外。正厅与两侧次间进深缩小，正房立面中部由此形成凹入空间，这与福德湾传统合院住宅平直立面的常规形式明显不同。东西厢房面阔各四间，前设檐廊与正房檐廊联通。 毛峰岗民居是郑氏在福德湾保留下来的极少数建筑遗存，它的位置在右西坑溪以东，显示矾业影响下郑氏族人越界向福德湾核心区溢出的历史轨迹。毛峰岗民居虽为新建，但它仍保留福德湾传统合院住宅布局特征，表明了此类住宅在该地区的传承发展。			

相关图纸

毛峰岗民居平面图

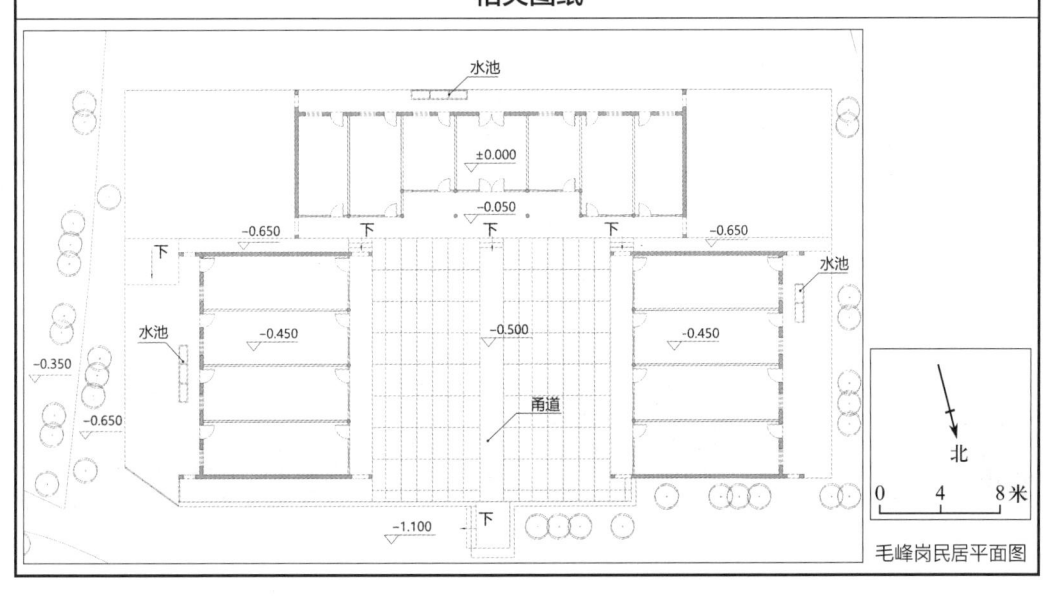

鸡笼山矿段西坑郑氏毛峰岗民居现状

郑氏毛峰岗民居全貌与周边环境

正房与院落甬道

两侧厢房

正房檐廊空间

檐廊卷棚屋顶

院落内外环境

（9）鸡笼山矿段福德湾老街商住街区

基本信息	遗址名称	鸡笼山矿段福德湾老街商住街区		
	具体位置	温州市苍南县矾山镇福德湾福德垟（东经120°24′4″，北纬27°20′17″）		
	始建年代	约明末清初	占地面积	约10014平方米
	目前用途	景观步道与商业旅游区	是否文保	否
遗址描述	福德湾老街初因山上所采矿石需向山下矾窑挑运而形成，后在矾业推动下不断向山下延伸，功能亦日益拓展，遂于清乾隆年间发展成为商住街区。 福德湾老街遗址位于鸡笼山矿段南部，属福德湾核心地带，其南通内山村，北达福德湾山脚，贯通整个山麓，全长约350米。整条老街均为石板砌筑的台阶，各路段因功能不同而宽窄不一。老街中间横亘着东西向的石板街与南山路，两者将老街大致分为原始街、岭脚街、南山路三个段区。石板街以南原始街为老街最早发端部分，其与山上原矿采区相连，两侧建筑分布较散，主要是砖木混合的传统住宅。原始街北端近年改造为商业旅游街，两侧多为传统商住混合建筑，沿街密集排列。石板街以北岭脚街两侧原为炼制区，过去矾窑密集，现区域内荒草杂生，道路两侧有多处现代住宅。南山路以北为老街最后一段，建筑以住宅为主，既有现代筋混凝土建筑，也有传统砖木混合建筑，普遍朝街道开门。 福德湾老街自形成开始就在鸡笼山扮演交通动脉角色，清代成市以后更在当地商品集散中起到关键作用，它三段不同的路段形态记录着福德湾地区"自上而下"的空间演进历程。			
相关图纸				

遗址构成
❶ 朱思勤民居
❷ 郑书良民居
❸ 王汝菊民居
❹ 白马爷宫
❺ 窑主爷宫

图例
老街沿线建筑
典型商住建筑

鸡笼山矿段福德湾老街商住街区现状

福德湾老街商往街区局部鸟瞰

岭脚街路段

南山路段

（10）鸡笼山矿段福德湾老街典型商住建筑

基本信息	遗址名称	鸡笼山矿段福德湾老街典型商住建筑		
	具体位置	温州市苍南县矾山镇福德湾180-184号（东经120°24′4″，北纬27°20′17″）		
	始建年代	约清代	占地面积	192平方米
	目前用途	商业旅游设施	是否文保	否
遗址描述	福德湾老街约在清乾隆年间逐步形成，是当时矾山主要商品集散地，故该地商住建筑历史悠久。 商住建筑遗址分布于福德湾老街沿线，属老街北侧原始路段，此地为福德湾老街三段区中商业氛围最浓厚的部分。老街商住建筑密集排列，主要为前店后宅、上店下宅模式，形式可分为砖石与砖木混合两种。建筑一般三至五间，平均开间尺度2.8米，一层临街立面敞开，内部按功能由业主自行分隔。各单体建筑一般按所处地形条件进行局部调整，相应建筑形制并不统一，由此促成街区空间的丰富多变。白马爷宫东侧商住建筑为老街典型商住建筑，其为两层四开间，北侧一间随地形前后伸出，其他三间较规整，每间均设门窗与街道连通。二层向外伸出披檐，为下部入口提供庇护，檐下摆有摊位。建筑内为木构穿斗梁架，外墙由砖石围护。 福德湾老街是矾山最早形成的生活辅助空间，商住建筑是老街生活属性最直观的表达，其自身形式及彼此排列关系体现出矾山商住街区形态的地域特质。			
相关图纸				

商住建筑遗址一层平面图

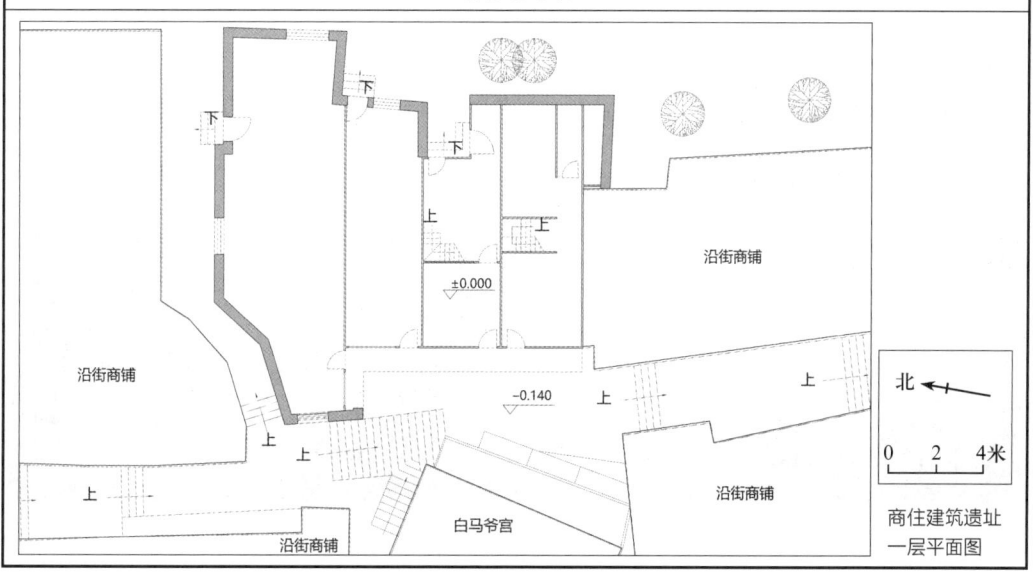

鸡笼山矿段福德湾老街典型商住建筑现状

老街沿线商住建筑之一

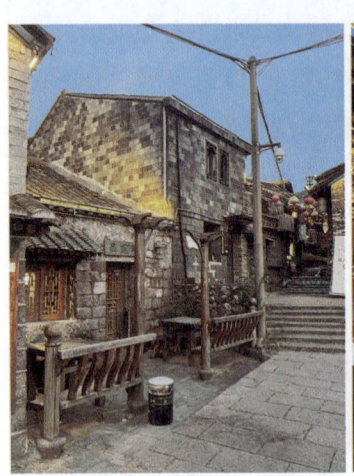

老街沿线商住建筑之二

典型商住建筑立面

（11）鸡笼山矿段福德湾老街白马爷宫

基本信息	遗址名称	鸡笼山矿段福德湾老街白马爷宫		
	具体位置	温州市苍南县矾山镇福德湾福德埭（东经120°24′4″，北纬27°20′18″）		
	始建年代	清康熙三十九年（1700）	占地面积	160平方米
	目前用途	宗教供奉场所	是否文保	否
遗址描述	1700年白马爷宫由西坑与芳田的郑、朱、孔三姓共同建造而成，1986年由郑氏族人郑益珍发起在原建筑基础上重修，2001年元月再次重修后形成今日面貌。 白马爷宫遗址位于鸡笼山中部，福德湾老街最繁华地区，四周商业店铺环绕。白马爷宫坐东朝西，单神殿形制，平面近似矩形，西北因地形限制被切去一角。内部空间简洁，梁架簇新，东墙布置神龛，中部供奉主神白马爷，两侧为配神，神龛前设功德箱、供桌等物。建筑西侧布置露台，正中摆放香炉，其与神龛内主神相对，形成建筑内部隐含的空间秩序。建筑外墙由灰砖砌筑，下设高墙裙，北墙镶有两块石碑，其中之一即为康熙二年（1663）"恩准孤贫炼矾渡食"的诏书副本，因时间久远上面字迹已不存。 白马爷宫是福德湾宗教供奉场所的代表，它由多姓合资建设，显示其在当地族群中的统合意义。白马爷宫建设时间久远，位置不曾移动，因此它完整见证了福德湾矾业盛衰的过程。墙壁石碑是矾山生产历史悠久的有力见证，已成为历代矾山人心中重要的情感依托。			

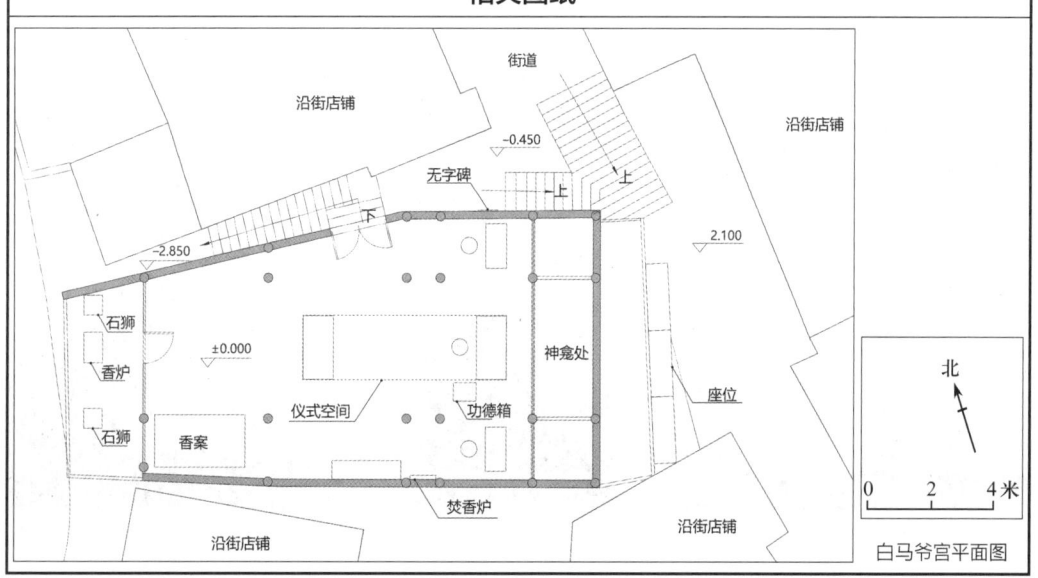

相关图纸

白马爷宫平面图

鸡笼山矿段福德湾老街白马爷宫现状

西立面 　　　　　　　　北立面 　　　　　　　　东立面

内部环境

墙壁镶嵌的石碑与阳台石雕装饰

（12）鸡笼山矿段福德湾老街窑主爷宫（石宫）

基本信息	遗址名称	鸡笼山矿段福德湾老街窑主爷宫（石宫）		
	具体位置	温州市苍南县矾山镇福德湾石板街（东经120°24′10″，北纬27°20′16″）		
	始建年代	清同治元年（1862）	占地面积	1100平方米
	目前用途	宗教供奉场所	是否文保	否
遗址描述	窑主爷宫原址位于南山坪某处石头边，故称石宫，同治年间迁于现址。宣统元年曾用于创办蕴玉私校，战争时期为矾山革命联络点，新中国成立后开办过工农夜校、职工业余学校及矾山中心小学分校等。1958年窑主爷宫毁于台风，1994年重建，2019年再次重建而成为今日面貌。 窑主爷宫遗址位于鸡笼山矿段中部，福德湾老街东，北临石板街。建筑坐东南朝西北，中轴对称布局，轴线上由北而南依次布置入口平台、大门、内院与正殿等空间。入口平台宽阔，高于周围地平，宫庙由此凸显于环境中。大门为传统样式，进入即为内院，院落正对正殿。正殿一层，三开间，进深局促，上设木藻井。正殿中间为窑主爷神位，上悬"明矾始祖"牌匾，两则为配神，东侧奉有大块明矾石。正殿两侧有厢房，其一层为开敞回廊，二层是木板围护的办公管理用房。窑主爷宫外部整体由灰砖砌筑，下设毛石墙裙。 窑祖爷是目前国内唯一此类信仰，它在矾山生产中孕育成熟，既是行业保护神也是地区保护神，与矾山有内生关联。窑主爷宫虽为新建，却是矾山这一延续数百年民间信仰的重要实证。			

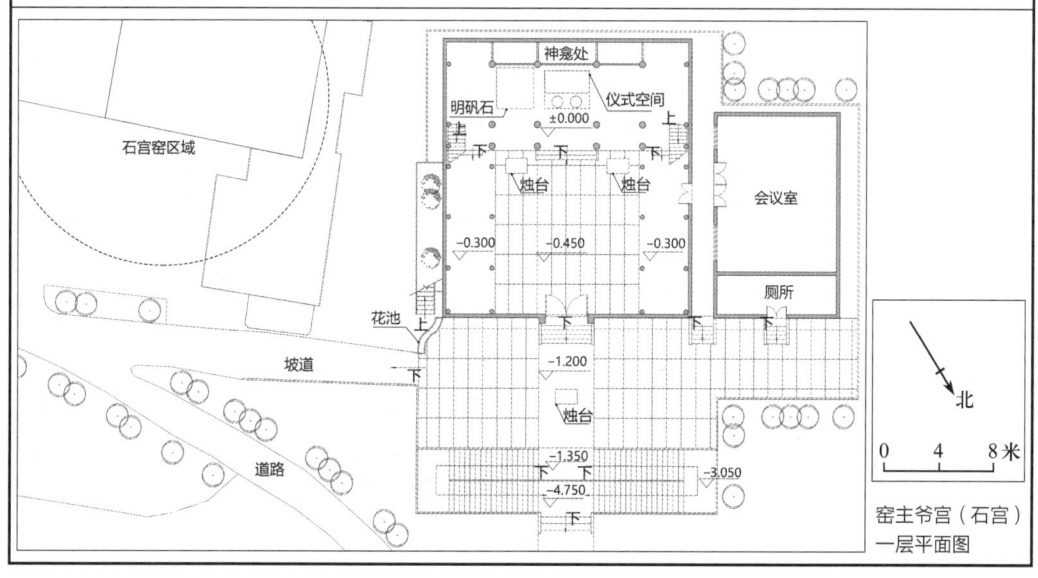

相关图纸

窑主爷宫（石宫）一层平面图

鸡笼山矿段福德湾老街窑主爷宫（石宫）现状

窑主爷宫（石宫）全貌与周边环境

北立面 　　　　　　　　　　　　　　　内部环境

空间细部

（13）鸡笼山矿段矾山街商住街区

基本信息	遗址名称	鸡笼山矿段矾山街商住街区		
	具体位置	温州市苍南县矾山镇福德湾长春街与内街（东经120°24′5″，北纬27°20′28″）		
	始建年代	约清末民国	占地面积	约14800平方米
	目前用途	现代生活街区	是否文保	否
遗址描述	矾山街在清末民国形成，由内街、长春街及亭仔巷三条街道组成，民国时达于鼎盛，街内店铺林立，并有多处行政管理机构。新中国成立初期，矾山街仍为当地政治经济中心，直到20世纪50年代才被新街所取代。 矾山街遗址位于鸡笼山矿段北部山脚平地，福德湾边缘，街区北界即为矾山溪。内街、长春街、亭仔巷三条街道呈三角合围态势，以之为中心，街区向东延伸，最终止于自山上向下汇入的溪流。街区西侧，过矾山溪与新街相连。矾山街目前已不承担商业功能，而以居住为主，内部建筑多为两层，传统店铺形式，但大部分按现代生活需求改建。目前，内街西侧南北走向一段历史痕迹丰富，街道保留原始卵石地面，沿街建筑仍以传统木构店铺为主，只是大多闲置破败。街区其他部分除建国初矾山供销社、民国南北货铺、长春街端头传统商业建筑等少量遗存外，其余多以居民自建房为主，历史痕迹不明显。 矾山街是清末民国矾山重要政治经济中心，是当地由早期矾业移民社会向中期商业移民社会转变的实证。			
相关图纸				

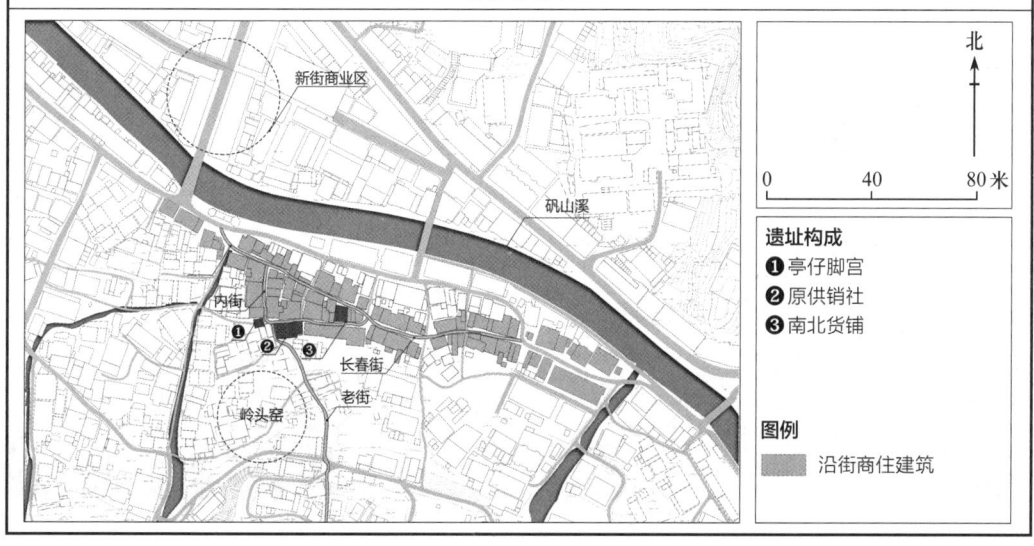

遗址构成
❶ 亭仔脚宫
❷ 原供销社
❸ 南北货铺

图例
■ 沿街商住建筑

鸡笼山矿段矾山街商住街区现状

矾山街商住街区全貌

内街景象

长春街景象

（14）鸡笼山矿段矾山街亭仔脚宫

基本信息	遗址名称	鸡笼山矿段矾山街亭仔脚宫		
	具体位置	温州市苍南县矾山镇福德湾亭仔巷1号（东经120°24′3″，北纬27°20′28″）		
	始建年代	约清末民国	占地面积	80平方米
	目前用途	宗教供奉场所	是否文保	否
遗址描述	据庙内碑志记载，自矾山有岭脚街即有亭仔脚黄衣土地，说明山脚的亭仔脚宫是与山坡的岭脚街约略同时发展。民国时期，矾山镇政府曾暂借亭仔脚宫设置粮管所，后老宫被拆除。1987年亭仔脚宫重建，2012年再次重修为现在形式。 　　亭仔脚宫遗址位于鸡笼山北部矾山街遗址内，处亭仔巷与内街交界处。亭仔脚宫为过街楼样式，底部有路贯通，供奉黄衣土地的神龛位于门洞上方正殿内，可通过北侧直跑梯通达。正殿空间较小，主体部分平面呈矩形，东侧设神龛，西侧墙面窗户略向外挑出，窗台摆放香炉，与东侧神龛相对，形成空间隐含轴线。正殿南墙有焚香炉与烛台，东南角向外伸出，再往南为管理辅助空间。虽然空间狭小，但正殿梁架与神龛装饰精美，神龛刻双龙图案，顶部八边形木藻井角部承托斗拱层层挑出，显示较高工艺水平，在烟火长期熏染下已发黑黯沉。 　　亭仔脚宫是矾山街遗址内留存的唯一宗教建筑，是矾山商住街区生活多元化的体现，碑刻显示建筑最初由多姓氏捐建而成，因此它是街区内民间社会秩序井然的佐证。			

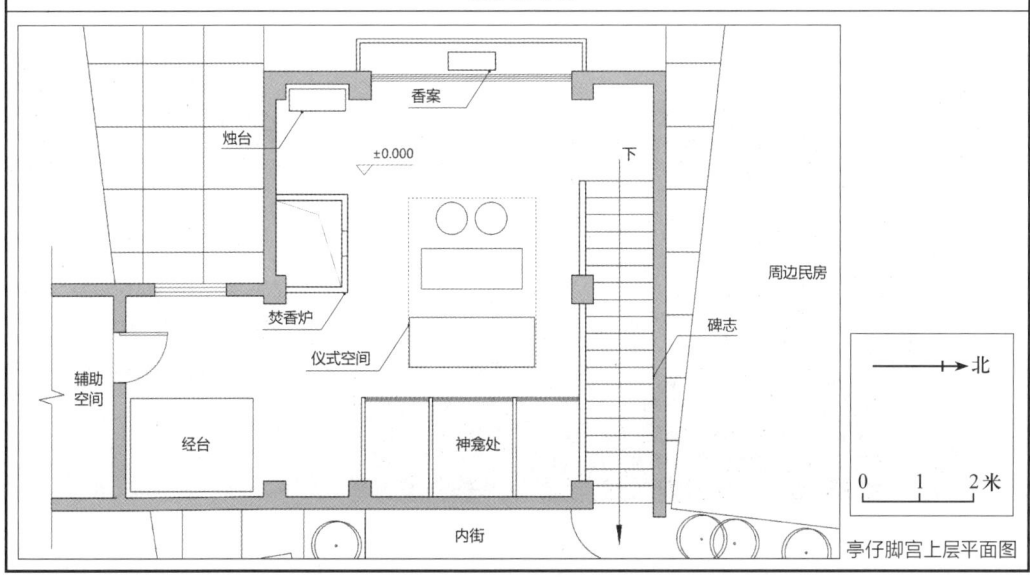

相关图纸

亭仔脚宫上层平面图

鸡笼山矿段矾山街亭仔脚宫现状

亭仔脚宫全貌与周边环境

内部环境

藻井与彩绘

（15）鸡笼山矿段下半山胡氏矾业聚落

基本信息	遗址名称	鸡笼山矿段下半山胡氏矾业聚落		
	具体位置	温州市苍南县矾山镇下半山（东经120°23′19″，北纬27°20′1″）		
	始建年代	约清代	占地面积	约18671平方米
	目前用途	胡氏文化活动中心	是否文保	否
遗址描述	胡氏在矾山始终未形成朱、郑那般的明矾大族，其族人很早开始经营他业，也陆续从原址迁出，故聚落已不存，旧址上现仅有后世族人新建的宗祠建筑群。 胡氏聚落遗址位于鸡笼山西部，矾山镇下半山，主要由胡氏宗祠与先祖坟茔组成，是一组依山而建、规模庞大的建筑组群。宗祠前设平台，平台下为厅堂空间，其正面仿中国传统城门样式。平台东侧有宽阔台阶，拾阶而上便是宗祠入口。宗祠主体为合院形式，中轴对称，但轴线不取正南北，胡氏后人称这是本地风水使然。宗祠前殿面阔七间，重檐歇山顶，之上再叠重檐攒尖，正殿屋顶为更高敞的重檐歇山顶。祠堂东为白马爷宫，面阔五间，庑殿顶，内奉白马爷等众多神祇。白马爷宫与宗祠间有石阶步道，其向东南山坡延伸可达胡氏先祖坟茔。访谈得知，该宗祠组群所在即为胡氏聚落旧址，其西北即为本族矾窑区。 胡氏迁入机制与发展轨迹反映了矾山大部分矾业移民的生存状态，作为明矾生产吸引下小族群迁入谋生的代表，胡氏聚落选址说明了历史时期矾山移民社会内部发展的不平衡性。			

相关图纸

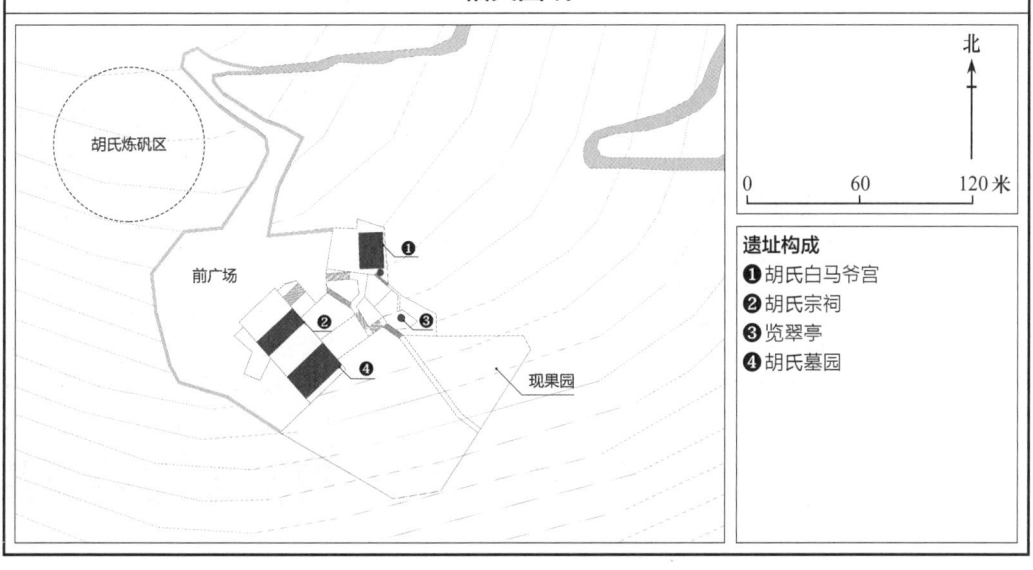

遗址构成
❶ 胡氏白马爷宫
❷ 胡氏宗祠
❸ 览翠亭
❹ 胡氏墓园

鸡笼山矿段下半山胡氏聚落现状

胡氏聚落全貌与周边环境

宗祠建筑组群与先祖坟茔

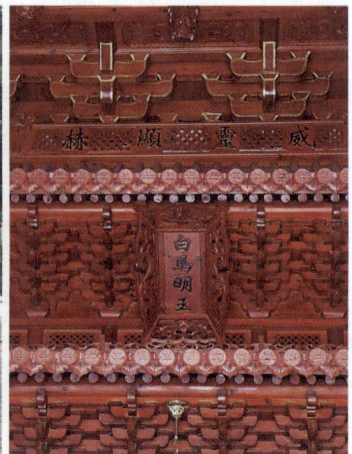

附属白马爷宫外观与内部装饰

（16）鸡笼山矿段半山窑石将军庙

基本信息	遗址名称	鸡笼山矿段半山窑石将军庙		
	具体位置	温州市苍南县矾山镇半山窑（东经120°23′41″，北纬27°20′17″）		
	始建年代	不详	占地面积	420平方米
	目前用途	宗教供奉场所	是否文保	否
遗址描述	石将军庙始建年代不详，现存建筑重建于2000年。石将军庙因供奉石将军而得名，所谓石将军是企龙堑山崖边一处岩石，早期移民曾在此以"烧火龙"方式开采矿石，后将石头神化，并设庙供奉。 　　石将军庙遗址位于鸡笼山西北，属半山窑地区，其东南即为企龙堑矿硐群。建筑临崖建设，整体架在钢筋混凝土柱支撑的多层平台上，主体一层，坐南朝北，合院形式，中轴线上依次布置门屋、内院与正殿等。门屋前设三开间门廊，中为蟠龙柱，上设斗拱梁架，全部施以彩绘。门廊顶部为歇山顶，垂脊均设走兽。门廊后为门屋，其墙面由砖石砌筑，内部正中摆有香炉，周围柱上挂有楹联。内院宽阔，原本矩形平面因西侧山势限制而变形，顶部以金属雨棚遮盖。院落南部为正殿，中部三开间，中间供奉主神石将军，两侧为配神。建筑西北侧为石将军立石，构成宫庙的一部分，可通过平台处台阶到达。 　　石将军是矾山传统矿采方式"烧火龙"的遗留，对其进行供奉是矾山因应明矾生产形成的独特信仰，因此石将军庙传递的不仅是历史时期矾山矿采活动信息，也映射出移民依托矾业孕育生活的社会特征。			

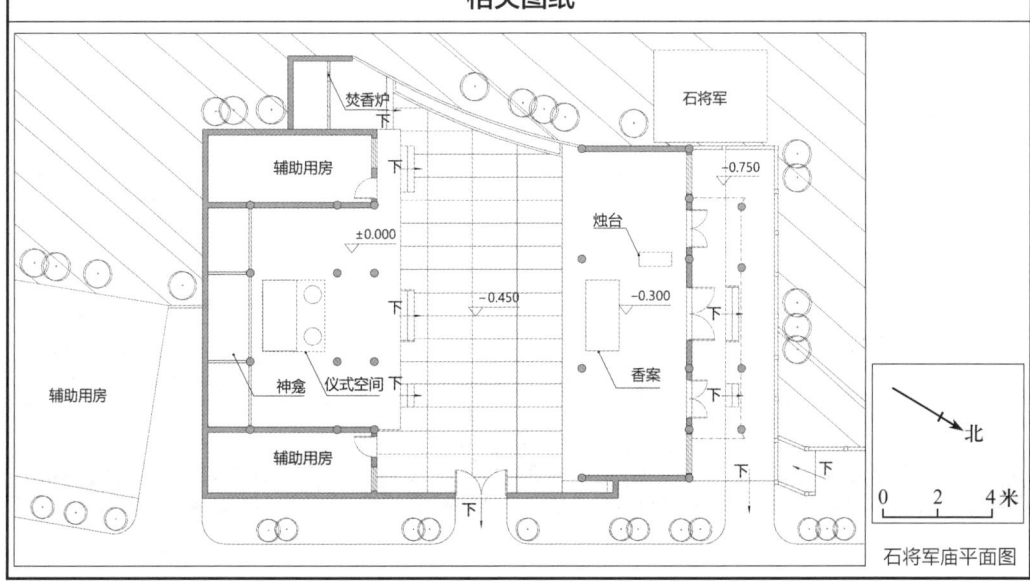

相关图纸

石将军庙平面图

鸡笼山矿段半山窑石将军庙现状

石将军庙全貌与整体环境

正殿内景

天花藻井　　　　　　　　　装饰细部

(17) 鸡笼山矿段南堡王心兰故居（王厝）

<table>
<tr><td rowspan="4">基本信息</td><td>遗址名称</td><td colspan="3">鸡笼山矿段南堡王心兰故居（王厝）</td></tr>
<tr><td>具体位置</td><td colspan="3">温州市苍南县矾山镇嘉祥村牛尾垟11号（东经120°24′39″，北纬27°20′5″）</td></tr>
<tr><td>始建年代</td><td>清光绪二十三年（1897）</td><td>占地面积</td><td>约2000平方米</td></tr>
<tr><td>目前用途</td><td>闲置民房</td><td>是否文保</td><td>苍南县文物保护单位</td></tr>
<tr><td>遗址描述</td><td colspan="4"> 牛尾垟王氏祖籍地为温州龙湾永昌堡，清乾隆中叶迁至矾山。王心兰为王氏后人，清道光二十八年（1848）生，卒于民国二年（1913），曾创办芳田窑，清光绪二十三年（1897）建设此宅，当时拟建大型合院，后因财力不继仅建成正房一座。
  王心兰故居遗址位于鸡笼山东北，今矾山镇嘉祥村，南为矾山高级中学，周围均为自建民房。王心兰故居面朝东北，面阔九开间，中为正厅，两侧房间现全部空置。建筑正面宏敞，正脊弯度大，屋面挑出深远，中部三间凹入。建筑外墙以青石垒砌，内部全为木构，梁架布满木雕装饰，尤以前檐廊为甚。檐廊梁枋以浅、深、透等法雕有"桃园三结义""刘备伐吴"等图案，柱头斗拱装饰武状元题材，梁架下立面门窗隔板也有精致木雕。正厅前为开阔前院，中部铺有甬道，四周未建界墙，王氏后人称当初正因为财力不继才未完成两厢建设。目前王心兰故居保护较好，无明显破损现象。
  王心兰故居是矾山目前唯一以大面积木雕进行装饰的民居，是研究清末矾山木雕工艺的重要样本。与此同时，该建筑与福德湾芳田窑空间关系为深入了解历史时期矾山窑主择地建房思想提供了线索。</td></tr>
<tr><td colspan="5" align="center">**相关图纸**</td></tr>
</table>

王心兰故居（王厝）平面图

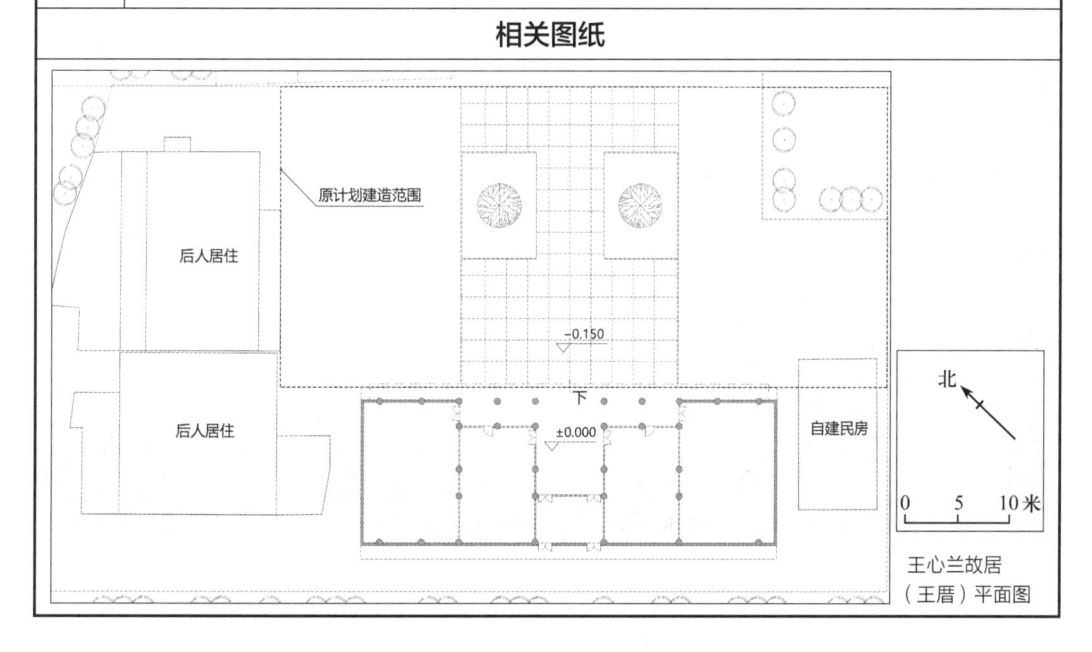

鸡笼山矿段南堡王心兰故居（王厝）现状

王心兰故居（王厝）全貌与周边环境

檐廊空间

木雕装饰细部

2. 水尾山矿段生活遗址

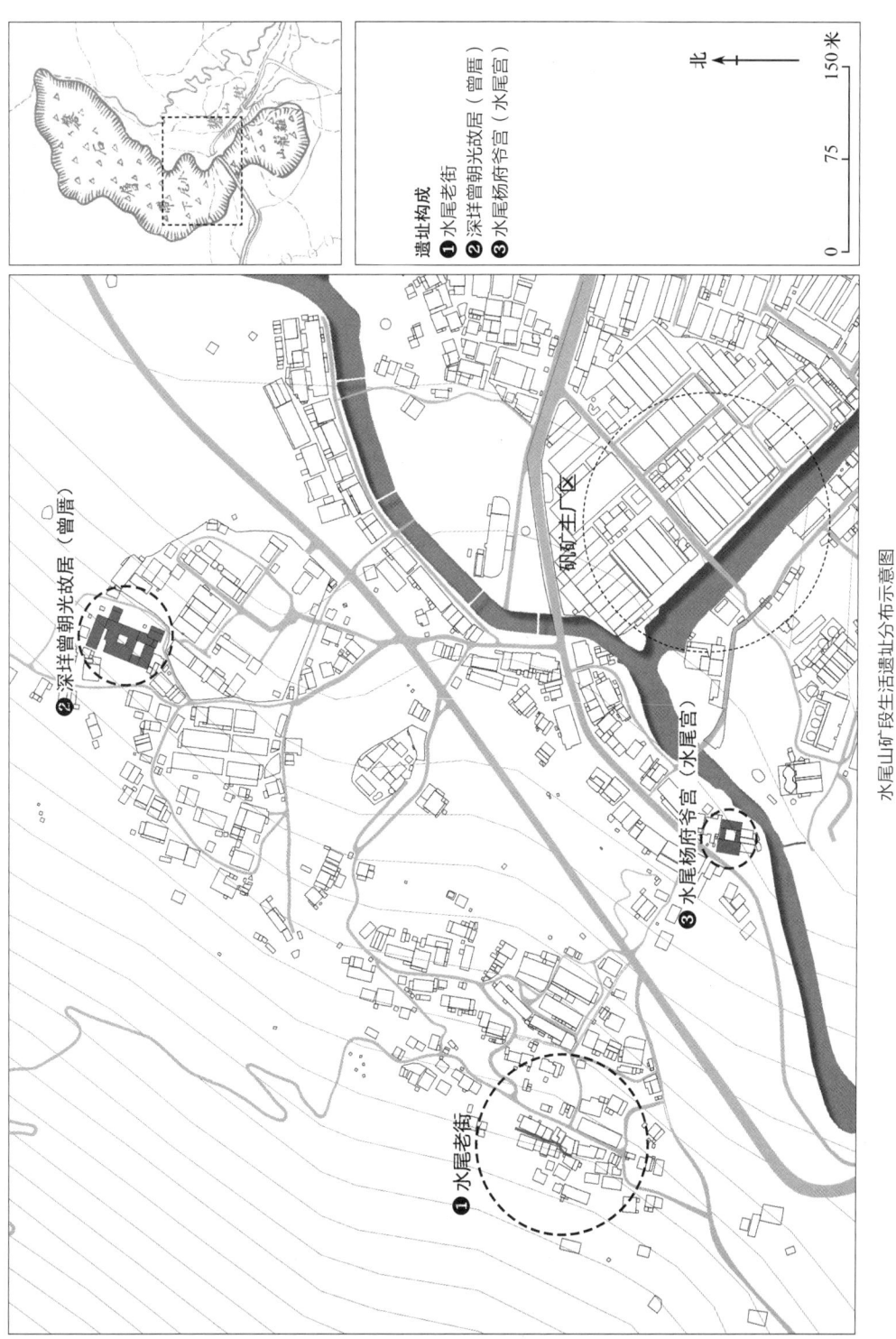

遗址构成
① 水尾老街
② 深垟曾朝光故居（曾厝）
③ 水尾杨府爷宫（水尾宫）

水尾山矿段生活遗址分布示意图

（1）水尾山矿段水尾老街商住街区

基本信息	遗址名称	水尾山矿段水尾老街商住街区		
	具体位置	温州市苍南县矾山镇水尾西山路（东经120°23′36″，北纬27°20′44″）		
	始建年代	约清代	占地面积	约2852平方米
	目前用途	现代生活街区	是否文保	否
遗址描述	水尾老街成于清代，约晚于福德湾老街，由水尾山采炼活动外溢而成。新中国成立后，老街沿侧曾建设水尾车间生产与办公管理用房，后随水尾山停采，老街日益衰败至今。 水尾老街遗址位于水尾山西南山麓，西北侧为水尾矿硐群，周围原来都是传统矾窑，这些生产设施现均已不存，旧址上或为居民自建房、或为长满杂草的空地。老街长不足百米，宽2-3米，地面用石块铺砌而成，年深日久极为光滑，局部有水泥修补痕迹。历史时期老街曾设有赌场、客栈、南北货店、水产店等各类店铺，目前仅新中国成立初期的供销社、店铺及厂区宿舍等存留。这些建筑或砖石垒砌，或传统砖木混合，形式不统一，要么改成民房，要么闲置坍塌，整体保存状况不佳。 水尾老街是水尾山明矾生产发展中自发形成的商住街区，它完整见证了水尾山生产活动的盛衰变化及古今转型。同时作为矾山传统商住街区的代表，水尾山老街与福德湾老街、矾山街共同记录着清末民国时期矾山人居环境的变化。			

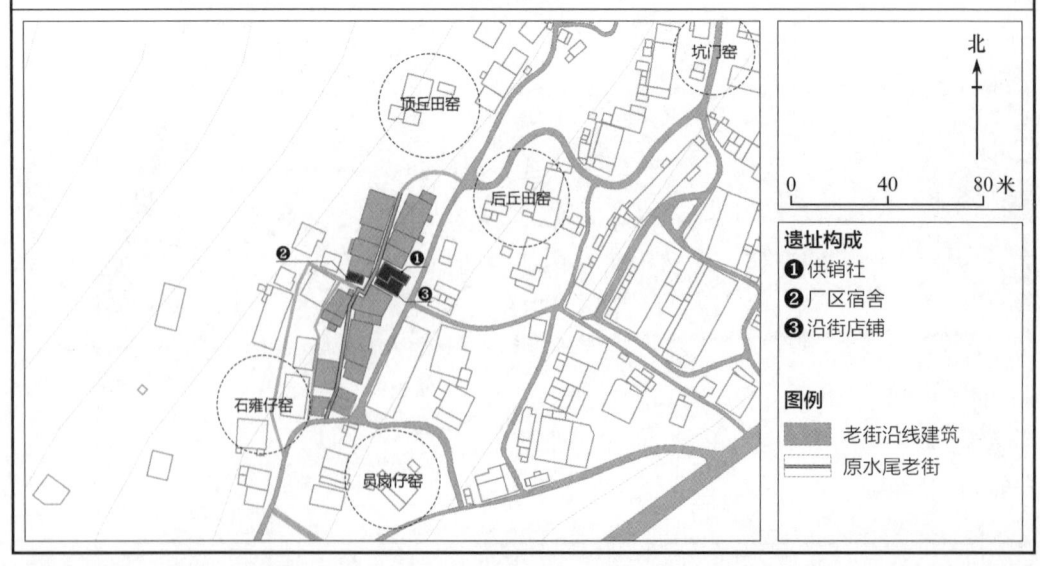

相关图纸

水尾山矿段水尾老街商住街区现状

水尾老街商住街区局部鸟瞰

街区内部环境

街区民居山墙 　　　　　　　　　　街区道路

（2）水尾山矿段深垟曾朝光故居（曾厝）

<table>
<tr><td rowspan="5">基本信息</td><td>遗址名称</td><td colspan="3">水尾山矿段深垟曾朝光故居（曾厝）</td></tr>
<tr><td>具体位置</td><td colspan="3">温州市苍南县矾山镇水尾深垟路319-29号（东经120°23′49″，北纬27°20′59″）</td></tr>
<tr><td>始建年代</td><td>约清康熙年间</td><td>占地面积</td><td>2380平方米</td></tr>
<tr><td>目前用途</td><td>在住民房</td><td>是否文保</td><td>苍南县文物保护单位</td></tr>
</table>

遗址描述

曾朝光于清康熙年间由南堡迁至深垟，后曾氏一族在水尾采炼发展，逐渐成为当地有影响的家族，经营矾业发迹后曾朝光在深垟建设此宅。

曾朝光故居遗址位于水尾山东南，今矾山镇深垟村，背靠水尾山，北临农田，东侧道路原为矾藻线构成。建筑坐西北朝东南，主体为两进两跨合院，由前院、前厅、天井、正房、左右厢房及护厝等空间组成。前院尺度横长，有毛石围墙环绕，中部铺有甬道，现院落长满杂草，也有住户种植的蔬菜。前厅位于低矮台基上，面阔九间，过前厅为内天井，其正对面为正房，后者面阔也为九开间。正房中轴线上布置正厅，为全宅空间核心，其中间板壁悬挂有曾氏先祖画像。正厅前天井两侧为两厢，厢房外围有护厝，南侧护厝保存完整，北侧护厝改造较多，部分倒塌。前厅、正房、天井之间设廊道，各处房屋由此被连成整体。目前曾朝光故居由多户杂居，改建较多，保护状况一般。

曾朝光故居是矾山现存规模最大的传统合院住宅，其超大体量印证着曾氏族群曾经的繁荣，作为该族群在矾山留存不多的物质实证，它记录了曾氏在矾山奋斗的过往，也佐证了水尾山传统矾业的兴盛。

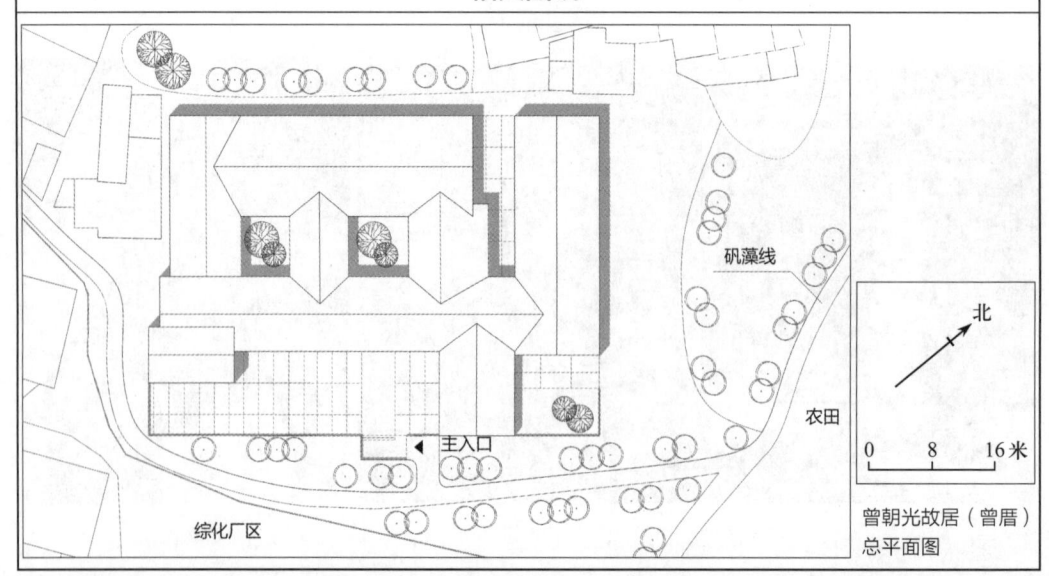

相关图纸

曾朝光故居（曾厝）总平面图

水尾山矿段深垟曾朝光故居（曾厝）现状

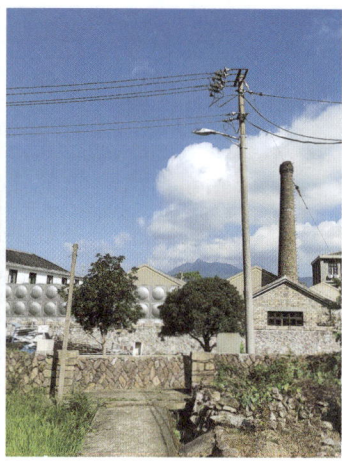

曾朝光故居（曾厝）全貌与周边环境

前院环境 　　　　　　　　　　　　　　　门屋与内院

正厅环境 　　　　　　　檐廊空间 　　　　　地面石砌细部

（3）水尾山矿段水尾杨府爷宫（水尾宫）

基本信息	遗址名称	水尾山矿段水尾杨府爷宫（水尾宫）		
	具体位置	温州市苍南县矾山镇水尾繁荣路南（东经120°23′42″，北纬27°20′40″）		
	始建年代	清乾隆二年（1737）	占地面积	990平方米
	目前用途	宗教供奉场所	是否文保	否
遗址描述	水尾杨府爷宫始建于清乾隆二年（1737），重建于清光绪二年（1876），1912年作为观澜小学校舍，抗日战争时期作过革命活动场所与物资后备仓库，2010年左右整体重建。 水尾杨府爷宫遗址位于水尾山南部，今矾山镇繁荣路西南，水尾桥西侧，处矾山溪与水尾溪交汇处西面的溪滩上，东南即为矾矿主厂区的煅烧区，两者隔矾山溪相望。建筑坐西北朝东南，中轴对称布局，轴线上依次布置前殿、天井与正殿等。前殿立面以红色瓷砖贴面，中部开门，上覆坡屋顶，不再是传统宫庙立面形式。天井顶部以金属棚遮盖，两侧对称布置回廊，其底层堆放杂物，上层为封闭空间。正殿面阔五开间，西墙有玻璃神龛，中间供奉主神杨府爷，整体为钢筋混凝土框架结构，前檐柱上有仿木斗拱。杨府爷宫南侧有附属孔庙，三开间，无厢房，两者有内走道连通。 水尾杨府爷宫是水尾山矾业人群生产生活的物质实证，在该矿段矾业遗存稀缺的当下有重要保存价值。另外杨府爷宫作为革命活动场曾见证矾山人为抗争压迫所做的努力，因此革命价值亦十分显著。			

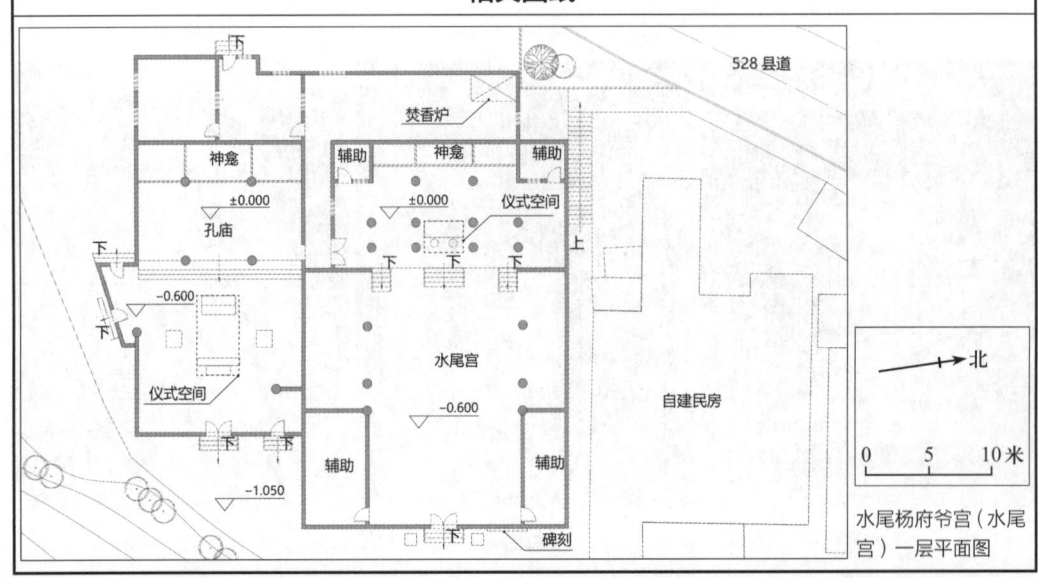

相关图纸

水尾杨府爷宫（水尾宫）一层平面图

水尾山矿段杨府爷宫（水尾宫）现状

杨府爷宫（水尾宫）全貌与周边环境

正殿环境

与孔庙交接处 　　　管理空间 　　　外部立碑

3. 平阳矾矿生活遗址

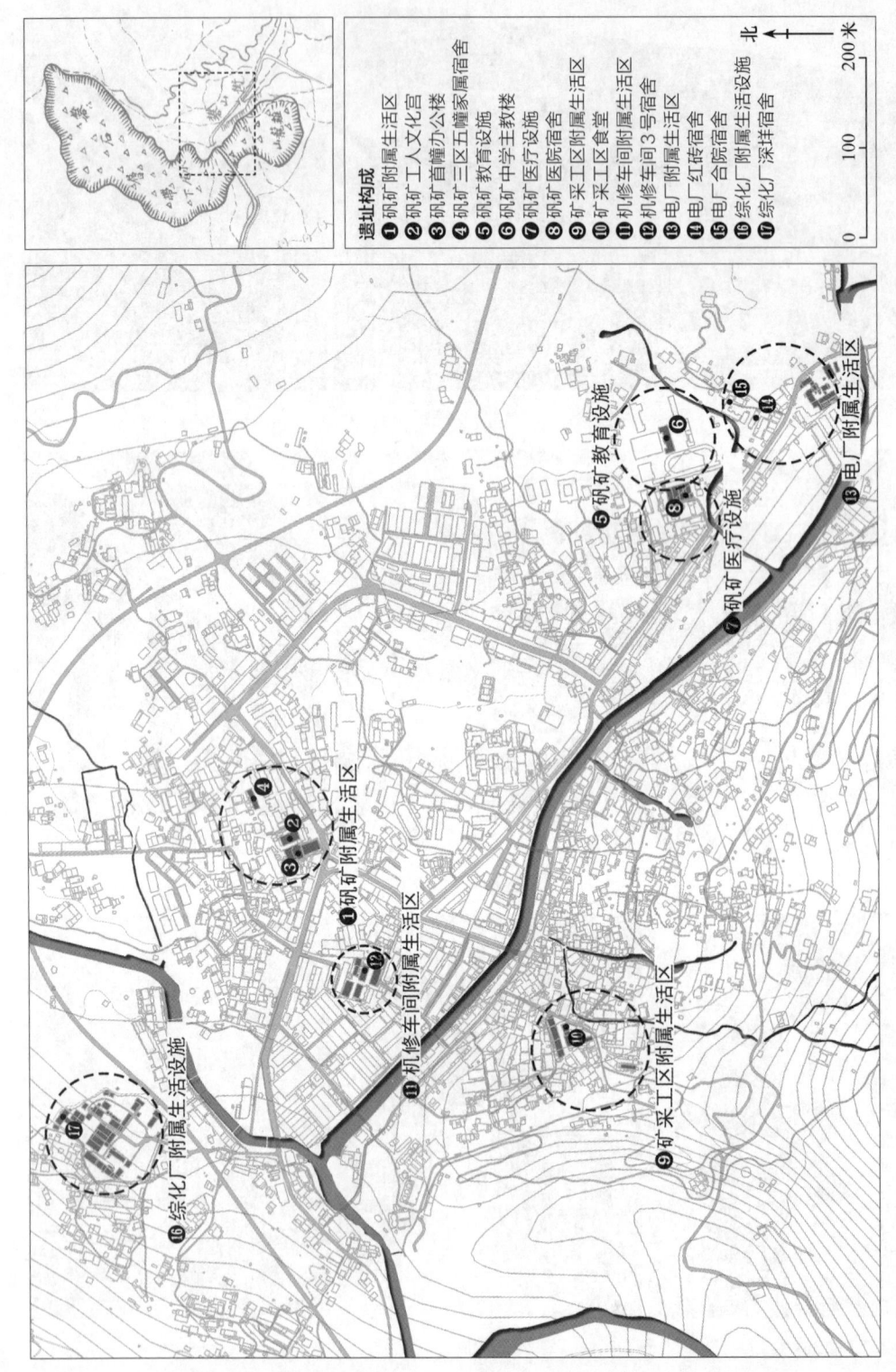

遗址构成：① 矾矿附属生活区 ② 矾矿工人文化宫 ③ 矾矿首幢办公楼 ④ 矾矿三区五幢家属宿舍 ⑤ 矾矿教育设施 ⑥ 矾矿中学主教楼 ⑦ 矾矿医疗设施 ⑧ 矾矿医院宿舍 ⑨ 矿采工区附属生活区 ⑩ 矿采工区附属食堂 ⑪ 机修车间附属生活区 ⑫ 机修车间附属3号宿舍 ⑬ 电厂附属宿舍 ⑭ 电厂红砖宿舍 ⑮ 电厂合院宿舍 ⑯ 综化厂附属生活设施 ⑰ 综化厂深洋宿舍

平阳矾矿生活遗址分布示意图

（1）平阳矾矿矾矿附属生活区

基本信息	遗址名称	平阳矾矿矾矿附属生活区		
	具体位置	温州市苍南县矾山镇八一路与文昌路等（东经120°24′39″，北纬27°20′5″）		
	始建年代	20世纪50-60年代	占地面积	约24000平方米
	目前用途	部分延续原功能、部分改建。	是否文保	否
遗址描述	1956年矾山完成明矾全行业合营，成立统一的平阳矾矿（温州矾矿前身）现代企业，并以之为基础展开配套生活设施规划建设，为后来矾山镇空间发展奠定基础。 矾矿附属生活区遗址主要分布在矾山溪北侧平地一带，其南为鸡笼山，西为水尾山，与两处传统明矾产区遥相呼应，展现了当地古今空间延续发展的轨迹。就具体范围看，该区域大致以新街为西界、矾山溪为南界，高岚山为北界。新街以西为矾矿主厂区所在，生活区与之隔街分设，呈现矾矿成立初期生活配套与生产空间相分离的规划建设思路。初期生活区核心为矿部，即今温州矾矿发展集团办公楼所在，在其周围相对集中分布着各文化办公、教育教学、卫生医疗、居住宿舍等设施，目前这些设施有些仍在沿用，有些空置或挪作他用，夹杂在今日更新扩容的镇域中，作为生产初期配套的特质日益模糊。 附属生活区是矾矿企业不可或缺的组成，是矾山生产由私营手工转为国有机械的重要标志，它的组成既体现建国初大型企业生活配套的共性，也蕴含明矾生产的特殊需求。			

相关图纸

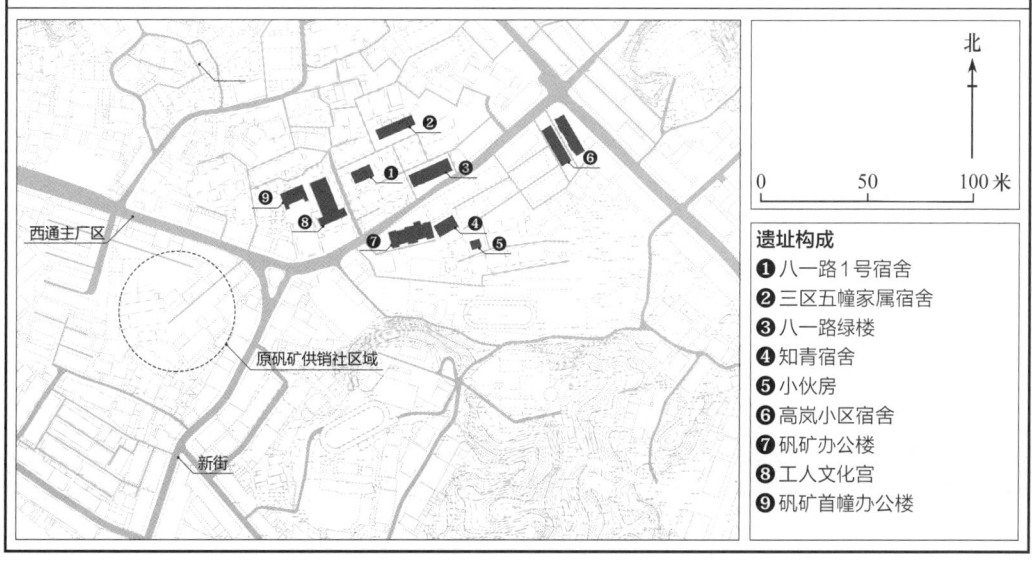

遗址构成
❶ 八一路1号宿舍
❷ 三区五幢家属宿舍
❸ 八一路绿楼
❹ 知青宿舍
❺ 小伙房
❻ 高岚小区宿舍
❼ 矾矿办公楼
❽ 工人文化宫
❾ 矾矿首幢办公楼

平阳矾矿矾矿附属生活区现状

矾矿附属生活区全貌

生活区群楼

生活区街道

生活区内各宿舍建筑

（2）平阳矾矿矾矿工人文化宫

<table>
<tr><td rowspan="4">基本
信息</td><td>遗址名称</td><td colspan="3">平阳矾矿矾矿工人文化宫</td></tr>
<tr><td>具体位置</td><td colspan="3">温州市苍南县矾山镇八一路1号（东经120°24′9″，北纬27°20′44″）</td></tr>
<tr><td>始建年代</td><td>1956年</td><td>占地面积</td><td>2540平方米</td></tr>
<tr><td>目前用途</td><td>温州矾矿发展集团活动场所</td><td>是否文保</td><td>否</td></tr>
<tr><td>遗址
描述</td><td colspan="4">　　矾矿工人文化宫始建于1956年，1989年进行大规模扩建，当时是矾矿文化活动中心及周边乡村的文化娱乐中心。
　　工人文化宫原位于矾矿附属生活区的核心地带，其遗址位于今矾山镇八一路入口，西为矾矿博物馆，南临八一路，与马路对面近年新建的矾都广场相呼应。建筑坐北朝南，由南侧五层主体建筑与北侧单层大礼堂两部分组成。主体建筑为外廊形式，面阔八间，除西侧第一开间为通道外，各楼层其余开间均为活动房间，东侧外挂双跑楼梯。外廊以栏板维护，二层栏板中部有"工人文化宫"标识。主体建筑北侧为观众厅，其上覆双坡顶，内部采用钢木屋架，设舞台与观众席。目前主体建筑一层东侧房间为温州矾矿发展集团附属食堂，上层少量房间为集团办公会议场所，其他大部分房间处闲置状态，建筑前空地是现矾山镇重要的公共活动场所。
　　工人文化宫建设与矾矿成立同步，是矾山留存不多的建矿初期公共建筑代表，它过去满足企业工人文娱活动，现在支撑矾山人日常公共生活，作为矾山民众数十年生活核心场所寄托着当地人深厚的情感。</td></tr>
<tr><td colspan="5" align="center">**相关图纸**</td></tr>
</table>

矾矿工人文化宫南立面图

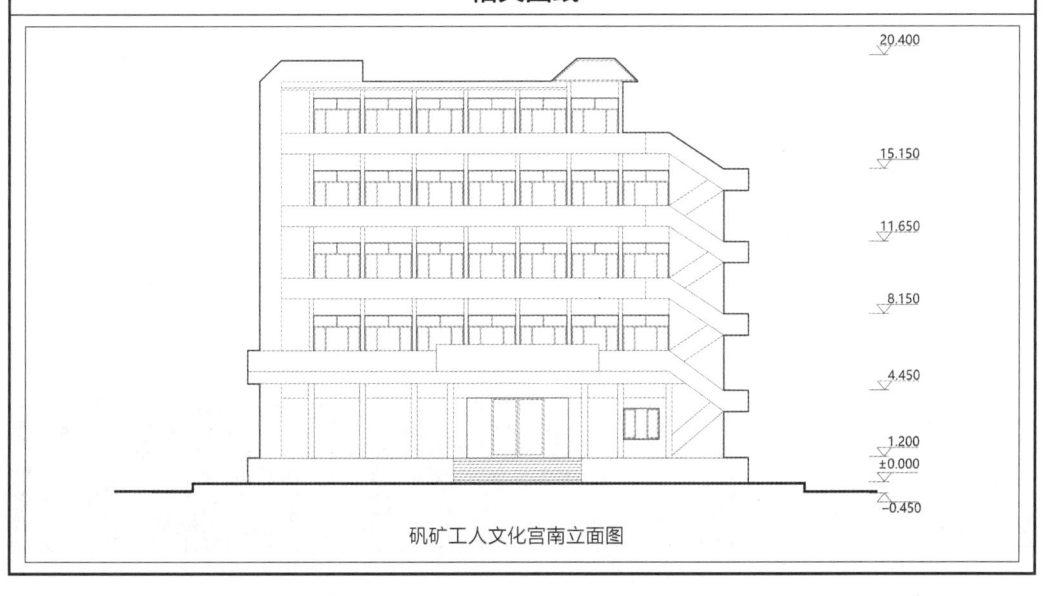

平阳矾矿矾矿工人文化宫现状

矾矿工人文化宫外观

大礼堂周边环境 　　　　　　　　主入口

南立面外廊 　　　　　　　　大礼堂室内

（3）平阳矾矿矾矿首幢办公楼

<table>
<tr><td rowspan="4">基本信息</td><td>遗址名称</td><td colspan="3">平阳矾矿矾矿首幢办公楼</td></tr>
<tr><td>具体位置</td><td colspan="3">温州市苍南县矾山镇八一路38号（东经120°24′39″，北纬27°20′5″）</td></tr>
<tr><td>始建年代</td><td>1956年</td><td>占地面积</td><td>390平方米</td></tr>
<tr><td>目前用途</td><td>矾矿博物馆</td><td>是否文保</td><td>否</td></tr>
<tr><td>遗址描述</td><td colspan="4">
据企业档案记载，平阳矾矿矾矿首幢办公楼是矾矿成立初期主要办公场所，后挪作他用，曾用作民房、厂房、宿舍及幼儿园等，目前该建筑主要作为博物馆展示矾矿及矾山明矾生产概况。

首幢办公楼原位于矾矿附属生活区的核心地带，高岚山北侧，今矾山镇八一路入口，东为工人文化宫大礼堂，南为灯光篮球场，西北两侧均为现代居民区。建筑坐北朝南，两层，前有宽阔院落。初建时平面采用对称布局，北侧七开间，中部设楼梯，两侧对称布置办公用房与化验室，南侧仅在东西两端布置房间，由此形成局部外廊式平面。后按照功能需要，南侧房间改为独立楼梯间，中部原楼梯位置改为功能房间，由此形成今日博物馆的平面布局。目前，建筑一层中部为接待室，西侧以展示空间为主，东侧为会议室与阅览室，二层按展示功能改造。建筑立面由灰砖砌筑，东西两端楼梯间与中部五开间构成三段式布局。

首幢办公楼几乎与矾矿同龄，它见证了企业初建时的欣欣向荣，数十年来的屡次功能调整也使它成为矾矿因应时代需求进行自身变革的记录者。
</td></tr>
</table>

相关图纸

首幢办公楼一层平面图

平阳矾矿矾矿首幢办公楼现状

矾矿首幢办公楼全貌

北立面

东立面与楼梯间入口

室内展陈环境

（4）平阳矾矿矾矿三区五幢家属宿舍

基本信息	遗址名称	平阳矾矿矾矿三区五幢家属宿舍		
	具体位置	温州市苍南县矾山镇八一路37号（东经120°24′11″，北纬27°20′47″）		
	始建年代	1964年	占地面积	472平方米
	目前用途	在住民房	是否文保	否
遗址描述	平阳矾矿矾矿三区五幢家属宿舍始建于1964年，后进行层数加建，现当地人普遍称其为红砖楼。 三区五幢家属宿舍原位于矾矿附属生活区的核心地带，现位于八一路北侧，西南为通业宾馆（原矾矿招待所）。建筑南北向，原为三层，现加建至四层，单元模式，三个单元并联，每个单元均为一梯三户，三个户型分别为一居、两居与四居，满足不同人口家庭的使用，其中两居与四居均有独立卫生间。目前建筑内部空间格局基本完整，木质入户门与楼梯栏杆仍维持原貌。档案显示，建筑南立面楼梯间原以镂空花窗围护，两侧居室以阳台进行立面分隔，但现在许多阳台都用铝合金窗进行封堵。四层在南侧延续原来立面形式，但东西山墙则呈现明显加建痕迹。 三区五幢家属宿舍是矾矿成立初期重要生活配套，是20世纪60年代企业建设中单身宿舍向家属宿舍转变的代表，它的户型组合反映了当时矾矿工人家庭构成的多样化。			

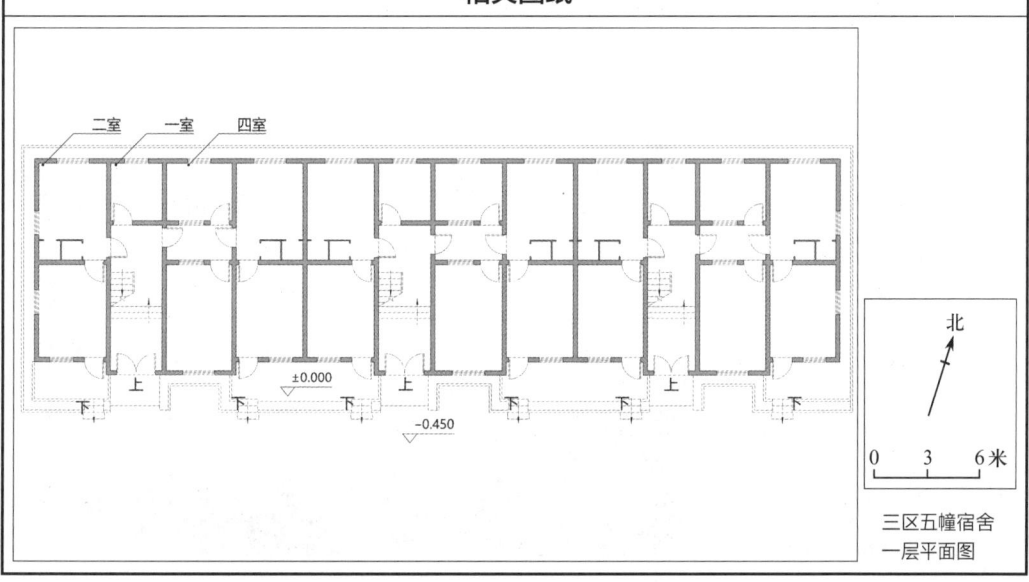

相关图纸

三区五幢宿舍一层平面图

平阳矾矿矾矿三区五幢家属宿舍现状

三区五幢家属宿舍周边环境

东南面

西南面及东北面

楼内环境

楼梯间木窗

（5）平阳矾矿矾矿教育设施

基本信息	遗址名称	平阳矾矿矾矿教育设施		
	具体位置	温州市苍南县矾山镇八一路及文昌路（东经120°24′39″，北纬27°20′5″）		
	始建年代	1950年	占地面积	约50056平方米
	目前用途	矾矿一小与矾矿中学教学场所	是否文保	否
遗址描述	1952年春，更名为矾山一小的韫山小学由内街迁至高岚山，成为矾山最早设立的现代教育设施。1955年矾山中学创办，1977年于工会所旧址创办矾山二小。矾山一小及矾矿中学创办时间早于矾矿成立，因它们在企业职工生活中扮演重要角色而将其归入矾矿教育设施。 　　矾矿教育设施遗址主要由矾山一小、二小及矾山中学等组成，它们分布于原矿矿附属生活区北侧与东南侧，今矾山镇八一路与文昌路附近，其中矾山一小与二小倚高岚山建设。1950年矾山一小建成，其校园规模多达百间。1955年矾矿中学创办，档案显示校园初以中轴对称布局，教学楼前有半圆形放射状草坪，受苏联布局风格影响。矾矿后期创办的教育设施均具临时性，如矾山技工学校曾以矿部首幢办公楼为校舍、矾矿工人子弟学校曾以后来机修车间附属生活区为校舍等。目前，矾矿这些早期教育设施要么经过改造，要么已取消。 　　教育设施是矾山出现最早的现代公共设施，对启发民众智识、改善当地教育落后状态有里程碑意义，新中国成立后各教育设施继续发挥作用，对矾矿职工子女教育及职工文化提升作用显著。			

相关图纸

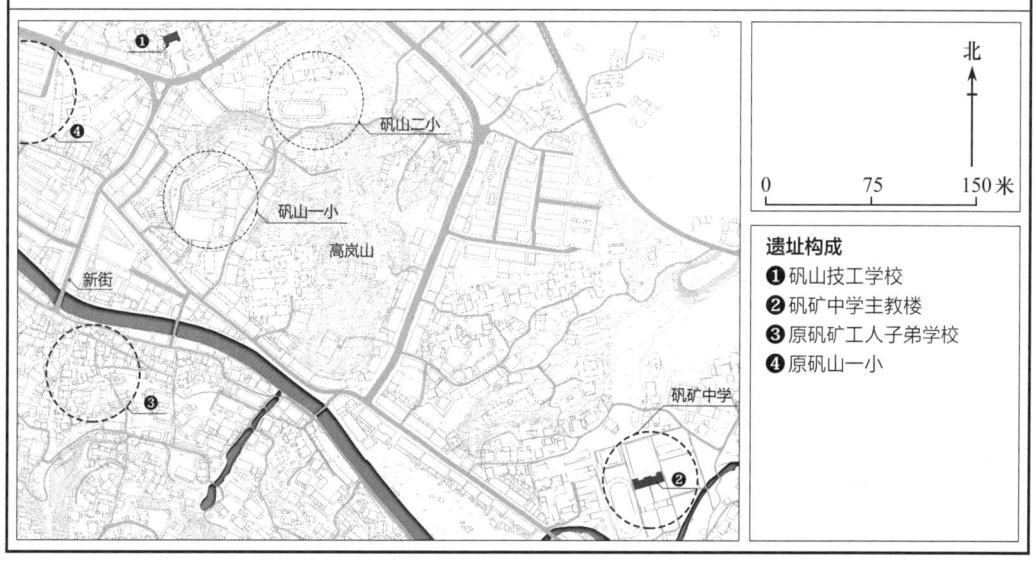

遗址构成
❶ 矾山技工学校
❷ 矾矿中学主教楼
❸ 原矾矿工人子弟学校
❹ 原矾山一小

平阳矾矿矾矿教育设施现状

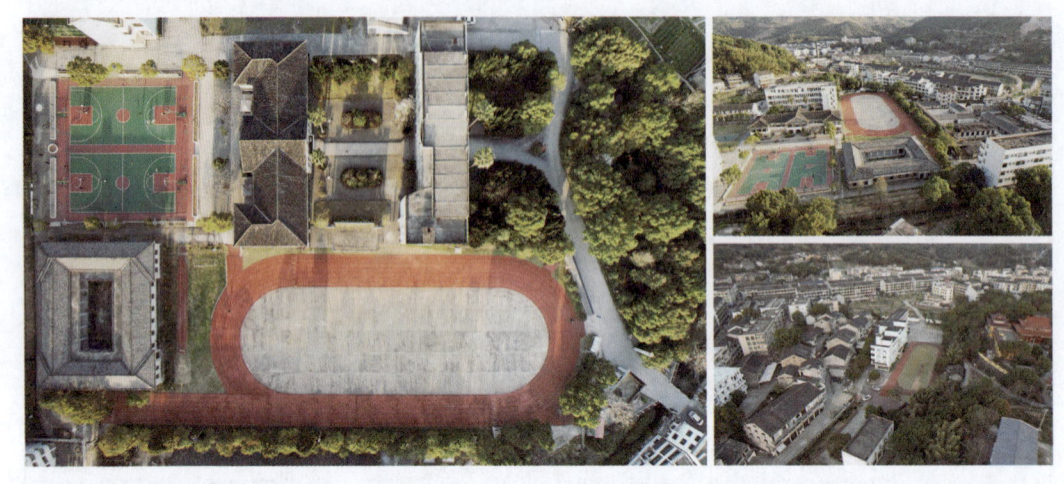

矾矿中学全貌

矾山二小全貌

矾山一小全貌

（6）平阳矾矿矾矿中学主教楼

基本信息	遗址名称	平阳矾矿矾矿中学主教楼		
	具体位置	温州市苍南县矾山镇文昌路515号（东经120°24′9″，北纬27°20′44″）		
	始建年代	1955年	占地面积	715平方米
	目前用途	矾矿一中教学办公场所	是否文保	否
遗址描述	矾矿中学创办于1955年，又称矾矿职工子弟学校，后更名为平阳县第一初级中学，1980-1989年曾进行持续扩建。主教楼是矾矿中学初建时的代表建筑，今天亦是学校主要教学办公场所。 矾矿中学原位于矾矿附属生活区东南，现遗址位于今矾山镇文昌路东端，南邻电厂生活区。主教楼位于校园内，正对校园北入口，坐南朝北，两层，中轴对称，中为入口，两侧现布置教学管理用房与楼梯间。室内原铺木楼板，现走廊部分改为水磨石地面。建筑立面受苏联风格影响采用三段式布局：中部突出，其底层为主入口，上层实墙面开窗，顶部为西式三角山花，中有五角星形图案；两侧对称设计，下为块石墙基，上部青砖墙面开窗，檐口设横长线脚进行墙面与屋顶过渡，屋面铺小青瓦。目前，建筑整体保存较好。 矾矿中学是新中国成立后矾山创办的第一所中学，主教楼是矾矿中学核心建筑，也是校园内为数不多的早期遗存，它见证了矾矿中学的发展，特征鲜明的立面是新中国成立初期矾山公共建筑设计取向的重要例证。			

相关图纸

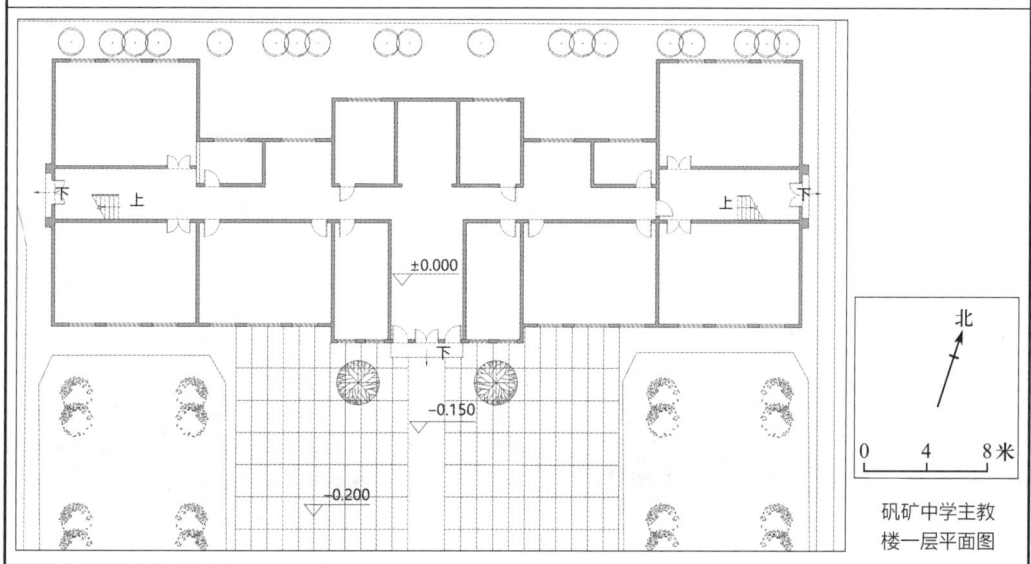

矾矿中学主教楼一层平面图

平阳矾矿矾矿中学主教楼现状

主教楼全貌与周边环境

南立面

北立面

入口门厅

二层走廊

（7）平阳矾矿矾矿医疗设施

基本信息	遗址名称	平阳矾矿矾矿医疗设施		
	具体位置	温州市苍南县矾山镇文昌路（东经120°24′15″，北纬27°20′31″）		
	始建年代	约20世纪50年代	占地面积	约13914平方米
	目前用途	现代医疗设施	是否文保	否
遗址描述	1949年矾山已成立矿工医疗所，1950年医疗所迁至后来矾矿主厂区东侧，并更名为矾矿工人保健院。1963年起矾矿工人保健院陆续迁往高岚山现址，20世纪60年代更名为矾矿医院，同时分设矾矿疗养院。 矾山医疗卫生设施遗址主要由工人保健院局部、高岚山矾矿医院等组成。工人保健院旧址原位于新街以西主厂区东侧，即矾矿机修车间附属生活区现址，目前保健院建筑大部分被拆除改建，仅留一座太平间闲置。矾矿医院原位于矾矿附属生活区东南，高岚山南侧，今矾山镇文昌路东端。1991年医院由全民所有制企业职工医院跃升为对外开放的县一级医院，成为集门诊、病房、行政、职工生活为一体的综合性专门区域。目前院区基本维持这一格局，但多数建筑为新建。矾矿疗养院原位于矾山溪以南白岩村，后因离镇域较远而停办，1990年疗养院所有设备重新纳入矾矿医院，原址建筑被拆除。 明矾生产伴随污染性气体与粉尘产生，导致矽肺病等职业病高发，医疗卫生设施因而成为矾矿重要生活配套。20世纪60年代矾矿医院经历漫长迁建过程，反映了矾矿建设从早期随意到后来理性的转变。此外，矾矿医院同时服务矾山周边，因此在外围区域民众心中有极高认同度。			

相关图纸

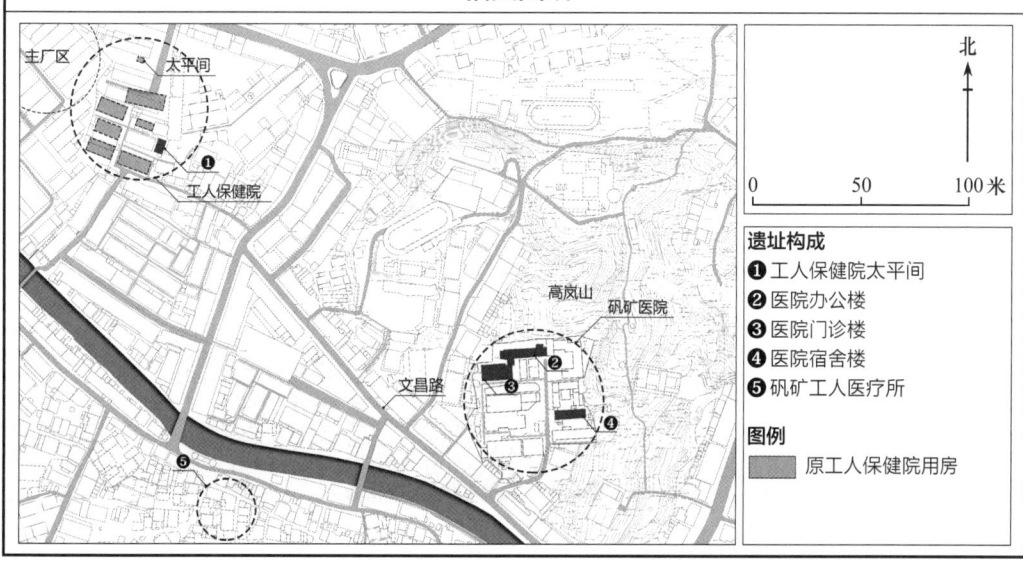

遗址构成
❶ 工人保健院太平间
❷ 医院办公楼
❸ 医院门诊楼
❹ 医院宿舍楼
❺ 矾矿工人医疗所

图例
■ 原工人保健院用房

328　浙江矾山　明矾工业遗址调查研究报告

平阳矾矿矿矿医疗设施现状

矾矿医院全貌与周边环境

医院现主入口　　　　　　　　　　　门诊大楼

原工人保健院旧址　　　　　　　　　原工人保健院附属建筑

（8）平阳矾矿矾矿医院宿舍

基本信息	遗址名称	平阳矾矿矾矿医院宿舍		
	具体位置	温州市苍南县矾山镇文昌路171号（东经120°24′15″，北纬27°20′31″）		
	始建年代	1963年	占地面积	265平方米
	目前用途	在住民房	是否文保	否
遗址描述	据企业档案显示，矾矿医院附属宿舍于1963年进行设计，属医院扩建部分，后改为集体宿舍，因用红砖砌筑，故档案同时将其标注为"红砖宿舍"。 　　医院宿舍遗址位于矾矿医院内，诊疗区东南侧。建筑坐北朝南，两层外廊形式，平面九开间，中轴对称布局，楼梯居中，两侧各三间均为单间，端部为套间，满足不同住户需求。建筑立面采用红砖砌筑，立面构图与平面布局对应，即中间七间统一设外廊，以独立混凝土柱支撑，二层外廊有精致木栏杆。建筑两端以实墙收尾，墙下为毛石墙裙，墙身用砖砌筑，上下开窗，檐口与墙身交接处有线脚过渡。目前红砖宿舍室内与立面保存均较完整，但建筑整体较陈旧。 　　医院宿舍是矾矿医院重要组成，见证了矾山医疗设施从初生到规模化发展的完整历程。同时红砖宿舍也是矾矿早期宿舍建筑的代表，它的形制反映了矾矿当时对居住建筑在空间布局、立面审美等方面的设计思考与选择。			
相关图纸				

矾矿医院宿舍一层平面图

平阳矾矿矾矿医院宿舍遗址现状

矾矿医院宿舍全貌与周边环境

北立面 　　　　　　　　　　　　　　　　　　外廊空间

窗户细部 　　　　　　楼梯构造 　　　　　　踏步石柱

（9）平阳矾矿矿采工区附属生活区

<table>
<tr><td rowspan="4">基本信息</td><td>遗址名称</td><td colspan="3">平阳矾矿矿采工区附属生活区</td></tr>
<tr><td>具体位置</td><td colspan="3">温州市苍南县矾山镇南垟路（东经120°23′56″，北纬27°20′28″）</td></tr>
<tr><td>始建年代</td><td>约20世纪80年代</td><td>占地面积</td><td>约3736平方米</td></tr>
<tr><td>目前用途</td><td>部分闲置、部分为在住民房</td><td>是否文保</td><td>否</td></tr>
<tr><td>遗址描述</td><td colspan="4">
新中国成立初期，矾矿在鸡笼山分别以312与400两个平硐（即南洋平硐与西坑平硐）为核心布置矿采开掘系统，矿采工区附属生活区即是为上述开采生产的工人提供生活服务。

矿采工区附属生活区遗址位于鸡笼山西北，今矾山镇南垟路，西南为312矿采工区遗址，东邻西坑溪，由两座办公楼、一座食堂、三座宿舍组成，分三组由南而北呈行列式布局。最南侧为2号办公楼，其平面呈"L"形，有独立院落，目前该建筑空间布局、外观形式及周边环境基本维持原貌，是温州矾矿发展集团下属单位办公场所。中间一排分布着工区食堂与3号宿舍楼，食堂目前处于空置状态。最北侧由西向东依次排布1、2号宿舍楼及1号办公楼，办公楼为两层坡顶建筑，砖石砌筑，现已改为民房。三幢宿舍以三层建筑为主，墙面以水泥抹面，呈现20世纪80年代朴素状态，目前均较破败。生活区西南原为工区机修车间，内部厂房现改为住宅在使用。

矿采工区附属生活区是矾山目前留存的此类遗址最完整案例，它使矾矿生活配套历史信息趋于完整，其空间构成、功能分区及建筑形式对理解企业中期配套生活区的设置建造有重要价值。
</td></tr>
<tr><td colspan="5" align="center">**相关图纸**</td></tr>
</table>

遗址构成
❶ 工区1号宿舍
❷ 工区2号宿舍
❸ 工区1号办公楼
❹ 工区3号宿舍
❺ 工区食堂
❻ 工区2号办公楼
❼ 老机修车间宿舍

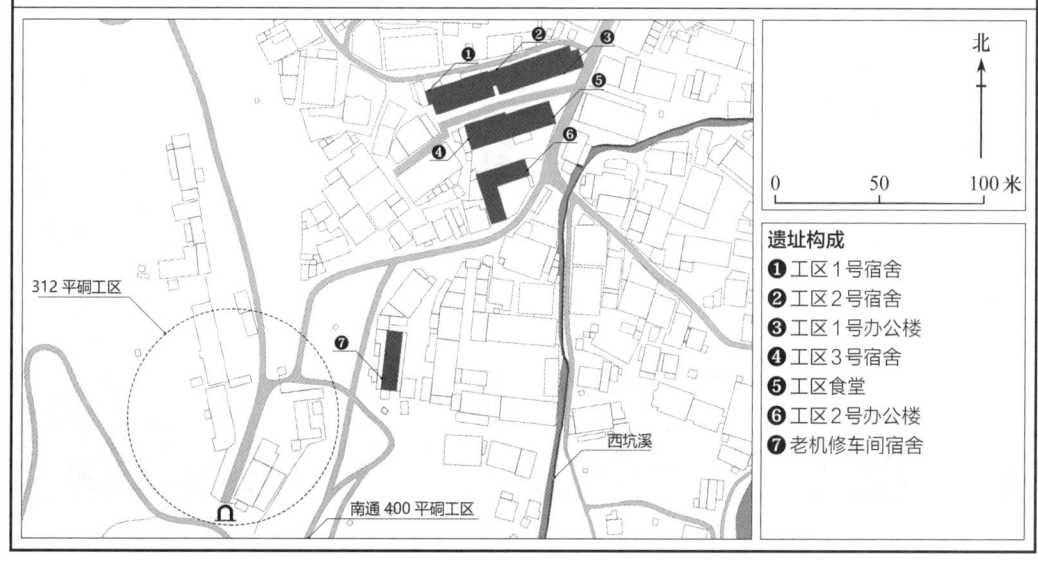

平阳矾矿矿采工区附属生活区现状

矿采工区附属生活区全貌

生活区环境

2号办公楼

1号办公楼与机修车间宿舍

（10）平阳矾矿矿采工区食堂

<table>
<tr><td rowspan="4">基本信息</td><td>遗址名称</td><td colspan="3">平阳矾矿矿采工区食堂</td></tr>
<tr><td>具体位置</td><td colspan="3">温州市苍南县矾山镇南埆路58弄（东经120°23′56″，北纬27°20′28″）</td></tr>
<tr><td>始建年代</td><td>1987年</td><td>占地面积</td><td>252平方米</td></tr>
<tr><td>目前用途</td><td>闲置设施</td><td>是否文保</td><td>否</td></tr>
<tr><td>遗址描述</td><td colspan="4">
企业档案显示，采矿工区附属食堂于1987年9月设计建造。

食堂遗址位于矿采生活区遗址范围内，其北为1号办公楼，东为南埆路，南为2号办公楼。建筑坐南朝北，平屋顶，由就餐大厅与辅助空间组成。就餐大厅两层，面阔四间，钢筋混凝土框架结构，一层北侧设出入口，经东侧外挂单跑楼梯可通达二层入口。辅助空间北侧一层，南侧两层，高度比就餐大厅低矮，建筑立面由此呈起伏态势。初期辅助空间一层西侧设值班售票、储藏与锅灶操作间，它们由南而北成列布置，二层功能不详。建筑立面简洁，墙身以立柱区分间隔，每间上下开大窗以保证采光。墙身通体以绿色马赛克贴面，仅檐口以棕红色瓷砖装饰。单跑楼梯造型意义明显，其斜向上行态势打破建筑整体水平的单调感，楼梯下支撑柱贴有黄色瓷砖，丰富了建筑的色彩。目前食堂处闲置状态，外观陈旧，墙面有破损。

集体食堂是矾矿早期生活配套的必备设施，后来发展中大部分食堂被拆除改造，矿采工区食堂是目前所见保留最完整一处，它对了解矾矿中期职工集体生活方式有重要意义。
</td></tr>
<tr><td colspan="5" align="center">**相关图纸**</td></tr>
</table>

矿采工区食堂一层平面图

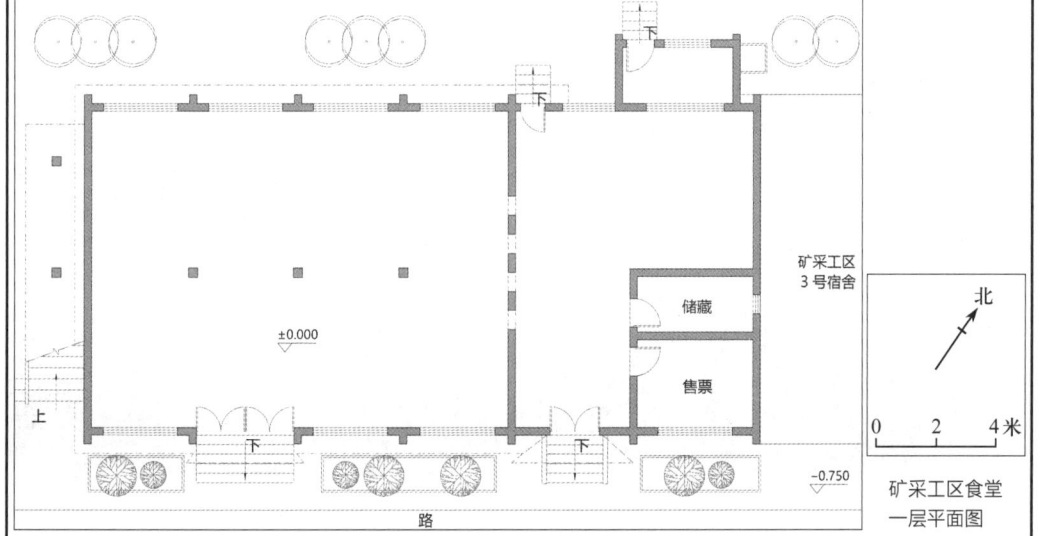

平阳矿采工区食堂现状

矿采工区食堂全貌与周边环境

北立面

南立面与辅房

东侧楼梯与其细部

（11）平阳矾矿机修车间附属生活区

基本信息	遗址名称	平阳矾矿机修车间附属生活区		
	具体位置	温州市苍南县矾山镇大浦巷（东经120°23′59″，北纬27°20′40″）		
	始建年代	约20世纪70年代	占地面积	约5000平方米
	目前用途	在住民房区	是否文保	否

遗址描述

机修车间附属生活区原为工人保健院所在，1956年档案显示此地仍为工人保健院区域。20世纪60年代，更名为矾矿医院的保健院陆续迁往高岚山新址，此地遂用作机修车间办公区，后又陆续改为宿舍生活区。

机修车间附属生活区遗址位于今矾山镇大浦巷，北侧为原机修车间（现奇石馆展区），西侧为矾矿主厂区，三者隔墙而设，显示彼此依存关系。目前生活区内共8栋建筑，除炼矾厂办公楼、机修车间办公楼、原工人保健院太平间三者闲置外，其余均作为居住建筑在使用，有些改建而成，有些为原址新建。以中间主路为界，生活区建筑分东西均衡布置，2号与3号宿舍形制相似，原风貌保存较完整，1号与4号宿舍为新建，失去旧日面貌特征，5号宿舍由食堂改建而成，形式较为混杂。

机修车间附属生活区位于矾矿主厂区与机修车间交界处，体现了新中国成立初期大型企业产居一体布局的时代特征，食堂、办公楼、宿舍、太平间等混杂一处显示该区域作为重要空间场所在矾矿早期的持续调整。

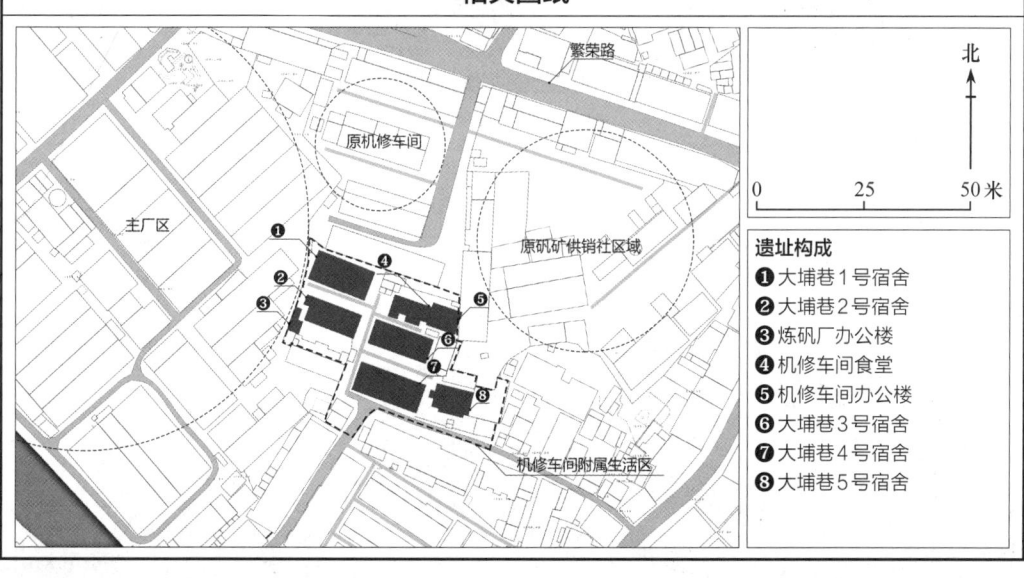

相关图纸

遗址构成
❶ 大埔巷1号宿舍
❷ 大埔巷2号宿舍
❸ 炼矾厂办公楼
❹ 机修车间食堂
❺ 机修车间办公楼
❻ 大埔巷3号宿舍
❼ 大埔巷4号宿舍
❽ 大埔巷5号宿舍

平阳矾矿机修车间附属生活区现状

机修车间附属生活区全貌

生活区内部环境

5号宿舍

1号宿舍（原址新建）

（12）平阳矾矿机修车间3号宿舍

<table>
<tr><td rowspan="4">基本信息</td><td>遗址名称</td><td colspan="3">平阳矾矿机修车间3号宿舍</td></tr>
<tr><td>具体位置</td><td colspan="3">温州市苍南县矾山镇大浦巷（东经120°23′59″，北纬27°20′40″）</td></tr>
<tr><td>始建年代</td><td>约1973年</td><td>占地面积</td><td>300平方米</td></tr>
<tr><td>目前用途</td><td>在住民房</td><td>是否文保</td><td>否</td></tr>
<tr><td>遗址描述</td><td colspan="4">　　机修车间附属3号宿舍原为机修车间办公楼，后改为职工宿舍。
　　3号宿舍遗址位于机修车间附属生活区西侧中部，坐北朝南，两层内廊形式。建筑对称布局，南北各有八个开间，中间以内廊组织交通，东西两端设户外楼梯间，以单跑楼梯通达上下，楼梯下为一层入口。一层走廊为钢筋混凝土结构，基本维持原貌，二层走廊地面新铺瓷砖，顶部有木吊顶，墙面重新粉刷。两侧房间根据住户需求重新调整布局，形成单居、单向套间、对向套间等多种居住空间类型，但入户门上保留的旧门牌仍显露出房间原有属性。建筑外墙以灰砖砌筑，墙身每间上下开大窗，中间为水泥抹面的窗下墙，三者构成纵长单元，与两侧全为灰砖砌筑的窗间墙形成对比，这使墙面充满韵律。目前3号宿舍立面与内部空间均保存较完整。
　　3号宿舍是矾矿机修车间附属生活区重要组成，展现了矾矿20世纪70年代办公建筑的基本设计特征，建筑内部的改造也记录着企业职工生活的变迁。</td></tr>
<tr><td colspan="5" align="center">**相关图纸**</td></tr>
</table>

机修车间3号宿舍一层平面图

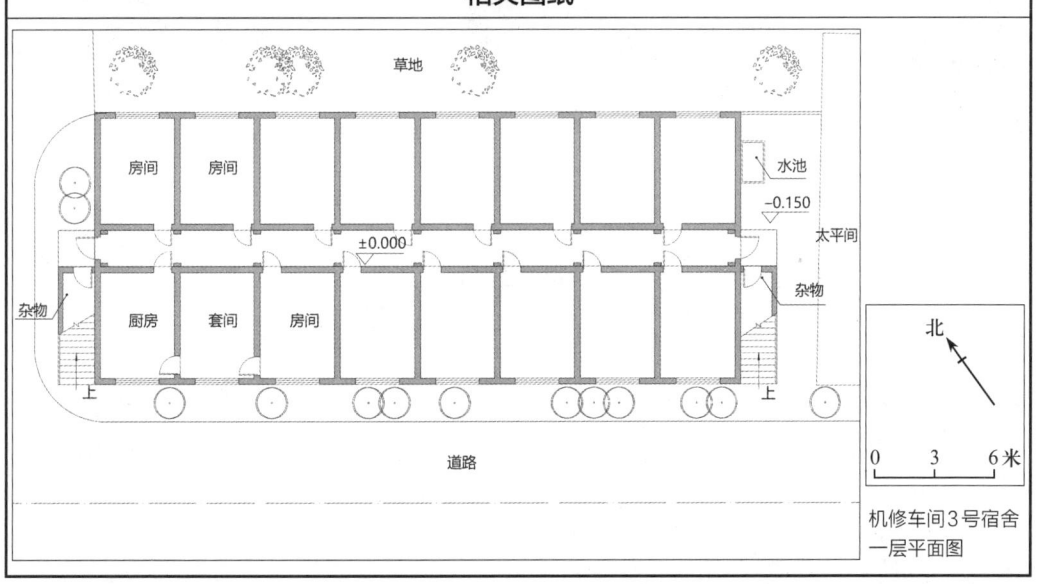

平阳矾矿机修车间 3 号宿舍现状

3 号宿舍全貌与周边环境

内部走廊环境

外墙形式与细部

（13）平阳矾矿电厂附属生活区

基本信息	遗址名称	平阳矾矿电厂附属生活区		
	具体位置	温州市苍南县矾山镇文电巷与果园巷（东经120°24′36″，北纬27°20′17″）		
	始建年代	约20世纪50年代	占地面积	约5565平方米
	目前用途	在住民房区	是否文保	否
遗址描述	由企业档案可知，矾矿至少在1964年、1978年对电厂进行不同规模的宿舍配套建设。 电厂生活区遗址位于矾山镇东南，今文昌路东端，大致分果园巷与文电巷两个片区。果园巷片区位于电厂区北侧，两者相隔232省道，该片区主要由合院、青砖楼、红砖楼三幢宿舍组成，它们呈东北-西南向行列式布局。最南侧为红砖宿舍，其墙体以红砖砌筑，故名。据退休工人口述，此楼当时由温州一建工程建设有限公司设计建造。红砖宿舍北侧为青砖宿舍，两层外廊形式，墙体以青砖砌筑。青砖宿舍北侧为合院宿舍，单层合院形式，访谈得知建筑初为电厂食堂，后改为宿舍。目前文电巷片区周围尽是农田与自建房，环境较破败。果园巷片区位于电厂区南侧，主要由靠近电厂的1、2号宿舍及邻近矾山溪的3号宿舍组成，1、2号宿舍均由原电厂办公建筑改建而成，3号宿舍与果园巷青砖宿舍形制相似，但规模略小。 电厂生活区对了解新中国成立以后矾矿电厂职工生产生活有重要价值，同时它也是目前矾矿早期宿舍类型保存最丰富的区域，为深入研究当地宿舍建筑变革提供了样本支撑。			
相关图纸				

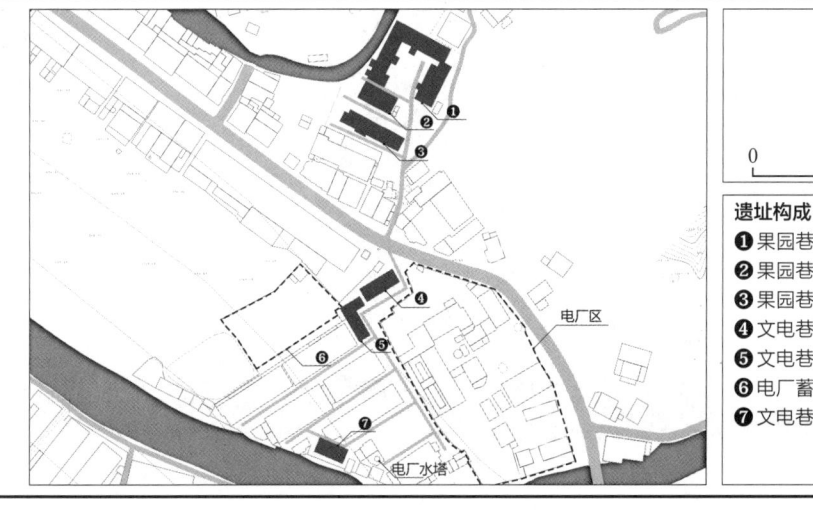

遗址构成
❶ 果园巷合院宿舍
❷ 果园巷青砖宿舍
❸ 果园巷红砖宿舍
❹ 文电巷1号宿舍
❺ 文电巷2号宿舍
❻ 电厂蓄水池
❼ 文电巷3号宿舍

平阳矾矿电厂附属生活区现状

电厂附属生活区环境

文电巷1号、3号宿舍外观

宿舍立面细部

建筑材料细部

（14）平阳矾矿电厂红砖宿舍

基本信息	遗址名称	平阳矾矿电厂红砖宿舍		
	具体位置	温州市苍南县矾山镇果园巷8号（东经120°24′36″，北纬27°20′16″）		
	始建年代	1964年	占地面积	258平方米
	目前用途	在住民房	是否文保	否
遗址描述	红砖宿舍是电厂生活区遗址重要组成，始建于1964年，由当时温州一建工程建设有限公司设计建造。红砖宿舍遗址位于电厂生活区果园巷片区范围内，北侧为青砖宿舍与合院宿舍，南侧为居民自建房，两层外廊形式。企业档案显示，初建时建筑本为九开间，平面对称布置，楼梯居中，两侧房间为单间，仅端部设套间，形制与同时期建设的医院红砖宿舍相似。目前建筑改造较多：首先，东西两端均有添建，各增加一间辅房；其次，一层住户对单间宿舍进行改造，或将多间合为套间，或将外廊纳入以扩大原房间进深。经此调整，作为公共通道的外廊不复存在，各户直接在建筑前后墙开门。二层改造不多，外廊仍保留。建筑南立面采用三段式构图，东西尽端墙面设纵向长窗，贯通两层，中部为通长外廊，通透效果与两端实墙形成对比。建筑施工精良，拉毛外墙、砖砌缝隙、石灰抹面及木质栏杆无不显示当时建设的严谨。目前除改造部分外，建筑保存良好，外墙及楼道内多处红色标语弥漫着矾矿中期的时代特征。红砖宿舍是电厂生活区的重要组成，其形制反映着矾矿早期外廊宿舍基本特征，与其他现存外廊宿舍相比，该建筑施工与装饰更为严谨精致，可称矾山外廊建筑的典范。			

相关图纸

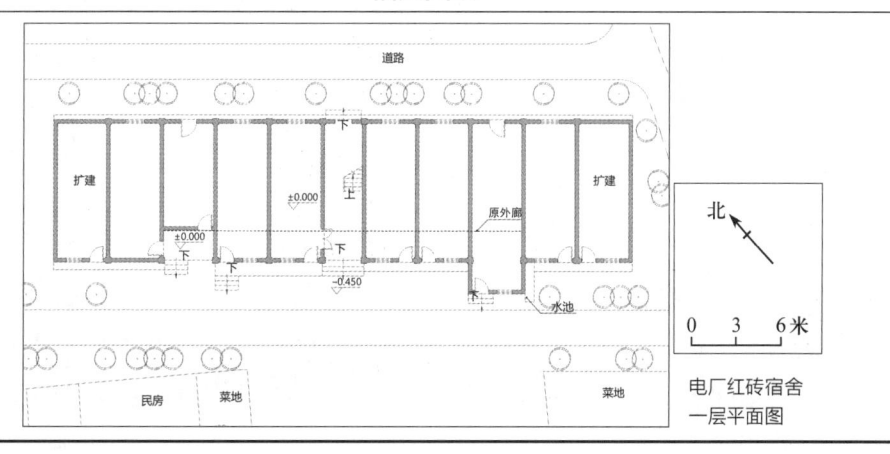

电厂红砖宿舍一层平面图

平阳矾矿电厂红砖宿舍现状

红砖宿舍全貌与周边环境

北立面

立面细部

改造后的外廊

二层外廊

楼梯细部

（15）平阳矾矿电厂合院宿舍

基本信息	遗址名称	平阳矾矿电厂合院宿舍		
	具体位置	温州市苍南县矾山镇果园巷10弄7号（东经120°24′36″，北纬27°20′16″）		
	始建年代	约20世纪50年代	占地面积	1250平方米
	目前用途	在住民房	是否文保	否
遗址描述	电厂合院宿舍约建于20世纪50年代，从形式看它并非一次建造，而是由西侧"L"形与东侧"一"形两幢建筑合并而成。据退休工人回忆，西侧初为办公建筑，东侧为食堂，均为电厂附属。 合院宿舍遗址位于电厂区西北，果园巷片区北端，南为青砖宿舍，东与北均为农田。建筑大致呈东北-西南朝向，院落开口朝向西南。西侧"L"形建筑为单层外廊形式，廊以砖柱支撑，廊前设排水沟，借由坡道可与院落连通。廊后为并列单间，分属不同住户，少量住户按需向对应外廊拓展空间，同时将中间廊道划为私有，立面相应呈现通廊与实墙交错出现的混杂特征。东侧"一"形宿舍无外廊，立面由砖石砌筑，开有门窗，原貌大体保持完整，仅少部分粉刷翻新，内部状况不详。东西两幢建筑相互分离，中间区域有一小型储物间。目前宿舍内仍有大量住户居住，建筑整体保存状况良好。 合院宿舍是电厂生活区重要组成，也应该是最早组成，因此它完整见证了是电厂数十年兴衰荣辱。目前建筑仍在使用，居民多为矾矿退休工人与家属，他们对该建筑的记忆是矾山不可忽略的精神遗产。			

相关图纸

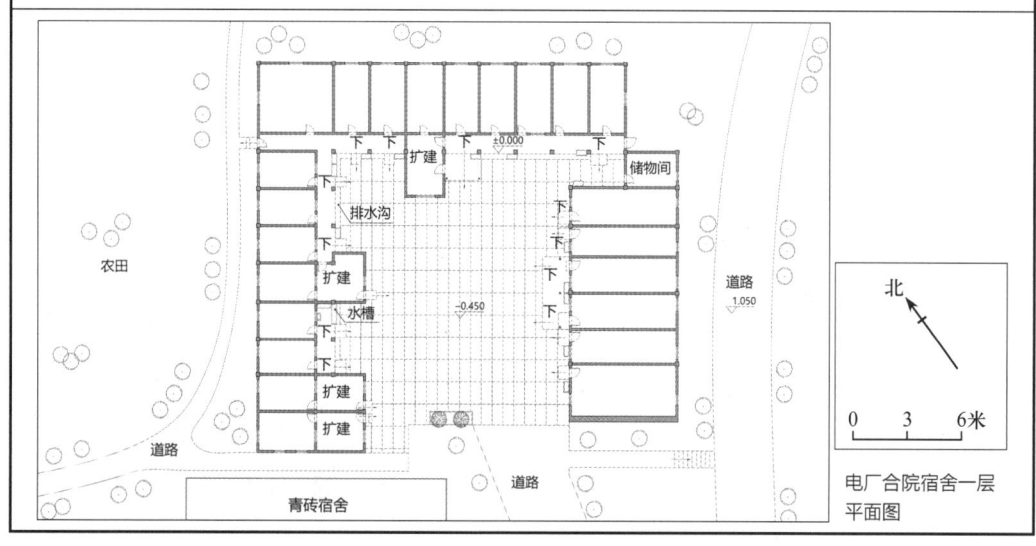

电厂合院宿舍一层平面图

平阳矾矿电厂合院宿舍现状

合院宿舍全貌

宿舍内外环境

外廊改造细部

墙面细部

（16）平阳矾矿综化厂附属生活设施

基本信息	遗址名称	平阳矾矿综化厂附属生活区		
	具体位置	温州市苍南县矾山镇深垟路与茶山巷（东经120°23′51″，北纬27°20′59″）		
	始建年代	约1978年	占地面积	约700平方米
	目前用途	现代酒店设施与在住民房	是否文保	否
遗址描述	企业档案显示，综化厂内曾设有生活配套设施，由四栋宿舍与一座食堂组成，它们主要散布于厂区东侧与西南。目前综化厂被拆改为现代酒店，厂区内原宿舍拆除，食堂保留并被整合进酒店空间中。此外，厂区周边散布的一些职工宿舍得以保留。 综化厂区外部生活设施散布于今矾山镇西端的水尾溪西岸，主要由深垟宿舍与茶山巷宿舍组成，它们均靠近综化厂区。深垟宿舍南侧紧临综化厂区，两者仅一墙之隔，为典型两层外廊形式。茶山巷宿舍南临水尾溪，北为综化厂，两者有水霞线相隔，为内廊建筑形式，目前仍有多户居住使用。 综化厂设立目的是对主厂区产生的废渣、废浆进行二次利用实验，即通过生产明矾衍生品以解决当时企业产品单一与环境污染等问题，标志着矾矿由初期粗放生产向中期优化整合的进阶发展。在整个厂区面貌被彻底改写的当下，附属生活设施成为综化厂在矾矿企业发展史上存在的重要标识。			
相关图纸				

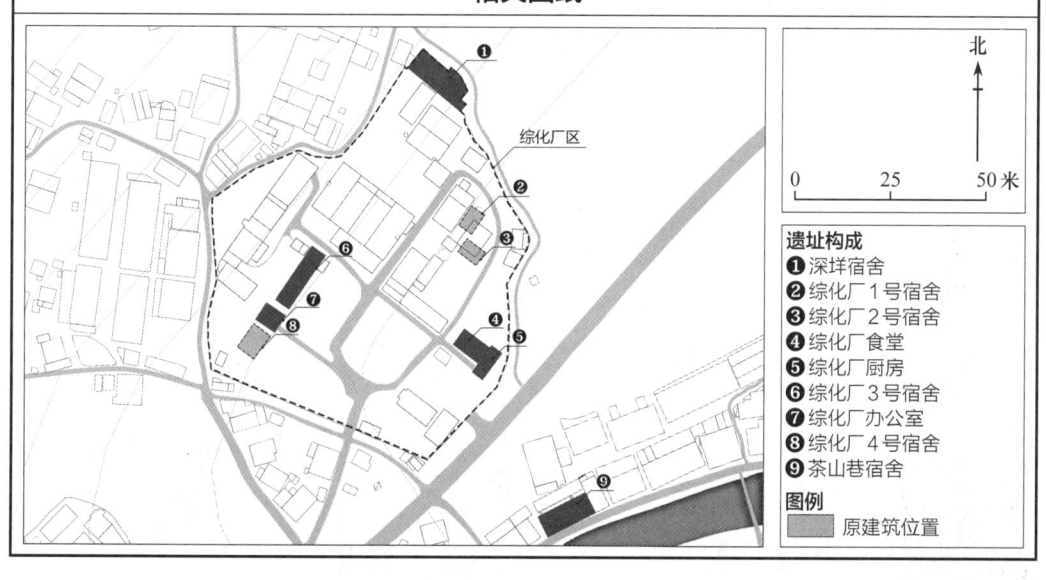

遗址构成
❶ 深垟宿舍
❷ 综化厂1号宿舍
❸ 综化厂2号宿舍
❹ 综化厂食堂
❺ 综化厂厨房
❻ 综化厂3号宿舍
❼ 综化厂办公室
❽ 综化厂4号宿舍
❾ 茶山巷宿舍

图例
原建筑位置

平阳矾矿综化厂附属生活设施现状

现综化厂内环境与建筑

茶山巷宿舍沿街立面

茶山巷宿舍内部空间

（17）平阳矾矿综化厂深垟宿舍

基本信息	遗址名称	平阳矾矿综化厂深垟宿舍		
	具体位置	温州市苍南县矾山镇深垟路315号（东经120°23′50″，北纬27°20′58″）		
	始建年代	约1978年	占地面积	375平方米
	目前用途	在住民房	是否文保	否
遗址描述	据2022年矾矿物管处《关于温州矾矿职工宿舍楼存在安全隐患需整改的报告》显示，深垟宿舍原为综化厂附属，据楼内住户介绍，建筑始建于20世纪70年代左右，2019年曾进行修缮。 深垟宿舍遗址位于今矾山镇深垟路，综化厂区东侧，与后者仅一墙之隔，东北侧为大片农田，建筑与农田间有小路通行。建筑呈西南-东北朝向，两层外廊形式，共九开间，受地形限制，矩形平面在东南角有变形。外廊全部敞开，没有占用现象，廊子中部外挂楼梯，应为修缮时加建，原楼梯位置不详。受综化厂围墙与田地前后夹击，建筑前部院落空间逼仄。建筑采用钢筋混凝土结构，廊下空间、柱子及外墙通体粉刷成白色，仅二层外廊镂空雕花栏板起装饰效果。目前建筑仍有多户居住，房间按产权重新划分，但具体使用状况不详。 深垟宿舍为综化厂生活设施的重要组成，也是20世纪70年代左右矾矿外廊建筑的代表，它对标识综化厂在矾矿企业中的地位及建构矾山外廊宿舍发展史具样本作用。			
相关图纸				

深垟宿舍一层平面图

平阳矾矿综化厂深垟宿舍现状

深垟宿舍全貌与周边环境

立面细部

楼梯细部

各空间细部

第6章 浙江矾山明矾工业遗址保护

全面停产以后,苍南县、矾山镇等当地各级政府部门开始谋求矾山再次振兴的道路,在对资源规模大、生产历史久、传承工艺特殊、人文环境独特等优势因素综合考量的基础上,于2014年确立以申报世界文化遗产为未来发展契机,并积极践行至今。本章首先对矾山明矾工业遗址构成进行初步分析,继而将矾山置于中国与世界明矾生产史中审视,明确其行业地位与遗址价值,最后对标国内外同类案例对矾山遗址当前保护利用状况行评述,并为其未来合理发展提出建议。

6.1 矾山明矾工业遗址体系构成

6.1.1 现有遗址基本构成

采炼、运销及与之配套的矾业人群生活三类遗存构成矾山现有遗址体系基本内容,它们呈现出当地在"采炼-运销"机制下稳固运行六百余年的区域特质。因生产工序的复杂与矾业人群的多变,采炼、运销、生活各类遗存又可根据具体功能与时间属性进行更为细致的遗址类型划分(图6-1)。

(1)采炼遗址构成

采炼遗址对应采炼环节。明矾生产是将天然矿石净化提纯为明矾的过程,这个过程中每一生产环节都需要空间场所与设备设施支撑,后者的遗留即构成矾山遗址中采炼部分的主要内容。按照生产性质,采炼遗址又可细分为矿采与炼制两个主要的亚类型(表6-1)。

矿采是明矾生产的首道工序,历史时期人们主要依靠人力实施矿硐开掘并将矿石

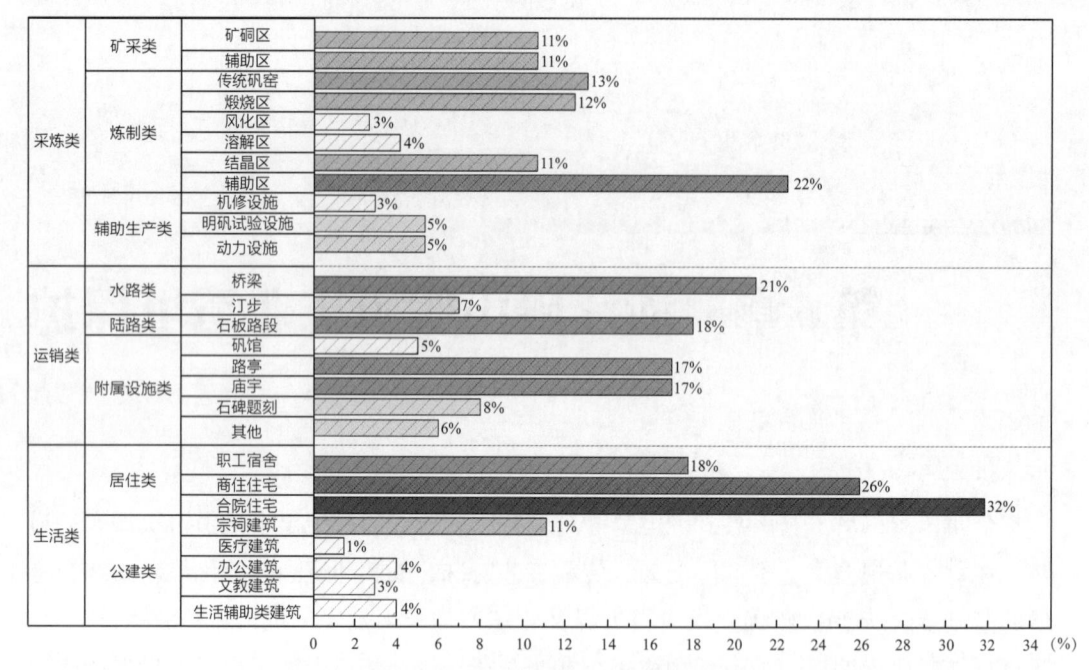

图6-1 矾山现有明矾工业遗址构成

大类	中类	小类	比例
采炼类	矿采类	矿硐区	11%
		辅助区	11%
	炼制类	传统矾窑	13%
		煅烧区	12%
		风化区	3%
		溶解区	4%
		结晶区	11%
		辅助区	22%
	辅助生产类	机修设施	3%
		明矾试验设施	5%
		动力设施	5%
运销类	水路类	桥梁	21%
		汀步	7%
	陆路类	石板路段	18%
	附属设施类	矾馆	5%
		路亭	17%
		庙宇	17%
		石碑题刻	8%
		其他	6%
生活类	居住类	职工宿舍	18%
		商住住宅	26%
		合院住宅	32%
	公建类	宗祠建筑	11%
		医疗建筑	1%
		办公建筑	4%
		文教建筑	3%
		生活辅助类建筑	4%

（来源：自绘）

表6-1 矾山炼制遗址构成概况

分布区域	遗址名称	主要存续时间	遗址留存状态
鸡笼山	西坑车间	20世纪50年代	煅烧炉（4）、风化池、结晶池、沉淀池、加温灶房（2）、堆料场、水池、运输轨道（2）等
	半山窑	20世纪60-70年代	煅烧炉、结晶池、风化池等
	矾矿主厂区	20世纪50年代至今	煅烧炉及其附属选矿厂房（11）、风化厂房（3）、加温灶房（3）、结晶房（12）、明矾仓库（3）、附属设备间（9）等
水尾山	坑门岭村	20世纪50年代	结晶池被杂草覆盖，煅烧炉设施被改为居住建筑
	矾矿附属综化厂	20世纪60年代-2017年	除烟囱、结晶池（改为室内酒吧）、部分厂房（加固保护）外，其余均拆除改建为酒店设施
	知青车间	20世纪50-70年代	煅烧炉（2）、烟囱等
大岗山	溪光矾窑	20世纪50年代	结晶池（15）、加温灶、煅烧方池（2）、煅烧炉等
	后邪矾窑	清末民初	结晶池（20）、风化池等
	鸡角岭矾窑	清末民初	煅烧炉、风化池、堆料场、结晶池（18）等

（来源：自制）

从山体剥离、运出硐外、送去炼制等。新中国成立后，矾山矿采流程未有大的改变，仅是以机械化手段逐步替代人力操作，同时增加选矿等精细化生产环节。因工序本身比较简单，故矾山矿采遗址构成相对单一，主要包含深入山体的矿硐巷道与硐口附属设施两部分，两者构成的矿采区遗留较多，它们散布在10千米矿脉各处山体上，规模与位置的差异显示出各矿段矿石储藏方式与开发强度的区分。数百年来，矾山始终以明《天工开物》所载"水浸法"为核心炼制工艺，并持续推动这一古老工艺变革，使其从最初的煅烧、溶解、结晶三道工序进化为含煅烧、风化、溶解、结晶四个功能组群，这些功能群按"水浸法"流程稳固布局，一般"就矿"布置，由此形成矾山特有的人地空间关系。在每个功能群之下，是核心厂房及其附属设施按本群功能所需组织形成的更具专业特征的生产场所，而场所中又包含多个更为细化的功能组，它们对应的设施与现代生产的复杂性相呼应。横向上的多要素与纵向上的多层级使矾山炼制遗址容量巨大，既有煅烧炉、结晶池等关键设施，也有结晶房、风化房、加温灶房等厂房建筑，更有容纳这些厂房设施的矾窑与厂区。因此，矾山炼制遗址是多尺度、多功能构成的亚层级系统，是矾山遗址中最重要的组成。

（2）运销遗址构成

运销遗址对应运销环节。只能作为原料的明矾产品、浙闽封闭的自然环境是矾山运销产生的基础，自大规模生产以来，因运销体系不断完善，矾山才逐渐成为中国乃至世界的重要明矾产地。运销过程中明矾经行的线路、停顿的市镇、转销的港口、集散的矾馆码头等遗存都构成矾山运销遗址的主要内容，表象上看它们大概可以归为水路与陆路两种，但内在又有较复杂的尺度与时间差异（表6-2）。

长期生产使矾山在浙闽山区架构起一个以今矾山镇为中心、以四个初级市镇为基础的明矾运销线路系统，它上可延伸至温州、宁波、上海等都市，下可触及10千米矿脉各生产区，是矾山生产影响力及其遗址内涵广度的体现。运销遗址大致包含三个层级：宏观层面，矾山当地外运道路、矾山与初级市镇之间挑矾道路、这些市镇与其所依托港口之间的水路、港口与温州等都市之间的近海航路等构成第一层级；中观层面，各道路经过的大小聚落、四个初级市镇及其毗邻的基层港口作为停靠点构成第二层级；微观层面，道路沿线的宫庙、路亭、桥梁、矴步、石碑等散点状的小体量建、构筑物构成第三层级。新中国成立后，矾山以汽车运输替代人力挑运，相应1956年的矾灵公路、20世纪80年代的前岐姚家屿码头、赤溪中墩港码头及其各自附属支线公路等构成运销遗址新时期内容，它们搭载传统线路而生，数量少于历史时期。除上述常规运销遗址外，20世纪40年代矾山因战事影响曾对运销线路进行过短暂调整，这些线路及附属仓储设施等彰显出特殊年代矾山运销环境的动荡，因而是运销遗址较为独特的组成。

表 6-2 矾山运销遗址构成概况

分布区域	遗址名称	主要存续时间	遗址具体存留
矾山镇至赤溪镇	矾赤线	明清-20世纪50年代	沿途：南堡茂林宫、顶村宫、金斗垟宫、凤阳大宫、打铁宫、南岙宫、圆潭路亭、大贡路亭、宫后桥、老人坑桥、圆通桥、五洞桥、东垟矴步、赤溪矴步、赤溪矴步碑； 转运市镇与港口：赤溪镇、赤溪港； 现代设施：矾中公路与中墩港码头
矾山镇至藻溪镇	矾藻线	民国-20世纪50年代	沿途：瑞灵宫、雁腾宫、半垟宫、周宅、昇平人瑞牌坊、清泗桥、险口洞桥、华岭路亭、五间亭、三条溪矴步、溪光矴步； 转运市镇与港口：藻溪镇、鳌江港
矾山镇至前岐镇	矾前线	清前期-20世纪50年代	沿途：上港桥、龙头庵桥、新岭头路亭、奉宪示禁碑、闽浙关口（龟岭关）、南岭脚亭、前岐岐阳亭、海尾矾馆（海尾天后宫）、奉宪勒碑、福星桥、吴家溪古亭、吴家溪矾厂； 转运市镇与港口：前岐、沙埕港； 现代公路：矾前公路与姚家屿码头
矾山镇至沿浦镇	矾沿线	明清-20世纪50年代	沿途：坎门岭石阶、坎门岭路亭、霞峰宫、利济桥、济宁桥、虾蛄桥、积谷岭亭、沿浦矾馆； 转运市镇与港口：沿浦镇、霞关港

（来源：自制）

（3）生活遗址构成

生活遗址对应矾山社会的日常生活。数百年来，矾山人群类型及他们与生产相适配的生活时刻作用于所依托的自然环境，生产行为与山水叠加，再经时间打磨而形成迥异于其他地区的"产-住"融合环境，那些不同时期出现于"产-住"融合环境中的住宅与公建等遗存构成矾山生活遗址的主要内容（表6-3）。

历史时期矾山始终以血缘人群为生产基础，这种生产组织模式相应在当地催生出诸多以姓氏为单位的矾业聚落，虽然分布位置与所处环境各有不同，但这些聚落一般都由矿硐、矾窑、生活三个功能区组成，显示人们生活对明矾生产的紧密依附。在矾山遗址中，与历史时期生活相关的遗址主要有祠堂宫庙、合院住宅、商住建筑等，类型虽然有限，但这些遗址的建造时间与分布范围所折射的恰恰是矾山人群民间秩序建构的特殊性。与此同时，白马爷、杨府爷、陈府爷、泗洲佛等多元神灵及其密集的供奉场所无不流露出矾山移民社会的底色。新中国成立后，矾业聚落为工矿住区所取代，矾山溪以北的工矿住区是矾山现代生活遗址重要组成，它所包含的工人文化宫、矾矿医院、矾矿中学、食堂与职工宿舍等多处时代特征鲜明的建筑设施或独立建设或依附生产场所成为片区，其位置关系记录着矾矿在成立之初对生活配套谋局建设的基本理念，而建筑外观的仿苏联风格则表明当时矾山建设与全国主流审美意趣相吻合。

表6-3 矾山生活遗址构成概况

分布区域	遗址名称	延续时间	遗址具体存留
鸡笼山	朱氏聚落	17世纪至今	朱良炳故居、洋式厝、旗杆内、朱氏宗祠等
	郑氏聚落	17世纪-20世纪50年代	郑氏新、旧宗祠等
	内街	清末民初-20世纪50年代	亭仔巷1-42号、长春街1-106号、土地巷1-1号、双乐巷13号、内街1-53号、南山路1号、双乐巷13号、50-54号等
水尾山	水尾老街	清-20世纪70年代	矾矿宿舍、炼制车间办公楼、商业建筑等
矾山镇	矿部生活区	20世纪50年代至今	工人文化宫、矾矿医院建筑群、八一路矾矿宿舍3-6号楼、知青宿舍、矾矿公寓等
	机修车间生活区	20世纪50年代至今	1-7号宿舍楼,其中2、3号宿舍为仿苏联风格建筑
	电厂生活区	20世纪50年代至今	文电巷57弄1-5号宿舍、果园巷9弄1-4号等
	综化厂生活区	20世纪70年代至今	深垟路315号宿舍、茶山巷48号宿舍等

(来源:自制)

6.1.2 遗址体系构成特征

采炼、运销、生活三类遗址的划分所呈现的仅是矾山的功能属性,当叠加上历史进程与自然环境,则这些遗址又呈现更为复杂的时空特征。

(1)时期覆盖的复杂性

采炼、运销、生活三类遗址均涵盖传统与现代两个时期,生产专门性中显现着时代变革,但从微观角度审视,这些遗址在大的时期划分之上又具有时期覆盖的复杂性。

自明初起步至21世纪停产,矾山跨越家庭副业、商人运营、国有生产三个历史时期,历经萌芽、兴起、鼎盛、调整、转折、平稳六个起伏阶段,这一轨迹是明矾生产机制、当地所处自然环境、外部销售市场等因素共同作用的结果,逻辑上每一时期阶段都应该在今天留有携带自身信息的遗址,但就现有调查看这些遗址分布时间极不均衡。首先,家庭副业期遗址缺失。矾山在17世纪中叶以后才逐渐兴起,之前生产规模小且具有临时性,这使本就因岁月久远维继困难的生产痕迹更难以保留至今,因此调查中未发现家庭副业期地面遗存,而矾渣等遗迹则有待其他科学技术手段的探察。其次,历史时期炼制遗址缺失。矾窑是新中国成立以前矾山明矾炼制的主要场所,是当地人居环境的关键构成,民国以来相关文献亦有大量矾窑信息,但调查中却未发现完整矾窑信息。由前可知,矿藏位置制约着矾窑的建设,"就矿建窑"原则下人们都尽量靠近矿石炼制生产,资源周边场地的有限必定使后来的建设要对之前设施改建拆除,于是旧日生产痕迹便在更改涂抹中消失殆尽。最后,各时期矿采遗址叠压。10千米矿脉是矾山生生不息的源头，矿脉上开掘的矿硐既养育了早期移民，也支撑了新中国成立后的矾矿生产，前后不同时期的持续开采使位置相对固定的矿硐具有明显的历史信息叠压特征。

（2）空间分布的立体性

明矾生产涉及多道工序，不同工序所需的资源与场所设施各不相同，这使矾山遗址在空间分布上呈现地下与地面、山上与山下、山区与海洋两两共存的立体特征。

首先，地下遗址与地面遗址共存。地下遗址主要指深入山体的矿硐巷道，它们记录着矾山不同时期的矿采方式与技术特点，是矾山在明矾生产规律制约下对自然环境适应的结果，也是矾山遗址中最具地域特色的内容。地下遗址与地面遗址虽然空间分离，但却并非截然不相关，由于开采所得矿石必需运至矾窑炼制，因而地下巷道与地面矾窑本质上属于一套生产系统，分处地下与地面的采、炼两类遗址作为系统不可或缺的组成，自然关联密切。其次，山上遗址与山下遗址共存。受资源分布与采炼手段制约，历史时期以血缘人群为单位的矾业聚落均倚山而建，人力生产下形成独特的"上硐下窑，居住其间"的空间模式。新中国成立后矾山进行适宜平地的现代机械化生产，由此在矾山溪北侧平地规划建设工矿厂区。传统聚落与现代矿区的遗址分处山上与平地，它们串联成一条时间线，展现着历史以来矾山生产核心区依附矿脉生长的空间轨迹。最后，山区遗址与海洋遗址共存。矾山地处浙闽山区，所有采炼活动均聚集于矿脉周边，在起伏山体上形成多处与之共生的空间场所。矾山之外，初级市镇与其关联港口是推动明矾向外运销的主要枢纽，它们的矾馆、码头及附属街区因与海洋互动而成为矾山遗址中海洋要素的组成。山区采炼与海洋运销的区域联动是矾山遗址中山区与海洋两类构成共存的基础。

（3）形态表征的多样性

矾山遗址具有多样形态，大致可分为单点、团块、线带三种。

单点状遗址主要表现为一座建筑物、构筑物或碑刻等，它们与其他遗址的功能关联不强，相对独立，占地面积较小。单点状遗址可细分为两类：一是功能完全独立，无需借助其他遗址协助便可传递有关历史信息，如"奉道宪严禁碑""奉宪勒碑"等；二是虽可独立传递历史信息，但置于功能群组中价值更趋完整，如煅烧炉、结晶房等。调查发现，第二类是矾山现有遗址的主要内容，它们是构成其他形态遗址的基础。团块状遗址一般因工序流程或生活组织而对应一个功能群组，往往占据较大空间面积，历史时期团块状遗址主要指各单姓矾业聚落，新中国成立后则以主厂区及其附属厂区为主。与矾业聚落各自保持独立的状态不同，现代厂区具有内在组织性，它由生产与生活两套系统及其各自包含的两个层级构成（生产系统两个层级是以主厂区为核心，以机修车间、电厂、综化厂等为附属；生活系统两个层级是以矿部生活设施为核心，以厂区生活区为附属），因此是相对复杂的亚系统。线带状遗址与团块状遗址主要区别在于前者含有明显的线性空间要素，运销遗址是线带状遗址的主要构成，如挑矾道路、矾灵公路等，它们距离较长，跨越不同市镇或行政区域。此外，矿硐因纵长巷道也具有线性特征，因此也属于线带状遗址的一种。

6.2 矾山明矾工业遗址价值定位

6.2.1 中国明矾生产史中的矾山

我国明矾生产历史悠久，唐及以前产地主要集中在中西部地区，尤以甘肃、山西、河北、安徽等地较多，其中山西为最。宋元时期，除山西外明矾产地还有陕西、安徽、江西、广东、湖南等，据《文献通考》载："白矾出晋、慈、坊州、无为军及汾州之灵石县，绿矾出慈、隰州及池州之铜陵县。"[1]整体来看，元代产地较唐宋减少，当时以无为军最盛。明代，明矾生产依然以山西、安徽两地为主。至晚在永乐年间，矾山已出现明矾生产，但规模远不及山西与安徽两地。清代，明矾生产以山西、陕西、河南、湖南、湖北等地为代表，其中山西仍是主要的产矾区。这一时期矾山逐渐兴盛，越来越多的移民开始迁入谋生。民国时期，山西与安徽无为开始衰落，矾山则迎来自己生产史上的高峰，逐步成为我国明矾行业的领军者。新中国成立后，我国明矾生产主要集中在矾山与安徽庐江两个南方地区，这种新的分布格局主要是受到地质条件的影响，"山西晋州、汾州，河北磁州，陕西坊州矿区因属煤系地层次生成因矿床，规模小、质量差、不易开采、均已消失"[2]，可知北方产地皆因矿石难以适应现代规模化生产而被淘汰。经现代技术手段探测，矾山资源优势凸显，如《中国工业矿业与岩石》一书将矾山矿脉界定为中生代陆相火山喷发-沉积型矿床，认为它具有规模大、质量好、含矿性稳定等特点。与之相比，庐江属中生代陆相火山热液型矿床，规模一般、质量中等。资源差异为后来矾山全面取代庐江成为"中国矾都"提供了地质学证据（图6-2）。

通览整个历史可知，唐至清我国明矾生产始终集中于山西、安徽等地，而矾山迟至明代才起步，清代才具规模。虽不是最早的产地，但矾山却以资源优势成为明代以后我国主要的产矾区，尤其清末民国期间，在原有产矾区多数衰败消失的状况下跃升为我国新的明矾生产核心，新中国成立后庐江停产更使其成为我国唯一大规模明矾产

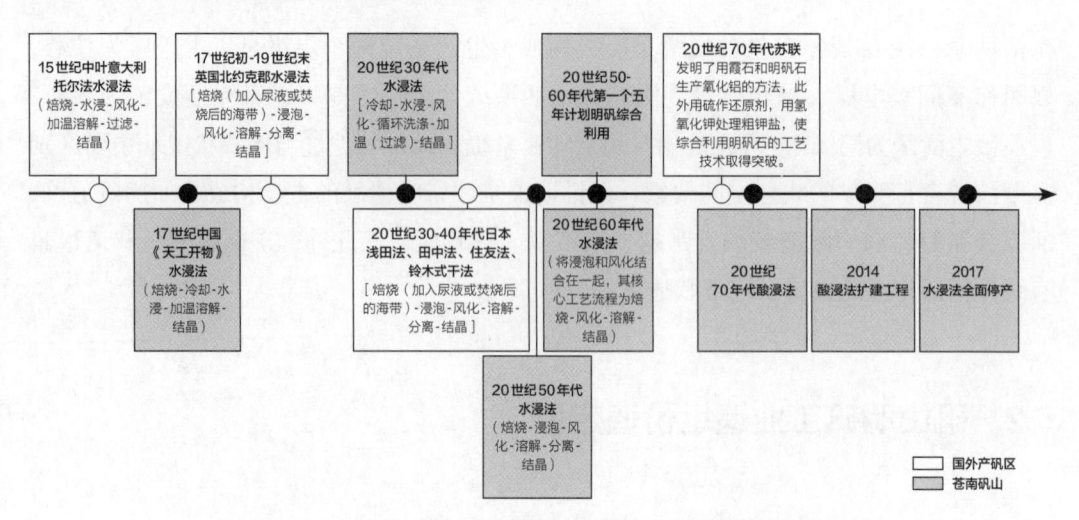

图6-2 矾山与世界范围内明矾产地生产工艺的演进比较
（来源：自绘）

地。因此，矾山不只是我国明矾生产史的组成部分，更是其后半程最关键的内容，它延展了我国明矾生产的时长，亲历了我国明矾业从传统向现代的蜕变，因为矾山的存在，中国15-21世纪明矾业的发展变迁才清晰可见。

6.2.2 世界明矾生产史中的矾山

世界范围内也存在诸多明矾产地，它们形成于不同的时期。就现有资料看，奥斯曼帝国应是国外较早的明矾产地，其生产时间主要集中于15-19世纪，以小亚细亚、安纳托利亚西部、伊兹密尔以北福恰等地为主。15世纪中叶，意大利托尔法发现明矾矿石，当地遂进行明矾生产，其煅烧、水浸、风化、加温溶解、过滤结晶等工序与矾山传统"水浸法"较相似。16-19世纪，英国开始对世界矾业产生影响，其明矾生产逐渐从英国南部向北部发展，在英国国王命令及资助下，明矾工人先后在多塞特郡、康沃尔郡、吉斯伯勒、兰开夏郡、约克郡的矿山群中寻找明矾矿并进行生产[3]。17-19世纪英国以北约克郡明矾生产为主，其煅烧、浸泡、风化、溶解、分离、结晶等工序与矾山传统"水浸法"相差不多，但因出产矿石中缺乏钾、铝等元素，故在煅烧环节增加尿液或焚烧后的海带等作为补充，而矾山生产则无需作任何添加。19世纪70年代，约克郡最后两个明矾厂关闭标志着英国传统明矾生产的结束。20世纪30-40年代，日本陆续发明浅田法、田中法、住友法、铃木式干法等明矾炼制方法，同时注重明矾在工农业生产中的综合利用。20世纪70年代，苏联开始发展明矾石综合利用技术，主要采用还原法将明矾矿石用于生产氧化铝，是世界上第一个利用此方法进行生产的国家。

矾山是世界范围内于15世纪起步的明矾产地中延续最久远者，不同于意大利、英国等早在19世纪就停止生产，它一直持续至21世纪。20世纪30-70年代，以日本与苏联为代表的国家曾大力发展明矾生产，但它们兴起较晚，缺乏矾山那般由古老向近现代的历史跨越与蜕变，因此矾山不仅生产规模最大，也是15世纪以来世界范围内唯一经历古今变革的明矾产地。此外，矾山所用"水浸法"与意大利、英国北约克郡等炼制技术虽然相似，但差异更为明显，因此具有因资源禀赋所赋予的生产唯一性。

6.2.3 矾山明矾工业遗址价值阐释

从工业遗产角度审视，矾山遗址具有鲜明的历史、科技、社会等多重价值，但作为行业生产规模最大、跨越时段最多、影响最广泛的明矾产地，矾山遗址的价值就不应仅以工业遗产指标进行衡量，而是应该置于整个明矾发展史中、从人类利用资源进行专门生产的世界遗产高度去阐释。

（1）矾山遗址基本价值阐释

历史价值方面，矾山各类遗址是当地六百余年明矾生产的载体，为洞察我国15世纪以来明矾行业演进提供了实物证据。文化价值方面，矾山保留了众多记录采炼工序与人群组织的族谱、档案与图绘，还有挑矾诗与矾塑艺术，它们是揭示矾业人群独特精神世界与文化创造力的重要依据。科学价值方面，矾山记录了"水浸法"变革，尤其新中国成立后其由传统向现代蜕变的轨迹，与之有关的遗址体现了矾山在生产先行原则下技术协同与厂房建造之间统筹的科学性。艺术价值方面，矾山遗址中有低品位矿石建造的民宅、具福建大厝特征的合院以及仿苏联风格的厂房，它们是矾山就地取材、浙闽交融与时代变迁多因素作用的结果，展现出我国明矾产地建筑文化的丰富性。社会价值方面，矾山遗址既有单姓血缘族群协作与族群间联合的产物，又有构成复杂且高度协同的工人社群遗存，它们是现代矾山人行业认同与情感传承的基础。经济价值方面，以矾矿主厂区为代表的工业建筑群是目前矾山保存最完整、分布最集中的遗址，它所包含的数座大跨度、无分隔厂房为未来当地灵活改造利用空间提供了机会，其经济价值不容小觑。

（2）矾山遗址是我国传统农耕社会稀缺遗址，具有行业唯一性

矾山是经六百余年孕育成熟的工矿历史单元，是我国传统农耕社会中稀见的产业生存模式代表。中国以农立国，历史以来农业始终是国家生存的根本，然而土地资源

的不平衡使农业之外其他生存模式在土地稀缺地区出现，在强调文化多样性以彰显中国历史久远与厚重的今天，这些曾养育过国人的非农模式遗址与主流农耕遗址显然同样重要，它们对重构中华文明整体面貌具有等效价值。矾山生产是土地资源匮乏的结果，更是资源禀赋的恩赐。明矾生产并非处处可为，只有拥有明矾矿石的地方才可能孕育出这一对人类进步有巨大推动作用的生产行为，那些享有矿石资源在不同时期出现的产矾区都曾熠熠生辉，后来却因各种原因退出历史舞台，惟有矾山，凭借大规模高品质资源后来居上，最终从星火之势坚韧成长为现代明矾业的代表，其生命力之持久为行业历史仅见。更重要的是，矾山承载的不只是中国明矾生产史的局部，更容纳着过去至当下人类利用自然资源进行此项生产的完整场景，其丰富的遗址向人们展现出15世纪以来人类明矾生产来自何方、去往何处的清晰脉络。

（3）矾山遗址跨越时期众多，承载着明矾行业更替演进的各类信息

矾山生产跨越多个时期，每一时期都在这块狭小的土地上留下属于自己时代的痕迹。整体来看，矾山遗址以历史时期的矾业聚落与新中国成立后的工矿厂区为主要代表，两者共同记录着我国明矾生产形式与矾业人群生活的演进变革，而分属不同时期的同类遗址更在微观层面展现出明矾业渐变的特征。以炼制场所为例，私营矾窑、合并工区、主厂区等均按"水浸法"工序布局，它们"就矿建厂"的选址与内部空间组织具有一脉相承的特征，但时间差异又使这些炼制场所的规模大小、要素构成、厂房样式等明显不同，由此在厂区层面显示出明矾工艺的持续演进。再以厂房单体为例，主厂区内11座结晶房均受结晶工序制约，在空间规模、内部设施、通风口设置等方面具有一致性，但它们分别建于20世纪50、60、70三个年代，因此结晶池样式、结构材料、通风口形式丰富多样，从而在厂房单体层面呈现出明矾工艺的时代变革。通览国内外重要明矾产地，没有哪一处如矾山这般拥有如此众多的遗址来记录明矾生产的各时段、各工艺的历史信息，只有在这里，人们才可能了解15世纪以来明矾生产每一时代的切片及切片上每一环节运行的丰富细节。

（4）矾山遗址浸润于浙闽独特山水中，丰富着人类历史文化景观

长久的明矾生产赋予矾山独特的人文土壤，它与浙闽自然环境叠加，经时间沉淀发酵而形成醇厚的矾业景观，那些散布于陡峻山水中的遗址作为重要物质构成标识着浙闽山区矾业景观的独特性。整体来看，矾山生产辐射下的矾业景观主要有以下几类：地面之下趋于自然形态的矿硐网络景观、矿脉之上依山就势的矾业聚落景观、跋山涉水险峻蜿蜒的挑矾线路景观、大陆边缘奔赴海洋的镇港水陆终端景观。可以看出，每一类景观都是特定生产环节与其所处自然环境长期交融的结果，属矾山独有而无法被

复制。不仅如此，六百余年生产滋养了当地人的精神世界，依托各类景观人们又孕育出与采炼有关的工序技艺与行业信仰、与运销依存的挑矾诗与歌谣、与生活及审美关联的民俗节日与矾塑艺术等，这些非物质遗存是在矾业景观物质构成之上的再创造，是矾业人群生存智慧的表达，它所具有的生产工艺、山水格局、移民迁徙的复杂交互是人类文化景观体系中的独特存在。

目前世界遗产名录中约有30余处工矿遗产，以欧洲最多，北美次之，亚洲仅3处。国家数量最多的是英国、德国与墨西哥，亚洲主要集中于日本。时间跨度一般为2-5个世纪，以16-20世纪人类在矿冶工业取得的成就为主要呈现对象。矿产属性集中于铜、铁、银、盐、金、石等，其中金属矿多达20余处，非金属矿仅以智利硝石矿为代表。基于上述数据判断，拥有六百余年时长、以非金属矿石为炼制对象、为本行业规模最大的矾山极可能作为人类明矾业杰出代表而登录世界遗产名录（表6-4）。

表6-4 世界文化遗产中工矿遗产项目概况（部分）

遗产类型	登录年份	所属国家	项目名称	入选标准	所属时期	矿产类型
工业区/矿区	2000	英国	卡莱纳冯工业区景观	(i)	17-20世纪	煤、铁、石材
	2001	瑞典	法伦大铜山采矿区	(ii)(iii)(iv)	13-17世纪	铜
	2001	德国	埃森的关税同盟煤矿工业区	(ii)(iii)	19-20世纪	煤
	1986	英国	乔治铁桥区	(i)(ii)(iv)(vi)	19-20世纪	铁、煤
	2006	英国	康沃尔和西德文矿石景观	(ii)(iii)(iv)	18-20世纪	锡、铜、砷
	1997	奥地利	哈尔施塔特-达特施泰因萨尔茨卡默古特文化景观	(iii)(iv)	前20-20世纪	盐
	2007	日本	石见银山遗迹及其文化景观	(ii)(iii)(v)	16-20世纪	银
	2010	墨西哥	皇家内陆大干线	(ii)(iv)	16-19世纪	银、汞
矿山/工厂	2000	比利时	斯皮耶纳新石器时代燧石矿	(i)(iii)(iv)	新石器时代	燧石
	1997	西班牙	拉斯梅德拉斯	(i)(ii)(iii)(iv)	1-3世纪	金
	1993	瑞典	恩格尔斯堡铁矿工厂	(iv)	17-20世纪	铁
	1994	德国	弗尔克林根钢铁厂	(ii)(iv)	19-20世纪	铁
	1978	波兰	维利奇卡和博赫尼亚皇家盐矿	(iv)	13世纪-20世纪	盐
	1982	法国	萨兰莱班大型盐场到阿尔克-塞南皇家露天盐场	(i)(ii)(iv)	18-19世纪	盐
	2005	智利	亨伯斯通和圣劳拉硝石采矿厂	(ii)(iii)(iv)	19-20世纪	硝石
	2015	日本	明治工业革命遗产的矿业遗产	(ii)(iv)	18-19世纪	煤

续表

遗产类型	登录年份	所属国家	项目名称	入选标准	所属时期	矿产类型
历史城镇/矿城/古城/历史	1997	奥地利	历史名城班斯卡—什佳夫尼察及其工程建筑区	（iv）（v）	前20-20世纪	盐
	1980	挪威	勒罗斯矿城及周边地区	（iii）（iv）（v）	17-20世纪	铜
	1992	德国	赖迈尔斯堡矿场、戈斯拉尔古城及上哈尔茨的水资源管理系统	（i）（ii）（iii）（iv）	10-19世纪	银、铅、锡、铜
	1995	捷克	库特纳霍拉历史名城中心的圣巴拉巴教堂及塞德莱茨的圣母玛利亚大教堂	（ii）（iv）	10-16世纪	银
	1980	巴西	欧鲁普雷图历史城镇	（i）（iii）	17-19世纪	金
	1987	玻利维亚	波托西城	（ii）（iv）（vi）	16-19世纪	银
	1988	墨西哥	瓜纳托历史城镇及周围矿藏	（i）（ii）（iv）（vi）	16-19世纪	银
	1993	墨西哥	萨卡特卡斯历史中心	（ii）（iv）	16-20世纪	银
	2006	智利	塞维尔铜矿城	（ii）	20世纪	铜

（来源：根据世界遗产官网信息整理）

6.3 矾山明矾工业遗址保护建议

6.3.1 典型工业遗址保护利用方式

目前工业遗产已成为世界各地遗产保护的重要内容，从优秀案例的保护路径与保护成效等方面可捕捉到当前此类遗产保护利用的基本模式，汲取其中养分将对矾山遗址未来保护多有益处。

（1）维利奇卡和博赫尼亚盐矿遗产保护

维利奇卡盐矿位于波兰南部喀尔巴阡山北麓，其自13世纪开采至20世纪末停止，是欧洲最古老的皇家盐矿，见证了欧洲各时期盐矿开采技术及其发展演变。1978年维利奇卡盐矿列入世界文化遗产，2013年临近的博赫尼亚盐矿并入后更名为"维利奇卡和博赫尼亚皇家盐矿遗产"，目前该盐矿是世界遗产中唯一利用地下岩盐开采制盐的遗产。

"维利奇卡和博赫尼亚皇家盐矿遗产"保护利用特点主要体现在三方面：保护管理体系、保护策略以及展示与利用。首先，遗产保护管理体系主要由管理运营机制与法律保障体系共同构成。盐矿现由维利奇卡盐矿公司、博赫尼亚公司及克拉科夫盐业维利奇卡盐矿博物馆共同运营,这些机构不具备开采权,前两者主要负责抢救清理历史矿井、设备维护与发展旅游,博物馆则是为遗址开发提供知识与技术支援。法律保障层面,主要依托波兰《地质采矿法》与《古纪念物保护法》展开日常运营与维护。其次,保护策略主要是采用多方合作保护与科学技术保护两种手段。多方合作保护又分为宏观与微观两个层面,宏观表现为在国际多方合作下提供盐矿保护必要资金并展开保护工程,微观表现为不同领域专家展开合作研究,根据研究成果与保护需求制定有关措施。最后,遗产展示利用的持久探索与多元尝试。18世纪起盐矿就设置了旅游线路与设施,未停产前盐矿游览与矿采活动已并行发展。目前,盐矿开放区开辟了观赏与体验等游览路线,前者满足游客观赏盐矿历史景观,后者提供体验古代矿采活动的机会,兼顾了普通与深度两种不同的游览需求。

(2) 景德镇陶瓷产业遗址保护

景德镇以瓷立市,是举世闻名的"瓷都",迄今仍以陶瓷生产为当地支柱产业。2012年景德镇尝试将旧工业区改造作为城市复兴带动点,由苏联参与援建的宇宙瓷厂旧厂区被选为试点工程,后该厂区被规划设计为"陶溪川·CHINA坊产业园区",目前是国内工业遗产改造项目中最具代表性的成功案例。

景德镇陶瓷产业遗址保护最大特点是充分利用现代网络优势,采用整套功能业态落位大数据辅助决策的方法,具体来说是通过大数据指引城市产业升级方向、分解业态与人群需求,并为遗址片区如何融入城市功能结构提出合理建议。除大数据方法介入支撑外,景德镇工业遗址还采用整体保护与片区活化利用相结合的方法。整体保护中,基于呈现陶瓷文脉的"一轴四片六厂"骨架展开规划,将周边历史区域、科技文化、旧厂房等资源整合管理,在此基础上进行业态活化,引入博物馆展示、瓷器市场交易等,以此实现传统与现代的互通联系。厂房改造上,以唤起人们记忆的工业载体为改造设计对象,基于最小干预原则,从形式、结构、材料、环境等多方着手,保证历史风貌完整性同时巧妙置入现代功能设施。整体来看,景德镇陶瓷产业遗址保护有以下值得借鉴的地方:首先,保有结构的整体打造,基于原有空间逻辑,将整个厂区打造为集文化、艺术、创意等为一体的大型城市综合体;其次,较少改变历史痕迹,对建筑单体等以修复加固为主,尽量保存历史风貌;最后,多途径赋予遗址活力,通过不同层级产业链搭接解决城市与遗址融合问题,以此推动遗址可持续发展。

(3) 现有工业遗址保护利用基本思路

上述案例呈现出目前国内外工业遗址在保护对象、保护策略及改造手段等方面的基本思路。首先是保护对象，大部分遗址是以整体保护与片区改造为主要对象，这能最大限度保护遗址真实性与完整性，也为旧工业区注入活力、引入资金与人才提供了必要空间，使其有重新焕发生机的条件。其次是保护策略，在保护与改造前一般需要政府、地方、民间三方联合展开调查，形成多元信息综合体。在此基础上以政府为主导设置相关政策与规定，并引入投资对遗址保护与利用。最后是改造利用手段，目前大部分遗址在保护利用中都开发了信息展示系统，与以往相比这些信息不再只是静态呈现，而是加入多感互动体验等手段，通过物质性遗址与虚拟空间的深度融合实现遗址价值的全面阐释及其对现代功能的支撑。

6.3.2 矾山明矾工业遗址保护现状

近年矾山积极探索以遗址保护与文化旅游为导向的转型之路，先后完成《浙江苍南矾矿国家地质公园总体规划（2021-2035）》《矾山镇历史文化名镇保护规划（2017-2030年）》《苍南县矾山镇福德湾历史文化名村保护规划（2014-2030年）》《矾山矾矿遗址保护规划（2022年）》《苍南矾矿"矾"文化实践基地100号结晶间规划设计方案》等与遗址有关的规划设计，试图通过打造一系列工业旅游项目来推进矾山的再度振兴。其中，具有代表性的是地质公园、福德湾、矾文化实践基地三个项目。地质公园规划设计以当地白垩纪早期火山岩风貌与六百余年采炼遗址为核心资源，打造集自然资源保护、科普教育、旅游休闲为一体的综合性国家公园。福德湾保护规划主要集中在三方面：一是传承和保护传统资源，覆盖自然环境、村落格局、历史建筑等多个方面；二是改善居民生活环境，完善村落生活基础设施与居住条件；三是提升村落发展能力与形成特色产业，实现村落保护发展的可持续性。实践基地规划是将单栋结晶房打造为"矾文化"教育基地，从矿山井巷、明矾生产与非遗文化等角度展示矾山历史，并设置矾塑制作等多个体验环节。可以看出，矾山在短期内对遗址实施的规划设计与保护举措极为频密，显示出当地政府与民众为谋求地区产业转型所抱有的决心。不可否认，这些整体、局部、单体层面的规划确实对矾山遗址留存起到积极作用，但独特的历史进程与特殊的行业地位都需要对遗址的保护格外审慎，以此为目标评判则地区尚在摸索中的保护工作难免存在值得警醒的地方。

第一，遗址资源需要进一步整合。目前矾山主要采取局部保护方式，即将保护举措集中于某处遗址，而忽略了对遗址关系的全局性保护。从时间结构看，矾山生产具有历史时期与新中国成立后两大阶段构成特征，如果说福德湾是历史时期的代表，那么矾矿主厂区就是现当代的代表，两者结合才能呈现矾山历史的完整性。然而，目前矾山将更多保护举措投入到福德湾，对矾矿主厂区则缺乏必要的保护规划，时间结构的缺失使人无法客观认知矾山的历史价值。不仅如此，矾山生产中还蕴含着"腹地-次外围-外围"的空间结构与"采炼-运销"的机制结构，它们与时间结构一起支撑着矾山遗址价值可被解读的基础，任何一种结构的缺失都将造成矾山历史真实性与完整性的误读。因此，对具有体系支撑意义的结构型遗址进行整体性保护迫切而必要，保护手段也需要更慎重的实施。

第二，遗址价值有待深入挖掘。如上所述，目前矾山遗址保护主要集中在对福德湾老街的修缮开发，形成以老街为骨架带动周边区域发展的保护模式，已具有一定的旅游热度。但调查可知，老街南部许多历史矿硐因缺乏日常维护而被荒草掩埋，朱、郑聚落原生活遗址因距老街较远而处于寂寂无闻的荒废状态，矿硐与生活区遗址都曾是福德湾矾业聚落"硐-居-窑"空间格局构成的基础，没有它们的参与辅助，福德湾老街生发的历史与价值显然无法被准确解读。不仅福德湾老街、主厂区、附属厂区、其他矿段、挑矾线路等多处遗址均存在相似现象，未经深入调查而匆忙介入保护，或弃之不顾，所带来的结果可能不只是价值无法准确呈现，更可能产生保护性破坏。

第三，民众参与度有待提升。目前矾山遗址保护的受众是外地游客，而对遗址如何在当地民众生活中发挥作用缺乏考虑。六百余年历史使矾山人对明矾业与当地环境有极高的认同感，访谈中他们畅聊祖辈的辉煌，期盼未来的振兴，话语中满是对矾山与矾矿的追忆与不舍，然而目前旅游为先的保护方式却将这种情感排除在外。以机修车间附属生活区为例，其西侧主厂区是矾山人最重要的记忆载体，是当地社会集体认同的源头，但主厂区所采取的封闭式管理却以高墙将生活区中的人们与其父辈奋斗过的地方冷漠隔绝开，使之陷入"邻厂不见厂"的尴尬。作为遗址的主人，现代矾山民众只能通过言语表达对矾山过往的怀念，这些口头表述脱离开物质载体还能维持多久令人担忧，一旦民众记忆弱化消散，矾山遗址生存所仰赖的社会土壤或将不复存在。

第四，保护策略与手段需要专门与细化。矾山是因矾而兴的历史地理单元，其遗址呈现出明显的生产专门性与环境独特性，相应常规性保护是否能够准确揭示遗址价值、是否有利于矾山释放自身历史文化魅力就值得商榷。目前在已实施的保护举措中，以常规手段实施的保护效果差强人意，例如：矾客工厂因缺少观览流线规划与明确导视指引已出现沦为闲置场所的趋向，矾矿博物馆与奇石馆展示空间因缺少互动体验而无法吸引足够人流，福德湾、312矿硐、主厂区煅烧炉群各自为政的景观打造使人无法了解它们的内在关联等，这些已然出现的不足都提醒矾山需要更精准、更科学、更细致地展开保护工作。因此，从文旅转型的初级阶段开始，矾山就应该借鉴目前国际上工业遗址保护的最新理念与方法，竭力挖掘当地历史文化内涵，以最大化呈现独有价值为目标，不断探索符合自身特质的保护之路。

6.3.3 矾山明矾工业遗址发展建议

（1）建构立体保护发展框架

《实施世界遗产公约操作指南》指出："每一处申报遗产都应有适宜的管理规划或其他有文可依的管理体制，其中需要详细说明将如何采取措施（最好是多方参与的方式）保护遗产突出的普遍价值。"[4] 目前矾山虽已形成政府主导的保护模式，但仍缺乏全面完整的保护发展框架。因此，建议设立多层级立体保护发展框架，联结不同管理层级与多方民间力量，制定政策管理机制，以此明确各管理层级权利与责任，保障资金投入与保护举措的有序安排。

（2）精准评估遗址价值内涵

世界遗产公约明确指出拟申报遗产必须符合真实性与完整性两项基本条件，因此矾山需按申报条件在已调查基础上对遗址进一步辨识，展开专项调查，评估其材料、工艺、形式、方位等各项真实性要素及其完整度。按申报要求遗产价值需匹配物质载体予以展现，矾山因此需采用社会人类学、城市规划史、建筑史等多学科融合方式进行遗址价值深入挖掘，在既有遗址中提炼能够承载当地历史文化独特性的关键要素，以整体性逻辑对其整合重组，并按世界遗产申报要求予以展现。

（3）展开多尺度层级保护利用

对矾山遗址展开从宏观到微观不同尺度层级保护利用。宏观层面主要对以四条挑矾线路为骨架的矾业辐射圈为对象进行保护，中观层面是将融合"生产-生活"两类遗址及其相关的矿段与矾矿厂区进行保护，微观层面是依时期或功能对结晶房、煅烧炉等遗址进行专题性保护。矾山遗址构成复杂，唯有对不同尺度与层级遗址同步展开保护才可能多维度地阐释当地历史文化价值。具体保护中不仅要关注遗址本体价值，也要对遗址所处人文与自然环境梳理，尽量以整体视角挖掘遗址潜藏的价值。

（4）引入活化路径与品牌传播机制

引入"内引外化"的活化路径。"引"指外推力，即招商引资，为遗址保护利用提供持续性资金与技术保障，使其实现可持续发展；"化"为内生力，即招贤引智，吸引与召集优秀人才进入矾山，激发矾山产业活力。"内引外化"前提是成熟的品牌宣传机制，即不断拓展矾山社会知名度与影响力，这可通过现实与虚拟空间、学术研究与产业创新等多手段结合方式展开，例如创办线下与线上交流展示平台、设置明矾地质研究所与矾塑艺术研究所等学术机构等。通过信息与人群的不断流动，推动矾山持续向外部更全面高效地展示自己。

矾山明矾工业遗址是我国明矾工业发展的宝贵遗产，亟需实施保护以尽可能留存其全面历史信息，但矾山生产波及之广、延伸历史之久，加之民间生产不见于史书，故六百余年生产史的细节难以在短期内耙梳尽显，这使全面认知当地遗址的价值变得困难重重。而与此同时，矾山正在世界遗产申报之路上不懈进取，遗址开发热度持续推高，建设举措覆盖的遗址数量日益增多。面对上述双重压力，如何对矾山遗址实施有效保护以使其价值得以全面、准确传递就需要学界投入更多的注力与探索！

注释

［1］（元）马端临. 文献通考·征榷考二［M］. 北京：中华书局，1986：156.

［2］宣之强. 中国明矾石资源及其应用［J］. 化工矿产地质，1998，（04）：10-17.

［3］Jecock M. A. Fading Memory:The North Yorkshire Coastal Alum Industry in the Light of Recent Analytical Field Survey by English Heritage[J]. Industrial Archaeology Review, 2009, 31(1): 54-73.

［4］联合国教科文组织世界遗产中心，中国古迹遗址保护协会译. 实施《世界遗产公约》操作指南，中国古迹遗址保护协会，网址http://www.icomoschina.org.cn/content/details57_10856.html.

参 考 文 献

中 文 文 献

1 书籍著作

［1］ 苍南县地方志编纂委员会. 苍南县志［M］. 杭州：浙江人民出版社，1997.

［2］ 蔡惠兰. 矿产资源战略分析：明矾石［M］. 北京：地质矿产部全国地质资料局，1990.

［3］ 顾琅，周树人. 中国矿产志［M］. 上海：上海四马路中华书局，1912.

［4］ 矾矿春秋编撰委员会. 矾矿春秋［M］. 合肥：安徽人民出版社，1990.

［5］ 傅培鑫. 明矾石利用物理化学原理［M］. 香港：香港出版社，2005.

［6］ 章鸿钊. 古矿录［M］. 北京：地质出版社，1954.

［7］ （清）黄鼎翰总纂. 福鼎县乡土志［M］. 福鼎县地方志编撰委员会，1989.

［8］ 黄道全. 全国矿产产地资料汇编：明矾［M］. 北京：地质部全国地质资料局，1957.

［9］ 李晖华. 苍南文物概览［M］. 杭州：西泠印社出版社，2014.

［10］ 刘绍宽. 民国平阳县志［M］. 台北：成文出版社有限公司，民国五十九年.

［11］ 民国建设委员会调查浙江经济所. 浙江平阳矾矿业概况［M］. 1931.

［12］ 民国实业部国际贸易局. 中国实业志·浙江省（第6编）：矿产［M］. 1933.

［13］ 平阳县商业局. 平阳商业志［M］. 1990.

［14］ （明）宋应星著，潘吉星译注. 天工开物译注［M］. 上海：上海古籍出版社，2008.

［15］ （明）王瓒，蔡芳编纂；胡珠生校注. 弘治温州府志［M］. 上海：上海社会科学院出版社，2006.

［16］ 王登红. 中国矿产地质志：矿产地名录卷［M］. 北京：地质出版社，2014.

［17］ 杨思好. 苍南金石志［M］. 杭州：浙江古籍出版社，2011.

［18］ 杨思好，杨道敏，项延昌. 温州古道·苍南篇［M］. 北京：中国对外翻译出版有限公司，2014.

［19］ 浙江省化学工业研究所，浙江省科学技术协会. 明矾石的综合利用［M］. 杭州：浙江人民出版社，1958.

［20］ 郑立于. 祖国的矾都［M］. 杭州：浙江人民出版社，1958.

［21］ 周厚才. 温州港史［M］. 北京：人民交通出版社，1990.

［22］ 中共浙江省委党史研究室，中国浙江省委统战部. 中国资本主义工商业的社会主义改造：浙江卷［M］. 北京：中共党史出版社，1991.

［23］ 赵匡华，周嘉华. 中国科学技术史：化学卷［M］. 北京：科学出版社，1998.

[24] 中华人民共和国杭州海关. 近代浙江通商口岸经济社会概况——浙海关、瓯海关、杭州关贸易报告集成[M]. 杭州: 浙江人民出版社, 2002.

[25] 政协浙江省苍南县委员会文史资料委员会. 苍南文史资料（第19辑）: 矾矿专辑[M]. 2004.

[26] 赵肖为. 近代温州社会经济发展概况: 瓯海关贸易报告与十年报告译编[M]. 上海: 上海三联书店, 2014.

[27] 张传君. 世界矾都——700年矿山采炼活化石[M]. 杭州: 浙江摄影出版社, 2016.

[28] 郑成林. 民国时期经济调查资料汇编（全30册）[M]. 北京: 国家图书馆出版社, 2013.

[29] 政协福鼎市委员会教科文卫体与文史学习委. 福鼎文史（第31辑）: 前岐专辑[M]. 2014.

2 各类论文

[1] 蔡惟罡. 浙江苍南矾山明矾石矿床的地质特征与成因讨论[J]. 浙江地质, 1986, (1): 45-53.

[2] 陈亦人. 浙江温州"矾都"早期的历史辩考[J]. 台州学院学报, 2014, (6): 52-56.

[3] 戴湘毅, 阙维民. 浙江矾山矾矿的遗产价值与保护建议[J]. 矿业研究与开发, 2013, (2): 77-83.

[4] 戴湘毅, 涂文慧, 张鑫等. 遗产社区旅游转型初期商业发展过程与机制——以福德湾矿工村为例[J]. 资源科学, 2019, (3): 475-483.

[5] 黄纯艳. 论宋代的榷矾制度[J]. 中国社会经济史研究, 2002, (3): 20-27.

[6] 黄克进. 浅谈温州矾矿"申遗"和矿区探讨转型之路[J]. 财经界（学术版）, 2015, (11): 359-360.

[7] 金筱田, 苏汝民. 平阳矾矿采空区处理的研究[J]. 工业安全与防尘, 1991, (8): 1-8.

[8] 卢作霆. 平阳明矾工业的现状及其展望[J]. 化学世界, 1953, (6): 22-26.

[9] 李国祁, 吴文星, 朱鸿. 温州府的市镇结构及其演变[J]. 教学与研究, 1979, (1): 93-146.

[10] 梁祥济, 王福生. 浙江平阳矾山明矾石矿床形成机理的实验研究[J]. 地质学报, 1998, (2): 162-172.

[11] 李晖华, 蒋久寿. 浅析工业文化遗产的"大遗址保护"之路——以温州矾矿遗址为例[J]. 文化艺术研究, 2012, (3): 35-39.

[12] 李海涛. 近代安徽庐江矾矿资源开发研究[J]. 山东科技大学学报（社会科学版）, 2015, (1): 14-21.

[13] 潘明和, 阎鼎欧. 明矾石及其综合利用[J]. 有色金属（冶炼部分）, 1964, (6): 30-32.

[14] 阙维民, 林尚凯, 徐敏等. 温州矾矿矿业遗产保护规划简述及社会问卷分析[J]. 中国园林, 2013, (9): 106-110.

[15] 苏少锋, 曾宏伟, 鲍灵高. 让古老的工业释放更多魅力——以温州矾矿为例[J]. 小城镇建设, 2008, (5): 60-62.

[16] 汤元龙, 杨坚. 浙江矾山明矾石矿床的地质特征及成因初析[J]. 化工地质, 1982, (2): 17-24.

[17] 王慕抽. 浅谈温州矾矿工业文化遗产数字化保护 [J]. 科技信息, 2013, (2): 49-52.

[18] 章元济. 浙江矾矿和氟矿的联合利用 [J]. 化学世界, 1955, (7): 307-311.

[19] 赵匡华. 中国古代的矾化学 [J]. 化学通报, 1983, (12): 55-58.

[20] 赵润华. 宋代专卖工业之关系：宋代榷矾与工业之关系 [D]. 香港：香港大学硕士学位论文, 1976.

[21] 倪定清. 温州矾矿工业遗产旅游开发研究 [D]. 桂林：广西师范大学硕士学位论文, 2014.

[22] 栗鹏. 宋代榷矾制度研究——着眼于区域的考察 [D]. 哈尔滨：黑龙江大学硕士学位论文, 2016.

[23] 张云鹤. 繁华落尽：一个东南渔港的环境民族志 [D]. 厦门：厦门大学博士学位论文, 2019.

[24] 冯书静. 技术史视野中的温州矾矿工业考古研究 [D]. 北京：北京科技大学博士学位论文, 2020.

[25] 黄名楷. 清代至民国平阳矾矿的开发与竞利 [D]. 上海：华东师范大学硕士学位论文, 2020.

3 报刊杂志

[1] 包叔良. 平阳矾山明矾之制造 [N]. 浙江建设（战时特刊）, 1940, (2): 136-137.

[2] 蔡孔耀. 平阳县矾业调查报告（附图表）[N]. 浙江工业, 1939, (9): 11-16.

[3] 调查平阳县矾矿报告书 [N]. 地质研究会年刊, 1921, (1): 149-152.

[4] 胡佛澄. 平阳矾业的状况 [N]. 时事新报, 1921-1-26 (3).

[5] 侯德封. 第五次中国矿业纪要：浙江省平阳矾矿 [N]. 地质专报, 1935: 473.

[6] 国内经济矿业部, 商定整顿浙江平阳矾矿办法 [N]. 工商半月刊, 1934, (24): 107-108.

[7] 国防资源调查. 浙省平阳县矾业调查 [N]. 国防论坛, 1935, 3 (4): 65-66.

[8] 日商采办明矾之影响 [N]. 时事新报, 1920-5-19 (1).

[9] 斯琴. 平阳的矾山 [N]. 东南日报, 1940-1-28 (4).

[10] 施昕更. 浙江地质调查之进展 [N]. 东南日报, 1937-6-26 (3).

[11] 廷幹. 平阳的矾矿 [N]. 市街, 1936, (3): 11-13.

[12] 温州开发明矾 [N]. 时事新报, 1936-8-1 (2).

[13] 伍廷琛. 平阳矾山矾矿调查 [N]. 浙江建设（战时特刊）, 1940, (2): 130-135.

[14] 叶良辅, 李璜, 张更. 浙江平阳之明矾石 [G] //国立中央研究院地质研究所集刊, 1930, (10): 1-31.

[15] 叶良辅. 研究浙江平阳矾矿之经过 [N]. 地质论评, 1936, (3): 301-310.

[16] 整理浙江省矿业之矿产调查所制定办法 [N]. 民国日报, 1931-8-11 (1).

[17] 中央地质研究所. 考察浙东矾矿 [N]. 矿业周报, 1934, (286): 6.

[18] 浙省平阳县矾业调查 [N]. 时事新报, 1934-11-19 (1).

[19] 浙建厅整理平阳矾矿计划 [N]. 矿业周报, 1934, (313): 3-5.

[20] 浙省平阳县矾业调查 [N]. 工商半月刊, 1934, (23): 75-77.

[21] 浙省平阳县之矾业［N］. 国际贸易导报, 1934,（12）：208-210.

[22] 浙江明矾藏量甚丰 甘肃盐池取之不竭［N］. 力行日报, 1947-4-14（2）.

[23] 浙江省的矿业概矿［N］. 中央日报, 1947-6-9（5）.

[24] 浙江省明矾产量甚丰［N］. 快报, 1947-4-13（1）.

[25] 浙矾矿冠全世界［N］. 时事新报, 1947-4-14（2）.

[26] 张道渊. 酒精与明矾关系我民族新生命之重大［N］. 时事新报, 1935-6-1（1）.

4 调查报告

[1] 苍南县文化局. 苍南县非物质文化遗产普查成果汇编［R］. 2008.

[2] 苍南县国土资源局, 浙江省第十一地质大队. 温州矾矿矿业遗迹调查报告［R］. 2008.

[3] 华东地质局. 浙江省平阳矾山街明矾石地质勘探总结报告［R］. 1959.

[4] 孔令雄. 矾都: 矾史连环画［R］. 2018.

[5] 阙维民等. 中国温州矾矿申报世界遗产前期调研报告［R］. 2014.

[6] 郑立标等. 西坑郑氏人史纲［R］. 2021.

[7] 许蟠云, 范翰芬. 平阳矾业调查［R］. 温州市图书馆藏, 1933.

[8] 郑益备. 拼搏的矾山人［R］. 2019.

[9] 郑兹芽. 茅草厂房终结记［R］. 2020.

[10] 浙江省平阳矾矿. 矾矿志（内部资料）［R］. 温州矾矿发展集团档案室, 1992.

[11] 浙江省永嘉行政督察区行政督察委员会公署. 平阳矾业调查［R］. 中华民国廿六年.

[12] 浙江省第十一地质大队. 拟建浙江省温州矾山国家矿山公园综合考察［R］. 2017.

[13] 浙江省数字科普研究所. 温州特色科普小镇建设研究项目调研报告［R］. 2018.

[14] 浙江省城乡规划设计院, 浙江省第十一地质大队. 温州矾山国家矿山公园总体规划［R］. 2016.

[15] 浙江省第十一地质大队. 拟建温州矾山国家矿山公园总体规划［R］. 2016.

[16] 深圳市国泰安启航建设工程有限公司. 温州矾矿"矾"文化实践基地100号结晶房实践规划方案［R］. 2017.

[17] 浙江大学城乡规划设计研究院. 苍南县矾山镇省级历史文化名镇保护规划（2017-2030）［R］. 2020.

[18] 浙江大学城乡规划设计研究院. 苍南县福德湾村国家级历史文化名村保护规划（2020-2035）［R］. 2020.

外 文 文 献

[1] Appleton P A. Forgotten Industry: The Alum Shale Industry of North-east Yorkshire [M]. Boroughgates Books, 2018.

［2］ Bell Turton R. The Alum Farm: Together with A History of the Origin Development and Eventual Decline of the Alum Trade in North-east Yorkshire [M]. Whitby: Hone & Son, 1938.

［3］ Hansen V. The Textile History of Whitby (1700-1914): A Lively Coastal Town between the North Sea and NorthYork Moors [M]. Mazzarella S London &Whitby: The Ik Foundation & Company, 2015.

［4］ Jecock M A. Fading Memory: The North Yorkshire Coastal Alum Industry in the Light of Recent Analytical Field Survey by English Heritage [J]. Industrial Archaeology Review, 2009, 31 (1): 54-73.

［5］ Lee G. Industrial Archaeology in the North York Moors National Park Recent Work and Research [J]. Industrial Archaeology Review, 2006, 28 (2): 77-86.

［6］ Needham J, Ling W. Science and Civilisation in China: Mathematics and the Sciences of the Heavens and the Earth [M]. Cambridge: The University of Cambridge, 1959.

［7］ Wright C. Florentine Alum Mining in the Hospitaller Islands: The Appalto of 1442 [J]. Journal of Medieval History, 2010, 36 (2): 175-191.

［8］ Singer C. The Earliest Chemical Industrial: An Essay in the Historical Relations of Economics& Technology illustrated from the Alum Trade [M]. London: The Folio Society, 1949.

［9］ Skillen B S. Aspects ofthe Alum Mining Industry about Glasgow [J]. BritishMining, 1989, (39): 53-60.

［10］ Suraiya Faroqhi. Alum Production and Alum Trade in the Ottoman Empire (about 1560-1830) [J]. Wiener Zeitschrift für die Kunde des Morgenlandes, 1979, 71: 153-175.

附录 现有浙江矾山明矾工业遗址调查名录

（1）鸡笼山矿段采炼遗址

序号	遗址名称	地址（空间位置）	始建时间	初始功能	现状说明
1	红粉硐	南山坪宫西南约80米处	约清代	矿采场所	硐口杂草众多，无法进入
2	半山窑矿硐群	半山窑	明清-20世纪50年代	矿采场所	硐口周围有矿石堆，无法进入
3	火龙坑	鸡笼山南部	约清代	矿采场所	硐口与岩壁呈长时间烟熏痕迹，无法进入
4	雪花窟	南山坪宫西南约80米处	约清代	矿采场所	硐口杂草众多，无法进入
5	虎斑硐	南山坪宫东约200米处	约清代	矿采场所	硐口杂草众多，无法进入
6	企龙垫矿硐	鸡笼山西南	20世纪60-70年代	矿采场所	硐口封闭，无法进入
7	贡头尾石硐	南山坪宫西南约150米处	约清代	矿采场所	硐口杂草众多，无法进入
8	360平硐	西坑路郑氏宗祠西北约80米处	20世纪60-70年代	矿采场所	硐口安装有铁门，内部有照明系统，无法进入
9	400平硐	西坑路郑氏宗祠西北约180米处	20世纪50年代	矿采场所	硐口用石块封死，无法进入
10	427平硐	400平硐西北200米处	20世纪60-70年代	矿采场所	硐口封闭，无法进入
11	500平硐	400平硐南约100米处	20世纪60-70年代	矿采场所	硐口封闭，无法进入
12	530平硐	400平硐南约160米处	20世纪60-70年代	矿采场所	硐口封闭，无法进入
13	400平硐压风机房	400平硐口西	20世纪60年代	矿采附属	一层，砖混结构，外墙尚好，门窗缺失较多
14	400平硐变电房	400平硐口北	20世纪80年代	矿采附属	局部两层，砖混结构，外墙尚好，门窗损毁
15	400平硐工具房	400平硐口东	20世纪60年代	矿采附属	一层，砖混结构，墙体坍塌，环境长满杂草
16	400平硐打铁铺	400平硐口北	20世纪80年代	矿采附属	一层，砖混结构，保存较完整
17	400平硐堆料场	400平硐西北约100米处	20世纪80年代	矿采附属	由废石沿山坡向下堆放而成，高差约5米，环境杂乱
18	400平硐食堂	400平硐口东	20世纪60年代	食堂建筑	一层，砖混结构，现为蜡烛厂房
19	矾矿总通风处	312平硐西南约240米处	20世纪80年代	矿采附属	一层，砖混结构，外观完整，内部无法进入
20	雷打窑	福德湾福德坡126号	约清代	炼制场所	仅煅烧炉与打铁铺保留，场地其他部分现建有民房与菜园

续表

序号	遗址名称	地址（空间位置）	始建时间	初始功能	现状说明
21	半山窑	半山窑	约20世纪50年代	炼制场所	结晶池保留
22	死人窑	岭脚街西	约清代	炼制场所	原厂房设施不存，场地现建民房
23	寮仔厝	西坑路郑氏宗祠东北约70米处	约清代	炼制场所	原厂房设施不存，场地被杂草覆盖
24	石宫窑	石板街石宫东	约清代	炼制场所	原厂房设施不存，场地现建民房
25	石宫脚窑	石板街石宫东北	约清代	炼制场所	原厂房设施不存，有疑似煅烧炉残基保留，场地可见矾渣
26	大同窑	石板街石宫南	民国时期	炼制场所	原厂房设施不存，场地被杂草覆盖
27	芳田窑	福德湾老街东	约清代	炼制场所	原厂房设施不存，场地现重建有民房
28	银石埭窑	石板街石宫东南约300米处	约清代	炼制场所	原厂房设施不存，场地可见矾渣，现为盘山公路区域
29	上老南坑窑	寮仔厝窑西北约40米处	约清代	炼制场所	原厂房设施不存，场地现建民房
30	下老南坑窑	寮仔厝窑北部约90米处	民国时期	炼制场所	原厂房设施不存，场地后建明矾仓库，现局部保留
31	坑内窑	西坑车间2号沉淀池所在	约清代	炼制场所	原厂房设施不存，场地现建民房
32	福德湾窑	福德湾老街与岭脚街交汇处	约清代	炼制场所	原厂房设施不存，场地现建民房
33	新窑仔	岭脚街西	20世纪60-70年代	炼制场所	原厂房设施不存，场地现建民房
34	四门碓窑	土地巷东约50米处	民国时期	炼制场所	原厂房设施不存，场地现建民房
35	风吹隔矾窑	风吹隔	20世纪70年代	炼制场所	原厂房设施不存，场地被杂草覆盖
36	胡氏矾窑	下半山	约清代	炼制场所	原厂房设施不存，场地被杂草覆盖
37	西坑车间1号煅烧炉	西坑路29号东	民国时期	炼制设施（煅烧）	双炉结构，炉体完整，炉身用带钢、角钢等加固
38	西坑车间2号煅烧炉	石板街南	民国时期	炼制设施（煅烧）	双炉结构，东侧炉完整，西侧炉上部倒塌

续表

序号	遗址名称	地址（空间位置）	始建时间	初始功能	现状说明
39	西坑车间3号煅烧炉	福德坡126号	民国时期	炼制设施（煅烧）	单炉结构，基座与炉身保留，残高约11.9米
40	西坑车间4号煅烧炉	福德坡104号南	民国时期	炼制设施（煅烧）	单炉结构，仅余方形基座，残高约2.9米
41	西坑车间5号煅烧炉	福德湾老街与岭脚街交叉口	民国时期	炼制设施（煅烧）	原设施不存，场地现建有民房
42	西坑车间2号沉淀池	福德湾矾都路北侧	民国时期	炼制设施（溶解）	单层厂房，外观与结构均完整，但内部环境杂乱
43	西坑车间1号结晶区	朝阳二巷121号西北	20世纪50-60年代	炼制设施（结晶）	仅余东、南和西侧石砌围墙，场地北现建有民房
44	西坑车间2号结晶区	福德坡118-124号北	20世纪50-60年代	炼制设施（结晶）	仅余东西两侧石砌墙体与南侧挡土墙，场地现建有民房
45	西坑车间3号结晶区	石板街3号煅烧炉北	20世纪50-60年代	炼制设施（结晶）	厂房设施不存，场地现建有民房（肉燕展示馆）与菜园
46	西坑车间4号结晶区	4号煅烧炉东北面	20世纪50-60年代	炼制设施（结晶）	厂房梁架部分保留，场地现局部建有民房
47	西坑车间5号结晶区	岭脚街西	20世纪50-60年代	炼制设施（结晶）	厂房设施不存，场地局部建有民房，大部分被杂草覆盖
48	西坑车间选矿厂房	福德湾老街与岭脚街交叉口	20世纪50年代	炼制附属	单层厂房，砖混结构，现改建为民房
49	西坑车间1号堆料场	西坑路郑氏宗祠东	民国时期	炼制附属	以花岗岩毛石砌筑，有5个出料口，现内部杂草丛生
50	西坑车间2号堆料场	福德湾老街东	民国时期	炼制附属	沿山体东低西高布置，有3个出料口，现环境破败
51	西坑车间锅炉房	石板街沿线	20世纪50-60年代	炼制附属	两层，砖混结构，西与南侧保持原貌，东侧改为现民宿
52	西坑车间1号水池	福德湾老街东	20世纪50年代	炼制附属	保存较好，周围池体有开裂痕迹
53	西坑车间2号水池	福德湾老街西约70米处	20世纪50年代	炼制附属	平面长方形，池高约1.5米，现池体有开裂，杂草丛生
54	西坑车间水泵房	福德湾老街西	20世纪50年代	炼制附属	一层，青砖砌筑，整体较完整，南北两侧建有老人活动室
55	西坑车间2号变电所	福德湾老街东南	20世纪50-60年代	炼制附属	一层，砖混结构，外墙仍有三角铁、瓷瓶等设施
56	西坑车间2号打铁铺	福德坡东126号	20世纪50年代	炼制附属	一层，砖混结构，西梢间屋面有漏雨现象，现为民宅
57	西坑车间管理用房	4号结晶区遗址东	20世纪50年代	办公建筑	一层，青砖砌筑，现改为民宅，保存较好

（2）鸡笼山矿段生活遗址

序号	遗址名称	地址（空间位置）	始建时间	初始功能	现状说明
1	朱良答民居	福德湾南山坪	清末民初	民居建筑	合院建筑，格局保留，现局部改为餐馆
2	朱修巳故居	福德湾南山坪	清光绪二十五年（1905）	民居建筑	合院建筑，仅余东厢房，现南侧保持原貌，北侧改建
3	朱良炳故居	福德湾南山坪	约清末民初	民居建筑	合院建筑，格局完整，现室内积满灰尘，院落长满杂草
4	旗杆内民居	福德湾旗杆内	清康熙年间	民居建筑	合院建筑，已改建为现代建筑，现为民俗博物馆
5	旗杆脚民居	福德湾旗杆脚	清末民初	民居建筑	合院建筑，格局较完整，山墙部分改造，木结构保存完好
6	朱氏宗祠及墓园	福德湾南山坪	1913年	宗祠建筑	整体新建，装饰精致，环境略陈旧，现为朱子文化中心
7	朱氏合院民居	福德湾老街沿线	清末民初	民居建筑	合院建筑，仅余正房，现为九三学社社员之家
8	1号朱氏民居	福德湾老街沿线	清末民初	民居建筑	两层，木结构，梁架保存完整，院落重新铺装
9	2号朱氏民居	福德湾老街沿线	清末民初	民居建筑	两层，木结构，砖石外墙，无法进入
10	3号朱氏民居	福德湾老街沿线	清末民初	民居建筑	两层，木结构，砖石外墙，已重修
11	4号朱氏民居	福德湾老街沿线	清末民初	民居建筑	两层，木结构，木雕构件较多，历史价值较高
12	5号朱氏民居	福德湾老街沿线	民国时期	民居建筑	两层，砖混结构，外墙白色粉刷局部剥落
13	6号朱氏民居	福德湾老街沿线	清末民初	民居建筑	一层，木结构，砖石外墙，周围长满杂草
14	7号朱氏民居	福德湾老街沿线	清末民初	民居建筑	一层，木结构，砖石山墙与木构架保存较好
15	朱氏芳田房一	福德垾242-248号	约清代	民居建筑	一层，木结构，梁架保存完整，现由多户居住
16	朱氏芳田房二	福德垾256-268号	约清代	民居建筑	合院建筑，格局保留，现东厢为酒吧，西厢为商铺与民房
17	四分内朱氏民居	玉泉巷28号	约清代	民居建筑	合院建筑，正房北侧与北厢房保持原状，其余改建
18	郑刘宅	福德垾237-243号	民国时期	民居建筑	合院建筑，格局保留，外立面皆木构，现为商业旅游设施
19	毛峰岗民居	西坑路36-50号	清道光三十年（1850）	民居建筑	合院建筑，整体新建，现为商业旅游设施（古道客栈）
20	郑氏新宗祠	福德湾西坑路	2015年	宗祠建筑	合院建筑，整体新建，现为郑氏文化中心
21	郑氏老宗祠	福德湾西坑路	1995年	宗祠建筑	合院建筑，一层，现代形式，现为荒草掩盖

续表

序号	遗址名称	地址（空间位置）	始建时间	初始功能	现状说明
22	胡氏宗祠	下半山	2014年	宗祠建筑	合院建筑，整体新建，现为胡氏文化中心
23	胡氏墓园	下半山	2014年	墓葬建筑	前设小广场，后为胡氏坟茔，格局完整
24	胡氏白马爷宫	下半山	2014年	宗教建筑	单神殿建筑，整体新建，环境整洁
25	王心兰故居（王厝）	嘉祥村牛尾垟11号	清光绪二十三年（1897）	民居建筑	一层，木结构，正房梁架木雕装饰保存完整
26	朱思勤民居	福德垵东158-160号	清末民初	商住建筑	两层，砖混结构，现为书店、饭店、居住等功能
27	陈德和、郑书密等民居	福德垵162-168号	约清代	商住建筑	两层，砖石结构，两开间，已修缮，现为商业店铺
28	郑一本、李敏仙等民居	福德垵170-176号	约清代	商住建筑	两层，木结构，四开间，现临街为商铺，东侧为居民自住
29	王汝菊、项祖金等民居	福德垵178-184号	约清代	商住建筑	两层，木结构，五开间，现西侧沿街为商铺
30	郑益陆、郑益德等民居	福德垵198-200号	约清代	商住建筑	两层，木结构，两间半，侧面保存初始风貌，现为商铺
31	李水记、郑益益等民居	福德垵东203-207号	约清代	商住建筑	两层，木结构，因地构屋，现为商铺
32	郑一清、朱伟晴等民居	福德垵206-208号	清末民初	商住建筑	两层，木结构，三开间，现为商业与居住功能混合
33	郑书良、郑书孝等民居	福德垵209-213号	约清代	商住建筑	两层，木结构，三开间，前门改为铝合金门扇，现为商铺
34	曾素贞民居	福德垵215-221号	约清代	商住建筑	两层，木结构，四开间加披屋，现东侧房屋窗户已改造
35	孔玉珠、张笃林民居	福德垵228-230号	约清代	商住建筑	两层，木结构，两开间，木墙面保存较好，二楼已改
36	南山路1号民居	南山路1号	清末民初	商住建筑	两层，木结构，三开间，木外墙与檐口吊柱保存较好
37	南山路2号民居	南山路8-10号	清末民初	商住建筑	两层，木结构，两开间，木构外墙，整体保存尚可
38	内街1号民居	内街1-3号	民国时期	商住建筑	两层，木结构，两开间，原砖砌立面现增加水泥砂浆抹灰
39	内街2号民居	内街2-8号	民国时期	商住建筑	两层，木结构，四开间，6号两层部分外墙抹水泥砂浆
40	内街3号民居	内街5号	清末民初	商住建筑	两层，木结构，单开间，阳台宝瓶栏杆保存完好
41	内街4号民居	内街7号	清末民初	民居建筑	一层，木结构，单开间，外墙完整，无法进入

续表

序号	遗址名称	地址（空间位置）	始建时间	初始功能	现状说明
42	内街5号民居	内街9号	清末民初	民居建筑	一层，木结构，单开间，外墙保存较好
43	内街6号民居	内街10-20号	约清代	商住建筑	两层，木结构，六开间，木构墙体保存一般
44	内街7号民居	内街11-13号	约清代	商住建筑	一层，木结构，两开间，木结构倾斜
45	内街8号民居	内街15-17号	清末民初	民居建筑	两层，砖混结构，三开间，现为居委会办公场所
46	内街9号民居	内街19-21号	民国时期	民居建筑	两层，木结构，两开间，部分墙体倒塌，保存较差
47	内街10号民居	内街22-24号	清末民初	商住建筑	两层，木结构，木墙体与垂莲吊柱保存完整，24号翻建
48	内街11号民居	内街23-27号	20世纪50年代	民居建筑	两层，木结构，三开间，砖石墙体，保存较差
49	内街12号民居	内街26-32号	1936年	商住建筑	三层，砖混结构，外墙水刷石、两层檐口装饰线脚保存完整，现上层为民宅，底层为商铺
50	内街13号民居	内街34-36号	20世纪50年代	民居建筑	两层，木结构，两开间，保存尚可
51	内街14号民居	内街37-39号	约清末	商住建筑	两层，木结构，三开间，现39号一层外墙改为砖砌
52	内街15号民居	内街41-49号	约清代	商住建筑	一层，木结构，四开间，部分屋面倒塌，保存较差
53	内街16号民居	内街53号	约清末	商住建筑	两层，木结构，单开间，保存尚可
54	内街17号民居	双乐巷50-54号	约清代	民居建筑	两层，木结构，七开间，牛腿、斗拱等保存完整，西侧三间改建
55	亭仔巷1号民居	亭仔巷14-16号	20世纪50年代	民居建筑	两层，木结构，三开间，正立面底层外移砌砖墙，16号增加平顶，15号西侧增加阳台
56	亭仔巷2号民居	亭仔巷17-20号	清末民初	民居建筑	两层，木结构，四开间，正立面二层将原外墙外移
57	亭仔巷3号民居	亭仔巷26-30号	约清末	民居建筑	一层，木结构，五开间，明间屋面倒塌，其余结构有歪闪
58	亭仔巷4号民居	亭仔巷33-35号	约清代	民居建筑	一层，木结构，五开间，明间倒塌，左侧两间已新建
59	亭仔巷5号民居	亭仔巷40-42号	清末民初	民居建筑	两层，木结构，三开间，正立面原为木墙，现局部有改动
60	溪滨西路民居	滨溪西路43弄09-12；17-20；21-23号	约清末	民居建筑	原为一家之业，后由多户杂居，现檐柱斗拱、雀替、月梁、檩条等保存完整
61	长春街1号民居	长春街12-14号	清末民初	民居建筑	两层，木结构，两开间，山墙已改造，木结构有歪闪

续表

序号	遗址名称	地址（空间位置）	始建时间	初始功能	现状说明
62	长春街2号民居	长春街19-25号	清末民初	民居建筑	两层，木结构，四开间，25号外墙一层改为砖砌
63	长春街3号民居	长春街43-45号	清末民初	民居建筑	两层，木结构，两开间，木墙体已改，45号沿街立面外移
64	长春街4号民居	长春街47-53号	清末民初	民居建筑	两层，木结构，四开间，47号屋脊倾斜，屋顶与木结构歪闪，内部已修缮
65	长春街5号民居	长春街58号	20世纪60年代	民居建筑	两层，木结构，单开间，南立面改为砖墙
66	长春街6号民居	长春街59-61号	20世纪50年代	民居建筑	两层，木结构，两开间，立面采用铝合金门窗，室内翻修
67	长春街7号民居	长春街60-64号	20世纪40年代	民居建筑	两层，木结构，三开间，64号一层外墙外移，屋面翻新
68	长春街8号民居	长春街63-75号	20世纪40年代	民居建筑	两层，木结构，七开间，63-69号一层已改造
69	长春街9号民居	长春街77-81号	20世纪40年代	民居建筑	两层，木结构，三开间，屋顶梁架保存，北立面窗门改造
70	长春街10号民居	长春街66号	20世纪40年代	民居建筑	两层，木结构，单开间，屋架倾斜，屋顶瓦片和椽子脱落，屋内墙基侵蚀严重
71	长春街11号民居	长春街68、70号	20世纪20年代	民居建筑	一层，木结构，两开间，68号破损严重，70号已改造
72	长春街12号民居	长春街72-76号	20世纪20年代	民居建筑	一层，木结构，三开间，76号外部加建
73	长春街13号民居	长春街78、80号	清末民初	民居建筑	两层，木结构，两开间，部分改造，保存一般
74	长春街14号民居	长春街82-86号	20世纪50年代	民居建筑	两层，木结构，三开间，部分改造，保存一般
75	长春街15号民居	长春街93、95号	清末民初	民居建筑	两层，木结构，两开间，部分改造，保存一般
76	长春街16号民居	长春街99、101、103号	清末民初	民居建筑	两层，木结构，三开间，出挑梁头下的斗与雀替及挑檐檩上雕花保存较完整
77	长春街17号民居	长春街100-106号	约清代	民居建筑	单层，木结构，四开间，屋面全部倒塌，有临时围挡
78	长春街18号民居	长春街108-112号	清末民初	民居建筑	两层，木结构，三开间，柱头装饰、一屋檐口线雕保存完整，108号墙体部分改造
79	长春街19号民居	土地巷1-1号	清末民初	民居建筑	两层，木结构，竹编夹泥内墙、西侧石砌山墙等保存较好
80	长春街20号民居	长春街8弄5-7号	约清代	民居建筑	两层，木结构，西侧增建披屋，保存较差
81	亭仔脚宫	福德湾亭仔巷1号	约清末民初	宗教建筑	单神殿建筑，近年新建，外观完整，内部梁架陈旧

续表

序号	遗址名称	地址（空间位置）	始建时间	初始功能	现状说明
82	海惠禅寺	四份内	2010年	宗教建筑	合院建筑，近年新建，格局与建筑保存完好
83	白马爷宫	福德湾福德垵	清康熙三十九年（1700）	宗教建筑	单神殿建筑，近年新建，外观与室内保存完好
84	主爷宫（石宫）	福德湾石板街	清同治元年（1862）	宗教建筑	合院建筑，近年新建，钢筋混凝土结构，环境整洁
85	石将军庙	半山窑	不详	宗教建筑	合院建筑，近年新建，外观与室内均保存完好
86	南山坪白马爷宫	南山坪	2013年	宗教建筑	单神殿建筑，外观较整洁，内部环境陈旧
87	南山坪宫	南山坪	清雍正十三年（1735）	宗教建筑	合院建筑，木构梁架陈旧，西侧正大规模扩建
88	内山白马爷宫	内山	不详	宗教建筑	单神殿建筑，外观较整洁，内部环境陈旧

（3）水尾山矿段遗址

序号	遗址名称	地址（空间位置）	始建时间	初始功能	现状说明
1	水尾山大坑头矿硐群	水尾山海拔约400-500米之间	20世纪50-60年代	矿采场所	矿硐主要分布在山顶、山坡、道路两侧，道路两侧硐口高约1.5-1.7米，内部难以进入
2	深垟矿硐	开元美途酒店西北约150米处	20世纪60-70年代	矿采场所	硐口高约3、宽约4米，表层巷道可进入，岩石有渗水，环境昏暗，硐口外现为居民休闲活动场所
3	水尾矿硐	开元美途酒店南面约250米处	20世纪60-70年代	矿采场所	硐口高约3、宽约4米，有铁门封闭，无法进入，自外部可见内部巷道昏暗弯曲
4	水尾矿硐办公室	水尾矿硐硐口外道路北	20世纪60-70年代	矿采附属	一层，砖混结构，曾改为水尾涂料厂，现局部废弃倒塌，局部改为民房
5	水尾矿硐安保所	水尾矿硐硐口外道路道路南	20世纪60-70年代	矿采附属	一层，砖混结构，外墙有红色标语，现有居民居住
6	水尾矿硐变电所	水尾矿硐东侧山坡	20世纪60-70年代	矿采附属	一层，青砖砌筑，外观保存较好
7	水尾矿硐运输道路	水尾矿硐西侧山坡	20世纪60-70年代	矿采附属	块石铺砌路面，道路走向明显，但大多被荒草掩盖
8	水尾炼矾遗址	知青车间遗址北	约清末民初	炼制场所	厂房与设施已不存，地面有白色矾渣
9	水尾车间煅烧炉	西山路186号	20世纪50-70年代	炼制设施（煅烧）	煅烧炉不存，场地现建有民房
10	水尾车间结晶池	西山路121号附近	20世纪50-70年代	炼制设施（结晶）	路边废地，杂草丛生

续表

序号	遗址名称	地址（空间位置）	始建时间	初始功能	现状说明
11	水尾车间明矾仓库	西山路143号对面	20世纪50-70年代	仓储建筑	一层，砖石结构，外墙刷灰白色涂料，保存完好
12	水尾车间1号办公楼	西山路186号附近	20世纪50-70年代	办公建筑	一层，砖石结构，仅留部分墙基，场地堆有杂物
13	水尾车间2号办公楼	西山路182号附近	20世纪50-70年代	办公建筑	一层，石木结构，外墙刷黄色涂料，现为矾山孔庙
14	采矿工区办公楼	西山路143号	20世纪50-70年代	办公建筑	两层，砖石结构，外观保存完整，内部不详
15	知青车间1号煅烧炉	矾都加油站西南山坡	20世纪70年代	炼制设施（煅烧）	青砖横砌，炉身中部有水泥抹面，出料口被泥土和杂草覆盖
16	知青车间2号煅烧炉	矾都加油站西南山坡	20世纪70年代	炼制设施（煅烧）	通体青砖横砌，局部有开裂现象，出料口被泥土和杂草覆盖
17	知青车间烟囱	矾都加油站西南山坡	20世纪70年代	炼制附属	通体以青砖砌筑，底部有红砖修补痕迹，环境破败
18	曾朝光故居（曾厝）	深埕路319-29号	约清康熙年间	民居建筑	合院建筑，北侧护厝改造较大，格局破坏，现由多户居住
19	水尾杨府爷宫（水尾宫）	繁荣路南	清乾隆二年（1737）	宗教建筑	单神殿建筑，近年新建，钢筋混凝土结构
20	水尾老街	西山路	约清代	商住街区	长约10米，宽约2米，路面有水泥修补痕迹，整体走向明显，周边环境变化较大
21	矾矿单栋宿舍	水尾矿硐西	20世纪50-70年代	宿舍建筑	两层，砖混结构，三开间，屋顶有坍塌，已成危房

（4）大岗山矿段遗址

序号	遗址名称	地址（空间位置）	始建时间	初始功能	现状说明
1	大岗山矿硐群	南宋镇大岗山石门岭村	约清代	矿采场所	西南至东北呈带状排列，大部分矿硐无法进入，可进入矿硐底部有积水
2	溪光矾窑	南宋镇大岗山石门岭村	清末民初	炼制场所	倚山开凿，大部分炼制设施保留，但结晶池有损坏，煅烧炉不完整
3	夏高桥矾窑群	南宋镇溪光村	清末民初	炼制场所	原矾窑均已不存，场地内长满荒草，临河建有多处民房
4	鸡角岭矾窑	南宋镇大埔山村	清光绪十六年（1890）	炼制场所	由煅烧炉（局部）、风化池、堆料场、露天结晶池等设施组成，堆料场有大量矿石，场地长满荒草
5	后邢矾窑	南宋镇大埔山村	清末民初	炼制场所	由结晶池、风化池等组成，东侧有矾渣堆，山石有火烧痕迹

续表

序号	遗址名称	地址（空间位置）	始建时间	初始功能	现状说明
6	萍蓬岭矾窑	南宋镇萍蓬岭村	清末民初	炼制场所	地面建筑与设施均已不存，场地被杂草覆盖
7	半垟宫	南宋镇垟丰村	约清代	宗教建筑	神庙与路亭的结合体，保存较完整
8	周宅（旗杆内）	南宋镇凤仪园	约清康熙初年	民居建筑	合院建筑，格局完整，院墙石块松动，院落地面有青苔

（5）矾矿主厂区矿采遗址

序号	遗址名称	地址（空间位置）	始建时间	初始功能	现状说明
1	312平硐	矾矿主厂区东南	20世纪50年代	矿采场所	由主巷道、通风井、盲斜井等构成矿硐网络系统，保存完整，局部开发为旅游设施
2	270矿硐	矾矿主厂区东南	20世纪60年代	矿采场所	后改为炸药库（鸡笼山北）与排渣平硐（鸡笼山南），目前两者均闲置
3	312平硐机电维修房	312矿硐硐口西北	20世纪60-80年代	矿采附属	一层，砖混结构，保存较完整，已修缮
4	312平硐空压机房	312矿硐硐口西北	20世纪60-80年代	矿采附属	一层，砖混结构，保存较完整，已修缮
5	312平硐会议休息室	312矿硐硐口西北	20世纪60-80年代	办公建筑	一层，砖混结构，保存较完整，已修缮
6	312平硐食堂	312矿硐硐口西北	20世纪60-80年代	食堂建筑	一层，砖混结构，保存较完整，已修缮
7	312平硐炸药收发点	312矿硐硐口东北	20世纪60-80年代	矿采附属	整体两层，局部一层，砖混结构，保存较完整，已修缮
8	312平硐设备间	312矿硐硐口东北	20世纪60-80年代	矿采附属	一层，砖混结构，保存较完整，已修缮
9	机修厂房	南垟路71弄	20世纪60-80年代	矿采附属	单层厂房，两侧建有披屋，现局部改为宿舍
10	矾矿仓库	明星巷40-60号	20世纪60-80年代	仓储建筑	单层厂房，两跨钢木结构，保存较完整，已修缮
11	矿采工区1号办公楼	南垟路58弄7-10	20世纪60年代	办公建筑	两层，砖混结构，保存较完整，现改为民宅
12	矿采工区2号办公楼	南垟路26号	20世纪60年代	办公建筑	外廊建筑，L形布局，南北三层，东西两层，砖混结构，保存较完整，现为矾矿旅游发展公司办公楼
13	矿采工区食堂	南垟路58弄	1987年	食堂建筑	主体两层，西侧辅房一层，砖混结构。马赛克外墙保存完整，内部不详
14	矿采工区1号宿舍	南垟路58弄	20世纪60年代	宿舍建筑	三层，砖混结构，外观完整，保存一般
15	矿采工区2号宿舍	南垟路58弄	20世纪60年代	宿舍建筑	三层，砖混结构，2015年进行危房鉴定

续表

序号	遗址名称	地址（空间位置）	始建时间	初始功能	现状说明
16	矿采工区3号宿舍	南垟路58弄	20世纪60年代	宿舍建筑	三层，砖混结构，保存较好
17	塑料制品厂区	南垟路69号	20世纪60-80年代	生产场所	由办公楼、车间、仓库与宿舍等组成，宿舍倒塌，其余保存尚好，局部仍在使用

（6）矾矿主厂区炼制遗址

序号	遗址名称	地址（空间位置）	始建时间	初始功能	现状说明
1	1号煅烧炉	煅烧区最东	1956-1961年	炼制设施（煅烧）	青砖砌筑，炉体中部有钢筋，下部为出料口与操作棚，选矿车间为木构，整体保存较好
2	2号煅烧炉	煅烧区东，与1号炉相邻	1956-1961年	炼制设施（煅烧）	与3、4号煅烧炉相连，基座正方形，炉身圆柱形，外围水泥加固，保存较好
3	3号煅烧炉	煅烧区东，与2号炉相邻	1956-1961年	炼制设施（煅烧）	与2、4号煅烧炉相连，基座与炉身均为方形，炉底操作棚由钢筋混凝土加固，保存较好
4	4号煅烧炉	煅烧区东，与3号炉相邻	1956-1961年	炼制设施（煅烧）	与2、3号煅烧炉相连，基座与炉身均为方形，炉身有钢筋加固，保存较好
5	5号煅烧炉	煅烧区中部，与6号炉相邻	1966年	炼制设施（煅烧）	单炉结构，红砖砌筑，炉体南侧有钢梯可直接登上投料室，保存较好
6	6号煅烧炉	煅烧区中部，与5号炉相邻	1963-1964年	炼制设施（煅烧）	与7、8号为联合炉，有水泥加固痕迹，保存较好
7	7号煅烧炉	煅烧区中部，与6号炉相邻	1963-1964年	炼制设施（煅烧）	因台风受损倒塌，现按原图纸重建
8	8号煅烧炉	煅烧区中部，与7号炉相邻	1963-1964年	炼制设施（煅烧）	炉身由青砖砌筑，加钢筋混凝土圈梁与构造柱加固，上部为木构投料室，保存较好
9	9号煅烧炉	煅烧区西，与8号炉相邻	1972年	炼制设施（煅烧）	与10号炉有钢梯连接，投料室南面有排烟管道，炉底有机械送料设备，保存完整
10	10号煅烧炉	煅烧区西，与9号炉相邻	1972年	炼制设施（煅烧）	与9号炉有钢梯连接，基座用花岗岩砌筑，炉身以青砖砌筑并加多道混凝土圈梁加固，保存较好
11	11号煅烧炉	煅烧区最西，左邻矾山溪	1966-1972年	炼制设施（煅烧）	规模较小，投料室与附属厂房均已不存
12	1号风化厂房	西部产区南，南邻矾山溪	1964年	炼制设施（风化）	单层厂房，钢木混合结构，保存较完整，环境一般
13	2号风化厂房	中部产区南，南邻矾山溪	1964年	炼制设施（风化）	单层厂房，钢木混合结构，内部东南处有砂堆，保存完整
14	3号风化厂房	东部产区南，南邻矾山溪	1973年	炼制设施（风化）	单层厂房，钢木混合结构，保存较完整

续表

序号	遗址名称	地址（空间位置）	始建时间	初始功能	现状说明
15	1号加温灶房	西部产区，南邻1号风化厂房	1963年	炼制设施（溶解）	两层，钢筋混凝土结构，保存不佳，屋顶部分坍塌
16	2号加温灶房	中部产区，南邻2号风化厂房	1963年	炼制设施（溶解）	两层，钢筋混凝土结构，内部设备完整，辅助工具房坍塌
17	3号加温灶房	东部产区，东邻3号风化厂房	1971年	炼制设施（溶解）	两层，钢筋混凝土结构，内部无法进入，保存较完整
18	洗矾场	西部产区北，南邻4号结晶房	1972年	炼制设施（溶解）	一层，砖混结构，现保留有运输设备，整体保存一般
19	1号结晶房	中部产区，西邻2号加温灶房	1961年	炼制设施（结晶）	单层厂房，后改为压滤车间，现状细节参见压滤车间遗址
20	2号结晶房	西部产区，东邻1号加温灶房	1963年	炼制设施（结晶）	单层厂房，砖混结构，建筑与设施保存均较完整
21	3号结晶房	中部产区，南邻2号加温灶房	1963年	炼制设施（结晶）	单层厂房，钢筋混凝土结构，内部装修改造较多，环境整洁，仍在使用
22	4号结晶房	西部产区，南邻1号加温灶房	1964年	炼制设施（结晶）	单层厂房，钢筋混凝土结构，建筑与设施保存均较完整
23	5号结晶房	西部产区，东邻1号风化厂房	1963年	炼制设施（结晶）	单层厂房，砖混结构，建筑与设施保存均较完整
24	6号结晶房	中部产区，西邻2号风化厂房	1965年	炼制设施（结晶）	单层厂房，砖混结构，内部柱子加固，屋顶有翻修痕迹，母液池仍在使用，南面有扩建
25	7号结晶房	中部产区，西邻6号结晶房	1965年	炼制设施（结晶）	单层厂房，砖混结构，内部柱子加固，屋顶老虎窗工艺较好，局部有坍塌
26	8号结晶房	西部产区，北邻5号结晶房	1966年	炼制设施（结晶）	单层厂房，部分砖混结构，部分钢木结构，内部隔墙可看出扩建痕迹，建筑与设施保存较完整
27	9号结晶房	东部产区，南邻3号风化厂房	1966年	炼制设施（结晶）	单层厂房，钢筋混凝土结构，进门处有明显加固痕迹，建造工艺较好，管沟天窗保存完整
28	10号结晶房	东部产区，南邻9号结晶房	1972年	炼制设施（结晶）	单层厂房，钢筋混凝土结构，内部柱子有加固痕迹，工艺较好，有保护网
29	11号结晶房	中部产区，南邻3号结晶房	1973年	炼制设施（结晶）	单层厂房，钢筋混凝土结构，外立面与内部改造较多，现部分为仓库、部分为旅游场地
30	1号压滤机房	西部产区，2号修配间北	1998年	炼制设施（结晶）	外部保存较完整，无法进入
31	2号压滤机房	中部产区，2号加温灶东	1998年	炼制设施（结晶）	一层，钢筋混凝土结构，内部设施较完整，仍在生产使用
32	3号压滤机房	东部产区，3号风化厂房东北	20世纪80年代	炼制设施（结晶）	一层，与3号加温灶房相连，无法进入，内部状况不详

续表

序号	遗址名称	地址（空间位置）	始建时间	初始功能	现状说明
33	4号压滤机房	西部产区，1号风化厂房东	20世纪80年代	炼制设施（结晶）	一层，砖混结构，局部仍在生产使用
34	1号沉淀池	西部产区，3号风化厂房西南	20世纪80年代	炼制设施（结晶）	一层，砖混结构，整体保存良好
35	2号沉淀池	中部产区，2号风化厂房北	20世纪80年代	炼制设施（结晶）	一层，砖混结构，屋顶倒塌，内部结晶池保存较好
36	3号沉淀池	东部产区，1号风化厂房西南	20世纪80年代	炼制设施（结晶）	一层，砖混结构，整体保存良好，与溶解厂房相连
37	母液池	东部产区，10号结晶房西	20世纪80年代	炼制设施（结晶）	底部为块石砌筑，上部为钢筋水泥土结构，保存一般
38	酸浸车间	煅烧区西北	20世纪80年代	炼制场所	两幢建筑组成，钢筋混凝土结构，保存一般
39	明矾水池	东部产区，3号压滤机房东	20世纪60年代	炼制附属	水泥砌筑，底部立柱，顶部为储水容器，保存良好
40	老锅炉房	中部产区北，邻近厂区北门	1965年	炼制附属	一层，钢筋混凝土结构，内部设备完整，保存尚可
41	新锅炉房	中部产区北，邻近厂区北门	1980年	炼制附属	一层，砖混结构，内部仍存有煤，保存良好
42	煤棚	中部产区北	1972年	炼制附属	一层，砖混结构，曾用于储存明矾未饱和液，目前仍有煤堆
43	修配间1	西部产区北，3号明矾仓库东	20世纪80年代	炼制附属	一层，砖混结构，无法进入，保存一般
44	修配间2	西部产区，西邻1号加温灶房	20世纪80年代	炼制附属	一层，砖混结构，内有机械设备与储物柜，保存良好
45	木工房	中部产区，东邻2号加温灶房	20世纪80年代	炼制附属	一层，砖混结构，内有木头和设备零件，保存良好
46	水塔	东部产区	20世纪70年代	炼制附属	混凝土结构，石台阶，保存良好，仍在使用
47	人行天桥	跨越矾山溪连接煅烧区	20世纪80年代	炼制附属	混凝土结构，桥面与桥身完整，较为陈旧，仍在使用
48	狮头山水塔	厂区南侧山顶之上	20世纪70-90年代	炼制附属	圆盘状，钢筋混凝土结构，设备保存较好，周围环境杂草丛生，仍在使用
49	2号明矾仓库	西部产区北	1963年	仓储建筑	一层，钢筋混凝土结构，窗户遮光密封处理，分储存、磨粉、打包三个区域，仍在使用
50	3号简易仓库	西部产区北	20世纪70年代	仓储建筑	一层，外围有扩建现象，外立面用白漆重新粉刷，无法进入
51	4号明矾仓库	中部产区北，厂区保卫室东	20世纪70年代	仓储建筑	一层，钢筋混凝土结构，保存较好，无法进入
52	5号明矾仓库	厂区北大门东，北邻繁荣路	20世纪60年代	仓储建筑	一层，内部保存完整，外部楼梯锈腐，无法进入

（7）矾矿主厂区附属机修车间遗址

序号	遗址名称	地址（空间位置）	始建时间	初始功能	现状说明
1	冷作工坊	机修车间北，北邻繁荣路	1966年	厂房建筑	单层厂房，立面为仿苏联风格，内部结构未变，按现代功能重新布局，现为矿石展示馆
2	翻砂车间	机修车间中，北邻冷作工坊旧址	1962年	厂房建筑	单层厂房，立面为仿苏联风格，内部结构未变，按现代功能重新布局，现为奇石展示馆
3	金工工坊	机修车间中，北邻翻砂车间旧址	1966年	厂房建筑	单层厂房，立面为仿苏联风格，内部仅地面进行局部整理，现为机械展示馆
4	附属仓库	机修车间南	1966年	仓储建筑	已全部拆除为平地，拟重建为党史纪念馆
5	附属办公楼	机修车间东，东邻矾山消防队	1979年	办公建筑	内廊建筑，两层，钢筋混凝土结构，环境杂乱
6	附属1号宿舍	主厂区东北大浦巷	约1973年	宿舍建筑	原工人保健院组成，1973年改为宿舍，现重建为住宅
7	附属2号宿舍	主厂区东北大浦巷	约1973年	办公建筑	两层内廊建筑，砖混结构，原为办公场所，后改为宿舍。立面为仿苏联风格，内部重新划分组织，现由多户居住
8	附属3号宿舍	主厂区东北大浦巷	约1973年	办公建筑	两层内廊建筑，与2号宿舍形制相似，一层内廊维持原貌，二层内廊用瓷砖铺砌，环境较整洁
9	附属4号宿舍	主厂区东北大浦巷	约1980年	宿舍建筑	原工人保健院组成，1973年改为员工宿舍，现为四层单元式建筑，山墙窗户改动较多
10	附属5号宿舍	主厂区东北大浦巷	约1973年	食堂建筑	一层，砖混结构，原工人保健院食堂，后改为宿舍，外部搭建较多，内部重新分隔空间
11	附属食堂	主厂区东北大浦巷	约1973年	食堂建筑	一层，砖混结构，墙面水泥抹面脱落严重，窗户改为铝合金窗，内部重新分隔空间
12	附属办公楼	主厂区东北大浦巷	约1973年	办公建筑	两层内廊建筑，钢筋混凝土结构，现代建筑风格，干粘石墙面有脱落，窗户有封堵。内部基本保持原貌

（8）矾矿主厂区附属电厂遗址

序号	遗址名称	地址（空间位置）	始建时间	初始功能	现状说明
1	750kW发电厂房	电厂区西	1959年	厂房建筑	单层厂房，砖混结构，仅汽轮机房与配电室保留，三角木桁架精致，内部环境破败
2	1500kW发电厂房	电厂区北	1977年	厂房建筑	外立面六层，内部两层，钢筋混凝土结构，上层后改为脱水明矾厂生产车间，改造较多，下层维持原貌
3	附属锅炉房	电厂区东	1964年	生产设施	一层，钢木结构，后改为明矾厂脱水炉，内置大型生产设备，现建筑与设施均破败陈旧

续表

序号	遗址名称	地址（空间位置）	始建时间	初始功能	现状说明
4	附属烟囱	电厂区中	1960年	生产设施	高约十米，通体青砖砌筑，一端连脱水炉，一端连破碎机房，保存较完整
5	附属变电所	电厂区南，南邻矾山溪	1979年	生产设施	一层，砖混结构，外观完整，无法进入，现为肉燕加工厂
6	附属电容器室	电厂区南，南邻矾山溪	20世纪60年代	生产设施	两层，钢筋混凝土结构，无法进入，内部不详
7	附属办公楼	电厂区东	20世纪60年代	办公建筑	一层，内部分隔较多，建筑前有假山水池
8	电厂附属合院宿舍	果园巷10弄	20世纪50年代	宿舍建筑	一层合院建筑，东西两部分形式差异明显，西侧现有多户居住，外廊加建明显，东侧无法进入
9	电厂附属青砖宿舍	果园巷9弄1-4	20世纪70年代	宿舍建筑	两层外廊建筑，通体以青砖砌筑，故名。一层外廊改建较多，东侧搭建，现有少量住户居住
10	电厂附属红砖宿舍	果园巷8弄	1958年	宿舍建筑	两层外廊建筑，通体以红砖砌筑，故名。施工工艺精湛，一层外廊加建较多，现有多户居住
11	电厂附属1号宿舍	文电巷1弄1-5	20世纪50年代	仓储会议建筑	原为办公建筑，两层，青砖砌筑，下层改造较多，二层维持原貌，现有多户居住
12	电厂附属2号宿舍	文电巷1弄10	20世纪50年代	办公建筑	一层外廊建筑，红砖砌筑，外廊加建较多，南部山墙有破损，现有多户居住
13	电厂附属3号宿舍	文电巷57弄1-5	1958年	宿舍建筑	两层外廊建筑，形制与电厂青砖宿舍相似，底层仍有住户，上层空置，周围环境破败
14	附属小水塔	电厂附属3号宿舍东	20世纪60年代	附属设施	钢筋混凝土结构，底部以四根方柱支撑，顶部为圆柱状储水箱，保存较完整

（9）矾矿附属综化厂遗址

序号	遗址名称	地址（空间位置）	始建时间	初始功能	现状说明
1	钾肥工坊	综化厂区北	20世纪60年代	厂房建筑	一层，砖混结构，现为酒店酒吧，室内木桁架保留，空间重新布局，结晶池改为座椅
2	脱水试验室	综化厂区西	20世纪60-70年代	厂房建筑	外观两层，青砖砌筑，内部通高，现为酒店书吧，原结构进行整体加固，部分设施保留
3	中试工坊	综化厂区西	20世纪60-70年代	厂房建筑	三层，青砖砌筑，内部进行室内装修，现为酒店客房
4	硫酸铝工坊	综化厂区东	20世纪60-70年代	厂房建筑	原拆原建，工坊部分现为三层，改作酒店客房，仓库部分一层，改作酒店茶室与游客服务中心
5	室内试验室	综化厂区南	20世纪60-70年代	厂房建筑	两层外廊建筑，外观完整，室内重新装修，现为办公用房
6	钾肥蒸发室与锅炉房	综化厂区中	20世纪60-70年代	生产设施	一层，现为酒店餐厅，场地原露天结晶池不存，仅烟囱保留

续表

序号	遗址名称	地址（空间位置）	始建时间	初始功能	现状说明
7	电工房	综化厂区西	20世纪60-70年代	生产设施	一层，现为酒店大堂，建筑整体拆除重建
8	变电所	综化厂区西	20世纪60-70年代	生产设施	一层，外观保持原貌，内部状况不详，现为酒店景观小品
9	附属食堂	综化厂区东	20世纪60-70年代	食堂建筑	一层，原拆原建厂房，外部完整，现为酒店展示厅
10	深埠宿舍	综化厂南，深埠路315	20世纪80年代	宿舍建筑	两层外廊建筑，2019年整体修缮，现有多户居住
11	茶山巷宿舍	综化厂南，茶山巷48幢	20世纪70年代	宿舍建筑	三层单元式建筑，墙面干粘石工艺精湛，现有多户居住
12	古溪水塔	综化厂南，古溪东侧山上	20世纪70年代	附属设施	钢筋混凝土结构，下部以多柱支撑，上部为圆柱状水箱，整体保存较好，周围环境杂草丛生

（10）平阳矾矿生活遗址

序号	遗址名称	地址（空间位置）	始建时间	初始功能	现状说明
1	矾矿首幢办公楼	八一路38号	1956年	办公建筑	两层，砖混结构，外观完整，内部重新分隔组织，现为矾矿博物馆
2	矾矿工人文化宫	八一路1号	1956年	文化娱乐建筑	主体为外廊形式，四层，钢筋混凝土结构；礼堂部分一层，钢木屋架。整体保存完整，仍在使用
3	矾矿游泳池	电厂遗址区西北	20世纪80年代	电厂附属蓄水池	原为电厂蓄水池，面积约3000平方米，现长满杂草
4	矾矿矿部大楼	八一路与繁荣路交界处	20世纪60-70年代	办公建筑	四层内廊建筑，砖混结构，外部门窗改动，内部基本维持原貌，现为温州矾矿发展集团办公楼
5	矾矿招待所	八一路1号	约20世纪80年代	住宿接待建筑	四层，砖混结构，外观与内部均有较大调整，现为宾馆建筑
6	矾矿零售公司	八一路与繁荣路交界处	约20世纪80年代	商业建筑	两层，平面三角形，故称三角亭，现底层为商铺，上层不详
7	矾矿1号宿舍楼	八一路37号	1984年	宿舍建筑	四层外廊建筑，砖混结构，保存一般
8	矾矿2号宿舍楼	八一路37号	20世纪50年代	宿舍建筑	单元式建筑，原为三层，后加建一层，红砖墙面基本保留，阳台改造较多，内部空间基本维持原貌
9	矾矿3号宿舍楼	八一路37号	20世纪50年代	宿舍建筑	四层外廊建筑，砖混结构，2020年改建，保存较好
10	矾矿知青宿舍	八一路38号	20世纪60-70年代	宿舍建筑	两层内廊建筑，砖混结构，保存一般

续表

序号	遗址名称	地址（空间位置）	始建时间	初始功能	现状说明
11	矾矿小伙房	八一路26号	20世纪50年代	生活附属	一层，砖混结构，外观保存完整，内部不详
12	矾矿中学主教楼	文昌路515号	1955年	教学建筑	两层，砖混结构，立面仿苏联风格，内部走廊地面改造，现为办公楼
13	矾矿中学教学楼	文昌路515号	1955年	教学建筑	一层合院建筑，原为砖混结构，现改为钢筋混凝土结构，但仍采用坡屋顶，保存较好
14	工人保健院太平间	大浦巷	20世纪50年代	医疗建筑	两层，砖混结构，外观陈旧，无法进入
15	矾矿医院门诊楼	文昌路173号	1958年	医疗建筑	两层，砖混结构，由两幢建筑通过连廊连接而成，北侧为外廊式，南侧为内廊式，外立面均有改动
16	矾矿医院宿舍	文昌路171号	1963年	宿舍建筑	两层外廊建筑，砖混结构，改造较多，现有多户居住

（11）矾赤挑矾线路遗址

序号	遗址名称	地址（空间位置）	始建时间	初始功能	现状说明
1	南堡茂林宫	矾山镇南堡社区中村	清嘉庆年间	宗教建筑	合院建筑，内设戏台。2012年重建，保存完整
2	顶村宫	矾山镇顶村延鹤路	清道光年间	宗教建筑	合院建筑，内设戏台。建筑已重修，无破损情况
3	宫后桥	矾山镇顶村宫北	约清代	交通设施	单孔石拱桥，跨度仅2米左右，桥身及拦板均以石块垒砌，桥面铺设水泥，保存基本完整
4	顶村岭段	顶村岭	约清代	交通设施	依山势而建，路面台阶由5-7大块青石与碎石铺砌而成，宽度约为1.8-2.5米，原貌保存较好
5	瓦窑岭段	瓦窑岭	约清代	交通设施	依山势而建，路面中间由1-2块青石砌筑，两侧铺碎石。部分路面水泥硬化，两侧荒草丛生
6	金斗垟宫	矾山镇金斗垟村	清道光十八年（1838）	宗教建筑	合院建筑，内设戏台。立面采用大玻璃窗、不锈钢扶手，整体重建，仅环境保留
7	凤阳大宫	凤阳畲族乡顶堡村	清乾隆三十年（1765）	宗教建筑	合院建筑，内设戏台，整体重建，保存完整，现为凤阳畲族乡文化中心
8	大贡路亭	凤阳畲族乡岭边村	不详	交通附属	三开间，外墙以块石砌筑，内部木质梁架，近年重修，保存较好，但内部环境杂乱
9	顶堡岭段	顶堡岭	约清代	交通设施	依山势而建，由大块青石板和碎石铺设而成。由于缺少维护，大部分路面被荒草覆盖

续表

序号	遗址名称	地址（空间位置）	始建时间	初始功能	现状说明
10	官岙岭路段	官岙岭	约清代	交通设施	依山势而建，道路中间为大块青石板，两侧为碎石，台阶主要由青石板铺设，保存较完整
11	打铁宫	赤溪镇过溪村	宋咸淳年间	宗教建筑	合院建筑，除戏台藻井外其余均为重修重建，保存较完整
12	五洞桥	赤溪镇过溪村	约北宋	交通设施	石板桥，跨度约25米，宽约1.7米，桥身以条石搭架。整体保存完整，桥周长满杂草
13	圆通桥	赤溪镇过溪村	民国十三年（1924）	交通设施	双孔石拱桥，跨度约20米，拱券呈半圆形，块石砌筑，桥身石缝长有荒草，桥底护坝略有损坏
14	圆潭路亭	赤溪镇五洞桥村	不详	交通附属	三开间，外墙以块石砌筑，内部为石头梁架，现屋面与南侧拱门已毁，亭内长满杂草
15	老人坑桥	赤溪镇五洞桥村	不详	交通设施	单孔石拱桥，跨度约10米，桥身以块石垒砌，桥面由块石与碎石铺成，保存完整，桥身长满杂草
16	渠湾岭段	渠湾岭	约清代	交通设施	依山势而建，道路中间为大块青石板，两侧为小块青石板和碎石铺设，保存较完整，但两侧长有荒草
17	东垟矴步	赤溪镇岭边村	约清末	交通设施	南北走向，共29齿，石块为当地青石块，高约为20-25厘米，两旁有碎石作分水尖，保存较好
18	马鞍山岭段	马鞍山	约清代	交通设施	依山势而建，部分路段中间为大块青石板，部分路段为小块青石铺设，现路面多被荒草覆盖
19	赤溪矴步	赤溪镇赤溪村	约明代	交通设施	南北走向，共92齿，分高低两组排列，部分齿石有倾斜损坏，现周边环境改变较大
20	赤溪矴步碑	赤溪镇赤溪村（赤溪矴步南）	清咸丰七年（1857）	交通附属	青石质地，通高1.48米，宽0.63米，正文楷书阴刻，字迹清晰，现碑座不存，碑文有风化
21	南岙宫	赤溪镇南行村南岙路	清乾隆十二年（1747）	宗教建筑	合院建筑，内设戏台。1997年村民集资重建，现保存较好

（12）矾藻挑矾线路遗址

序号	遗址名称	地址（空间位置）	始建时间	初始功能	现状说明
1	昇平人瑞牌坊	南宋镇北山村育英路2号附近	乾隆二十七年（1762）	交通附属	四柱三间，青石仿木结构，面阔5.3米，通高4米，石柱方形。保存较好，无明显破损
2	清泗桥	南宋镇北山村育英路2号附近	明洪武二十年（1387）	交通设施	廊桥形式，亭为三间木构，近年经过重建，保存良好

续表

序号	遗址名称	地址（空间位置）	始建时间	初始功能	现状说明
3	溪光矴步	南宋镇溪光村	约清代	交通设施	长约44米，共87齿，每齿石块数量不等，保存基本完整，部分条石被水淹没
4	小心垟溪石拱桥	藻溪镇小心垟村	不详	交通设施	单孔石拱桥，两侧倚靠山体，桥面由块石铺成，拱券用块石垒砌呈半圆形，保存较完整
5	小心垟路亭	藻溪镇小心垟村	不详	交通附属	三开间，南北两墙各设门，东西墙由块石垒筑，亭内为新换的木梁架，保存较完整
6	垟头宫路亭	南宋镇垟丰村垟头宫前	约清道光年间	交通附属	东西墙以块石垒砌，亭外设木靠背，亭内置方条石。保存基本完整，墙面剥落严重
7	华岭路亭	昌禅华岭	民国时期	交通附属	由不规则块石砌筑，东西墙设门，内部以青石梁架承托屋面。近年经过整修，保存较完整
8	三条溪矴步	矾山镇三条溪村	约清道光年间	交通设施	长约2.98米，共计69齿，每齿由两长条形块石竖立而成，大小不等。基本完整，少许条石松崩倾斜
9	险口洞桥	藻溪镇小心垟村吴家园水库内	清乾隆五十六年（1791）	交通设施	单孔石拱桥，半圆拱券用纵联砌置法，跨度大。现石缝长满杂草，桥基块石部分有崩突
10	潘庄矴步	藻溪镇潘庄村	约清代	交通设施	长约30米，共32齿，每齿由两块长方形岩石组成。保存一般，因水流过大而无人通行
11	雁腾宫	藻溪镇银湖村将军脚	约清代	宗教建筑	合院建筑，天井有金属雨棚遮盖，梁架精致，保存完整
12	九堡瑞灵宫	藻溪镇九堡路217号对面	约宋崇宁年间	宗教建筑	合院建筑，大门、戏台、前殿基本维持原貌，但两侧厢房均用钢筋混凝土重建
13	鳌江港	鳌江镇原广源路	1923年	交通设施	整体面貌改变，仅道路结构有所保留，保存较好的古鳌路沿线房屋均改为民国风
14	罗经砌故居笃敬居	灵溪镇平南村张家山183-184号	1915年	居住建筑	两层合院建筑，砖混结构，带后花园，外立面中西合璧风格保留。中轴东侧有多户居住，改造较多
15	林赞侯故居	钱库镇鉴桥村185号	清末民初	居住建筑	仅余正房，正厅基本维持原貌。东侧耳房由林氏后人居住，西侧耳房为他人产权，改造较多
16	矾灵公路	232省道	1956年	交通设施	多车道现代公路，路面由水泥铺设

（13）矾沿挑矾线路遗址

序号	遗址名称	地址（空间位置）	始建时间	初始功能	现状说明
1	南堡岭段	矾山镇南堡村	约清代	交通设施	由乱石铺设，部分路段为石阶，保存较好
2	坎门岭石阶	坎门岭头-坎门岭脚间	不详	交通设施	约有千级，平均宽度1.5米，大块青石铺砌。整体保存尚可，局部有损毁
3	坎门岭段	岱岭畲族乡坑门村	约清代	交通设施	由乱石铺设，现部分被水泥硬化

续表

序号	遗址名称	地址（空间位置）	始建时间	初始功能	现状说明
4	坎门岭路亭	坎门岭头-坎门岭脚之间	约清代	交通设施	外墙以乱石砌筑，墙角有隅石加固，内部三开间，四柱叉梁式。结构保存完善，地面较整洁
5	利济桥	岱岭畲族乡云遮村十八孔水库内	清光绪三十年（1904）	交通设施	三孔石板桥，全长约27米，悬臂式结构。现桥梁为迁移重建，整体保存较好，但环境改变较大
6	十八孔摩岩题刻	岱岭畲族乡云遮村十八孔水库	不详	交通附属	风化严重，字迹模糊，年代失考
7	济宁桥	马站镇金山村塘沽头自然村	民国三十三年（1944）	交通设施	双孔石拱桥，全长约27米，拱券用规则块石横砌而成。桥梁现没于水下，上面砌有新桥
8	霞峰宫	马站镇霞峰村	清康熙三十七年（1698）	宗教建筑	合院建筑，2003年改为苍南爱国主义教育基地，两层纪念室与戏台为新建，保存完整
9	积谷岭路亭	马站镇山边村	清康熙年间	交通附属	外墙石灰抹面，内部木梁架，地面乱石铺砌，亭内设观音佛龛与石椅。2006年重修，保存较好
10	丰收桥	马站镇	不详	交通设施	仅余部分桥身与桥墩，桥面水泥填盖严重
11	虾蛄桥	沿浦镇	不详	交通设施	桥面由水泥铺设，两侧有木质座椅，历史风貌较弱
12	沿浦矾馆	沿浦镇	不详	商业设施	两层，钢筋混凝土结构，外立面以白色涂料粉刷，现为沿浦镇老年之家

（14）矾前挑矾线路遗址

序号	遗址名称	地址（空间位置）	始建时间	初始功能	现状说明
1	上港桥	矾山镇上港村	不详	交通设施	三孔石拱桥，全长约33米，拱券用块石垒砌，桥面由块石铺成。保存完整，现桥身及两端长满杂草
2	龙头庵桥	矾山镇枫树坪村	不详	交通设施	单跨六拱桥，拱券用块石垒砌呈半圆形，桥面用水泥铺设，桥身为砖材质，保存较完整
3	上港段古道	矾山镇上港村	约清代	交通设施	乱石铺设而成，保存较完整，但杂草较多
4	企岭段古道	矾山镇枫树坪村	约清代	交通设施	块石铺设围成，部分有阶梯，保存完整，杂草较多
5	新岭头路亭	矾山镇甘岐村新岭头自然村	道光二十三年（1843）	交通附属	正面开敞，面阔三间，内部四柱抬梁。近年整修，地面由水泥墁地，保存较好
6	奉道宪严禁碑	矾山镇甘岐村新岭脚	清咸丰七年（1857）	交通附属	阳面向南，青石质地，折角长方形，高约1.27米。保存较完整，仅局部字迹模糊

续表

序号	遗址名称	地址（空间位置）	始建时间	初始功能	现状说明
7	闽浙关口	龟岭亭-南岭头路段	不详	交通附属	单券拱门，券石规整，墙面用石杂乱，券门两侧连接石板道路。现墙面长满杂草，周围环境破败
8	福星桥	前岐镇吴家溪村	约清道光年间	交通设施	全长约40米，桥面桥墩皆用青石板铺设，桥边铺以大块卵石，保存较完整
9	吴家溪古亭	前岐镇吴家溪村	清咸丰末年	交通附属	墙面用大块卵石，券门用块石，内部为木梁架，上有雕花。现损毁严重，屋顶坍塌，内部杂乱
10	吴家溪矾厂	前岐镇吴家溪村	1930年代	采炼场所	现仅余煅烧炉、烟囱等设施，环境杂乱
11	南岭脚亭	前岐镇南岭脚	不详	交通附属	2006年毁于台风，现仅余瓦砾
12	岐阳亭	前岐镇岐阳老街	不详	交通附属	遗址原为泗州佛亭，20世纪80年代重建，保存基本完整
13	海尾天后宫	前岐镇岐阳街海尾路	不详	宗教建筑	合院建筑，前后两进。近年整体重建，保存较好
14	奉宪勒碑	前岐海尾天后宫内	清同治七年（1868）	交通附属	整体完整，但碑文字迹较模糊，现用玻璃罩保护

后　记

我们曾无数次设想这项工作结束时的心情，在每一个摸索、挑战、困顿的时刻，以为它会是兴奋、激动、亦或欢乐的……但这一刻真的来临时，相较于设想过的各种心情释放，我们更愿意平静地讲述这个长达两三年的研究故事。

初到矾山，迎面而来的是牛皮滩上被荒草淹没的大小矿硐、矾矿主厂区临溪而设的高大煅烧炉、热闹中透着倦怠的新华街、鸡笼山上影影绰绰的老建筑。当然，还有来来往往的矾山人，说着我们迄今仍然听不懂的方言。我们确认，这些散布在矾山各处的遗址与遗址边生活的人正是所要调查研究的对象，然而，陌生环境的千头万绪该从哪里开始？我们无比迷茫……

直到落满灰尘的档案卷宗出现在面前。泛黄的纸张与漫漶的字迹无不提醒着我们所翻阅的是怎样久远的岁月，可即便如此，皴裂的痕迹仍难掩字里行间的过往，带着强劲的力量蓬勃而出，辉煌的矾山就这样穿越时光与我们相遇。于是，宏伟的基建计划、频繁的生产实验、改进的厂房设计、完善的生活设施，旧日里的种种藉由折角蓝图、缜密标注、严谨阐释一一被复现出来，它们细致生动地拼合着矾山的底色，也让我们愈发体察到在现代人的漠视中那些遗址有着怎样的孤独与倔强。就这样，透过凝固在文字里的燃情岁月，我们捕捉到工作的起点，也获得对矾山的全新认知——这块已被现代形式笼罩的落寞土地原来是自然恩养了六百余年的喧嚣生命体，是一代代浙闽人迁移定居后血汗浸染的再造家园。

藉由档案的指引，我们终于可以在设定的工作框架中去行走、触摸与感悟。数度奔赴矾山的调查之旅中，我们打开尘封老宅的木门，在挂满蛛网的角落打着手电完成空间绘制，只为记录矾山人曾有的生活细节；我们以虔诚之心踏足各处宫庙场所，在神灵前丈量辨识，只为寻找浙闽两地的文化链接；我们停留在仅剩基址的矾窑边，访谈周边人群试图复原它的模样，只为在当下与历史间完成缺环的填补。当然，我们展开最多的仍是在荒草蔓蔓的厂房中、废弃积水的结晶池间、灰尘弥漫的地下矿硐里的各项调查。在矾山的角角落落里，我们翻过墙、摔过跤、遇过蛇、陷过坑洞，一次次抱怨，却又一次次与这块土地和解。循着产业运行逻辑，我们跨越现代行政界分，将矾山与明矾转运市镇间30里范围内的山水人文纳入视野，行走在挑矾工人曾来往穿梭的古道上，品味着《挑矾歌》的艰辛与汗水，在看不到矾山的地方感受着这块土地六百余年明矾采炼活动不曾中断的强大辐射。触摸遗址的同时，我们寻访与矾山有关的山歌、族谱、县志、报纸、老照片，希望尽可能收集所有历史痕迹来拼合这块土地在文字记录中的厚重与广博，终于我们以"采炼-运销"串联所有，在连缀坚韧历史的同时，开始向矾山更深层的时空迸发，漫漫长路，且行且得……从懵懂到理解，在长达两年半的调查、感悟、升华中，我们摸着矾山生长的脉络，完成了这本以他为主角的书。

这个故事得以延续完成离不开太多要感谢的人：为我们做各种协调的苍南县文化和广电旅游体育局李传力局长、饶大师副局长，给予我们无私接待的温州矾矿发展集团孙能育董事长、陈方晓主任及多位我们不知道姓名的矾矿人，对我们提出中肯建议的矾山镇原林镇长、蔡祖喜站长及各位乡镇工作人员，一腔赤诚为矾山发展操碎心的苍南县政协前主席张传君，引导我们全方位认知312地下矿硐网络的卢部长，为我们异地调查提供便利的南宋镇陈楚楚镇长，亲自开车带我们上山探窑的溪光村李书记，多次慷慨赠书并带我们识别矾窑旧址的郑立标老先生，以连环画形式为我们指明探寻方向的孔令雄老先生，专程为我们打开宗祠大门并提供珍贵信息的朱氏后人，综化厂旧址里为我们提供厂房改造图纸的酒店管理林先生，等等。此外，还有像李求武先生及他夫人那样，偶遇我们工作而前来提供宝贵口述资料的众多矾山人。是他们对矾山的自豪感以及希望矾山重登繁荣的殷切希望成为我们前行的力量，虽不足以表达心中感激的万分之一，但在此我们仍想说声谢谢！

特别感谢浙江省文物局赵勇处长的大力支持，是他促成并设计了这项调查研究，具体实施中不仅给予了研究思路、技术路线等的全方位指导，同时亲力亲为参与有关调查数据的分析与辨析，因此是这项工作不可或缺的引领者！感谢浙江大学设计研究院刘国胜教授团队，一路走来，总有他们的相携扶持在侧！

当然，我们也想感谢自己，尤其是为这项工作付出诸多努力的团队学生：张懈、方卉、程智几乎完成所有田野与档案数据的采集，并绘制出大部分技术图纸；陈崇琰对后期图纸进行补充优化，并与胡夏薇共同协助书稿的多次校核与纠错；傅铭烨完善了运销遗址信息，张杨舜禹、胡译程则在不同阶段投入辅助。可以说没有学生的陪伴就不会有这本书的完成，感谢他们的分担！

行文至此，故事暂告一段落……

我们希望这本展示了矾山价值一角的书可以被传阅，在更多人的认识、理解、热爱中助力这块土地走向未来无限的可能，让那个曾在历史长河中发光发热的"世界矾都"能再现荣光！